序　捻転迷宮の入口

シャーロック・ホームズの物[illegible]の有名な探偵が天才であることを否定する者はいないだろう。では、ホー[illegible]能力とは、いったいなんなのだろうか？

突拍子もない切り口から真相[illegible]の冴（さ）えに驚き、常人にはまねのできないアクロバチックな論理の展開を目[illegible]天才性を感ずる読者もいるかもしれない。しかし、その物語をよくよく読[illegible]探偵ホームズは精密な観察により、目の前の現実をただありのまま受け止[illegible]いことに気づかされるはずである。ワトソンを初めとする他の登場人物[illegible]同じ物を目にしているはずなのだが、何故だか目の前の現実をありのままに見ることができない。この能力の差こそが、凡人と天才とを分けている決定的な違いなのである。

シャーロック・ホームズは架空の人物であって物語世界を創造した作者の分身なのだから、真実を、手品のタネをあらかじめ知っていて、何も知らないワトソンや読者を驚かしているだけだと仰る方もいるに違いない。ではそれならば、現実にいるホームズではどうだろうか。

名探偵シャーロック・ホームズが、我々の生きているこの現実世界に存在する？驚くべきことに、ホームズとまったく同じ天才的能力を持った犯罪分析官が、この日本でかつて実際に大活躍していたのである。どういうわけだか、いまでは完全に忘れ去られてしまっているのだが。

この実在した天才分析官と、彼の分析をどうしても呑み込めなかった捜査官たちとを対比していく。そうすると、アクロバチックな論理の展開を見せる思考能力を発揮するのはじつは凡人の側であって、そのために目の前の現実がありのままに見えなくなってしまうことが証明されるのだ。論理の飛躍を排し、ただ目の前の現実をありのままに受け止めているだけのホームズが、とてつもない天才に見える理由がここにある。

なにゆえに、こんなことが起きてしまうのだろうか。忘れ去られた天才分析官は、この本の主役のひとりに過ぎない。幾人もの主役たちの姿を追うにつれ、その根源が自ずと明らかとなっていくはずである。

いや、凡人が間違っていることを示そうというのではない。極めて稀な天才の出現は、隕石の直撃の如きたんなる偶発的な事故に過ぎないが、多数派である凡人の能力には、そうでなければならない必然があるのだ。目の前の現実をありのままに受け止められない凡人が正しく、天才のほうが人間として間違っているのである。この人間の本性こそが、ときに恐ろしい結果を招いてしまうことにもなるのだが。

探偵が現実をありのまま見ることに失敗すれば、犯人を取り逃がしてしまうだろう。それだけならまだしも、無実の人間を犯人として捕まえてしまう可能性も出てくることになる。ここに冤罪が発生する根本原理がある。

冤罪とは、人間が自分を取り囲む現実世界をどのように認識しているかをそのまま炙り出す問題なのである。だからこそ、これは殺人や冤罪について書かれた本ではあるのだが、嫌でもそこから大きくはみ出すことになってしまうのだ。

人間の認識の歪みが引き起こす悲劇。さらには、その歪みを引き起こす人間の正しい心を解き明かそうとする試みである。

また、そのどうしようもなく正しい心を、なんとかして克服する道を探し求めた人々の記録ともなっている。我々ひとりひとりの心の変革を迫り、その眼に映る現実世界を歪ませることなく、ありのまま見えるようにするにはどうすればよいのかという、人間の本性への途方もない挑戦をした人々がここにいるのである。

最初から、そんな大それた目論見（もくろみ）があったわけではない。17歳の少年が九人を次々と殺害、四人に瀕死の重傷を負わせ二人を軽傷とした〈浜松事件〉。そもそもは、この事件解明への取り組みからはじまったのだった。

戦時中に一年と二ヶ月にも渡って浜松周辺を未曾有の恐慌に陥れた〈浜松事件〉は、間違いなく史上最大の少年犯罪である。成人の犯行を含めても〈津山三十人殺し〉に次ぐ、いや、発生と同時に解決した〈津山事件〉とは比べものにならぬ、遥かに深刻なる歴史上の重大変事のはずであった。

にも関わらず、これまでまとまった記事が書かれたことはほとんどなく、短い記述も間違いが多い。そのため、七〇年以上も誰ひとりとして全貌を摑むことがなかった〈浜松事件〉解明には相当な困難が予想された。しかし、そこに付随するもうひとつの変事がここまで捨て置かれているとは想いも寄らなかったのである。

あれほど人々の耳目を集め戦後を騒がした事件であったのに。これまで繰り返し繰り返し綴られてきたにも関わらず。

それは、〈浜松事件〉に関わった刑事のその後を描写するために挿入する、ひとつのエピソードに過ぎないはずだったのだが。

〈浜松事件〉という戦前最大の難事件。連続無差別大量殺人ゆえに次は自分が標的になるのではないかと地元の人々が心安まることもなく、恐怖の余りの発狂者まで出した死の順番待ちを見事に断ち切った名捜査官として全国にその名が響き渡った紅林麻雄刑事。彼はまた戦後になって、〈幸浦事件〉〈二俣事件〉〈小島事件〉という悪名高き冤罪事件を立て続けに引き起こした人物としても知られている。

彼の部下の手になる〈島田事件〉〈丸正事件〉、さらにその後も続く〈袴田事件〉など、静岡県で異様に多い冤罪事件の、紅林刑事こそは元凶であるとも云われている。そのいくつかは再審請求が通ることなく、〈拷問王〉と呼ばれる彼の残したあまりに大きな過ちは、現在に至ってもまだ解決を見ていないのである。

後日譚として軽く触れておかねばならぬだろうと少しばかり調べているうちに、〈二俣事件〉について半世紀近くも経てから関係者の衝撃の告白があり、しかもそれが誰ひとりとして取り上げずに見逃されていることを知って驚愕、〈浜松事件〉探求はいったん取りやめ、急遽大きく舵を切ることとなったのであった。

紅林刑事が引き起こした〈二俣事件〉。彼に立ち向かい我が身を捨て、それだけでは足らずに妻も子も不幸のどん底に叩き落とし、しかしそれでも縁もゆかりもない少年を死刑から救おうとしたもうひとりの刑事がいた。無実は証明され、死刑寸前で少年は確かに救われた。ここまでの経緯は幾冊もの本に書かれ、すでに読み知っている方もおられることだろう。

だが、刑事は、いやとっくに警察を追放された山崎兵八元刑事は、その後のあまりに過酷なる仕打ちから生じた妄執に生涯苛まれることになったのである。そんな彼が渾身の力を振り絞って刻んだ著作。そこに〈二俣事件〉の核心を暴かんとする記述を遺したのだった。

ところが、思わぬ顛末から手に取った一冊の本に導かれ、我知らず足を踏み入れていくうち、そんな衝撃の告白さえ霞んでしまうが如き特異なる人々の織りなす迷宮が忽然と立ち顕われ、深みに引きずり込まれてしまったのである。そして、その果てに垣間見えたのは、口を広げて暗く深遠なる淵を覗かせている恐るべき歴史の裏面であったのだ。

ここにあるのは、昭和史の裏に隠されていた謎を、七〇年目にして初めて解き明かそうという試みでもある。人間の世界認識の歪みは、個々の事件だけではなく、歴史の奔流をも突き動かしていたのだ。山崎兵八という類いまれなる人物の執念に絡め獲られ、読者諸氏も否応なくその錯綜を極めた迷宮に迷い込んでいただくこととなるのである。

〈浜松事件〉と〈二俣事件〉。このふたつの事件に関わったのは紅林刑事ばかりでない。〈浜松事件〉で怪物刑事の誕生の瞬間に立ち会い、一生を懸けて対決するもうひとりの元刑事がそこにはいたのだ。この老探偵、南部清松が残した記録によって〈浜松事件〉と紅林刑事の解明は完全なものとなった。山崎氏に惹かれて〈二俣事件〉を経由しなければ南部探偵との邂逅もなく、謎は永遠に閉ざされたままだっただろう。

そこで明らかとされたのは、紅林刑事に授けられし検事総長賞の決定的な影響力なのである。これがなければ、そもそも紅林刑事は警察に残ることさえできず、戦後の冤罪事件もなかったというのだ。

帝国憲法を巡って、戦時中の東條英機首相と真っ向対立した松阪広政検事総長。彼が史上初の検事総長賞を〈浜松事件〉解決の功労者、紅林刑事に授与してその名を全国に高らしめたことが、捻(ねじ)れた作用によって思いも掛けぬ災厄を生むこととなる。また、その表彰こそは、内務省と司法省（現在の法務省）、そして憲兵隊による激烈な主導権争いの、奇妙なる落とし児でもあったのだ。紅林刑事の跡を追ってゆくと、日本を支配した〈官庁の中の官庁〉内務省や戦時体制の、それまで明かされることのなかった真の実態が浮かび上がってしまったのである。

この省庁生き残りを賭けた闘争の一環として、日本初、いやおそらくは世界初のプロファイラー、内務省の吉川澄一技師も〈浜松事件〉に投入されることとなる。神業的な犯罪分析を展開して戦前の難事件を次々と解決したこの天才分析官は、〈浜松事件〉でも驚くほど的確なプロファイリングを披露しながら、なにゆえ解決には失敗したのか？　それこそは、冤罪発生の根本原因ともなる人間の〈認知バイアス〉の恐ろしさを指し示してくれるのだ。

彼とともに〈浜松事件〉に加わる、もう一方の犯罪捜査の権威がいた。小説や映画のモデルともなった社交界の花形、同時に数多くの難事件にも関わりマスコミを賑わせ続けた法医学者小宮喬介博士。博士のプロファイリングとサービス精神が〈浜松事件〉に思わぬ波紋を広げ、巻き込まれた南部清松刑事に冤罪と闘うきっかけをも与えることになるのである。

そして、巨額M資金詐欺疑惑で小宮博士が学界を追われ、吉川技師という犯罪捜査の切り札をも同時に失い変質した戦後警察の元、〈二俣事件〉など数々の冤罪事件が続発することになる。国家警察と自治体警察に分かれていた時代だからこそ冤罪が多発したというこれまでの単純なる図式的定説を、この戦後警察システムのプロファイリングによって根底から覆すことになる。これも内務省と他省庁との対立が生んだ、歴史を故意に歪ませる目眩ましの神話に過ぎなかったのだ。

また、犯罪捜査の権威ふたりが去った空隙を埋めて、古畑種基博士という新たなる権威が君臨、〈ベイズ確率〉など最新の科学を駆使して冤罪被害を増幅させていったのだった。しかし、古畑博士の〈二俣事件〉への意外な関わりを見れば、権力に迎合して法医学鑑定結果を曲げたなどという見方も浅はかなる図式的理解であり、真実は捻れて遙かに恐ろしい処にあることが知れるのである。

さらに、安保条約を強行採決し憲法改正をも目指す衆議院議長という権力中枢の座にありながら、〈二俣事件〉を無罪に導くことで、もうひとつの図式的理解を覆してくれる清瀬一郎弁護士。彼こそは青年将校たちの〈昭和維新運動〉や近衛文麿の〈新体制運動〉に加わり、帝国憲法改正をも目指したその戦前の政治姿勢から、〈認知バイアス〉のもう一方の恐ろしさを垣間見せてくれるのだった。それは、〈認知バイアス〉とともに冤罪の原因ともなるもうひとつの人間の本性にも密接に関わってくるのである。また、この清瀬との関係から、紅林刑事が戦後体制や憲法に奇妙な、そして極めて大きい影響を与えていた可能性も見えてくることとなる。

同じく、〈二俣事件〉を無罪へと導いた最高裁判事たち。〈司法権独立〉死守の生け贄として冤罪により辞職寸前まで追い詰められた彼ら裁判官の姿によって、〈司法権独立〉を巧みに利用しようとした司法省の手練手管が浮き彫りとなる。その司法省の暗躍が、〈浜松事件〉と〈二俣事件〉に思わぬ連鎖から、しかし決して見逃せぬ一撃を加えたのであった。結果的に、彼ら最高裁判事たちが史上唯一の正しい訓練を受けることとなったため〈認知バイアス〉を克服、目の前の現実がありのまま見えるようになってしまったのだ。

〈浜松事件〉と〈二俣事件〉、誰にも望まれぬまま時代の脇腹に打ち込まれた二本の捻れたこの楔（くさび）。同時に引き抜こうとするや、絲（いと）が絡み合ったまま根刮（ねこそ）ぎ手繰り寄せられ、このふたつの事件を軸に図らずも昭和史のすべてが読み解けるようになったのである。いや、それまで図式的理解という〈認知バイアス〉により、歴史がいかに歪まされて見えていたのかに気づかされるのである。

それらすべての中心に位置した紅林麻雄刑事。彼が〈浜松事件〉で果たした驚くべき役割とはいったい何だったのか？　そして、彼を巡って天を摩（ま）しそそり立った虚像と、彼への意想外な反応から、〈認知バイアス〉よりも遙かに厄介で、冤罪の元凶となりうるのが、ほかでもない、人間の〈道徳感情〉そのものであることを思い知らされることになるのだ。

〈道徳感情〉は、たかだか一万年ほどの文明が、宗教や教育によって人々に身に着けさせた薄くて軽い布切れではない。数百万年に渡る進化が骨の髄に刻みつけた、拭うに拭えない人間の本性なのである。これがなければ、人類は宗教の発生する遙か以前に絶滅していたであろう、生存のための第一原理なのである。最新の進化生物学は〈道徳感情〉の成り立ちを完全に解き明かしており、逆に本書の冤罪発生原因の分析でこの進化心理学の正しさを裏付けることになる。

そこから、冤罪とは、取り調べの可視化など、警察や裁判システムの小手先の変革だけでは克服し得ない、人間の本質と絡み合った問題であることも明らかとなるのだ。

それだけではない。十五人を次々と殺傷した〈浜松事件〉の少年の動機も、驚くべきことに〈道徳感情〉から起因しているのだった。道徳や感情が欠落しているはずの〈サイコパス〉の恐るべき連続殺人が、〈道徳感情〉とどのように結びついているというのか。はたまた、正常なはずの人間が〈サイコパス〉的思考に陥ることにより、冤罪を発生させ、また清瀬一郎が関わったような国家を崩壊させる歴史上の悲劇を引き起こすのも、この〈道徳感情〉と〈認知バイアス〉の組み合わせから発している。その人間の心の成り立ちを説くことになる。

その上で、ここまで身に絡みついた本性を脱する困難を極める唯一の道筋が、二五〇年前にすでに提示されていたことも再発見させられることとなるのである。

しかしまた、そのような巨大なる歴史や組織、人間の本性さえも凌駕してしまうかの如くの瞠目すべき個人もいるのだった。

為す術もなく運命の奔流へと塡(はま)り込んでいくに任せるだけではなく、たとえ敗れはしても一生を懸けてあらがい続け、時代に爪痕を遺さんとする執念の人がいたことを、これからこの迷宮を経巡る読者諸氏は知ることとなるであろう。

目次

1　衝撃の書に導かれ未知への扉が開け放たれる

二俣事件の発端

〈二俣事件〉とは、いったいどのような顚末であったのか。かつては冤罪の代名詞として広く語られていたが、いまでは知らぬ諸氏も多いこの事件を、ここに改めて振り返ってみたい。

東海道線浜松駅から北へ二〇キロほどに位置する二俣の地は、徳川家康の嫡男、満20歳の信康が、無実を訴えながらも無念の切腹に追い込まれた二俣城があったことで知られている。徳川と武田がこの城の争奪戦を繰り広げたように、はたまたその地名にも印されているように、ふたつの川が合流し、街道も交差する交通の要所であった。背後に広がる森林地帯から切り出された材木を天龍川の流れに乗せて運び出す集積地として、木工細工などの産業も古くから栄えた。

浜松とを結ぶ遠州鉄道二俣線（現在の名称は西鹿島線）の終着駅が置かれ、掛川とを結ぶ国鉄二俣線（現在は天竜浜名湖線）も接続され、明治以降もさらなる発展を遂げている。林業の衰えたいまでは寂れた郊外として浜松市に編入されているが、静岡県磐田郡二俣町と呼ばれていた戦後すぐには、最盛期の賑わいを見せていたのである。

それは、終戦から五年後の昭和二五年（一九五〇）一月六日、この地方としてはめずらしく雪が降り積もった晩であった。何者かが民家に押し入り、就寝中の父親（46歳）の首を匕首（あいくち）で八回も刺して殺害、母親（33歳）の首と頭を十回滅多刺しにして殺害したのである。さらには幼い長女（2歳）の首を手で絞（し）めて殺害、次女（生後11ヶ月）は母親の死体の下敷きとなって窒息死した。

大人ふたりの頸動脈を切断したために血飛沫が天井近くまで壁を染めるほどの凄惨な状況が繰り広げられていたのだが、同じ部屋に寝ていた長男（10歳）、次男（8歳）、三男（5歳）は無事で、しかも朝起きるまで殺人に気づいていなかった。隣室の祖母（87歳）は、翌朝に警察の捜査がはじまってもまだそのまま寝ているような有様だった。

ただ、明け方に次男が目を覚まし、寝ている母親の足元で座って新聞を読んでいる男を目撃、男が外に出て行ったあとに怖くて泣いたが長男に泣くなと云われてそのまま眠ってしまっている。現場には血の指跡が付いた毎日小学生新聞が残されており、殺したあとに死体の前で悠々と新聞を読んでいたらしい。広げた新聞に隠されて、次男にその男の顔は見えなかったという。

三年前の町の大火で全焼したあとのバラック建て。おまけに主人は失業中。見るからに金がないのに、遊郭や芝居小屋、商店が建ち並ぶ繁華街でどうしてこの家を狙ったのか。また裏口からすぐ傍の農業協同組合の板塀の上に、凶器と思われる血まみれの匕首が手袋に差し込んだ状態で置いてあった。何故わざわざこんな目立つようなことをするのか。不思議な事件だった。

通報数時間後には国家地方警察の強力犯係（ごうりきはん）（知能犯以外の殺人強盗などを担当）主任の紅林（くればやし）麻雄（あさお）警部補（当時42歳）が、部下とともに駆け付け捜査を開始。すでに〈幸浦事件〉の裁判でこのチームの拷問捜査が問題になっていたが、同じように素行不良者を片っ端から引っ張ってきて、二俣署裏の銀行から借りていた巨大な土蔵内で暴行を加えて白状させるという手法だった。

しかし、一ヶ月以上経っても解決することはなく、町民からは無能を非難され国家地方警察静岡県本部からもそろそろ引き上げろと云われて焦った捜査班が、二月二三日に近所に住む少年（18歳）を三百数十人目の容疑者として逮捕、殴る蹴るの暴行を加え続け、四日後に犯行を自供させたのである。

山崎兵八刑事の覚悟

ここから〈二俣事件〉は一家四人殺害事件を離れ、まったく違う様相を呈することになる。捜査の一員だった山崎兵八（ひょうはち）刑事（当時37歳）が、拷問について内部告発をしたのだ。犯人とも思えない少年が起訴されたことを山崎刑事は心苦しく感じていたが、裁判所は正しく判断してどうせ一審で無罪になるだろうと考えていた。なにせ、アリバイがあり、返り血も浴びておらず、雪に残した足跡の大きささえ合わないという、明白な証拠がこれだけ揃っているのである。

ところが、裁判がはじまると何故か担当検事が週末ごとに二俣署へ遊びに来るようになった。大事件発生以来、二俣署には各方面から陣中見舞いとして酒が届いており、まだ食糧事情がよくはなかったこの時代、ここでは安全な酒がタダで存分に呑めたということらしい。山崎刑事はその酒の相手をして話を聞いているうちに、どうも死刑判決が出ることが間違いないと判ってきた。

彼は数ヶ月悩んだ末、新聞社に手紙を出すことにする。二俣署に出入りしていた地方紙や全国紙の地方局の記者は、警察発表をそのまま記事にするだけで頼りにならない。東京の全国紙も警察の悪口はなかなか書かない。唯一警察の不正を追及していた読売新聞の東京本社を選んだのだった。

これはあくまでも調査して記事にして欲しいという内容で、自ら告発するつもりなぞさらさらありはしなかった。ところが、読売の記者ふたりがやって来て、名前を出して話をしてくれと云う。そんなことをしたら警察をクビになる。あと五年勤めないと恩給も出ない。自分ひとりならともかく、妻子もいるのにそんなことはできないと断った。

しかし、どうしてもと迫るので、山崎刑事は辞職して退職金をもらってから告発する意志を固めると、現職の警察官の告発でないと記事の迫力が出ないので辞めてもらっては困るとさらに云う。現職のままそんなことをすると、懲戒免職になって退職金さえもらえなくなる。そのときは新聞社が生活の面倒を見るからと、記者は約束したそうである。

死刑求刑を受けての最終弁論前日、一一月二三日の読売新聞に拷問を告発する記事が大きく出た。浜松地裁でも大騒ぎとなって公判は延期。求刑がすでに出された後としては異例だが、山崎刑事を証人に呼んで改めて審理をやり直すこととなった。

知り合いだった全国紙の地方局の記者が、警察の意を受けたのか取消したほうが身のためだよと忠告してきたりしたが、法廷でも拷問と少年の無罪を訴える。しかし、二俣署長も法廷に出て山崎刑事の証言をことごとく否定したばかりか、勤務態度も悪く、お茶にはフケを入れて出し、トィレは扉を開けたままで用を足すので女子職員には嫌がられ、「今日は強盗事件が起きないかなあ」などと祈る変人であると語った。

一二月二七日に少年の死刑判決が出て、その日のうちに山崎刑事は偽証罪で逮捕されることになる。実際には偽証の取り調べなどまったくないまま、拘置所に三三日入れられたあげくに、名古屋大学教授・乾憲男博士の精神鑑定で「妄想性痴呆症」と診断され偽証罪は不起訴で釈放、警察を辞職することになった。

衝撃の書『現場刑事の告発』

私はここまでの経緯はある程度知っていたのだが、序章に記したようなことで改めて事件について調べていて、山崎兵八氏が平成九年（一九九七）に『現場刑事の告発　二俣事件の真相』という本を出していることに気がついた。事件のキーマンの本となると目を通しておかねばならぬであろう。当事者の手記なら紅林警部補の人間像もよく判るかもしれないし、〈浜松事件〉のことも書かれているかもしれない。

ところが、国会図書館を初めとして全国どこの公立図書館にもこの本がない。ネット古書店などでもまったく扱っていない。どうにも腑に落ちない心持ちで、いろいろ探して某所にあった本を読んでみた。すると、〈二俣事件〉の有力容疑者のことが名指しで書いてある。ありきたりの表現でどうにも恐縮至極だが、こんな場合はほんとにそうなるもので記しておくと、ギョっとして思わず飛び上がった。

これまでも高杉晋吾『権力の犯罪』などの本で、山崎氏の話を元にかなりぼかした形でほのめかされてはいた。ところがこの書では、その人物が赤ん坊の行方を警察も判らなかった段階で母親の下敷きになっていることを示し、山崎氏が赤ん坊はまだ生きているんじゃないかと云うと、「死んでる死んでる。死んでるはずだ」と犯人でもなければ口に出ることはないであろうおかしな答えをしたこと、なにより被害者が死ぬと利益を得ることなど、いくつもの傍証が非常に具体的に書かれている。

さらには紅林警部補がこの有力容疑者から金をもらったところを、国警からついてきた紅林の部下が見たと聞かされたこと。〈幸浦事件〉でも有力容疑者から金をもらって捜査がおかしくなったと、この部下に聞かされたことまでも書いてある。

この衝撃の内容や、またこの本がまったく話題になっていないことにも驚いたが、なにより歴史の彼方の出来事だと思っていた〈二俣事件〉の関係者が平成という現代と地続きの時代にもまだ生きていることに驚き、できれば直接話を聞いてみたいと考え、一筋の糸を手繰り寄せてみた次第ではあった。二〇〇八年のことである。

山崎家の苦難

その結果、残念ながら山崎氏はその七年前にすでに亡くなっていることが判ったが、幸いにも山崎氏の長女の澄子さん（当時69歳）と静岡でお逢いしてお話を伺うことができた。

事件時小学五年生だった澄子さんを含めて家族も〈二俣事件〉では非常に辛い思いをしており、山崎家では事件を語ることが一切タブーとなっていた。しかし、五〇年近くが経ち、娘さんもようやく当時のことを振り返って見つめ直してみてもいいかなと思いはじめ、また80歳を越えていた山崎氏が脳梗塞で倒れ、このまま亡くなってしまうのではないかと考えたこともあって、書いてみればと勧めたという。手が震えて「俺は書けない」と弱音を吐いていたのだが、「本にしてあげるから書け！」とまで云って励ましたという。

そうすると、記憶を辿って手を動かすことがリハビリになったのか、山崎氏は一挙に元気になって毎月何百枚も原稿を書くようになる。それを澄子さんの友人のご主人がたまたま出版社をやっていたので自費出版としてまとめてもらい、知り合いにだけ配ったということであった。図書館にもないはずだ。

澄子さんも、この本を読んで初めて事件の詳細を知ったという。事件とは一切顔を背けてきたからだ。

二俣町よりさらに二〇キロほど奥の山村に住んでいた一家は、大黒柱が逮捕されてから村八分に遭い、電気を止められたり嫌がらせを受けた。長男は幼稚園で「ブタ箱に入ってる人の子とは遊んじゃいけない」といじめられて泣いて帰ってくるし、親戚からも冷たくされるなど辛酸を舐め、この時期のことは想い出すことさえ避けてきた。親戚一同も浜松まで呼び出されて精神異常者がいないかどうか調べられるなど巻き添えになり、親戚の縁を切ると云ってきたのだ。澄子さんも幼い弟に「おとうちゃんは何でブタ箱にいるの？悪いことしたの？」と泣かれ、「悪いことはしないけれども、まああんたにはまだ云っても判らん」と答えるのがやっとで、言葉に窮して情けない思いをしたという。

山崎氏が釈放されて帰ってきてからも苦難は続いた。新聞社の云うことなど最初から信じてはいなかったが、案の定、読売新聞は一円も出さなかった。最も痛かったのは、これさえあれば仕事はいくらでもあるだろうと考えていた自動車免許を精神異常だということで取り上げられてしまったことだ。

この地域一帯を管轄していた新聞配達店経営者が見兼ねて村の配達を任せてくれたので、

辛うじて一家を養うことになる。生活の面倒を見ると約束した読売新聞とはまったく関係のない人物の個人的好意で、田舎のこととて全社の新聞を一度に配るのである。

さらに、細々と暮していた一〇年後には自宅を放火され、全焼してしまう。当時小五だった次女が、長靴をはいた男に新聞屋の場所を訊かれて自宅への道順を教えた。そして、小三の次男が長靴の男が家に入るのを目撃した直後に火が出ている。

それなのに、警察はあろうことか次男を補導しようとしたのだ。次女が「なに云ってるんですか。この子はそんなことをする子じゃありません。警察の人は犯人でもない人を犯人にするのね！」と警官に食ってかかったが、かまわず署に連行し、お前が火を付けたのだろうと凄い剣幕で厳しく長時間責め立てた。ここでもまた冤罪が繰り返されようとしたのだ。結局、放火の真犯人の捜査は一切なく、コタツの火の不始末からの失火として処理されている。

昭和三六年三月一一日のことで〈二俣事件〉は無罪確定から数年過ぎていたが、〈幸浦事件〉などはまだ裁判が続いており、また弁護士たちに支援された山崎氏自身の名誉回復運動も継続中だった。もし、名誉回復が成功すると今度は署長が偽証に問われるという、警察とは微妙な関係ではあったのだ。証拠もないまま幼い次男に対して、警察が異常なまでの厳しい取り調べを強行したのは、この父親との関係があったからだと山崎家ではいまでも考えている。

　こういった苦境に巻き込まれたこともあって、澄子さんは「父は家族に苦しみだけを与えてくれた」「警察官を怨むことと父を怨むことしかなかった」という思いを、口にこそ出さなかったが長年胸に秘めていたという。また、苦しい家計を見て父親は勝手なことばかりして頼りにならぬから自分が家族を支えたいと小学生の頃から思い、「早く中学を卒業して、絶対に私がこの家の柱になるって、なんにもできもしないのにね。気持ちだけは思いましたよね」と語っている。実際に進学を諦め、中学を出ると一番稼げるバス車掌となり、結婚するまでの五年間、封を切らずに給料のすべてを家に入れた。

　そんな積年のわだかまりが、父親に本を書かせ、またそれを読んで事件に向かい合うことにより、ようやく少しだけ晴れてきたという。かなり強引に本を書かせたのは、脳梗塞で倒れてこのまま亡くなってしまい事件のことが判らないままに終わると、「事件のことは聞きたくもないけど、書いてもらわないと私の父親って何だったのかな」という思いが噴き上げてきたというのだ。

　この父親のために、事件の前も大変だったようだ。警察官時代は二俣町に単身赴任で週に一回、車で一時間ほどの自宅に帰るのだが、空襲で浜松が焼け野原となった終戦直後などは宿無しの戦災孤児を何人も拾ってきて連れ帰り、何年も育てて、製材所などの山の仕事の世話をしてやったらしい。山崎氏はたまに帰ってくるだけだが、奥さんは物資の乏しい時代に畑を耕して食糧調達したり大量の食事を作ったりで大変な苦労をすることとなる。子どもたちも、貴重な食べ物を突然増えた珍客に喰いつぶされて腹が空く。

家族を犠牲にしてでも人のために何かをやらねば気がすまぬその人となりを娘さんにはいろいろ聞かせていただいたが、山崎氏にはその著作『現場刑事の告発』の内容とともにのちほどまた登場してもらうことにして、もう一方の主役を見てみよう。

2 〈拷問王〉と呼ばれた怪物刑事の誕生とその実像

紅林方式の実像

紅林麻雄警部補の一連の冤罪事件について、戦後の新体制になっても戦前のままの自白偏重主義を引きずった古い手法を続けたために起こったことだと云われることが多いが、これは必ずしも正しくない。むしろ、昭和二二年に発布された新憲法第三十八条第三項と昭和二三年に制定された新刑事訴訟法第三百十九条第二項の「自白のみでは有罪にできない」という条文を回避するための戦後ならではの新しい冤罪と云える。

紅林警部補が拷問によって引き出した自白は「私がやりました」という素朴なものではなく、〈秘密の暴露〉と云われるものだった。犯人しか知り得ない事実である。〈秘密の暴露〉という言葉は、〈二俣事件〉の起きた一九五〇年にグラスベルガーが『刑事手続きの心理学』で初めて提唱したものであり、日本の法廷で使用されるようになったのは昭和四五年あたりからなので、紅林警部補が知っていたはずはない。

しかし、〈幸浦事件〉と〈二俣事件〉の弁護人を務めた清瀬一郎弁護士は、その著書『拷問捜査　幸浦・二俣の怪事件』で、紅林捜査の特徴を看破したと述べている。これまで無数に扱った事件が裁判で崩れたことは一度もないと豪語していた紅林警部補の秘訣は、〈推定証拠（プレサンプティヴ・エビデンス）〉なるものを巧みにとらえ、また作成することにある。警察も知らない事件の核心についての被告の自白こそが、裁判官の心を動かす一番の〈推定証拠〉であることを彼はよく理解していたというのである。

まさしく、〈秘密の暴露〉の有効性を、誰に教わったのでもなく、鋭い洞察力で紅林警部補は独自に見抜いていたわけだ。さらには、その最も強力なる〈推定証拠〉を、自ら「作成」していたと清瀬弁護士は断ずるのである。

昭和二三年一一月二九日に一家四人が殺害された〈幸浦事件〉が一審二審で死刑判決となった決め手は、死体を埋めた場所を容疑者が指し示したことにある。昭和二五年五月一〇日に子供を抱いて寝ていた女性が殺された〈小島事件〉では、被害者の寝ていた向きと斧の峰で殴ったことをしゃべったことが決め手となった。いずれも犯人しか知り得ないことで、単純な自白ではないからだ。

さらに、紅林方式の特徴は、一連のストーリーを創り上げて被疑者に云わせるというなかなか凝ったものでもあった。

〈二俣事件〉では、被害者宅の柱時計が大きな争点となる。この時計は少し傾いて、十一時二分を指したまま止まっていた。前日までは正常に動いていたのだから、これは犯人がぶつかって止まった、つまり犯行時刻を示していると思われる。

ところが、この時間には少年にアリバイがあった。そこで紅林警部補は、実際の犯行時間は九時だったが時計の針を動かしたと自供させた。これで満足しないのがこの人の凄いところで、江戸川乱歩原作の映画『パレットナイフの殺人』でアリバイ工作に被害者の腕時計の針を廻すトリックが使われているのを観てヒントを得たとまで云わせて、さらに二俣町の映画館で最近この作品が上映されたことまで調べ上げている。近所の貸本屋から借りた探偵小説のリストを作って、少年がこれらを好んで読んだ探偵小説マニアであることまで傍証として上げてくる。

ここまで仕込んだその上に、時計にはガラスのふたがなかったと自供させた。調べてみると、去年の八月に子どもたちがボール遊びをして時計のガラスを割っていたことが発覚した。これこそ針を廻した犯人しか知り得ない重要な事実である。この自白が一審二審での死刑判決の決め手となったのだ。

静岡県ではこの後も〈島田事件〉〈丸正事件〉と拷問による冤罪事件が続いたが、いずれも紅林警部補の部下の手になるもので、その手法を受け継いだと云われている。しかし、これらは拷問によって容疑者が苦し紛れに述べたことに合わせて後から適当な証拠物をでっち上げるような荒っぽいもので、紅林方式ほど巧みに練り上げられてはいない。むしろすでに終戦直後の混乱期とは云えないこの時期の事件のほうがよくある古くさい冤罪事件のイメージに近く、かつての上司のやり方を表面だけ真似た不肖の部下たちによって紅林のスマートに洗練された実像が歪められてしまっている。

紅林警部補は一連の事件で〈拷問王〉と呼ばれたり、その強面の風貌から暴力的なイメージがあるが、部下に命じるだけで本人は拷問を一切行っていないし、むしろ知性派であり、それゆえに嫌らしい方式を編み出したと考えたほうが正しいと思われる。

同じく新憲法と新刑事訴訟法によって定められた「拷問による自白は証拠とすることができない」という条文を回避するため、暴行を加える〈割り方〉と調書を取る〈書き方〉に役割分担をさせ、場所を隔てることまでしている。たとえ拷問を咎(とが)められることがあっても、自白はそれとは関係がないとする形式を取っているのだ。いろいろに考え抜かれている。

怪物刑事・紅林麻雄の形成

　ここまで凝った手法を編み出してまで、紅林麻雄警部補はなにゆえ冤罪事件を続発させねばならなかったのか。かつて紅林の同僚として〈浜松九人連続殺人事件〉の捜査にも加わった刑事で、昭和二一年に退職して二俣町で板金加工業を営んでいた南部清松氏の証言が解明の手掛かりとなる。

　紅林警部補は〈二俣事件〉捜査を開始するとすぐ、ベテラン刑事でこの町のことをよく知っている南部氏（当時47歳）に協力を依頼してきた。応援部隊の建前から二俣町では思うように動けないし、二俣署員は殺人事件の経験もないひよっこばかりだからというのである。

　快く応じた南部氏だったが、やがて証拠ではなく拷問による自白に頼る紅林の捜査方針に疑問を持ち、時計のトリックによるアリバイ崩しで決定的に対立、山崎氏よりも前に自ら法廷に証人として立つなど少年の救済支援活動を繰り広げることになる。

　彼の紅林批判は厳しく、のちに支援活動に加わった〈島田事件〉の再審請求上申書ではこのように述べている。〈浜松事件〉は間違えて逮捕した犯人の兄の自供から解決したので功労者はいなかったが、表彰者を誰か推薦しないといけないので県警本部の刑事課長が浜松署に花を持たせて紅林刑事が賞状を受けることになった。これが新聞で大々的に報道されたために「時の人」となり、本人も誇って警察学校などで講演するようになり、強力犯捜査の権威者となって君臨したが、「もし事件が未解決に終らんか自己の権威者としての地位は直ちに失墜することを恐れ、次々と心中苦しみながらも冤罪事件を作り上げて行ったものと、私は断言してはばかりません」。

〈浜松事件〉という史上最大の難事件を解決した名刑事として祭り上げられて、最初に巨大な虚像ができあがってしまい、それに実像を合わせているため汲々としていた。南部氏はそのように記録を残しているのだ。

ここからは想像になるが、そのためにもただ殴って白状させるなどというだけでは駄目で、時計のトリックはもちろん少年のアリバイを崩すためのものだが、それだけではなく名刑事ぶりを示すために自身で巧みなトリックを仕掛けて華麗な推理で解決するという演出が必要だったのではあるまいか。それも、人に見せるためというより肥大化した自己像を満足させるために。

秀才型犯罪の脆さ

私は〈少年犯罪データベース〉構築のために数多くの特異なる事件を蒐集してきたが、

これは万能感を抱いた秀才型の犯罪者によく見られるパターンではある。自分が見ていたトリックに使える乱歩原作の映画と二俣の映画館での上演記録が一致したときに、現実を吹っ飛ばしてバーチャルな世界が確立し、自分でも本当のことだと思い込んだのではあるまいか。

それだからこそ、事件翌日に彼も立ち会って時計を調べているので、ガラスのふたがないことは犯人だけが知る事実ではないという単純なことから簡単に崩されてしまうことにもなる。この時には時計の写真も撮り、巻き尺で文字盤の直径まで測っているのである。

〈幸浦事件〉の場合は、一家四人の死体がこの日に発見されるというおかしな噂が事前に流れており、それを聞いて見物に行った人が目印の棒を立てられた砂浜にあとから容疑者が連れられて来られたのを目撃している。警察は死体が埋められている可能性を考えてこの辺り一帯で棒を突き刺して捜索していたので、この下に死体の感触があることをすでに判っていたのだ。ひょっとすると、いったん掘り起こして死体を確認してからまた埋め直した可能性さえある。

〈小島事件〉の被害者の寝ていた向きと斧の峰で殴ったことも、警察にまともな推理力があれば判ることで、真犯人だけが知り得る事実とは云えない。紅林警部補はこんな推理をできるのは己だけで余人には見抜けないだろうと過信したのではあるまいか。

〈二俣事件〉で凶器の匕首と血まみれの手袋をわざわざ塀の上に放置したのも、少年が貸本屋から借りた探偵小説のリストのなかにある甲賀三郎『支那服の女』に収録されている短篇「古代貨幣」で犯人がある人物のナイフと手袋を犯行に使用して血まみれのままわざと現場に置いて捜査の目をそちらに向けさせようとした場面に影響を受けたと推理している。紅林警部補自身が、かなりの探偵小説マニアだったと思われる。少年がこの小説をほんとうに読んでいたかどうかは定かではないが、同じ内容が記された小説を見つけ出してくる執念には恐れ入る。裁判所もたやすく騙されるわけである。

こうして、何の罪もない四人を死刑台に送り一人を無期懲役にせんと謀った恐るべき無差別連続殺人計画は、万能感あふれる秀才型犯罪の典型として、すぐれた頭脳で築き上げたトリックは一見巧みなようで頭だけで考えたバーチャルな世界ゆえの脆弱さから脆くも崩壊し、真実が顕わとなったのだった。しかし、これまた万能感を抱いた秀才型の犯罪者の常として、自らの非を決して認めようとはしなかった。犯罪者となることを恐れる以上に、そのバーチャルな世界を築き上げた自らの優秀さを否定することになり、肥大化した自己像が崩壊してしまうからだ。

〈幸浦事件〉〈二俣事件〉〈小島事件〉という、犯人解明までに何ヶ月も要した難事件を次々解決したことにより紅林警部補の名声は頂点に達した。国家警察本部長官（いまの警察庁長官）から優良警官表彰と記念の腕時計を受け警部に昇進、御殿場署次席にまで上り詰める。

ところが、三事件とも次々最高裁で死刑が破棄され非難が高まるや、一転して派出所勤務の交通整理に回されることとなる。たんなる閑職ならともかく、ここまで露骨な降格は左遷というより辞職圧力だろうが、構わずそのまま勤め続けている。

さらに、裁判が長引いた〈幸浦事件〉を除いて〈二俣事件〉〈小島事件〉の無罪が確定、〈拷問王〉という称号まで与えられ非難がいや増しに湧き上がると、紅林警部は現職刑事でありながら、「真実は犯人だけが知っている」という反論手記を『週刊文春』昭和三四年一二月二一日号に寄せた。「被告台上に立たされた鬼警部の悲痛な告白」と編集部に煽り文句がつけられている。その惹句通りに、己を世間の理不尽なる攻撃にさらされた受難者として抵抗の意志を示した内容である。

警部の身でありながら、交通整理に飛ばされる恥辱を受けてまで、何故警察を辞めないのかという疑問に厳然として応える。

「それでは負けることになるのである。正義のために、民主時代の警察官の信用のために、わたしは身を引いてはならない」

己を非難する者を「ヒトラーがユダヤ人追放を叫んだときのような、きちがいじみた姿」「言論の暴力」とし、拷問を受けたと訴える被告は弁護士による洗脳で嘘を事実と思い込まされていると云っている。ユーモアもあるなかなかうまい文章で、読書家であることも覗かせていて、知性派であることは間違いない。

特異な事件を起こす犯人について「虚構と現実を混同した」というは戦前からよくある分析で、最近では頻発されているために評者のほうが虚構と現実を混同していると思える場合も多いのだが、紅林警部に関しては見事にこれがあてはまることが手記で証明できる。

「この三事件を通じてわたし及び検察側にとって不利なのはまず被告の犯行を証明する物的証拠がまったくないことだ」

とあるのだが、紅林警部補は自白以外にも数多くの物的証拠を提出しており、それが決め手となって一審二審の死刑判決につながり、また最高裁ではその物的証拠を否定されて差し戻されているのである。

「わたしの心境はこうである。よし、面白い、わたしが拷問をしたというのなら、いつどこでやったか伺いましょう——これなのだ」

とあるが、有罪となった被告だけではなく、結果的に自白せずに釈放された人を含めて何人もが拷問を受けたと法廷で証言している。彼もそれを聞かされているはずなのに堂々とこのようなことを記し、またさらにこうまで云っているのである。

わたしの信念でいうなら、犯人はどんな兇悪犯人であってもいや兇悪犯人になればなるほど拷問なしで自白する。人間はそんなにタフに出来ているものではない。良心の苛責というやつは人間の宿命だ。

調べ室に向き合ってじっと目をみつめる。

「おまえ、お父さんお母さんに会いたいだろう」

こう一言やさしくいってやると、ワッと泣きくずれて、

「刑事さん、助けて下さい。頼みは刑事さんだけなのです、そうです、わたしが殺りました——。」

と一さいの泥をはき出すのが大ていの犯人だ。

犯人に泣きつかれるときの刑事の気持を正当に忖度して下さる人がいないようなのは残念である。わたしたちは、ふだんは武骨な野暮天にすぎないが、そのときばかりは慈母のような気持になってしまうのだ。

「そうかそうか。これまで犯行を隠していて苦しかったろうなあ。」心でそうつぶやく。乳房があるものなら犯人を抱きしめて、一しょに罪のおそろしさに泣いてやりたいくらいなのだ。

これは言い訳のための自分に都合の良い解釈というよりも、ほんとうにそう思い込んでいるのではないかと推察される。明らかに事実と反することを平気で書くという点から見ても、そうとしか理解できないのだ。法廷など彼の目の前で繰り広げられた現実と、紅林警部の脳内が嚙み合っていないのである。

現職の警察官が、自分の関係した裁判について弁護士を名指しで批判したこの手記は、大問題となって国会でも取り上げられた。弁護士連合会は質問状を出したが、警察庁は紅林警部を呼びつけ聞き取りをしたうえで「手記は本人の手になるものではなく雑誌記者の質問に応じて答えたことを取材者側が適宜編集したもの」だという警察庁長官名の回答を寄せてきた（「危険きわまる紅林警部の手記」世界　昭和三五年五月号）。しかし、紅林警部はその後も地元紙のコメントなどで手記は自分で書いたものだと語っており、そのあたりからして現実と虚構が交差して判らなくなってしまっている。

紅林警部の特異性

　じつはこの手記の二年前、静岡県警察本部発行の雑誌『芙蓉』に「夜鳥と夢　幸浦事件をめぐる怪」という文章を、紅林警部は寄せているのである。〈幸浦事件〉が最高裁で死刑を破棄され差し戻された数ヶ月後のことだ。

　死刑破棄のことなどまったく触れず、あくまで〈幸浦事件〉の被告たちが一家四人を殺害したという内容だが、特徴的なのは怪奇現象と絡めているところである。

　容疑者のアリバイを崩すため深夜の聞き込みに出ると、その辺りでは日頃いない四羽の鴉(からす)が鳴きながら夜空を飛び回る。まるで、行方不明になった被害者四人の如くに。その被害者が埋められている場所が判明する前夜には、被害者の兄の枕元に四人の幽霊が現れる。

「およそ殺人事件には、いま申上げたような易者の占いによるデマとか、火の玉が出たとか言うことは筆者も屢々体験したことであるが、この幸浦事件では、それればかりでなく、そのほかにもいろいろ、いままで体験したこともない、科学でも割り切れそうもない事象が次々と発生して、それから十年にもなんなんとする今日、なお筆者の脳裡に〝不思議〟の文字を刻み残して居る問題がある」

などと云いつつ、紅林警部はこれらの怪奇を本気で信じているようにも見えない。文章の効果を上げるために、インパクトのある描写をしているように読み取れる。それによって、被告たちが真犯人であると印象づけようという計算もあるのだろうが、むしろ、純粋に読者を惹き付けるためだけにこのような演出を加えているようにも思える。

上手な文章を書く人はいるが、このように物語調で引き込む文章構成を操れる人はそうはいないものだ。とても素人とは思えず、手練れの技に見える。いささか感情的な『週刊文春』手記よりも、抑えた調子のこちらのほうが名文にも思え、なるほどあの手記は週刊誌記者が勝手に書いたのやも知れぬ。手記にある、この読書量は嘘でないことだけは判る。

「こんどの一連の無罪判決がなかったなら、わたしは将来この三事件のイキサツを思い出すのに、汗牛充棟の愛蔵本のなかから、青春に読み捨てた書物を探すくらいヒマをかけねばならなかっただろう」

さらに、彼の行動はたんなる虚構と現実を混同した秀才型犯罪とだけとは云えない面もある。南部清松氏は、〈浜松事件〉直後に紅林刑事が「或る醜い事件を二件も起したため」クビになりそうになったが次の県警本部刑事課長が「表彰の実情」を知らず「浜松事件の功労者を首にするに忍びない」と刑事課に引き上げたとも記述している。

「この事実は二件共その事情を知っておりますが故人の名誉のため具体的には申し上げません」と、南部氏は付け加えている。警察をクビになるとはよほどのことで、普通は暴力か金の問題としか考えられず、拷問ではクビにならないのだから、山崎氏の著書の暴露と結びつくような話ではある。

金に関しては手記でも「わたしはこれまで四八〇回ばかり犯罪捜査上の表彰をうけている。しかし、金一封はぜったいにもらわない」と強調している。そのようなことを雑誌記事に書いた清瀬一郎弁護士を非難しているのである。

清瀬弁護士はなにも賄賂をもらったと云っているのではなく、事件解決の報奨を受けたと記しているだけなのだが、国警長官から腕時計を授与されただけだと殊更に否定する。あとで述べるように、〈浜松事件〉解決では検事総長による〈捜査功労賞〉と金一封を受けたことは公式記録に残っており、とくに恥ずるようなことでもないのだが、なにゆえそこにこだわるのか。これもまた、現実と虚構の混同とともに気になるところではある。

すべての事件で無罪が確定した昭和三八年七月末に紅林刑事は警察を去り、わずか一ヶ月半後の九月一六日に脳出血で死んだ。55歳の若さ。自らの虚像に押しつぶされた最後だった。

そのあまりにも巨大なる虚像とはなんだったのか。これまで断片的にしか語られてこなかった〈浜松事件〉と紅林刑事の演じた驚くべき役割を、ここで七〇年ぶりに解き明かしてみよう。

3　日本初のプロファイラーが〈浜松事件〉に挑戦する

〈浜松事件〉を完全解明する

〈浜松事件〉という史上最大と云っても過言ではない重大事件について、これまでまともな記事がひとつも書かれなかったことは驚くべきことである。学者なりジャーナリストなりの最低限の情報蒐集能力があれば、その資料の入手はさして難しいことではないからだ。事件発生から七〇有余年、誰ひとりとして真剣に歴史と取り組もうという意欲さえ持っていなかったということなのである。

このデータを収集して精密なる分析を加えようとしないことこそが、冤罪発生の元凶となることは、後半でまた説くことになる。その前にまず、今回は内務省警保局と静岡県警それぞれの詳細なる内部文書が入手でき、また〈二俣事件〉取材に於（お）いて邂逅した南部清松氏の遺した資料と合わせ、事件の全貌を完全に解明することができたので、ここに提示しておきたい。

なお、精神鑑定書によって年齢がはっきりしている犯人や、公式文書で正確に判る警察関係者を除き、被害者などの年齢はすべて数え年で、満年齢にすると一～二歳低くなることをお含み置き願いたい。

事件の舞台となったのはいずれも静岡県浜松市の北方に位置していた浜名郡、浜松と二俣町を南北に結ぶ遠州電気鉄道沿線だった。

第一事件

昭和一六年（一九四一）八月一八日深夜二時四〇分頃、貴布禰（きふね）駅前にある芸妓置屋〈和香松（わかまつ）〉に何者かが侵入した。便所の小さな高窓のガラス戸二枚を外し、洗濯台を踏み台にしたのである。就寝中の芸妓、勝也（20歳）の胸を鋭利な刃物で二回刺して即死させ、同じ六畳間のひとつの蚊帳（かや）に並んで寝ていた芸妓、君竜（20歳）の右肩など数ヵ所を滅多刺しにして、便所横のガラス戸から逃走した。

隣の部屋で寝ていた〈和香松〉の女将（50歳）は君竜の呻き声に目を覚まし、廊下を走り去る白シャツに黒ズボンの男を目撃している。〈和香松〉は六人の芸妓を抱えていたが、ひとりは愛人と逢い引きのために外出中、三人は別棟で寝ており無事だった。君竜は出血多量のため一時危篤となったが、すぐに病院に運ばれ同僚芸妓たちの輸血を受け辛うじて命は取り留めた。

女将の悲鳴を聞いた近所の者によって三時一〇分に警察へ通報され、浜松署司法主任、片桐素一（かたぎりもといち）警部補（当時満38歳）率いる捜査陣が午前四時に到着。浜松署長、予審判事や地方検事も駆け付けて、現場近くの駐在所ですぐに捜査本部が設けられた。

戦前の日本では欧米と同じく、起訴して裁判をはじめるかどうかを判事が審理する予審制度があった。捜査の主体も警察や検事ではなく、あくまで予審判事であった。逮捕や司法解剖の命令を出したりもするので、裁判所の宿直室や官舎で有事に備え、大きな事件が起きるといつでも現場に急行するのである。

その現場では、金品は一切強奪されておらず物色の形跡さえなかったので、強盗ではなく美人芸妓として評判のふたりに対する痴情か怨恨と思われた。勝也と君竜、いずれが標的だったのかを見極めることが当面の捜査方針となる。しかし、女将や同僚たちにも心当たりはなく、君竜は犯人の顔は見なかったと云うだけで重傷のためそれ以上話を訊ける状態ではない。現場にも遺留品がまったくなく、捜査は初手から手詰まってしまう。

色恋沙汰の痴情のもつれにしては女の顔を傷つけておらず、点灯していた部屋の明かりを消さずに犯行に及んだこと、また便所窓からの侵入は窃盗犯の手口であり不審ではあった。

ただ、前日の日曜日に勝也は弁天島へ海水浴に出かけており、「非常に嫌いな男と遭った」と話していたらしい。調べてみると、勝也が日頃嫌っていた客とたまたま出逢って恥を掻かせるような言葉を浴びせていたことが判明した。二日目に片桐警部補はこの男を本署に留置、翌日取り調べることにして深夜の三時に自宅に帰ったのだが、まさしくこの時に事件は思わぬ展開を見せていたのである。

第二事件

八月二〇日深夜二時三〇分頃、貴布禰駅から浜松方面へ一駅隣、小松駅前の料理屋〈菊水〉に、何者かが侵入した。便所の高窓のガラス戸二枚を外して、ビール箱を踏み台にしている。就寝中の女将（44歳）の右下脇を二回刺し、同じ部屋で寝ていた女中（16歳）の背中を二回刺し、隣室で寝ていた雇い人男性（62歳）の右胸など七ヵ所を滅多刺しにして三人とも殺害、玄関から逃走した。

女将と同じ布団に寝ていた女将の養子（11歳）は無事だった。異変に目を覚ますと母親がおらず、女中が助けを呼ぶためか「火事だ火事だ」と叫びながら見知らぬ男に押されるようにして雇い人の部屋に行くのが見えたので、貴布禰の殺人犯だと思い、逃げ出して駐在所に駆け込んだのである。

雇い人の老人は庭掃除などするため通っていたが、貴布禰の事件で物騒だからと女将が用心棒代わりに住み込みさせたばかりだった。女中はこの老人と並んで死んでいた。二階に上がるなど屋内を徘徊した跡があったが金品の物色はしておらず、手口から明らかに〈和香松〉の事件と同一犯人だと思われた。前回と同じく指紋や遺留品がまったくなく、ただ、女中の布団にズック靴の足跡だけが残されていた。

女将は元芸妓で、この店を持たせてくれた近くの村の村長など愛人がこれまでに十三人おり、痴情関係も考えられる。東京日日新聞静岡版八月二二日〔深まる〝怪奇〟謎の糸に繋がる勝也と菊水〕によると、芸妓の勝也は〈和香松〉に内緒にしながらこの〈菊水〉の座敷をたびたび務めるなど懇意にしており、十日前にこの店で最後となった座敷に出てからは「死にたい死にたい」と漏らして塞ぎ込むようになった。また、〈菊水〉の女将のほうも勝也が殺されると異常な恐怖に駆られて用心棒を住まわせたり、幼い息子には「何かあったら交番へ走れ」と告げるなど、裏に秘密があるのでないかと警察は俄然この線を重要視しているとある。

後述する浜松署資料によると、国が公認していた遊郭以外での売春行為を嫌う官憲の目を逃れて芸妓と客が同衾するための秘密部屋が〈菊水〉にはあった。家中をうろついているのにこの部屋には入っていないことから、犯人は馴染み客とは思われないところがある。

また、女将は庭に這い出してから絶命しているのにとどめは刺されておらず、女将への怨恨痴情とも思えないふしがあった。

二日前に一キロほどしか離れていない場所で犯行を遂げたばかり。警察の大規模な捜査が展開されている中での大胆不敵な行動から、異常な変質者の線が出てきた。捜査状況から、犯人が被害者と面識がない可能性は新聞にも書かれている。無差別の連続殺人で犯人が捕まらないとなると、いつ自分が標的になるかも判らない。近隣の住民は恐慌を来して自警団を組織、厳重なる警戒に当たり、またデマも飛び交った。

八月二二日には柘植文雄静岡県警察部長（現在の県警本部長）が自ら現場に乗り込み、捜査員たちと共に寝泊まりしながら陣頭指揮、解決するまで帰らないと宣言した。しかし、住民たちが恐怖の渦に呑み込まれている中、一週間経っても二週間経っても犯人は挙がらない。いつまで経っても犯人を検挙できない警察を莫迦にして、捜査陣を見ると「鼠を捕らぬ猫が通った」などと聞こえよがしに云う者も出てきた。柘植警察部長も、やむなく引き上げざるを得なかった。

痴情の線は薄いと一旦は踏んだものの、被害が花柳界であることから痴情関係の情報ばかりが大量に押寄せて捜査は混乱。そこで、過去の重大未検挙事件記録を洗い直すこととなり、三年前の事件が俄(にわか)に注目を集めることになったのである。

武蔵屋事件

日中戦争が勃発した一年後の昭和一三年八月二三日深夜一時五〇分頃、小松駅からさらに浜松方面へ一駅隣、西ヶ崎駅前にある芸妓置屋〈武蔵屋〉に、何者かが物干し台をよじ登って二階から侵入した。一階で就寝中の女将（38歳）の右頰を刃物で深く切り付け、二階に上がるとひとりで寝ていた芸妓（31歳）の背中を二回切り付けて軽傷を負わせる。女将が助けを呼ぶため火事だと叫んでいるところへまた降りてきて右耳下、左頰、背中などを滅多突きにして瀕死の重傷を負わせて玄関から逃走した。

女将と同じ部屋で寝ていた長男（13歳）は無事で、異変に目を覚まして白シャツに黒ズボンの男を目撃している。一階も二階も部屋の明かりは点灯したままで、金品の物色はしておらず、また前述ふたつの事件と同じく女を襲っているのに強姦などの様子もなかった。最初に侵入した二階のもうひとつの部屋には芸妓見習いが四人寝ていたが、素通りしている。

明らかに同一犯人と推定された。

現場には遺留品がまったくなかったが、〈武蔵屋〉のすぐそばに自転車が乗り捨てられており、犯人のものと思われる。この自転車は二日前に小松の映画館〈日の出座〉で、客が盗まれたものだった。その日の〈日の出座〉では、金を払わずに入館しようとして木戸番に殴られ追い出された少年がいたことも判明。少年は聾唖者で、小学校の学帽を被っており、匕首のようなものを所持していたということであった。そこで近辺の聾唖少年が調べられたが該当者はなかった。

芸妓置屋ということもあって、聾唖者少年よりも痴情が最も有力視されてその線での捜査が展開されたが、一ヶ月ほどで打ち切られ迷宮入りしていたのである。

〈武蔵屋〉の女将は全快していたので警察は改めて話を聞いたが、周りから痴情だと見られたが絶対にそうではないと憤慨しており、また犯人は一言もしゃべらなかったということだった。〈和香松〉でも〈菊水〉でも犯人は言葉を発しておらず、聾唖者の線が俄然強くなってきた。

そこで、当時より範囲を広げて若い聾唖者四〇人を調べてみると、中村誠策（満17歳）が浮かび上がったのである。三年前に〈日の出座〉で聾唖少年を追い出した木戸番に面通しすると、そうかもしれないと云うので、九月二二日に捜査本部に連行して取り調べを行った。しかし、筆談や手真似ではいっこうに話が通じない。

なお、〈浜松事件〉に関する警察資料では、手話の意味で「手真似」という言葉が一貫して使われている。この最初の取調べ時には手話通訳を呼んでいないので、話が通じないのは当然であった。

証拠もないので、その日は一時間だけですぐに帰してしまう。翌日から専属の刑事が誠策の自宅に張り付くこととなる。

残された足跡の大きさから犯人は小柄、しかし突き刺し専門で何度も繰り返せる腕力があることが判っているので、誠策とぴったり合っていた。また、第二事件直後、養豚業者が二俣町にある軍の結核療養所へ残飯をもらいに行く途中に目撃した不審者が、誠策の自宅すぐ近くで消えており、これほど適合する容疑者もいないはずだった。

ここまで真犯人に肉薄しながら確信が持てなかったのには時代背景もある。捜査陣が描いていた犯人像はおもにこの三種だった。

一、物盗り。それも盗むために一家皆殺しを謀った者。

二、残忍性や人を騒がせることに快楽を覚える変質者。とくに二重人格者。

三、帰還兵。

三番目にはいささかの説明を要する。日中戦争が泥沼となり、大陸に出征している兵士たちは戦場で辛酸を舐めていた。そこで上官の将校は常に、銃後の国民も一丸となって戦っている、銃後のためにも奮闘せよと兵隊を鼓舞し、彼らはそれを信じて歯を食いしばって耐えていた。ところが二年間の徴兵期間を終えて故郷に帰ってみると、銃後に戦時体制の緊張感などまったくないではないか。それどころか、日中戦争のために大変な好景気となって戦前よりも浮かれた世相にさえなっていた。

見渡す限り畑しか見えない農村地帯の浜名郡でさえ駅ごとに芸妓屋が並び立って繁盛しているというのは、いまから考えてみても異様な状況ではある。昭和初期の農業恐慌も戦争景気によって一掃され、農家も豊かになっていた。また、この地域は農業とともに織物産業も盛んで、戦争特需があったようである。

文字通り、泥水すすり草を噛んで戦友の死を見届けながら辛うじて帰国してみれば、そこはボディコン姉ちゃんが扇子をひらひらさせて踊ってる六本木の如きバブルの世界だったのだ。帰還兵たちが銃後に抱くなんとも云えない違和感は大きな社会問題となっていたが、銃後の人々はバーチャルな情報でしか戦争を知らないのだから何を云われても応えるわけはない。戦時の電力不足のなか、部屋の照明を点けっぱなしで寝るくらいに暢気である。

戦時体制の実態

東京日日新聞静岡版昭和一六年八月二六日〔捜査陣の臨戦版　犯人と取っ組んで苦闘の一週間　殺人事件に拾う変貌〕という記事では、

数年前の事件であるなら浜松から現場へ通ずる二俣街道を自動車で疾走したであろうが燃料節約報国の今日では何れもが疾る心を遠州鉄道に乗せて鈍行三十分の軌道上を往復する、自動車を使わない捜査本部だと、署長や地方検事たちの現地入りさえ鉄道で、捜査陣も徒歩と自転車での聞き込みをしているなど、戦時体制の大変さが強調されている。しかし、捜査の記録を見てみると電車の走ってない時間帯に浜松まで引き上げたりしており、自動車も変わらず使っていたと思われる。捜査本部の組織図に自動車係が明記されるようになったのは、制圧した南方の油田からの輸送が軌道に乗った昭和一七年以降で、それ以前は記述がないが。

燃料の心配どころか、芸者の勝也が海水浴に出かけて、同じく遊びに来ている客と出逢っているような状況である。生死の境を彷徨(さまよ)う過酷な戦場を潜ってきた帰還兵にとっては、あまりのギャップに脳髄がねじ切れるような光景が広がっていたのである。

とくに日本帝国は徴兵率が低く、戦前は徴兵検査を受ける男子のわずか二割だけが軍隊に入るというありさま。日中戦争がはじまってさえ五割という低率、徴兵検査に合格した健康な二十代男子で兵隊にならない者が大量にいるという、国民皆兵とは名ばかりの状態だった。

一方でまったく兵役に就かない者がバブルに浮かれて遊び呆けているのに、何故か日本の軍は少数精鋭主義で、一度兵隊に取られた者は二度三度と召集を受けて戦場に送られるという不公平システムが維持され、不満が鬱積していた。

これは当時の国力では大規模な軍隊を維持できないこともあったが、それよりも日本の軍隊が受験エリートによる学歴重視組織だったことのほうが大きいと思われる。受験競争を勝ち抜いた秀才だった軍の首脳たちは一般国民の能力を信用しておらず、あくまで少数精鋭にこだわった。国会では議員たちがきちんと国民皆兵にすべきだと軍に要求していたが、東條英機陸軍大臣は、それは確かに理想だが現実的ではないと云って突っぱねていた。

また、君竜は事件直前まで陸軍大尉一行の座敷に出ていたのだが、そのように、戦争で膨れ上がった軍の機密費を使いたい放題にして連日連夜芸者遊びをする将校たちは花柳界一番の上客となっていた。

真面目で堅物な東條陸軍大臣はこんな堕落を一掃したいと考えていたが、憲兵隊を支配する東條でさえバブルに浮かれる将校たちを抑えることはできなかった。同じく堅物で破天荒な言動が有名だった辻政信参謀は、こうした風潮を徹底批判、同僚たちが女と戯れるため通っていた南京の高級料亭を閉鎖させた。同時期に芸者遊びをする高級軍人に憤激した日本人青年が上海の料亭を焼き討ちした事件も、辻参謀が裏で糸を引いているのだと噂された。それでも将校たちは断固として閉めなかった北京の料亭にまではるばる通うようになっただけで、まったく慎むことがない。

怖い物知らずで無茶をやる辻参謀でさえ、南京の料亭閉鎖は戦局がいよいよ厳しくなってきた昭和一八年後半にようやくできたことだった。ましてや、バブルに浮かれている内地では歯止めなぞまったくない。

こんな恩恵にあずかることもなく戦場で命を懸けてきた一般兵士たちは、当然ますます怒りを覚えることになる。日本軍では将校だけではなく一般兵の間にも〈下克上（げこくじょう）〉という軍隊にあるはずのない訳の判らない風潮が蔓延していて上官を殴ったり撃ったりする事件が頻発していたが、こういう軍の矛盾や腐敗が必然的に生んだものだった。東條陸軍大臣が『戦陣訓』などというものをわざわざ出して軍紀の乱れを正さなくてはならない状況で、米国との戦争がはじまる前に日本帝国の軍隊はすでに内部崩壊していたのである。

犯罪への戦時の影響

捜査陣は、帰還兵による花柳界大繁盛への憤懣という動機をかなり有力視していたらしい。

〈武蔵屋事件〉の勃発は、ちょうど日中戦争が膠着して泥沼化した時期のことである。敵国の首都である南京を陥落させてやっと戦争が終ったと思ったのに、どういうわけだか何事もなかったかのように続いたままで、いったいいつどうやったら戦争の片が付いて国に帰れるのか見通しが失われ、兵士たちの精神が荒廃したまさしくその時である。また、それから三年間事件が途絶えたことも、再度召集されたと見れば説明がつく。

戦時中の事件には戦時体制が大きな影響を及ぼしているが、それは一般に考えられているような戦争による重苦しい抑圧ではなく、まったく逆に浮かれて弛緩したバブル世相によるものだった。

日本人で戦場に行った者は少数であり、日米戦がはじまっても徴兵率は六割に上がった程度。日本がほんとうの戦争状態になったと云えるのは、B29による本格的な空襲がはじまる昭和一九年一一月からのわずか十ヶ月間で、それでさえ都市の中心部だけ。じつはほとんどの日本人は戦争を体験しないまま終戦を迎えている。〈浜松事件〉もまさしくこんな日本のおかしな戦時状況が影響して解決が遠退き、新たなる犯罪を招来してしまった事件と云えるだろう。

そんな時代背景を元に、帰還兵や変質者たちが次々逮捕されて、ヤギを盗んで獣姦したうえに絞め殺して井戸に投げ捨てた帰還兵（28歳）なども挙げられている。この男は中国出征中に上官を剣で刺し、帰国してみるとそれまで聞かされていた銃後の緊張はなく、闇商売で儲けたりして贅沢をしていることに反感を持って裕福な家に放火したり投石したりして鬱憤を晴らすなど、典型的な例だった。

軍隊内部での上官への暴力事件は軍が重大視して『大東亜戦後ニ於ケル対上官犯ノ状

況』（陸軍省　昭和一七年）などの記録も残しているが、帰還兵の銃後でのこの手の犯罪は検閲によって新聞にも決して載らない。〈浜松事件〉の警察記録は、かなり貴重なる資料となっている。ただ、その静岡県警の内部文書でさえ、「帰還兵」と記すべきところを「〇〇兵」と伏せ字にしており、戦時中は帰還兵の犯罪を暴くことにいかに強い抵抗があったかが知れる。

こうして連続殺人事件とは関係のない凶悪犯罪がいろいろ暴かれたりしていた中、皆が予想していた第三事件が防がれることなく引き起こされるのである。あろうことか、それは誠策の自宅が舞台となるのだった。

第三事件

九月二七日深夜二時二〇分頃、貴布禰駅から少し離れた農家に何者かが侵入した。就寝中の四男（26歳）の胸や背中十一ヵ所を滅多刺しにして即死させ、同じ部屋に寝ていた四男の妻（26歳）の右脇下などを刺し、隣の部屋に寝ていた父親（59歳）の額など数ヵ所を刺し、母親（59歳）の背中など数ヵ所を刺し、次女（21歳）の胸を刺し、父親が抱いていた次男の長女（6歳）の右手首を刺して逃走した。

四男の妻と母親は生命危篤となったが、のちに回復している。父親も重傷を負いながら隣家に助けを求め、隣人はすぐさま貴布禰駐在所に通報した。ここには現場指揮官である浜松署司法主任・片桐警部補以下十人の捜査官が第三事件発生を予期して常駐していたため、事件発生二十分後には現場へ急行できたのである。

金品の物色はなく、指紋も遺留品もなかった。明らかに同一犯人と思われる。四男の妻と父親は、四男と格闘する犯人を目撃したが、髪が長いことくらいしか記憶していなかった。

ふたつの資料と決定的瞬間

静岡県警は昭和二〇年三月に、『濱松事件』という部外秘の内部文書を編纂している。一一六ページに渡る詳細なる内容である。

第三事件に駆け付けた捜査員が血の海で苦悶している被害者たちの惨状を目撃したことや、養蚕の時期で他の部屋や土間には一面に蚕棚が並んでおり、「蚕(かいこ)の桑食う音がムシムシと惨劇の後の静寂の中に聞こえている」という生々しい描写もある。

これとは別に、内務省警保局が昭和一八年四月に『濱松事件捜査座談會速記録』という部外秘の内部文書を編纂している。犯人検挙一ヶ月後の昭和一七年一一月一四日に静岡県警の捜査官五名などを東京の内務省に招き、内務省警務課長や技師、警視庁捜査第一課長なども交えた総勢一六人で、午前九時から午後七時一〇分まで、昼休みを挟んで十時間近くも話し合った内容を一二六ページにまとめたものである。

この座談会資料に、決定的な瞬間の片桐警部補の貴重な証言が残されている。「唖者」は「オシ」と読むのだろう。

ここで赤裸々に私の心境を申しますと、私は「野郎やったな」と直感した。「此の唖者が自分の家をやったな」という気分で進んで行ったのであります。そうして多分犯人は家には居らんであろうという気分で現場に臨んで被害者に「唖者は何処に行った」というと「二階に寝て居る」という。刑事が行ってみると確かに寝て居る。ぼんやりして目を覚まして居る。床は温い。体にも手にも足にも血はついて居ない。これは違った。それと同時に私の頭に閃めいて来たのは、自家をやる理由はないというので、先ず大丈夫と思って、唖者を捨てて了(しま)ったのであります。

なんと、最重要容疑者の家で事件が起きたために、誠策は完全にシロだと判定されてしまったのだ。前日の夜まで刑事が張り込んで部屋を取り調べたりしていたが、それも引き上げてしまった。あまりにも早く現場に着いたため、隠蔽工作の余地を疑わなかったのではないかと思われる。

座談会での話を見ると、反対に花柳界を狙った第一事件第二事件から目を逸らすために起こした偽装事件だとさえ考えたらしい。誠策を疑って警察がたびたびこの家に出入りしていたので、わざとここを襲ったというのだ。

この判断はのちに大問題となる。ここで適切な捜査をしていれば、第四事件は決して起きなかったからだ。

苛烈な報道合戦と報道規制

〈浜松事件〉に関する言説では、戦時下の厳重な報道管制の元にまったく新聞にも出なかったような記述が常套句のようにあるが、これは必ずしも正しくない。

南部清松氏の遺した〈浜松事件〉関連記事の切り抜きと記事リストによって教えられ、改めて探索してみると南部リストよりも多く、第一、第二事件に関してはほとんど連日途切れることなく捜査陣の焦りや数々の容疑者逮捕についての記事が各新聞に掲載され、報道合戦の様相を呈していた。

元々、戦時統制でひとつの県にひとつの新聞として統合されるまで、各県にはいくつもの新聞がひしめき合って県内事件の報道合戦を華々しく繰り広げていた。静岡県では百以上もの日刊新聞があり、昭和一六年に「静岡新報」「静岡民友新聞」「浜松新聞」「沼津合同新聞」「清水新聞」「東海朝日新聞」の六紙にひとまず統合される。これに朝日、読売、東京日日（現在の毎日新聞）など、全国紙の静岡版が並び立って競い合っていた。恰好の材料である〈浜松事件〉報道が過熱しないはずがない。

それが、第一事件からちょうど一ヶ月の静岡新報昭和一六年九月一八日（君龍尋問で色めく「あと十日待て」と大城署長）という記事が出た、まさしく十日後の第三事件から新聞記事は一切消える。事件の前日、東京日日新聞静岡版昭和一六年九月二六日（警察部長小松の捜査本部を激励）という柘植警察部長が二五日に現場へ出向いて刑事たちを激励したという小さな記事が最後である。

犯人は熱心に新聞を読んでおり、「あと十日待て」という記事も目にしているはずだが、それに合わせて決行したのかはどうかは資料にも出てこないのではっきりしない。もっとも、署長の発言は前日だが、新聞に出たのは一八日なのだから十日後ではなくなる。犯人は深夜二時過ぎに起こした第一事件の記事がその日の朝刊に出ていないことを不審がったり、新聞の事情に疎い面があり、偶然なのだろう。

なお、静岡県の地方紙六紙は昭和一六年一二月一日、「静岡新聞」一紙に統合された。報道管制の経緯については警察資料にもまったく触れられていないのでよく判らないが、内務省が直接介入してきたことも関係があるのでないかと思われる。

プロファイリングの先駆者

内務省は事態を重く見て、事件発生当初に警保局長から静岡県知事に対して検挙激励の電報を打っている。戦前の知事は県民による公選制ではなく、内務省が直接任命する内務省管轄下の地方長官のあつかいだった。それにしても、政治的背景もなさそうな地方の殺人事件に警察行政トップの警保局長が注意を向けるのは異例のことだろう。さらに八月三一日になると、警保局防犯課の吉川澄一(よしかわちょういち)技師(当時満56歳)を現地に送り込んできたのである。

彼こそは、日本のプロファイリングシステムの創設者だった。大正一四年に警視庁鑑識課長に就任すると、真っ先に〈被害カード〉作成をはじめた。通報があった管内のすべての事件を手口別にデータベース化して、犯罪捜査に活用しようとしたのだ。

ちょうど同じ大正一四年、のちに内務省の革新官僚として名を馳せ県知事や厚生大臣を歴任することになる相川勝六が警察制度研究のため渡欧、一年半も欧州を廻って、英国の〈M・O法〉関連資料を持ち帰り、警視庁刑事部長に就任した。〈M・O〉とは「手口」のラテン語「モーダス・オペランディ」の頭文字である。

吉川はこの資料から英国のシステムも取り入れて改良、日本独自のカード書式などすべてをひとりで編み出し、何年も研究を重ねる。内務省保安課長に転任した相川は、新設された防犯課に吉川を技師として引き抜き、昭和一一年に〈手口法〉として全国の警察に導入させたのだ。ちなみに「技師」とは技術系の上級官僚で、ノンキャリアは「技手」である。

事件が起こったときに、過去に同じ手口で犯行を行った者をリストアップして逮捕に結びつけるためのカード型データベースではある。しかし、吉川技師はもう一歩進めて、膨大なデータを分析して犯人の特徴を推論するという、まさしくプロファイリングの基礎データとして活用していたのである。

〈浜松事件〉のプロファイリング

浜松に着いて二日間の調査だけで、大胆な行動から犯人は前科のない若い男で社会的地位は低く、手口から痴情ではなく窃盗目的だと、吉川技師は的確なプロファイリングを行って現場にアドバイスしている。仕組み作りだけではなく、実践的プロファイラーとしても超一流だったのだ。

現場捜査官から内務省に転出してきた尾崎幸一（当時満31歳）が浜松に同行していたが、吉川澄一遺稿集である『刑事鑑識』で、そのシャーロック・ホームズにも似た神業的な能力を述懐している。

吉川先生がいろいろな事件について非常に明快な判断をされるのをみたり、また先輩の橋本さんなどから、吉川先生の判断が全く正鵠なことを聞いたり、実際にこの浜松事件でもぴたぴたと当る様な判断をされるので本当にびっくりして、自分には、とても捜査はできん、とてもだめだという気持で悲観したものです。

しかし、決してそれは超人的な第六感のようなものではなく、あくまでも合理的な論理に裏打ちされたものだったのだ。

先生の判断は根拠をもっている。根拠のないことは一切云われない。飛躍したことは一切云われない。だからぴたっと当る。間違うはずがないんです。科学捜査というのはこういうものだなと私は感じました。

具体的にどういうことなのか、〈浜松事件〉についての尾崎の回想をもう少し読んでみよう。

なお、尾崎幸一は元々キャリア官僚ではなく、大阪府警の巡査採用で叩き上げの警部補だった。〈浜松事件〉勃発の半年前、内務官僚に登用されている。府県警優秀警官から抜擢のノンキャリアとして吉川技師の部下になったが、戦後すぐにキャリアとなり、青森県警本部長を経て、四つの県警を統括する四国管区警察局長、階級は警視鑑まで出世する異色の経歴の持ち主である。おそらくは、敗戦で内務省警保局の幹部が大量追放されたため、人材不足となってさらに引き上げられたのだろう。しかし、そんな幸運だけではなく、類いまれな力量を持っていたことも示している。

この回想の後には警察大学校刑事教養部長に就任、科学的思考による因果推論によって真実を発見する方法をプラグマティズムやゲシュタルト心理学、法哲学などを駆使しながら説いた日本初の本格的犯罪捜査学書『犯罪捜査の基礎になる考え方』を執筆するなど、警察官随一の知性派であったのだ。彼こそは吉川澄一技師の天才的捜査術を後世に記録するワトソン役として、最もふさわしい人物である。

その尾崎は語る。

一番問題になったのは動機目的は何かということでした。最初の事件は芸者の置屋が被害者であり、その次は料理屋である。という関係から、静岡県としても、痴情怨恨だと考えてその方に主力が注がれていました。実は私もそう思っていたのです。ところが吉川先生は物盗りだといわれるのです。そして私に「貴方はこの事件は痴情怨恨だと思いますか?」と云うのです。「特定人でない、しかも寝ている者をいきなり殺すのは怨恨だと思いますか、そういう判断はおかしいですよ」といわれるので、なるほどと思ったんです。先生は静岡県に対しても怨恨じゃないとやかましく云われておったんですが、静岡県としてはなかなか肯かない。

ところが、第三事件で静岡県警はまたも振り回される。

その間に次の事件が百姓家で起った。だから芸妓屋と料理屋を結ぶ痴情怨恨説があやしくなってきた。そこで、静岡県としては、これは常識では考えられないから変質者だということになった。私もなるほどと思う様になっていたら、また、吉川先生から「変質者というのは捜査方針になりますか」ときかれる。「殺人する者は全部変質者だ、そうでなくても我々だって変質者かもしれないですよ。殺人狂なら分るが、変質者ということでは方針にはならない。この事件は殺人狂でないことは確かだろう。殺人狂なら街頭でも何処でも殺すが、この場合は家の中でしかも場所を選んで殺しているじゃないか」と云われる。そしていろいろ例を挙げて説明されていましたが、私はまったくわからなくなってしまったんです。

吉川技師の考えはいつも先駆的なので、現場の捜査官はなかなか付いてこれない。プロファイリングそのものよりも、捜査官を説得することが彼の仕事のようになっていた。

静岡県の方でもどうしても物盗りだという説は肯かないので、先生は出張されて捜査会議の席上いろいろと説得された。最後には三段論法で話して来たといって居られた。吉川先生が「夜中に入の家に入るのは何か」と質問したところ「夜ばいか泥棒です」「この事件は夜ばいか」「いや違います」「それじゃ答えが出てるじゃないか」(笑)、と云って来られたそうです。

〈武蔵屋事件〉に関しても現場を検証し、便所が通りに面していて目撃されやすいので物干し台をよじ登って二階から侵入したのであって、第一第二事件と同じく窃盗目的だと分析している。それでもまだ静岡県警は分析を呑み込めずに右往左往するばかりであったが、最初から一貫してぶれなかった吉川技師の正しさが最終的には証明されることとなるのだった。

名プロファイラーのプロフィール

吉川澄一技師は〈浜松事件〉以外でも万事この調子で、全国各地で起こった難事件に派遣されては次々に合理的な根拠に裏打ちされた見事なるプロファイリングを披露している。

元々は司法省行刑局指紋部で明治末から指紋研究に取り組んでいた指紋の第一人者であった。しかし、コンピューターによる画像解析などない時代、どれだけ研究して模様の種類を細かく分類しても、人の眼で同じ形の指紋ファイルを探し出すなどせいぜい三〇万人分が限度で、小さな県の範囲ならともかく、全国規模の犯罪捜査にはとても役には立たないと早くから見通していた。長年苦心して模様を七九種類まで分類、検索時間の短縮を図ったりしていたが、それが限界だったのである。

実際に、指紋に力を入れていた新潟県警など、その頃、十数万人分の指紋ファイルを蒐集したところですでに運用に行き詰まっていた。一枚の指紋ファイルを見つけ出すのに何週間も掛かってしまうのである。いや、それだけの労力を掛けても、結局は見つからないことのほうが多い。相川勝六とともにプロファイリングに注目した背景には、この問題意識があったのだ。

また、指紋では前科のある者にしか役に立たないが、手口データを分析して犯人像を推論することにより初犯の犯人でも逮捕に結びつけることができるはずだと、相川は最初から発言している（東京朝日新聞昭和五年八月一七日夕刊〔無形の遺留品！捜査新戦術　手口法の研究を遂げて分類してカードに〕）。たんなる前科者リストではなく、プロファイリングデータベースだったことがここからも判る。

戦前は海外の警察との交流が盛んで、各国の警察関係者が日本にもちょくちょく視察に訪れていた。海外の警察専門家は何が捜査に重要なのかを熟知しているので視察に来ると警官の人数や運用などを質問することはなく、必ず真っ先に鑑識課を訪れる。米国警察の専門家がある時やってきて、自分の処の五、六万人分の指紋ファイルを自慢した。吉川技師はその程度の数ならなんとかなっても量が増えてくると結局は使い物にならない、日本にはもっといい制度があってプロファイリングで絞り込んだ上で指紋を照合すればいいと、指紋欄のある手口カードを見せた。激論となったが、最後には米国の専門家が降参してほうほうの体で帰って行ったという話がある。

指紋が犯罪捜査に於いて信仰にも似た絶対的な地位を占めていた時代、吉川技師の構築したシステムがいかに先駆的なものだったのかが判る。

大いに新聞紙上を賑わしたあげくに昭和四年に逮捕された〈説教強盗〉は、彼が照合した指紋から解決して、指紋の有効性とその第一人者としての吉川警視庁鑑識課長の名を世に高らしめた。だが、じつは〈説教強盗〉と命名されて有名になる前の大正一五年に犯した強盗事件と同じ手口だったため、前年から作成していた〈被害カード〉が検索されて、そこに捺されていた指紋と照合したのであって、〈手口法〉による解決だったのだ。たんにデータを蓄積するだけではなく、あくまで実践に活用するための閲覧性や検索性を重視していた吉川技師は、指紋などという画像データよりも手口というテキストデータのほうが分類と検索性に優れていることを見抜いていたのではないかと思われる。「指紋は労多くして効少なし」というのが信念だった。

あまりに先進的な思考だったためか、あるいは指紋を絶対視する捜査陣と対立することが多かったためか、鑑識課員が指紋の話をすると怒り出すという、いささか行き過ぎた境地にまで達していた。かつてはラジオの子ども番組で指紋のことを語ったり、内務省に移ったときに〔警視庁を去る指紋の神様〕（昭和一〇年六月二九日夕刊）なんて記事が顔写真入りで読売新聞に載るほどの指紋の大家と見なされていたにも関わらずである。

いち早く科学捜査という概念を提唱し、現実の警察が犯罪捜査に科学を導入することにも絶大な影響を与えたシャーロック・ホームズが、何故か指紋にだけはほとんど興味を示さなかったことと共通していておもしろい。もっとも、ホームズは犯人が指紋を偽造する可能性を考えていただけで、吉川技師のようにデータの検索性を気にしていたわけではないが。天才的とは云え、自分ひとりの頭脳に収まるデータを元に個人で活動していたホームズは、巨大な組織に属して桁外れの膨大なるデータを扱う吉川技師の苦労とは無縁だった。

ちなみに、「指紋の神様」記事だが、相川勝六を欧州に派遣し、とくに英国の〈M・O法〉を研究して来いと命令した高橋雄豺が、この頃に政党間の争いに巻き込まれて内務省の警察官僚を辞め、かつて警視庁警務部長だった正力松太郎経営の読売新聞社に入社、数年後に主筆や副社長に就任するほど重きを為したので、読売にはこういう記事が載るのである。

内務官僚の留学制度は、後藤新平が内務大臣だった時にはじめたもので、高橋雄豺も二年間欧州各地を廻って警察制度の研究をしていた。満鉄調査部だけではなく、日本のあらゆる情報構築の基礎を固めた後藤新平の、プロファイリングもまたその影響下にあって花開いた成果のひとつであった。

埋もれた名探偵

最近では日本の警察もFBIの影響でプロファイリングということを頻りに云い出しているが、逆に米国の警察にプロファイリングの優位性を教えてやった先達がいたことを忘れ去っているのはまことに残念な話である。

元々、〈M・O法〉は英国ヨークシャー州ウェストライジング警察の警察部長だったL・W・アッチャレー少佐が編み出したもので、彼はその功績により英国内務省監察官に昇任した。アメリカでも相川勝六が云うところの「世界的の警察学者であり警察実際家でもある」(「アメリカに於ける手口法」警察研究昭和九年六月号)アウグスト・ウォルマーがアッチャレー少佐のシステムを導入して米国式に改良しようとしていたが、戦前はまだそれほどは広まっていなかったのだ。

死去直後に、叙位叙勲のための上申書に付された、国家地方警察本部作成の吉川澄一功労調査書には、このような一文がある。

「なお附記しておき度いことは氏の創設になる犯罪手口法は米国に於て翻訳されその精密な組織が称賛された事実のあることである」

FBIのプロファイリングシステムの成り立ちを遡れば、英国の〈M・O法〉だけではなく、吉川技師からの直接的な影響も見出だせるのかもしれない。欧米では現代的プロファイリングのはじまりは第二次世界大戦後からとされており、戦前に行われていたのはあくまで前科者をリストアップして再犯の場合に逮捕に活用する〈手口法〉であった。個別には未知の犯人の姿を推論するという似たような捜査手法が使われることもあっただろうが、全国の事件を網羅した膨大なデータベースを基に完成された形で確固たる専門職として執り行っていたという意味では、吉川技師が世界初のプロファイラーであると断言しても過言ではないのである。

功労調査書には、もちろん、指紋についての功績も記されている。

「大正の末期頃からは国際指紋協会の本邦唯一の会員としてその名簿に登載され指紋につ

いての情報交換等に当り国際的に氏の存在が認められるようになったものである」

犯罪手口法の前段階として、吉川鑑識課長は犯人の顔写真を載せた〈面接犯票〉を創設している。「面接犯」とは、強盗や詐欺など、被害者と直接逢って犯罪を行う犯人のことで、顔写真が事件解決に直結する。現在でも使用されるこの言葉の命名者であることも彼の功績であると、功労調査書には特筆されている。いまでは当たり前のようだが、当時は犯人の顔写真を載せたカードでさえ存在しなかったのだから、捜査手法の革新だったのである。

さらに、警視庁では商品のマークをデータベース化した〈章標カード〉という仕組みがあったが、これも吉川技師の手になるものと思われる。たとえば、管轄下の下駄業者すべてのマークを、店はもちろん、工場所在地、販路などとともにカードに書き込み、犯人が現場に下駄を残せば、その裏に捺してあるマークからどの店で買った物かすぐに判るという具合である。

これに限らず、プロファイリングにせよ指紋にせよ、吉川技師はデータベース構築ということにこだわった人なので、自らが関わった事件や構築したシステムの書類などはすべて清書してきちんと整理していた。その膨大な資料は警察大学校図書館に寄贈されたが、警察庁のプロファイリング研究者たちには活用されることもなく、国立公文書館に移管された。最近では吉川澄一の名前が出てくることがほぼないので、この偉大な先達の存在を知る者は日本の警察にもういないのではないかと思われる。

プロファイリングや指紋に対する功績は早くに忘れられて、むしろ彼の名前は被害者自らが付けて絞殺死体の首に残る引っ掻き傷〈吉川線〉でかろうじて伝わっているだけだった。この傷の有無によって他殺か自殺かを見分けられると提唱、いまでも〈吉川線〉は有効に活用されている。絞殺してから首吊り自殺したかのように偽装する殺人事件はもとより、反対に何故か殺害されたように見せかけて自殺する者も数多いので、犯罪捜査法としてこれは画期的な新機軸だった。

また、死体にたかるウジの大きさで死後何日経っているかを知るために、自らハエを卵から飼って温度や湿度による変化を繰り返し実験するなど、犯罪捜査に於けるあらゆる分野のパイオニアであり実践者だったのだ。

「だいたいこんな技師はどこにもないのだから、私は日本一の内務技師だ」

笑いながらよくこう云っていたと、尾崎は回想する。内務省の技師というと、昭和一三年に厚生省が分離独立してからは現在の国土交通省に含まれる分野の技官ばかりで、こんなことをやっているのは確かに吉川技師ひとりだけに違いなかった。笑い話のようにしながらも、日本一の自負はあったのだろう。

出張先の旅館で「この家のような便所の錠の締め方だと泥棒が入りますよ」といきなり云い出して女中に妙な顔をされたり、旅館に着くと真っ先に火事になった場合の避難口を確認し、浜松ではまだ犯人が捕まってないので野球のバットを枕元に置いて寝たりと異常に用心深かった。

火事を恐れていたためか、タバコを差してそのまま置いておくと自然と火が消える、開け閉めができる特殊な形状のパイプを愛用していた。また、酒はほとんど呑めず、捜査指導の出張時には飴や分厚いコンブを必ず持参して、しゃぶっていたという。これら癖のある吉川澄一の不思議な性格については、『刑事鑑識』の座談会で、彼の弟子たちが楽しそうに回想している。

特異なるキャラクター面でも名探偵として小説やドラマの主人公になっていておかしくないはずの人物なのだが、まったく取り上げられることがないのは資料と業績を埋もれさせている警察や、犯罪関係をあつかっているジャーナリストたちの怠慢としか云いようがない。

プロファイリングの第一歩はできるだけ多くのデータを蒐集して整理し、真実に迫ることだと、創始者の吉川技師が実践で示してくれているのに、現代のプロファイリング専門家はその初手で躓(つまず)いているのである。創始者を忘れ去っていることによって、この最も肝心な精髄が引き継げていないことを図らずも示してしまっているのだ。

完全なる情報統制

ともかく、第三事件によって花柳界が標的ではなく、痴情でもなく、無差別に殺すことがはっきりした。ただでさえ恐怖に怯えている住民が本物のパニックに陥る可能性が大きいので、新聞記事差し止めは正しい処置であろう。むしろ、それまでも吉川技師のプロファイリングを記事として出したり、戦時中としては異常なまでに情報統制がなかったと云える。

無論、それまでも、まったく野放しだったわけではない。たとえば『濱松事件』によると、最初に殺害された勝也は16歳で芸妓になったがあまり売れず、年季が明けて一人前となってからは「尻で稼ぐ」ようになって売れっ子になったとある。〈菊水〉には芸妓と客が同衾するための秘密部屋があったと前述したが、そこを仕事場としていたようだ。雇い主である〈和香松〉には内緒にしながらこの〈菊水〉の座敷をたびたび務め、〈菊水〉の女将とも深い繋がりがあるかのような思わせぶりな新聞記事にも、秘密部屋や「尻で稼ぐ」話は出てこない。戦前からいかがわしい醜聞が大好きだった新聞が、被害者のプライバシーを護ったというわけでもないだろう。

遊郭以外の禁じられた場所で、戦時中に売春が行われていたことを伏せたいという意向が、官憲にはあったのではないかと推察される。あるいは、帰還兵や前線の兵士に対して、とても戦時体制とは思えぬ銃後の弛緩ぶりを大っぴらには明かしたくないということやも知れぬ。

また、「君龍尋問で色めく『あと十日待て』と大城署長」という記事であるが、退院したばかりの君竜を保護検束で浜松署に留置し、県警本部の強力犯係主任などが取り調べを行っているということのみで、数日後には釈放したという小さな記事があり、他紙を読んでも曖昧で、どういうことなのかはっきりしない。

吉川澄一技師に従って〈浜松事件〉捜査に関わりワトソン役となった尾崎幸一が、警察庁刑事局捜査課の警視正だったときにこんな文章を書き残している。

これは旧時代の話であるが、一家鏖殺事件が連続して発生して、その地方の住民が戦慄したことがあった。警察はこれを痴情だろうと考えて、被害者の婦人に犯人を知っている筈だとせめ、ついにはこの被害者を留置してまで調べたり、あるいは変質者にちがいないといって、山羊姦をした男を長い間留置して調べた。そして、二年越し

> の捜査によってやっと別に犯人がいることがわかって検挙したが、それでも、検挙したから警察の威信を昂揚したと報告に書いてある。警察はそう思っていても、国民は「なあんだ」と思うにちがいないのである。今日では、そんなことはない。しかし、それに似かよったことが絶対にないとはいえない。
>
> （「捜査　他山の石」『刑事部報』昭和三〇年一二月号）

重傷を負った被害者を怪しんで逮捕してしまったのである。それで何も出てこなければ、警察の面子が丸つぶれになる記事は出させないだろう。

尾崎はまさしく、早期事件解決を熱望する世論に押されて無闇に逮捕して、あとから誤認と判れば却って警察の威信が傷つくので、逮捕以前にできる限りの裏付け捜査を遂行しなくてはならぬと説いている。逮捕自体が警察の威信昂揚には決してつながらないとして、警察官だけが読む雑誌に〈浜松事件〉の例を出しているのである。

〈浜松事件〉を「解決」した紅林麻雄刑事の、戦後に「解決」した三大事件がちょうどこの頃、次々と最高裁で差し戻されて大問題となっていたことも尾崎警視正の脳裏にはあったのではないかと思われるが、それはまたのちの話である。

第三事件勃発以降の新聞記事差し止めは、それまでのいささか本筋とは外れた面子を保つためだけの検閲とは一線を画していた。事件その物を表に出してはまずいと判断したのである。

それはバブルに浮かれた銃後の庶民と同じく、さして危機感を抱くこともなく安穏としていた体制側に、今は戦時であることを意識させた初めての瞬間だったかもしれない。

他の凶悪事件の記事はそれからも変わらずに紙面を賑わせているが、〈浜松事件〉の記事だけは解決の日まで完全に抑えられ、噂だけが飛び交う中を住民は一年間も放置され、そうして次の夏の訪れとともに第四事件が起きるのである。

第四事件

昭和一七年八月三〇日深夜〇時三〇分頃、西ヶ崎駅から浜松方面へ三駅隣、共同駅から少し離れた農家に、夏のこととて開放していた部屋の戸から何者かが侵入した。ひとつの蚊帳で就寝中の父親（56歳）と母親（53歳）の胸と腹を刺し、三女（19歳）の胸、腹、背中を刺して三人を即死させ、三男（15歳）の左腹部などを滅多刺しにして重傷を負わせ逃走した。

四女（17歳）は離れに寝ていて無事で、物音に目が覚めて母屋を見ると男が暴れており、怖くて自室の明かりを消してじっとしていたが、静かになったので見に行くと両親と姉弟が血まみれで倒れていたので隣家に助けを求め、犯人の顔などは見ていなかった。

小学校高等科二年生（現在の中二に相当）だった三男は、駆け付けた片桐警部補にこのように告げたが、手当の甲斐なく三時五分に息を引き取っている。

「熟睡中に背中の方が湿っぽくなったので目が覚めた、見ると姉の〇〇が見知らぬ男に乱暴されているので驚いて、その男の後に回り拳固で頬を殴りつけた上、犯人の後から組付くと突刺されて仕舞い、倒れると犯人は納戸の戸の開いた所から飛び出して行ったが、勝手の電燈の光で見た犯人は年齢二十二、三歳、中肉中背で頭は丸刈の男、白シャツに黒のズボンを穿いていた」（『濱松事件』）

のちの犯人の自供によると就寝中に刺しており、自らの出血で目覚めたが重傷を負っていることに気づかないまま格闘したらしい。事件解決を報じる静岡新聞昭和一七年一一月一七日の記事によると、「お父さんが殺されて残念だ」と悲痛な叫びも残したが、片桐警部補の「必ず仇は取ってやる」という言葉に安堵して絶命したという。

金品を物色した様子がなく、明かりも消していないことから、これまでの三事件と同一犯人と思われた。しばらく事件が途絶えたことで気の弛(ゆる)んでいた周辺住民は再び騒然となった。『濱松事件』にはこのように描写されている。

地方人心に及ぼす影響大きく、夜間は速に戸を締めて竹槍を備えて就寝する者もある様な状態で、警防団の徹夜警備も再び始まり、地方は全く戦標の中に投げ込まれて仕舞った。

同一犯であることは明白だが、遺留品が現場に落ちていたことがこれまでとは違っていた。凶器を収めるものらしい木製の白鞘。覆面に用いたらしい黒っぽい盲目縞の布。帽子のアゴ紐。これら三点が残されていたのだ。なお、三女の門歯三本も落ちており、犯人に噛み付いて抵抗したらしい。

この初めて残した遺留品から、しかし思わぬ展開によって、事件は解決することになるのであった。

4　錯誤の連続が解決した〈浜松事件〉の驚くべき真犯人

紅林麻雄部長刑事の登場

〈浜松事件〉は、戦後になって〈幸浦事件〉〈二俣事件〉〈小島事件〉という悪名高き冤罪事件を立て続けに引き起こした紅林麻雄刑事が見事に解決して、その名を高らしめるきっかけになったことでも知られている。実際の貢献はどの程度のものだったのか、ここで検証してみよう。

第一事件発生時、紅林刑事（当時満33歳）は浜松署の隣、磐田署勤務だった。応援のため初日から現場に駆け付けている。部長刑事だった彼は、八班のうちの第六班班長として部下四人を率い、周辺聞き込みの任務に就いた。

犯人が土地の者であることは確実で、家族や親戚が関与しているかも知れず、住民は口が重く警察にほとんど協力しない。そのこともあって、なんら成果を上げることもないまま、第三事件後の捜査体制の大幅縮小にともない一〇月末に引き上げている。

細かい捜査対象を割り振られていた第五班までの浜松署員と違い、応援部隊として漠然とした任務しか与えられなかったので、これはやむを得ないだろう。途中からは班の再編成で後述の特設隊副長となったが、こちらでも成果は上がらなかった。

長期に渡って事件解決の糸口さえ見えないことから、翌昭和一七年六月末には県警本部の刑事課長と強力犯(ごうりきはん)係主任が更迭された。さらには、署長を挿(す)げ替えるなど浜松署の人事も一新された。この時に更迭された刑事部長の後任として、八月七日付けで紅林部長刑事が浜松署に転属することになるのである。

戦前の警察制度

すでに疑問を感じている諸氏がおられるやも知れぬので、ここで戦前警察の階級と役職について解説しておきたい。

警察官になると、まず巡査を拝命することになる。その巡査のうち制服の者がそのまま「巡査」、私服の者が「刑事」という俗称で呼ばれる。巡査が一段階出世すると巡査部長となる。昭和四二年に巡査長という階級が巡査と巡査部長の間に設けられたが、この時代はまだない。巡査部長のうち私服の者が戦前から「部長刑事」と呼ばれていたのであるが、正式の階級名ではないし、部署の長でもない。

この俗称は戦後のテレビドラマによって広まったような受け取られ方をすることもあるが、紅林刑事は自身の階級を「部長刑事」であると座談会でも自ら名乗っているし、事件解決を報じる静岡新聞の記事でも「部長刑事」という肩書きになっている。

さらには公式文書である『濱松事件捜査座談會速記録』でも、発言者名は「紅林浜松署部長刑事」であり、身内の浜松署員のみならず、司会の内務省警保局警務課長からも「紅林部長」と呼ばれている。座談会に出席した他の巡査部長たちも「部長」と呼ばれており、この略称も戦前からかなり浸透していたらしい。

部長刑事と紛らわしい刑事部長というのは、所轄署内の会計部や交通部などいくつかある部署のうち、犯罪捜査に関わる刑事部の長であり、階級とは関係のない役職名である。「紅林部長」というのが、部長刑事の略なのか刑事部長の略なのかは、発言者もあまり区別はついていないのではないかと思われる。

ここでまたさらにややこしいのは、現在の県警本部長にあたる県警察トップの名称が警察部長だったことで、これは警察部の長である。現在のように警察が独立しておらず、内務省管轄の知事の指揮を受ける県の総務部、土木部などと並ぶ部のひとつだったため警察部と呼ばれる。知事と同じく警察部長も内務省が直接の任命権を持っていた。あまりにも判りにくいので、本書では便宜上「県警本部」という言葉を使用しているが、戦前にこのような名称はない。

ちなみに、第一事件から第三事件まで、前線でたびたび陣頭指揮を執った柘植文雄静岡県警察部長は、浜松署の人事一新を果たすとその直後に新潟県へ転出した。さらに三年後の終戦時には鹿児島県知事となり、降伏受け入れ命令を通告してきた内務省に反逆、県庁の若手で斬り込み隊を編成、徹底抗戦を叫ぶことになる。単身乗り込んだ戸塚九一郎九州地方総監に説得され、号泣しながら断念するという激情家だった。

警察部の内には保安課や警防課など課が設置されており、刑事課の長は刑事課長となる。所轄署とも呼ばれる警察署は県警本部の管轄下なので、部長刑事のまま浜松署の刑事部長に就任した紅林刑事よりも、県警本部の刑事課長のほうが階級も役職も遥かに上である。

相川勝六が昭和一〇年以降、重要拠点の東京、大阪以外の県警でも刑事課長を内務省直轄人事とし、階級も警視に昇格させている。県警人事を統括する各県の警務課長や特高課長は以前から内務省キャリア官僚ポストの警視だったが、これで同格となった。同じ年に相川は内務省に防犯課を新設して吉川澄一（ちょういち）技師を引き抜くなど、刑事警察の強化を図っていたが、その一環であると思われる。

それまで県警叩き上げの警部が課長だったため、地方有力者と癒着するなど捜査の妨げとなることがあったので、各県を移動できるようにしようとする意図も当初はあったようだ。だが、実際には叩き上げの警部を警視に格上げしてキャリア並の待遇にしただけとなった。その点で、中央から内務官僚を派遣していた警務課や特高課とは依然として格差があった。しかし、名目上だけでも警視としてキャリア並の権限を持たされるようになったことには変わりない。

そんなことで、戦前は内務省キャリア並の警視が「課長」、所轄署の巡査部長が「部長」になるという非常に紛らわしい肩書きとなっていた。座談会でも、それぞれを「課長」「部長」と呼んでいて、いささか混乱気味である。紅林部長は県警本部刑事課長を「課長殿」と呼んで、なんとか上下の区別を付けようとしている。

戦後は警察が県知事から独立して「警察部」ではなくなったため、県警本部が刑事部、所轄署が刑事課と名称が入れ替わり、それに伴い刑事部長と刑事課長も立場が逆転したので、上下関係が多少は判りやすくなった。

なお、巡査部長が一段階出世すると警部補となり、その上が警部、さらに警視となる。「刑事」は俗称なので明確な言葉の定義はなく、これらすべての階級の私服警察官の総称として使用されることもある。警部補以上になると「刑事」と呼ばれることはほとんどないが、紅林刑事は次々出世し、過去を回想する場面など階級が錯綜するので、本書ではすべての階級の総称として「刑事」という言葉を使う場合がある。その点、お含み置き願いたい。

紅林麻雄刑事の幸運

さて、この県警本部や浜松署の人事刷新は、来るべき夏に起こるであろう第四事件に備えた新体制作りである。〈浜松事件〉は、夏だけに活動する季節犯との見方が支配的だったのだ。

浜松署の新しい署長には、それまで県警本部の刑事課長だった青木警視が据えられた。浜松署、静岡署、沼津署の三署は大正以前から警視が署長を務める静岡県警の重要拠点とは云え、これは異例の人事である。県警も内務省も〈浜松事件〉をいかに重大視していたかが窺われる。しかし、事件勃発当初の大規模な捜査陣を維持することは無理なので、県内各署の腕利きを選りすぐって少数精鋭で臨む方針だった。

紅林刑事は元々浜松署勤務のため出戻っただけにも見えるが、この時点ですでに犯人逮捕による表彰二八〇回以上という並外れた手腕が知られていたので、とくに刑事部長に抜擢されたと思われる。人事一新にも関わらず依然として現場指揮官として留まった片桐警部補が、連続殺人事件捜査のために一本釣りで引き抜くよう推薦した可能性も考えられる。

かくして、紅林麻雄刑事は転任三週間目にして第四事件と遭遇、遺留品の布の捜査責任者となったのだった。絶妙の時期に、絶妙のポジションを与えられたのは、紅林刑事にとって人生を決定づける幸運となった。同時に、破滅への第一歩ともなったのではあるが。

そんなことをまだ知らない紅林刑事は、いきなり捜査の困難にぶつかってしまう。浜松周辺は織物産業が盛んで、しかもほとんどが零細業者のため千二百軒以上もあって、布の出処を探るのは簡単ではないのである。そこで、第三事件被害者の別居している三男（30歳）、つまり誠策の兄が織物問屋を経営していたこともあり、協力を依頼した。

被害者家族として当然協力してくれるものと思っていたのに、三男は何故だか渋る。それどころか、裏では業者を回って警察に話をすると怨まれることもあるからよしたほうがよいと口止めまでしていたのである。

憲兵隊の捜査

一方で、第四事件被害者の次男（23歳）が中国に出征しており、銃後の憂いを絶って兵隊が安心して戦えるよう浜松憲兵分隊も捜査に乗り出していた。同じ部隊にはこの地区からの出征者が多数いることもあるのだろう。

そこに軍と懇意の織物業者が、警察には告げずに憲兵隊に情報をもたらす。誠策の兄が口止めをするなど様子がおかしく、以前に勤めていた浜松市の大手織物屋からあの布を持ち帰ったのではないかというのである。

通報を受けた坂下珪一憲兵伍長（26歳）は、警察に知らせもせず、誠策の家の床下に丸一日潜り込んだ。家族の話でも聞き出せるかと思ったがなにも判らず、それ以上の内偵もせず九月一八日にいきなり誠策の父親に対して「冒険的聞き込み」（『濱松事件』）をする。そうすると、同じ布が出てきたのである。あの三男こそ犯人だと、坂下憲兵伍長は浜松憲兵分隊長の鈴木令八憲兵中尉に報告した。この憲兵分隊長がまともな人物だったため、翌日、警察に連絡してきたのである。

帝都では一部の革新将校たちが〈下克上（げこくじょう）〉という軍にあるはずのない反逆精神を発揮して軍隊の精髄である軍紀をずたずたに破壊して軍を乗っ取り、さらには革新官僚と結託して政治にまで介入するようになっていた。その一環として、あくまでも軍隊内の警察であるはずの憲兵隊を使って政治家や民間人を取り締まるという、無秩序状態を生み出していた。地方ではまだ正常な秩序が残っていて、民間のことには手を出すべきではないと最終的に警察に任せたのである。

坂下憲兵伍長は中国戦線帰りということも影響したのか、独断専行により民間捜査を敢行するなどこの時代の風潮に流されたところがあるが、憲兵分隊長は軍紀に忠実なる立派な軍人として己の職責を弁えていたのだ。

静岡県警本部の長谷川刑事課長は、座談会でこのように述べている。

　それから憲兵の方としては、それはそれで判ったが、もうこれ以上我々の方で捜査すると云う事は出来ないからと、隊長は坂下伍長を伴れて判検事と一緒に捜査本部へやって来て、今後は警察でやって貰いたいと云う事で、態度は敬虔な態度、今の隊長は明朗な隊長で、全部がしっくり協力仕様という事で、従いましてこれまでは我々の手でやり得たけれ共、これをどうするといった所で我々には出来ないから、あなた方の方でやって貰いたいと云う事でありました。

ここでもし、鈴木憲兵分隊長が己の栄達や役所の縄張り争いを優先していたら、中央に飛び火して深刻な対立を憲兵隊と内務省の間に呼び起こしていた可能性は大いにあった。九年前に兵隊の信号無視を警官が咎めたところから憲兵隊と警察、さらには陸軍と内務省が半年近くも激しく対立、天皇が仲裁に動かなければならなかった〈ゴーストップ事件〉の再現である。
　長谷川刑事課長が、このように憲兵分隊長を褒め称えるのも決して大袈裟とは云えないのだ。反面、憲兵隊が警察に協力するとは意外だという感覚を内務省側が抱いていたことも、この発言からは読み取れるのであるが。
　なお、憲兵伍長が容疑者宅の床下に丸一日も潜り込んだことについても、長谷川刑事課長は「この努力は私共非常に学ぶべき点があると思うのであります」と賞賛した。ところが、小川内務省警保局警務課長に「それは特高的捜査手段を用いたものらしいね」と指摘されると、何故か急に腰砕けになっているのが興味深い。

　そうする事がいいか悪いかと云う事は……。私の方としてはある場合にはそう云う事も必要だし、この場合に必要かどうかは考えておりません。

　内務省内部でもセクショナリズムがあったのか。少なくとも、「特高的捜査手段」を一般の刑事事件で用いるのは好ましくないという意識が内務省にあったことを窺わせる発言ではある。特高のやり方とは知らずに憲兵を褒めたことをごまかそうとしただけかもしれないが。

紅林刑事活躍の実態

完全に出し抜かれた静岡県警は、九月二四日に誠策方を家宅捜索した。すると、同じ布とアゴ紐のない学帽を発見、すぐさま三男と次男（32歳）を逮捕した。

長男は幼くして亡くなり、家を継ぐべき次男は農業を嫌って家出して大阪に働きに出た。しかし、戦時経済統制の企業整理により失業、第一事件発生一ヶ月前の昭和一六年七月一五日に舞い戻って来ていたのだ。四年前には妻が肋骨カリエスとなり、治療費四五〇円を父親に借りたが、執拗に催促する上に利子まで付けて返済させられるということもあった。妻と娘を大阪に置いたまま三男の織物問屋に勤めながら一人暮らしをしており、金には窮乏している。昭和一二年の銀行員大卒初任給は七〇円なので、四五〇円は現在の一三〇万円ほどである。

なお、第三事件、すなわち実家が襲われる直前に娘（6歳）だけを大阪から呼び寄せて実家に預けており、娘は軽傷を負っている。

父親は次男にはびた一文出さないのに、殺された四男にはすでに家と田畑を相続させていた。警察は動機のある次男を最も有力だと考えたのである。一軒家で一人暮らしのため、深夜に起きた事件時のアリバイも証明できなかった。

ところが、いくら追及しても自分はやってないと云う。

捜査陣の一員だった南部清松氏はこの取り調べには直接関わっていないと思われるが、刑事六人をふたりずつの三組に分け、交代で尋問をして一睡もさせないという拷問の末に追い詰めていたと、のちに証言している（座談会「冤罪が産み出される構造」『現代の眼』昭和五四年九月号）。

三週間強力に責め立てると、ようやく第四事件時の誠策の様子がおかしく目にケガをしていたので調べて欲しいと供述した。

聾啞学校から誠策のズック靴を押収すると、第二事件の足跡とぴったり合う。また友人に「人殺しをやったのは俺だ」と云ったことも判ったので、一〇月一三日に誠策を逮捕。追及するとあっさり自白した。

こうして見ていくと、犯人検挙のため紅林刑事は特に何もしていない。あの布はマンガン薬品染めの糸を使った特殊なサンプル品であり、三男が以前に勤めていた店に少量あっただけで他には流通していないという三男の自供を確認、事後的に証拠の裏付けを固めたくらいだ。

六年前のものなので勤務先の店でも伝票が残っておらず、このサンプル品の担当だった三男以外の店員の記憶もはっきりしない。そのため、浜松高等工業学校で赤外線写真に撮ってかすかに残るスタンプの文字から製造工場と流通経路を特定するなど多少の手間は掛かっている。紅林刑事は座談会でこのあたりの捜査経緯を得々と語っているが、内務省出席者もまったく興味を示さず聞き流しただけだった。

裁判で思わぬ処からひっくり返されないためには、こういう傍証をきちんと固めておくこともちろん大切ではある。だが、この事件ではズック靴の足跡や犯人の自供から発見された凶器など確定的な証拠が多く、重要度は必ずしも高くない。なによりも、すでに坂下憲兵伍長がこの家に布があることを確認しており、さらに三男も店から持ち帰ったと自白したことの裏付けに過ぎない。真犯人の誠策にも迫っておらず、事件解決という点からはまったく役には立っていないのである。

もっとも、他に決定的な働きをした者がいるわけでもなく、相対的には充分、功労者と云っていいだろう。

凶器の鞘でもなく、帽子のアゴ紐でもなく、覆面の布の捜査担当となったという偶然。しかも、捜査の結果ではなく、その布から縺(もつ)れた糸がほどけるように自然と事件が解決してしまったという偶然。この偶然がひとりの英雄を仕立て上げてしまい、その虚像によってそののち巻き込まれた大勢の人々と本人をも破滅させることになるのであるが。

紅林刑事の決定的役割

捜査に最も貢献したのは、明らかに片桐素一警部補だった。常に最前線に泊まり込んで陣頭指揮を執ったため、事件発生から一年二ヶ月で自宅に帰ったのは十八日だけ。捜査のすべてを把握して、十時間の座談会でも七割近くはひとりでしゃべっている。しかし、なんと云っても第三事件の失態は大きく、内務省出席者からかなり厳しい指摘も受けた。警視庁の三原才一捜査第一課長もこう発言している。

二階に上って見た時に、先程も片桐氏がいわれたが、それは誰が見たって失敗なんだ。幾らやってもぼろを湿して拭いた位な奴は綺麗に落ちて居ないと思う。これは表で洗って居ないでしょう。それだから偽装した足跡が汚れて居るのに、足を見て発見して居なければ身体捜検が不十分だと思う。あれが外れたら今年の事件までは、あれは犯人に非ずと云う刻印を押して居るんだから、その後の捜査は嘘と申しては失礼ですが、真犯人を措いての捜査ですから、一年続けても駄目だと結論的に云えると思うんですね。それで教えられる点は、容疑者の調べ方に就ては、もっともっと入念にやらなければならぬと思う。身体捜検とガサと云うものは一番生命であると云う事を考えなければならぬ。これは結論的に云うんじゃないけれどもが、一番の落度はそこですね。

言葉は穏やかだが、東京の内務省まで呼び出されて面と向かってこんなことを云われては、身の置き処がなかったであろう。残念ながら、この場面での片桐警部補の反応は速記録には残されていない。できれば片桐警部補以上に、紅林刑事にもこの苦言を浴びせられた際の感想を訊きたいものだ。

なんとなれば、ここでもまた、見えない運命の絲は、人々を弄ぶような絡まり方をしていたからである。あの決定的瞬間に誠策を最初に取り調べたのは司法主任の片桐警部補ではなく、他署からの応援要員としてたまたま居合わせた紅林麻雄刑事その人だったのだ。

紅林刑事本人が座談会でこう話している。

第三事件の当時、私は司法主任に随行して行って見ました。所が一家六人の者が殺されて居るのに唖の姿が見えない。と云うので私が先頭に立って、後から杉浦、片見両君が来て、三人で二階へ上がって行って蒲団を引っ張ってめくって見た所が吃驚(びっくり)して眼を覚ました。それで付近を燈火で照らして見たけれ共一向疑う余地がない。

別の箇所で、紅林刑事はこうも云っている。

そこまで行って居たのをどうして捨てたかと云う御質問ですが、犯人は外部から侵入したという足跡がある。蜘蛛の巣まで払われて中に入って居る、この点で外部から侵入していると思って私は唖者を諦めた。

連続殺人事件が成立する第一の絶対的な要件は、当たり前のようだが犯人が逮捕されないことにある。どれほど狂った殺人鬼であっても、最初の事件ですぐに捕まってしまっては連続殺人を犯しようがない。日本では戦前から殺人事件の検挙率が現在と同じ九五パーセント前後と極めて高く、必然的に連続殺人事件は多くなく、諸外国では殺人事件の検挙率は比較的低く連続殺人事件が多いという単純な図式が成立している。

海外の著名な連続殺人事件を見ると、真犯人が一度は取り調べを受けているのにシロだと判断されて釈放されているケースが結構ある。好事家だけではなく広く世間一般の人々を悦ばせてベストセラーになったりする海外物犯罪実録本やハリウッドあたりの猟奇的映画の成立、大ヒットの陰には警察の無能という大いなる貢献があるのだ。

紅林刑事がここで「一番生命である」「身体捜検とガサ」というごく基本的な捜査を怠ってさえいなければ、ほんの少し注意深くて血の臭いを嗅ぎ取っていれば、すぐ傍に隠されていた血まみれの手足を拭き取った布と凶器は簡単に見つかっていたはずなのである。

そうなれば、〈浜松事件〉は一ヶ月のあいだに五人が殺される、確かに連続三件で被害者数は多少多くとも戦前にはこの程度の殺人事件はめずらしくなく、それも窃盗目的と家族殺という昔からよくある事件のひとつとして埋もれていたに違いない。覆面の布のように偶然から自然に解決したのではなく、紅林刑事自身の手による捜査で解決したことになるはずだが、容疑者の自室を探るという初歩的な単純さもあって、紅林麻雄の名が全国に轟くことはなかったであろう。

この時点では捜査陣総数五五名という大所帯で本隊は小松の公民館を本部としていたが、緊急事態に対処するための別働隊として紅林刑事が片桐警部補とともに駐在所に泊まり込んでいた。あるいは、片桐警部補の信頼もあったのかもしれない。それでも、浜松署勤務ではないたんなる応援要員に過ぎなかった紅林麻雄刑事が何故か現場に居合わせ、常に最前線で取り調べまで行う片桐警部補を差し置いて最重要容疑者の取り調べをしたというまたもや重なったこの偶然が、現代にまで禍根を残すすべての歯車を狂わせることになったのだ。

事件解決にはさしたる貢献を見せなかった紅林刑事であるが、ごく平凡な事件を、一年以上にも渡って九人が次々殺害されるという動機不明の無差別殺人に見せかけ、周辺住民が長期間恐怖に怯えざるを得なかった史上まれに見る大事件に発展させることに於いて、彼は決定的な働きをしていたのである。

誰がトリックを仕掛けたか？

公正を期しておくと、この後に手話の通訳を呼んで行った誠策への尋問には、紅林刑事は立ち会っていない。

通訳を通じて片桐警部補が「変った事はなかったか」「下の音は聞かなんだか」と問うと

「変った事は別にない、とても大きな人が入って来て寝てよ寝てよと云うた事がある」と紅林刑事らに一度起されたがまた寝てろと云われたことのみ話し、

　　お父さんや、お母さんは何処へ行ったんだ。人がこう沢山集まっているがどうしたのだ。と云うような事を云うから、もうこれは駄目だと思って二階を調べる勇気もなくなった。

と、片桐警部補は座談会で力なく答えている。

　これは、小川内務省警務課長の「まんまと此方は引っ懸かったね」という言葉を受けたものだった。「此方」は普通に読めば「こっち」だろうが、小川課長は片桐警部補に対してたびたび「あなた」と呼びかけており、こうも読める漢字なのでこの可能性もあるだろう。「まんまとあなたは引っかかったね」というのは何気ない言葉だが、地方の警察官が内務省まで呼び出されて内務官僚からこんなことを云われては冷や汗が出たに違いない。

　しかし、片桐警部補の先の証言をもう一度読み直すと、少しばかり様相は違ってくるのである。

　　ここで赤裸々に私の心境を申しますと、私は「野郎やったな」と直感した。「此の唖者が自分の家をやったな」という気分で進んで行ったのであります。そうして多分犯人は家には居らんであろうという気分で現場に臨んで被害者に「唖者は何処に行った」というと「二階に寝て居る」という。刑事が行ってみると確かに寝て居る。ぼんやりして目を覚まして居る。床は温い。体にも手にも足にも血はついて居ない。これは違った。それと同時に私の頭に閃めいて来たのは、自家をやる理由はないというので、先ず大丈夫と思って、唖者を捨てて了(しま)ったのであります。

先に二階に上がった紅林刑事の報告ですでにシロだという先入観を与えられて、尋問の前に勝負は決していたと思われる。つまり、「まんまと此方は引っ懸かったね」というのは、誠策の見事なる演技に対してはもとより、紅林刑事に引っかかったと云えなくもないのだ。もちろん、それでも部屋をきちんと捜索しなかったのは片桐警部補の重大なる落ち度ではあったのだが。

この尋問の間、すでに完全にシロだと判断して誠策への興味を失ってしまったのか紅林刑事は立ち会わず、家の周囲を探索する。

現場を見聞するのに足跡が判然して居る。足跡があったししたので、これは外部侵入としか見られなかったんです。

もうひとつの誠策の偽装工作である家の外の足跡も紅林刑事が最初に見つけてまんまと引っかかり、その判断を元に報告、ますます誠策がシロだという確信を片桐警部補ら捜査陣に植え付けてしまったのであった。

戦後の〈幸浦事件〉〈二俣事件〉〈小島事件〉という彼が手がけた事件も、一ヶ月以上糸口さえつかめない状況で稀に見る難事件であると新聞で騒がれたあげく、紅林刑事自身がトリックを仕掛けて華麗な推理で解決することにより希代の名刑事の称号を欲しいままにした。

戦前の〈浜松事件〉に於いても、さすがにこちらは意図的にやったわけではなかろうが、紅林刑事自身がトリックを仕掛けて史上最大の難事件としたあげくに解決して希代の名刑事の称号を獲得するという、結果的にはまったく同じ雛形を呈していたのだ。

九人連続殺人事件の犯人は、確かに中村誠策で間違いない。だが、〈浜松事件〉という史上最大の難事件をこの世にもたらした真犯人は、誰あろう、名探偵役の紅林麻雄刑事その人なのであった。

5　内務省と司法省の闘争が紅林刑事を英雄に祭り上げた

紅林刑事の逮捕劇

布捜査の責任者だったはずの紅林麻雄刑事は、何故か聾唖学校に自ら出向いて誠策のズック靴を押収している。その際に、誠策は抵抗したが取り押さえて観念させたという記述が昭和二〇年の『濱松事件』にある。

誠策を捉えて同人の所持品を差出させると下駄箱の中から他人の「ズック靴」を取出して示したので更に詰問すると自分の靴を取出す様に見せかけて矢庭に木工道具の箱に手をかけて刃物を摑み襲いかかろうとしたので俊敏にこれを扼して叱責すると逃れまいと感念（※原文ママ）したものか問題の足跡を生んだズック靴を取出して差出した。

昭和一七年の座談会ではまったく語られておらず、静岡で紅林刑事英雄化が進んだための創作と受け取るのは穿（うが）ち過ぎであろうか。

このエピソードがないと、紅林刑事がどうして〈浜松事件〉解決の英雄として祭り上げられているのか、事件収束後に採用された静岡県警の若い警察官たちには理解できなかったのではないかと思われる。直接検挙に結びついたわけでもない布の捜査について聞かされただけでは、ピンと来ないであろう。その点、ナイフを手に向かってきた犯人を「俊敏に」取り押さえたのみならず、一喝して観念させたという刑事ドラマの見せ場の如き話は、凶悪なる連続殺人犯逮捕の功労者としてじつに判りやすい。

もっとも、座談会の三日後の昭和一七年一一月一七日に差し止めが解禁された犯人検挙の新聞記事には、誠策が抵抗したこのエピソードも出ている。なにゆえ、これほど重要な出来事を座談会では披露しなかったのか、よく判らない。紅林刑事が学校までズック靴を押収しに行った話は出しているのにも関わらずである。

自分たちの活躍を内務省に誇示することはもちろん、座談会に出席して犯人の行動について細かく質問を発していた吉川澄一（ちょういち）技師のプロファイリングデータとして役立つことくらいは理解していたであろうに。

あるいは、新聞記者が派手な記事にするため盛った活劇場面を、『濱松事件』編纂者がそのままいただいたということかも知れぬが。

ただ、『濱松事件』もこの逮捕劇については引用した部分以外に言及はなく、それほど重要視はしていないようである。証拠品押収時にこんな抵抗をしたのでは、ほとんど自白したと同じようなものだが、そう短絡的に決めつけることもなく、ズック靴と足跡を照合してから、それを元に追及して自白させたと記されている。紅林刑事の功績も、あくまで布の捜査にあるとしている。さらに付け加えておくと、ズック靴の押収のため聾学校に赴いたのは紅林刑事と平野刑事のふたりであり、この活劇を演じた刑事はどちらなのか『濱松事件』でははっきり判らないような記述をしている。

なお、犯人逮捕による表彰二八〇回以上というのも、解禁記事の殊勲者経歴に出てくる話なのだが、同じく殊勲者として経歴の出ている年齢もキャリアも遙かに上の片桐素一警部補が犯人逮捕による表彰二〇回となっており、いささか疑念が湧かないでもない。まあ、検挙時の武勇伝とともに疑うに足る確たる根拠があるわけでもなく、いずれも物事を斜めに見たがる当方の邪推に過ぎぬであろう。そして、第十二章で詳述するように、この表彰数については公的文書により間違いないことが証明されるのであった。

史上初の〈捜査功労賞〉

華々しく新聞記事が出たその日に、片桐警部補、紅林刑事、貴布禰駐在所勤務の森下茂作巡査、坂下憲兵伍長の四人は史上初めての検事総長による〈捜査功労賞〉と金一封を受け、浜松署で執り行われた授賞式は写真付きで翌日の新聞に出た。静岡地裁の帯金検事正が、検事総長の代理として授与している。

前半は紅林刑事の部下として、後半は部長刑事に昇進して同僚として捜査に加わった南部清松氏によると、〈浜松事件〉は間違えて逮捕した犯人の兄の自供から解決したので功労者はいなかったが、表彰者を誰か推薦しないといけないので県警本部刑事課長が浜松署に花を持たせて紅林刑事が賞状を受けることになった。これが新聞で大々的に報道されたために「時の人」となり、本人も誇って警察学校などで講演するようになり、強力犯（ごうりきはん）捜査の権威者となって君臨、その虚像が後の冤罪事件を次々産む元凶となったという。

しかし、静岡県警としては、事件を解決したのは憲兵隊ではなく自分たち警察であると明確に示すため、表彰式には是が非でも憲兵より多い頭数を揃えないといけない事情があったはずだ。

元々、良識ある分隊長のもとで憲兵隊が捜査に加わったのは、遺留品の帽子のアゴ紐が浜松陸軍飛行学校で働く労務者に支給される帽子のものに似ているというところからだった。つまり、憲兵隊の管轄である軍属が関係しているのではないかという疑いがあったからで、坂下憲兵伍長とともに上官の小出由次憲兵曹長が専従で捜査に当たっていた。憲兵隊からはふたりが表彰される可能性もあったのだ。こちらは三人でなければならぬであろう。

結局、小出憲兵曹長は〈捜査功労賞〉に先立つ一一月三日、静岡県知事からの表彰をただひとりだけで受けている。内務省直属の県知事が間に入って、憲兵隊と警察で調整を図ったと思われる。

憲兵のあり方を定めた憲兵令では、軍隊外の刑事事件について憲兵は、検事および、東京では警視総監、東京以外の府県では知事の指示を受けることと規定されており、軍隊と関係ない〈浜松事件〉で知事から表彰されることは、法律上、筋が通っていた。東京以外の府県では、警察部長はあくまで警察関連の補佐官の立場で、戦前の県警の責任者は知事なのである。

なお、戦前の県知事は内務官僚が就任することがほとんどだが、事件勃発時の静岡県知事で警保局長から検挙激励の電報を受けたのは農林省官僚でのちに農林次官となる小浜八弥だった。この検挙時の知事は、警視庁交通課長も務めた道路交通の専門家で日米開戦時の内務省防空局長だった藤岡長敏である。交通課長時代には、交通違反規則が問題となった〈ゴーストップ事件〉の処理にも奔走している。

知事表彰と同じ日には静岡県警防義会が、〈捜査功労賞〉を受けることになる四人と小出憲兵曹長、憲兵分隊長の鈴木憲兵中尉、県警本部刑事課長や浜松署署長などの捜査関係者一同を表彰、金一封を贈り、浜松憲兵分隊には感謝状を出している。警防義会とは、在郷軍人分会などと同様に地域の民間の立場から国防体制の一翼を担うことを期待されて、消防団を組織する消防協会が戦時に名称を変更したもので、警察と同じく内務省警保局所管の団体であった。

功労者不足

森下茂作巡査（31歳）は『濱松事件』によると紅林刑事の下で布捜査の専従となったとあるが、具体的にどのような働きをしたのかは記録されておらず、まったく判らない。部下思いの紅林刑事も、すでに表彰が決定していたはずの森下巡査について座談会で一切言及していない。そもそも、巡査は座談会にも呼ばれていない。

読売報知新聞静岡版にある、表彰についての森下巡査本人の談話によると事件に関係した期間も短いしなんらこれといってとり上げる程の仕事も出来ず申訳なかったと思って居りました、にも拘わらず過分のお誉めに預かり何んと感謝してよいか判りません、この感激を胸に微力ながらも銃後治安の確立へ邁進してこの光栄に報いたいと思います

ということで、取り立てて活躍はしていないようだ。

『濱松事件』掲載の組織図を見ると、第一事件発生時の捜査本部設置当初から最後まで「森下巡査」という名前が見える。最も現場に近い駐在所勤務らしく一年二ヶ月に渡ってさまざまなる任務に就いているのだが、本人談の「事件に関係した期間も短い」と合わず、不審である。これは同姓の別人が同僚にいたとも考えられるが、このままではなにゆえ表彰されたか、事件収束後に採用された静岡県警の若い警察官たちには理解できなかったので、『濱松事件』編纂に当たって書き加えたと受け取るのは穿ち過ぎであろうか。

捜査本部が解散していた時期を除いても、数ヶ月間は大勢の捜査陣が彼の自宅である貴布禰駐在所に寝泊まりしていた。捜査本部が解散していた時期も片桐警部補ひとりはここに詰めていたであろうから、世話は大変だったと思われる。その功に報いたと見ると諸々

の齟齬が腑に落ちるようにも思うが、これも当方の勝手な邪推である。森下巡査がいつから貴布禰駐在所に勤務しているのかも資料からは判らない。

ちなみに、読売報知新聞静岡版では、森下巡査は「当年二十三歳、若年ながら二十数回も犯人逮捕で表彰されている」と記されている。静岡新聞では「三十一歳、昭和九年四月巡査拝命以来浜松署に勤務、捕縛表彰二十三回」となっており、より具体的に見えなくもない。また、戦局が切迫して徴兵率が上がるのは昭和一九年になってからだが、それでもこの時期に二十代前半の巡査はある程度、数が減っていたと思われるので、一応静岡新聞の年齢を採用しておく。警察資料に年齢表記はない。

いずれにしても、「これといってとり上げる程の仕事も出来ず申訳なかった」と自ら語る巡査を、前例のない検事総長による〈捜査功労賞〉という極めて重い表彰式へ列席させたところに静岡県警本部の苦心の跡が窺える。それほどまでに、この事件解決の功労者と呼ぶべき者はいなかった。そうであれば、紅林刑事をここに加えたこと自体はそれほど不自然でもないだろう。

表彰よりも遙か以前、紅林麻雄という特異な人物がこの事件に関わりを持ったという時点でその後の運命はすべて定まってしまっていたのだ。

松阪広政検事総長の思惑

あるいは、この史上初の検事総長による〈捜査功労賞〉が存在しなければ運命は違っていたであろうか。

わざわざ賞を創設してまで現場の捜査官に報いようとした松阪広政検事総長は、半年前に司法大臣官邸で開かれた全国憲兵隊長会議に於いて、このような訓辞をしていた。

「検事、憲兵、警察の三者が連携を欠きそれぞれ独自の活動を為し帰一するところを失うが如きは治安の確保上不測の障碍を惹起する虞れなしとしないから各位が司法警察官として行動する場合には検事の指揮のもとに行動し検察権の完全なる運用に資せられたい」（読売新聞昭和一七年五月二三日〔検事憲兵警察の連繫を要望　松阪総長談話〕）

あくまで検事に指揮権があることを再確認する訓辞をしていることもあり、憲兵と警察に賞を与えることで検察が上であることを誇示する狙いもあったのだろう。

この会議に出席したのは、憲兵隊のトップである中村明人憲兵司令官と、静岡地区憲兵隊など全国五〇人の憲兵隊長で、その下の分隊長は呼ばれていない。だが、浜松憲兵分隊長が憲兵伍長の独断先行捜査を打ち切り、しかも検事を伴って浜松署の捜査本部を訪れたのは、検事総長訓辞が浸透していた効果かもしれない。

しかしまた反面、このような訓辞を検事総長がわざわざ発しなければならなかったというところに、三者の連携が乱れる恐れが極めて大きかったことも表れている。昭和八年の〈ゴーストップ事件〉以来、憲兵隊と警察の間には軋轢があるが、検察との関係も微妙だったのである。

〈捜査功労賞〉の歴史的背景

〈捜査功労賞〉の二年前、第二次近衛文麿内閣発足時のまだ組閣中に、司法省（現在の法務省）は内務省を名指しで牽制するという異例の態度を示しているのだ。

「憲法尊重の建前から総理大臣自らが司法大臣を兼任する場合は別とし、その他の閣僚が司法大臣兼任の形をとることに対しては反対して居り、殊に内務大臣の司法大臣兼任に対しては司法権独立の威信を阻害することになるというので絶対反対の意を表明している」（東京朝日新聞昭和一五年七月一九日〔首相以外の兼任反対　司法首脳部対策協議〕）

司法省（検察）と内務省（警察）の間にも、かなり深刻なる鬩（せめ）ぎ合いがあったことが判る。日本を支配していたとも云える絶大な力を誇った〈官庁の中の官庁〉たる内務省が、戦時体制とともに司法省をも呑み込んで支配下に置くことを警戒していたのである。

この朝日の記事には、岩村通世検事総長を法相に推薦し、検事総長の後任には松阪東京控訴院検事長を当てる方針を司法省は決めたともある。組閣前に新聞にリークしてこんな記事を書かせ、既成事実として認めさせるつもりだったのだろう。ところが、近衛首相は七代ぶりに検事以外から法相を起用し、司法省に衝撃を与えたのだった。

しかも、司法省外部よりの起用が二代続いた上に、第三次近衛内閣ではさらに外部登用を目論んだが、適当な人材が見当たらないので近衛首相が一週間だけ兼任するのである。そこまでやったのちにやはりどうしても外部には人材がおらず、ようやく岩村検事総長が司法大臣となって、松阪が検事総長の後釜に座ることができたのだった。

人事が最大の関心事である役所としても官僚個人としても、これ以上の屈辱はないだろう。役所の防衛本能からも、「司法権独立」が絶対的な命題となっていたのだ。松阪検事総長の就任は、浜松の第一事件勃発三週間前である。

〈捜査功労賞〉には、存外に深い政治的意味が示されている。内務省がいかに強大なる力を持っていたか、またその内務省と司法省、憲兵隊の関係を知らなければ、〈浜松事件〉の背景は読み解けないのである。

端的に事件についてだけを知りたい読者諸氏はこの章の以下の部分は飛ばして、次の第六章からまた読み継いでいただきたい。ここから先のいささか面倒なる記述は、これまで語られることのなかった歴史のひずみを見極めたい諸氏へのみ向けたものである。

近衛文麿の政策に見る内務省と司法省

浜松の第三事件勃発三週間後に近衛文麿は政権を放り出し、天皇から日米戦争回避を託された東條英機陸軍大臣が首相に就任した。和平工作を妨害する言論やテロ、日米和平が成ったのちの騒乱を封ずるため、東條首相は内務大臣も兼務する。憲兵隊を支配していた東條が、警察をも配下に置いたのである。

岩村法相は留任となっており、司法に含むところがあったように見える近衛と、実働部隊の憲兵と警察さえ抑えておけばと司法に関心を払わなかった東條という、ふたりの政治姿勢の違いが垣間見える。

それは、目の前の事態対応に汲々としていた東條と、国家システム全体を根本から改革せんとする〈新体制運動〉を展開していた近衛との違いである。

近衛が推し進めようとしていた〈新体制運動〉の目標は多岐に渡るが、それらの改革を成し遂げるためにも結局一番必要なのは、軍だけではなく各省を完全に抑えることのできる首相の権限強化だった。省の都合よりも自分の云うことを聞く者を大臣に据えたい。とくに司法を抑えておくことは重要だった。〈新体制運動〉は憲法違反であり、また反天皇でもあると、激しく批判されていたからだ。さらには共産主義と同じだとも見なされていた。場合によっては強敵ともなる思想検事の代表である松阪が、検事総長になることを阻止したかったのやも知れぬ。同じ頃に、〈新体制運動〉の一環として統制経済を計画した企画院の革新官僚多数が共産主義者として逮捕される〈企画院事件〉が起きている。

近衛が司法省の外部から起用した法相とは〈新体制運動〉の中心的存在だった風見章だが、彼は〈ゾルゲ事件〉で死刑となった尾崎秀実を内閣嘱託として〈新体制運動〉の立案などをさせていた。国家システムの抜本改革のために、かなり危ういところまで踏み込んでいたのだ。

内務大臣も〈新体制運動〉の指導者で内務省の革新官僚だった安井英二を据えたが、内務省内では〈新体制運動〉への反発が大きく、わずか半年で辞任した。とくに全国に設置が決まった〈新体制運動〉道府県支部の支部長が、知事の権限を侵すもの、あるいは完全に取って変わるものとして警戒されたことが大きい。知事は内務省の全国支配の源泉たる、しかも内務官僚の個人的栄達の目標でもあるのだから、役所を挙げて死守したのである。

後任には内務省外から起用しようと画策するも適当な人材がなく、司法省出身の平沼騏一郎が就任。〈新体制運動〉を日本の国体に反すると嫌悪していた平沼は企画院摘発を断行し、運動は息の根を留められてしまった。平沼が介入して〈新体制運動〉とはすっかり変質した大政翼賛会道府県支部長は道府県知事が兼任することとなり、内務省の牙城は崩れなかったのである。

それまでは内務省と司法省との役所同士のコップの中での縄張り争いに過ぎなかったものが、〈新体制運動〉により一時は役所の存続にも絡む根本的な変革に直面させられた。旧体制派の必死の抵抗で近衛を挫折に追い込み、これまで通りの枠組みが維持されたように見えた。しかし、安泰に思えた検察、憲兵、警察、三者の微妙なバランスが完全に崩れる事件が、検事総長による〈捜査功労賞〉の出た一年後に起きるのである。

中野正剛事件

昭和一八年一〇月二四日、松阪広政検事総長は、東條英機首相から政敵である中野正剛（なかのせいごう）を起訴して議会に出席させないようにと命令を受けたのだ。しかし、証拠不十分であり、仮に容疑があっても代議士を造言蜚語（ぞうげんひご）くらいの軽い罪で会期中に身柄を拘束して議会に出席させないことは憲法違反ともなるのでできないと、松阪検事総長はきっぱり拒否する。

「総理大臣は甚だ失礼ながら、中野のことになると感情でものを言っておられる」

東條に面と向かってこんなことまで云い放ちさえした。

中野正剛の幼なじみで、逮捕のきっかけとなる「戦時宰相論」を書かせた朝日新聞主筆の緒方竹虎は、『人間中野正剛』に於いてこの対決の様子を詳らか（つまび）にする。

「内心、内務省の政治検束を面白くなく思っていたことも事実であろう」

と、松阪検事総長の内務省への思いも、そこでは推察している。

中野は東條批判を繰り返すものの倒閣運動など具体的な行動を起こす気配はなく、治安維持法にも戦時法にも触れることはないので逮捕起訴は不可能であり、また必要もないと松阪検事総長や東京地検思想部はすでに結論を出していた。

思想検事の第一人者として共産主義者などを徹底弾圧した松阪検事総長や、彼が率いる検察思想部が、己の役割をどのように認識していたか。また、内務省や憲兵隊との関係をどのように考えていたか。心ならずも〈中野正剛事件〉を担当させられることになる中村登音夫東京地検思想部長が、亡くなる直前に『松阪広政伝』に寄せた手記が最も判りやすい。

あくまでも検察が正義という立場で、しかもこの対立はたんなる役人の縄張り争いなどではないということが強調された内容なので多少割り引いて読む必要はあるだろうが、当時の検察、憲兵、警察の軋轢がどのようなもので、また松阪検事総長の立場がどのようなものだったのか、松阪本人のはっきりとした証言が残されていない中では貴重な記録となっている。

それによると、ミッドウェーで敗退して戦局が悪化した昭和一七年後半から、東條首相は戦争協力への国民精神の統一を叫び、言論統制によって不満の声を封殺しようとしたが、思想取締が任務であるはずの検察思想部は反対だったというのである。

「私は当時の情勢から観て、国民の戦争協力への限界は既に飽和点に達している。これ以上言論を押えつけても無意味に近いばかりか、戦争遂行上でマイナスの面が多い。不平不満の多少は胸中から吐き出させて息をつかせ、反面、政局担当者にも反省を求め、事態に適応した収拾の途を講ずることの方が、却って国民精神を振興させて、国家的利益をもたらすのではないか」

そのため、中野正剛の東條批判は国民の不満のガス抜きともなって、むしろ精神的団結に貢献すると判断して放置していた。ところが、昭和一八年九月になって、まず中野の片腕である三田村武夫代議士を検挙したいと警視庁特高部長が検察に打診してきた。容疑も薄弱で逮捕令状は請求できないので、任意取調べにせよと検察は指示したが、特高はそれなら自分の方で勝手にやると豪語して行政検束処分で身柄を留置してしまったのである。

三者のバランス崩壊

戦前の警察には、まだ犯罪は犯していないが「暴行、闘争その他公安を害するの虞ある者」を翌日の日没まで拘束できる〈予防検束〉など行政検束処分の権限があった。実際には、形式上釈放してまたすぐに拘束し、何年でも拘禁するという運用が行われていた。

「検察官は法律上（旧刑事訴訟法上）は司法警察官に対する指揮権を有しているのであるが、この警察の専横を制止する法の裏付けはないし、私自身にもこれを制する実力のないことを嘆いた」

このように中村地検思想部長が記すように、検察も警察の行政検束には手を出せなかったのである。

それでも、警察が真っ向から検察に逆らうのは異例だった。東條首相の強い要請があったとは云え、わざわざ検察と対立する必要はないはずで、内務省がここまで司法省をないがしろにするようになっていたということだ。

なお、東京の警視庁だけは他府県の警察部のように知事の指揮下ではなく、内務省警保局直属である。また、日米が開戦したため和平反対派のテロの脅威がなくなって東條首相は内務大臣兼任を辞していたが、引き続き内務省への影響力を保っていた。

この経緯があったため、中野正剛逮捕にも当然反対されるだろうと踏んで、松阪検事総長の東北出張中を狙って一〇月二一日、警視庁特高部はまたもや行政検束処分で中野の身柄を留置したのである。検察の正式な手続きを踏んだ強制処分の検挙にするだけの犯罪容疑を、まだ摑んでいなかったためでもある。議会開会までの五日間で容疑を固める自信があったのか、あるいは議会に出席させないよう会期中だけの拘束なら、検察の力など借りなくとも行政検束で充分と驕っていたのであろう。

ところが三日経っても容疑は固まらず、極秘の身柄拘束を聞きつけた議員たちが騒ぎ出した。やはり、相手が国会議員ともなると、法律上一日で釈放しなくてはならない〈予防検束〉の長期拘留では、議会の反発を抑えることができない。どうしても起訴が必要なので、今度は内務省の意を受けた総理自らが出てきて圧力を掛けてきたわけだ。

検察、憲兵、警察、三者の連繋を保つこと、とりわけ検事に一段上からの指揮権があることを重視する松阪にとって面白かろうはずはない。首相からの司法介入であるとともに、これは内務省の司法省への挑戦とも云える事態であった。

三年前の第二次近衛内閣組閣時に憂慮したことが、いよいよ具現化してきたのである。

帝国憲法の問題点

松阪検事総長の云う「憲法違反」には三つの意味がある。

個別の事件について首相が検事総長に命令を下すこと自体が、司法権の侵害である。思想問題取締の第一人者として戦時の検事総長に就任した松阪にして、こんな事態は初めてのことであった。総理官邸の会議に呼び出されても、憲法違反になるからと一度は出席を断っている。「上司の岩村法相も出席するから構わんではないか」と云われて、渋々出てきていた（緒方竹虎『人間中野正剛』）。

さらに、帝国憲法第五十三条に「両議院の議員は現行犯罪又は内乱外患に関る罪を除く外会期中その院の許諾なくして逮捕せらるることなし」とあるように、立法権の独立を護るため議員には議会開催中の不逮捕特権がある。

また、法に触れない一定の言論の自由は戦前の憲法でも明記されており、中野正剛の場合はこの憲法で保障された範囲に収まっていると松阪検事総長は東條首相に主張した。

三権分立以外にも、帝国憲法に規定された総理大臣の限界があった。戦前の大臣は天皇の直属であって首相の部下ではないので、首相が各大臣に命令を下すことはできないし、罷免権もない。その各大臣の監督下にある各省の役人に直接命令をすることもできないのである。

戦後の新憲法で権限を強化され、各大臣と各省庁を直接指揮監督できるようになった現在の首相とは、比べものにならぬほど戦前の首相は力が弱かったのだ。

これは明治維新を成し遂げた元老たちが、天皇の権威を借りて議会などに左右されない超越的な権限を揮うために設計されたシステムだった。しかし、憲法に規定されていない元老の権限は、大正時代の護憲運動で徹底批判され骨抜きにされる。

しかも、唯一すべての国家機構を束ねることのできる権限を有することとなった昭和天皇は、自らを立憲君主であるからとして政治に直接手出しすることなく、権力の空白が生まれてしまった。じつは昭和天皇は政治や軍事にいろいろ口出ししていたと最近の研究では云われるようになったが、問題はそういうことではなく、表立って権力を統括する存在がいなくなったという処にある。

帝国憲法下で統治者となれるのは天皇しかいないので、立憲君主としての責務を果たすのなら政府や軍を直接指揮して君臨すべきだった。しかし、何故か昭和天皇は首相や議会の権限が強い英国式君主になろうとして、統治者不在を生んだのだ。

そのため軍部だけではなく各省が暴走して国がばらばらの無秩序状態となっていたので、近衛文麿は〈新体制運動〉で首相の権力強化を図る。神聖不可侵と見られていた帝国憲法の改正も目論んでいたのだが、天皇の権限を侵すものとして批判され頓挫してしまった。

憲法を知らなかった東條英機

なお、近衛の元で首相直属の政策立案機関として発足した企画院は、内務省の職権を次々奪って最後には内務省解体まで計画していた。首相の権限強化を目論む近衛と、総力戦の基盤となる統制と治安のため内務省警保局人事への介入を強化したい軍、その軍の勢力を借りて一気に改革を推し進めたい革新官僚それぞれの思惑が一致した内務省解体論だった。〈企画院事件〉を仕掛けられて革新官僚が大量に逮捕された背景には、内務省が組織防衛のために企画院に反撃したという側面もある。

また、中野正剛は〈新体制運動〉準備会で道府県支部の支部長を知事などにして誰がついて来るかと発言するなど、政党人の立場から官僚の権限を削ごうとし、知事権限を護ろうとする内務省と激しく対立していた。中野逮捕に内務省が積極的だった背景にこの反感がなかったとは云えない。野党暮らしが長かった中野にしても、常に与党の側について選挙干渉をしてくる内務省や知事に反感があったろう。

システムから変えようと苦心した近衛や、法的根拠を元に独裁を揮ったヒットラーと違って、東條は明治憲法に明記されたこのような日本帝国の基本的な仕組みを理解していなかったフシがある。

松阪検事総長が憲法を盾に頑として云うことを聞かないと見ると、国会で中野正剛から「東條の茶坊主」と罵られたこともある内務省警察官僚出身の大麻唯男国務大臣を援軍として急遽呼びつける。しかし、その大麻大臣からも憲法違反なので無理だと諭されてしまった。

それでも収まらない東條首相は、本質とあまり関係のない松阪の「証拠不十分であり」という一言を捕えて、「新しい証拠が出てきて、中野が自白したらどうする」と法律論を外れた子どもの駄々のようなことを云ってなおも食い下がる。とうとう、松阪検事総長は自白したら起訴するという言質を取られてしまったのである。

憲兵隊にも足をすくわれる

議会開会は明後日だから明日の正午までという条件をつけ、まさかそんなすぐに自白はすまいと考え、法律を理解せず子どものように感情的な東條を一時的に宥めて諦めさせるための言葉だった。ところが、何故か中野は翌日あっさり自白する。

じつは警視庁も一日で自白させる自信がないと手を引いてしまい、代わりに東條子飼いの東京憲兵隊が取り調べを行ったのであった。問題は片付いたと安心し、憲兵隊に連れて行かれたことさえ聞かされていなかった松阪検事総長は、憲兵隊から連絡を受けて愕然とした。

もっとも、自白内容は、自宅で身内の東方同志会の会員ふたりに「ガダルカナルの敗戦は陸海軍の作戦不一致の結果だ」と話したという、たわいないものである。これが陸海軍刑法の〈造言蜚語〉、つまり軍事に関して根拠のないデマを流した罪にあたるとしても、公衆の面前で不特定多数に流布したわけでもないので、せいぜい略式命令の罰金刑くらいのものだ。拘留、とくに議会開会中の国会議員を拘留するほどの罪でないことは明らかだが、東條首相に明言した手前もあり、松阪検事総長は検察思想部の猛反対を押し切って起訴する方針を立てた。

中村東京地検思想部長はこう決心したと『松阪広政伝』の手記に綴っている。

「行政部に上手にわなにかけられ検察の良心に背いた行動を取らなければならない羽目となった。このようなことは司法の独立を揺がす検察史上の大汚点となることであろう。しかし、ことここに至ってはやむを得ない。自分がこの汚点についての攻撃を一身に受けよう」

検察は、内務省だけではなく憲兵隊にも足をすくわれる事態となった。警察も憲兵隊も「行政部」と呼んで自分たち「司法部」と区別しているのが興味深いが、その罠に嵌って、本来、直接取調べるはずのない東京地検思想部長が担当することになったのである。

そうして予審判事に勾留状の請求を行ったが、先例のないことなので小林健治予審判事は法律書をひっくり返し、伊藤博文の『憲法義解（ぎげ）』に「会期中とは召集の後」とあるのを見つけ出す。

「開会は明日だが召集は今日で、すでに会期に入っている。会期中の国会議員を拘留するには議会の許諾が必要だが、許諾を得るのは裁判所ではなく検事局であり、その手続きを踏んでいない。議会の許諾がなければ憲法違反。そもそも、造言蜚語で代議士は拘留できない」

小林予審判事はこのような大意の返答をして、請求を却下してしまった。

戦後はたびたび起こるようになったが、戦前は議会開催中の国会議員を拘留するのはこれが史上初めてのことであり、会期とはいつを指すのかなど判例もなく、検察も急遽この日に起訴が決まったため細かい詰めができていなかった。予審判事と激論を闘わせているうちに日付が変わる時刻が迫り、もともと乗り気でなかった検察もそれ以上は食い下がることもなく手を引いてしまったのである。

中村東京地検思想部長は伊藤博文の解釈もすでに知っていて、この予審判事の判断には法的にいろいろ言い分もあったようだが、ともかくこう記している。

「小林判事から憲法違反の理由で却下するとの通知を受けた際、一瞬戸惑いを感じ、またホッとした感じを持ったのは事実である」

そして、警視庁に対して即時中野を釈放せよと命じた。しかし、釈放された中野正剛は却って東條から憲兵隊を使って非合法的に追い詰められることになり、割腹自殺を強いられることになるのである。

片輪の教育

松阪検事総長が東條首相の執拗な要求に屈し、一日早く法を曲げて起訴していれば議会会期期間の拘束だけで済み、身の安全は保証されたであろうに。そのあまりに正しい行いは、東條英機という特異なる人物に作用すると思わぬ波紋を広げて、冤罪による事実上の死刑という悲劇を生み、歴史を大きく動かすことにもなったのだ。捜査員激励のための表彰という正しい行いが、紅林刑事という特異なる人物に作用すると現代にもまだ尾を引く思わぬ波紋を広げたのと同じく。

東條内閣が倒れた日に開かれた次期首相を選定する重臣会議では、戦時なのだから軍人が相応しいと云う近衛文麿や平沼騏一郎ら文官に対して、米内光政海軍大将は以下のように述べ、文官が首相になるべきだと主張した(『木戸幸一日記』)。

「元来軍人は片輪の教育を受けて居るので、それだからこそ又強いのだと信じて居る。従って政治には不向なりと思う」

東條英機陸軍大将のこの顚末は、「片輪の教育」を受けて憲法も国の基本的な仕組みも判らぬ者がトップに座った強みを、外敵との戦争には生かせずとも、国内政治では存分に発揮し得た例と云えよう。

ちなみに、この事件を直接担当した中村登音夫東京地検思想部長は43歳であるにも関わらず、不起訴の責任を取らせるためなのか召集令状が届く。戦場こそ腕の振るい処の軍人であるはずなのに、何故か戦場に送ることが懲罰だと考える東條の常套手段だった。

内務省を巡る争い

なお、中野正剛が重臣たちに働きかけ、天皇召集ではない私的な重臣会議を開いて米内海軍大将が首相を非難、近衛が辞職を迫って東條政権を倒すクーデター計画の〈重臣工作〉があったとされ、直後の中野逮捕はこれが原因だという話がある。東條首相が側近を連れてきたために、重臣たちの腰が引けて失敗したというのだが、ずいぶん疑わしい。

なんとなれば、その後の私的な重臣会議にも東條首相は毎月出席し、しかも五ヶ月後には気を許してひとりでやって来た（『岡田啓介回顧録』）。重臣たちはようやく云いたいことを云ったが、東條首相は辞職するどころか陸軍参謀総長も兼任、権力基盤を強化してしまった。参謀総長は統帥権の担い手なので、これを首相が兼務するのは〈統帥権干犯〉となって憲法違反なのだが、それを承知で強行したのである。陸軍大臣を兼務していた東條首相に対してでさえ、戦局悪化の報告をしたくない陸軍は統帥権の独立を盾に正確な情報を渡そうとしなくなったための、苦肉の策ではあった。あるいは、情報はきちんと出していたのに、陸軍なら統帥権の独立を盾に情報を隠すはずだと、東條首相は被害妄想に陥っただけかもしれない。どのみち、海軍からはまともに情報をもらえなかったので、さしたる意味はなかったのであるが。

検察は〈重臣工作〉なぞまったく察知していない。東條も警視庁も憲兵隊も、中野を起訴させる際に持ち出さなかった。こんな容疑があれば、ことはもっと簡単だったろう。

緒方竹虎が『人間中野正剛』で、「摑みどころのない後の中野君らのいわゆる重臣工作」「果してどこまで具体化されていたか」「中野君が感じとったごとく、対手側が動こうとしていたかどうか」と記すように、中野が重臣を使ったクーデター計画を進めていたのは事実だが、重臣たちも東條首相もあまり真剣には受け止めていなかったと見える。

ただ、独り合点ではあれ、クーデターが成功して新政権が樹立された暁には、中野正剛は内務大臣に就任するつもりだったのは確かなことである。やはり、ここでも内務省を巡る争いだったのだ。

松阪広政の「司法介入」

東條英機が失脚すると松阪広政検事総長は司法大臣となり、終戦を決定した御前会議にも閣僚として列席している。

戦後はA級戦犯容疑で一年九ヶ月も拘留され取り調べを受けたが、開戦時は大臣でなかったこともあり、嫌疑無しで釈放。その後は公職追放で弁護士となり、のちに総理大臣となる自由党幹事長、佐藤栄作の〈造船疑獄〉で弁護人となる。「司法権の独立」にあれほど腐心した松阪が、史上唯一の指揮権発動で検察に政治介入させたのは皮肉なことではある。しかも、中野正剛の地盤を受け継いで代議士に転じ、吉田茂内閣の副総理になっていた緒方竹虎と結託してやったのであった。

松阪広政弁護人の関与は長らく否定されていたが、〈ロッキード事件〉の田中角栄元首相逮捕で再び指揮権発動に注目が集まった際に明らかにされる。弁護士で自由党議員の高橋英吉が自ら検察庁法第十四条による指揮権というそれまでまったく知られていなかった方法を六法全書から見つけ出し、松阪が「これですね」と同調したことで決まったと述懐しているのである（読売新聞昭和五一年六月二日〔ロッキード疑獄56　指揮権、私のチエ〕）。

吉田茂の長期政権が倒れて、五五年体制へと繋がる大政変が起きたのは、〈造船疑獄〉ではなく指揮権発動が致命傷となったためだった。それくらい指揮権発動は元々すこぶる評判が悪かったが、角栄逮捕の頃は悪魔の所業と喧伝されていたので、こんなことでわざわざ嘘をつく必要もないと思われる。高橋英吉議員が佐藤栄作の意を受けて〈造船疑獄〉対策に奔走していたことは、のちに公開された佐藤の日記でも裏付けられた。

いまだにこの決定的な証言を抜きに指揮権発動を語る者が多いのは、まことに困ったことではある。たんなる無知だけではなく、情報を知ろうとする意志が欠けている証左であるからだ。それは、できうる限りのデータを集めて、目の前の現実を把握しなければならないという、冤罪克服の基本とも通ずる問題なのである。

司法省の攻勢

ところで、間違えている人が多いが、検察は行政部であって司法部ではないのである。松阪検事総長や中村東京地検思想部長だけではなく、司法省も三権の区分を平気で間違え、戦前の新聞もそのまま、内務省の司法省への干渉を憲法違反の司法介入と書いたりしていたのは驚くべきことだ。これは平沼騏一郎が検察の力を絶対的なものにすべく、〈司法権の独立〉を広義化して〈検察権の独立〉まで含めたものとして確立させ、定着してしまったことによる。

平沼は元々内務省に入りたかったのだが、司法省の給費を受けていたために役所でも一番下と見なされていた司法省に入ることとなった。内務次官から直々の誘いもあったのだが、司法省から横やりが入って断念したのである。明らかに内務省向きだった平沼が司法省に入るという捻れが、ふたつの省だけではなく国の体制を揺るがす歴史の歪みを引き起こしたのだった。

創設当初の司法省は、汚職追及で山縣有朋や井上馨ら大物を次々辞職に追い込むなど絶大なる存在感を示していた。ところが、その立役者だった江藤新平が征韓論で敗れて失脚し叛乱で処刑、管轄していた警察も新設の内務省に取られるや、一転して影が薄くなってしまう。

私大法学部出身者が幅を利かせるような三流官庁となり果て、東京帝大法学部出が揃う〈官庁中の官庁〉内務省とは格が違うと見なされるようになったのだ。平沼が入省当時の司法省を回顧録でこう評している。

「実に無力であった」「各省の中で一番馬鹿にされていた」「役に立つ者は行政庁にゆき、役に立たぬ者が判事、検事となっている」

軽く見られて、警察も検察の命令を無視していた。それどころか、警視庁の下に属す検事分局というのがあり、そこの検事は「警視総監の命でやるので検事正の云うことなどは聴かぬ。しかしあえて怪しまなかった」（『平沼騏一郎回顧録』）という有り様だった。検事が警察の命令を受けるのが当たり前という状態だったのである。

そこに現れた平沼の強引なる捜査指揮で警察もねじ伏せられるようになり、その力を背景に〈日糖事件〉など強圧的な汚職摘発によって政界官界経済界を震え上がらせ、〈検察ファッショ〉とさえ呼ばれる権勢を振るうこととなる。

平沼直系の思想検事だった鈴木喜三郎は、司法省出身でありながら昭和二年に田中義一内閣の内務大臣に就任。警察トップの警保局長と、特高を管轄する保安課長という、警察人事の要処を検事出身者で固め、とうとう司法省が内務省を乗っ取る形となってしまった。

自分たちに都合のいい局面では三権分立なぞ持ち出さない。憲法に定められた本来の三権分立とはまったく関係のない、自省の縄張りを護るための詭弁に過ぎないのだから、それは当然である。

警察権奪還計画

また、先に相川勝六らが昭和一〇年に刑事警察の強化を図ったという話をしたが、その裏にも司法省の内務省への介入があった。司法省が、警察から優秀な警官五〇〇人を引き抜いて検察官直属の〈司法警察〉を新設する計画をぶち上げたのである。

この時代は、内務省やその配下の知事による警察を使った選挙干渉があまりに酷かった。また、与党と関係する事件はうやむやになることもたびたびである。批判が大きいことを利用して、鈴木喜三郎が司法大臣となった大正一三年から、内務省と切り離した中立的な〈司法警察〉新設を打ち出す。毎年欠かさず予算請求していたのだが、そのたびにつぶされていた。

当の鈴木喜三郎なぞは内務大臣になるや一転して警察を使った猛烈な選挙干渉をはじめ、〈司法警察〉新設に断乎反対する有様だった。それが昭和九年、これまた平沼直系の思想検事だった小山松吉司法大臣がこの案を強力に推し進めたため、俄に実現する運びとなったのだ。〈五・一五事件〉で政党内閣が終了したあとを受けた斎藤実内閣が、それまでの政党政治最大の悪弊だった警察による選挙干渉を徹底排除しようとしたことが追い風となったのである。

具体的には、いまの高等裁判所に当たる控訴院の検事の配下として、七つの控訴院管轄地区ごとに警視をトップとする捜査機関を置く。主に選挙違反や地方の大物に関する事件を担当するのである。

当初は警察と協力して捜査することになっていたが、最終的には交通や衛生などの〈行政警察〉だけを内務省に残し、事件捜査は完全に司法省に移管する腹積もりだった。選挙干渉排除の機運を利用した、司法省による警察権奪還計画である。

もちろん、〈官庁中の官庁〉たる権力の源泉である警察力を奪われることになる内務省は猛反発する。しかし、警察による選挙干渉を無くさねばならぬという表向きの目的は、誰にも反対できない正論であり、押し切られる情勢となってきた。

内務省の反撃

そこで、内務省は昭和一〇年にこれまで選挙違反を担当していた高等警察を廃し、防犯課を新設、刑事警察に選挙違反取締も管轄させることにした。それに伴い県警の刑事課長を内務省キャリア並の権限を持つ警視に昇格させ、全国刑事課長会議を内務省で毎年開くことにするなど、刑事警察を大幅に強化。

さらに、政権交代のたびに各県の警察幹部の首が挿げ替えられることから、どうしても与党の味方となって選挙干渉してしまうのを防ぐため、警察官の首を簡単に切れなくする身分保障制度を確立した。それまで、司法省の身分保障された強力な〈司法警察〉などに任せては人権蹂躙が頻発すると、内務省は断乎反対していたにも関わらずである。

背に腹は代えられない抜本的改革の断行だった。この内務省側からの猛烈な巻き返しに折れて、さすがの司法省も〈司法警察〉新設を断念している。

ちょうどこの頃、疑獄事件の〈帝人事件〉が起きたために斎藤内閣が総辞職、小山司法大臣も野に下った。また、政官財への強引な取り調べが〈検察ファッショ〉と批判された。一度は司法省の味方となって〈司法警察〉新設を支持した立憲政友会が、この事件で検察の標的にされて内務省に寝返ったことも大きい。しかし、内務省の自己改革がなければ、そうすんなりと司法省が引き下がることもなかったであろう。

ちなみに〈帝人事件〉は、最終的に容疑者全員が無罪となる無理筋の逮捕起訴だったが、平沼騏一郎が政敵を葬るために子飼いの検事を遣って仕掛けたと云われている。強引な捜査指揮により司法省の勢力を拡大させた平沼が、強引な捜査指揮により司法省悲願の警察権奪還を頓挫させたのは皮肉ではある。もっとも、すでにこの頃の平沼は司法省に君臨するだけに飽きたらず、司法省を踏み台にして政権を狙っていたのであった。

内務省防衛の切り札と平沼騏一郎

吉川澄一技師が昭和一〇年に内務省中央の官僚となり、防犯課員として全国の刑事警察による事件捜査を指導、さらには〈浜松事件〉も直接担当することになった背景に、このような司法省の介入に対する内務省の抵抗があったのだ。

吉川技師には数々の難事件を解決することはもちろん、そのことによって刑事警察を管轄するに相応しい力量を備えているのは内務省以外にないことを誇示する責務も担わされていたのである。警視庁時代から難事件を解決してマスコミにもたびたび登場していた吉川技師は内務省防衛の切り札でもあり、見事にその期待に応えたのだった。

政治や思想が関係するとも思えぬたんなる殺人事件らしき〈浜松事件〉発生時、内務省警保局長がすぐさま静岡県知事に検挙激励の電報を打ち、県警トップの警察部長が自ら現場で陣頭指揮を執り、解決直後には吉川技師が「司法大臣から特使が派遣されたという類例のない事件」とメモに残したりしたのも、このような歴史的背景を見ておくと腑に落ちる。

また、他の刑事たちとは違う彼独特の立場が、内務省にとって使いやすかったという側面もあったかもしれない。清水重夫内務省防犯課長が、防犯課成立の経緯について、「防犯課の設立より府県会議員選挙の取締まで」（『警察協会雑誌』昭和一一年一月号）という記事を書いているのである。それによると、警保局警務課の一係であった刑事係を課として独立させることを、内務省は大正末期から熱望していた。

「しかしながら、内務省に刑事課または捜査課を設けて捜査の中枢機関たらしむることは司法省との関係上至難な問題がある」

そこで、防犯課という形を取ったというのである。当初は米国司法省管轄下であるFBIのような「捜査の中枢機関」を、司法省と独立した形で組織しようと考えていたことも窺える。清水課長はこの記事で防犯の積極的な意味を強調しているが、司法省の横やりでつぶされることを回避しつつ内務省の権限拡張を図る苦肉の策というのが正直なところなのだろう。平沼騏一郎の強引な捜査指揮で政官財を震え上がらせた〈検察ファッショ〉により、他省より一段上で〈官庁中の官庁〉と公言する内務省も、それまで莫迦にしていた司法省の顔色を窺うようになり果てたのだ。

そうであれば、刑事ではなく、また司法省には存在しない鑑識やプロファイリングの手法を駆使して事件を解決する吉川技師を前面に押し立てる必然が、ここにあったわけである。彼が確立した専門職として世界初のプロファイラーとなり、また警察も組織としてそのプロファイリングを重視したのは、吉川技師個人の天才的技量だけではなく、日本の警察が置かれた歴史的背景も作用していたのだ。内務省に刑事課または捜査課を設けて捜査の中枢機関たらしめていたのなら、捜査官が主役となって彼のプロファイリングはさしたる意味を持たなかったであろう。

元々は司法省指紋部所属だった吉川が、内務省による警察防衛の表看板となったのだから皮肉なものではある。しかも、26歳で警視庁に転属したときの彼は、司法省から移管された指紋原紙十六万枚のオマケにしか過ぎなかった。警察に指紋をあつかえる者がひとりもいないのでやむなくやってきた付き添い役で、当初は警察書記、つまり捜査権や逮捕権のないたんなる事務員だったのだ。それが、犯罪捜査の権威にまで昇り詰め、司法省から刑事警察を守る絶対的な守護者となったのであった。

さらに云うと、司法省行刑局指紋部を創設したのは、ほかでもない平沼騏一郎その人であったのだ。国粋主義者であるにも関わらず流暢に英語がしゃべれたという平沼が、一年近い欧州視察から帰るとすぐに英国の制度を取り入れ、警察に先駆けて日本で初めて指紋システムを立ち上げたのである。その後数年で築き上げた貴重なる指紋原紙を明治四五年六月に無償で警視庁に譲渡したのは、監獄内で累犯者を見つけるためにだけしか使用していなかったせっかくの指紋を捜査にも役立て、また保管場所を分散して災害に備えるためだった。〈日糖事件〉裁判も検察勝利のまま三ヶ月前に終結し、警察を司法省の手先として、あるいは倉庫代わりとして使役しようという平沼の自信の表れだったろう。それが巡り巡って、たんなるオマケが妙な活用をされてしまったわけである。

明治七年に司法省から新設したばかりの内務省に警察機構が奪われたことへの遺恨から来る両省激突の、これがひとつの帰結であった。

法律論と個人的感情

さらに詳細を見てみると、大正四年に司法省事務次官だった鈴木喜三郎と伊澤多喜男警視総監の大喧嘩が、〈司法警察〉構想の直接の発端だったようである。

裁判所構成法八十四条では、「警察官は検事の命令に従う」と明記されているが、内務省がこの規定をないがしろにしていることを鈴木次官は常日頃苦々しく思っていた。そこで、大隈重信首相を説き伏せ、司法官会議で八十四条を文字通り実行するように訓示させた。

今度は伊澤警視総監が憤激、知事が顔を揃える地方長官会議の席上、「警察官の進退は断じて検事の容喙(ようかい)（※口出し）を許さぬ」と、これまた大隈首相に発言させ、前言を撤回させたのである。内務省は真っ向から法律無視の姿勢を取ったのだった。大隈首相を「ロボット」として遠隔操縦しながらの、官僚ふたりによる角突き合いである（東京朝日新聞昭和九年四月三〇日〔時の話題　又も影薄らいだ司法警察官設置　因縁深い二省の抗争〕）。

平沼騏一郎の豪腕によって司法省は絶大なる力を発揮するようになったものの、まだまだ警察はその軛(くびき)につながれおとなしく従うといった具合にはなっていなかったようである。松阪検事総長がたびたび検事に指揮権があることを強調したのも、この騒動が背景にはあったのだった。

鈴木喜三郎は大正一三年に検事総長から司法大臣に就任するに当たって、入閣条件として検事直属の〈司法警察〉新設を認めさせている。九年前に煮え湯を飲まされたことへの復讐だろう。ところが、清浦内閣が半年で瓦解したため、あえなく頓挫。それから毎年のように〈司法警察〉新設を画策し続けたのは既述の通り。

〈司法警察〉だけではない。この大正四年の喧嘩の直後に、〈大浦事件〉で元警視総監の内務大臣が贈収賄を検察に摘発されたのは意趣返しだと、伊澤多喜男は主張している。また、鈴木喜三郎が内務大臣として選挙干渉を激烈に展開したとき、貴族院議員となってい た伊澤が選挙革正会を結成して選挙不正を監視、内務省側も選挙革正会をつぶそうとした ことも、根底にはこのふたりの感情的な対立があったのだろう。

平沼騏一郎や鈴木喜三郎による個人的な怨念が、司法省の内務省への攻勢に多大なる影響をおよぼしていたのだった。

なお、前述のように、内務省による選挙干渉は以前からあったものだが、鈴木喜三郎が内務大臣だった昭和三年の第一回普通選挙から全国民を巻き込んで一段と強引に推し進められるようになったため、政党間の泥沼の抗争を呼び、政党政治への幻滅と軍部台頭の道を開くこととなる。それは確かに内務省の組織構造が必然的に生んだ災厄ではあったのだが、しかし、構造を利用して極限まで推し進め歴史を歪ませてしまったのは司法省出身の鈴木喜三郎なのであった。

司法と警察の複雑なる関係

じつは日本帝国の制度の上からも、司法と警察の関係はさらに極めて複雑だった。

吉川澄一技師のワトソン役である尾崎幸一が、戦後に出した著作『犯罪捜査の基礎になる考え方』で、このように戦前の司法警察制度について述べている。

「司法警察官吏は、検事に直属していたことから、当然に刑事警察官は署長や警察部長の指揮下から離れて職務を執行していた。このことは警察部内における犯罪捜査の責任が、警部補を長とする司法係に、無統制にゆだねられていた実情にあったことを意味しているのである」

静岡県警トップである警察部長が直々に浜松署の人事を刷新したにも関わらず、司法主任である片桐素一警部補だけには手を出せず、そのまま留任したことはすでに述べた。背景に、この入り組んだ指揮系統があったものと思われる。そもそも、紅林巡査部長を長とする刑事部が存在するのに、さらにもうひとつ片桐警部補を長とする司法係が同じ警察署内に並び立って犯罪捜査をしていた理由がここにある。

なにゆえ、こんなことになっているのか。尾崎は説明する。

過去においては、われわれの行なっていた犯罪捜査は、警察本来の使命とはされていなかった。警察は「一般統治権に基づき、直接に公共の安寧秩序を保持するために、人民に対して行う命令及び強制の作用」であると理解せられ、国家の刑罰権行使の作用としての司法とは厳格に区別されていた。したがって、われわれ警察官が行なっていた司法警察の職務としての犯罪捜査は、明らかに警察の範囲外であり、司法警察は便宜的に司法作用の補助行為を警察機関にさせているにすぎないのであって、これをもって警察作用の一部分としてはならないものとされていた。（警察研究二巻八号美濃部博士所説）

このため、警察は犯罪捜査に熱意を持たず、昭和初期には刑事課という課すら存在しなかった県警もあったと尾崎は続けている。

元々、大久保利通が内務省を創設し、司法省から警察機構を移したのは、不平士族による叛乱や反政府運動を封じ込めるためであった。叛乱の中心となるであろう西郷隆盛に共感を寄せる者が多い軍よりも警察のほうが役に立つと考え、またもう一方の叛乱の中心となるであろう江藤新平の影響力が強い司法省から切り離すべきとも考えたのであろう。まだ失脚する前の江藤新平が、欧州各国の制度を参考に内務省の創設と治安維持のための行政警察の移管を提言していたのだが、大久保はその案を己の権力固めに利用したのである。内務省の設置は、西郷や江藤の下野から十七日後のことだった。

いずれにしても、窃盗や殺人などのちまちました犯罪なぞ、最初から眼中にはなかった。内務省が刑事警察強化に乗り出したのは、このような創設以来の方針を乗り越えるという決意があったのだ。

その意味で、「司法警察」と「刑事警察」は本来、まったく別の組織を指す言葉だった。警察が犯罪捜査をするのが当たり前となった昭和以降、この区別は曖昧となったようである。昭和六年発行『最新警察辞典』の「司法警察」項目では、「司法警察と刑事警察とは、往々混同して使用せられて居る場合があるが、観念上は両者に明確なる区別がある」と書き出されているものの、そのあとの説明を読んでも漠としていて「警察権の範囲」に属さないことしか判らない。こういう専門書を読む者も書く者も、あまりきちんとは理解していなかったらしい。司法係は建前上、警察から独立しているが、〈浜松事件〉を眺める限り、検事の完全な指揮を受けているようにも見えず、尾崎の云う「無統制」の状態にあったものと思われる。

なお、片桐素一警部補は司法省とはまったく関係なく、普通に巡査として静岡県警に採用されている。ただ、高等小学校を出たあとに商船学校の機関科を卒業しており、尋常小学校か、せいぜい高等小学校しか出ていない者がほとんどだった県警のなかでは学歴が高い。中等教育を受けた者として同僚たちより出世が早く、県警本部の警務課や刑事課というエリートコースを経てから、浜松署の司法主任に就任している。のちには各地の警察署長を歴任し、自治警時代には熱海市警察を統括する警視正の警察長となった。これだけの幹部候補が座るポジションではあったらしい。紅林刑事も、その突出した業績のために高等小学校卒のなかでは出世頭で、県警本部の刑事課を経てから静岡署の司法主任になっている。

ちなみに、尾崎幸一は大阪府警の巡査として勤務しながら関西大学専門部の夜間部法律科に通って卒業している。大学専門部とは、極めて少数の大学に次ぐエリート養成機関である高等専門学校のことではあるが、私立のそれも夜間部を出ただけの者が、警察官のトップである警視総監に次ぐナンバーツーの警視鑑まで出世するのは異例中の異例である。尾崎自身も「わたしのような経歴をもつ者がこのような職についたというので珍しがられているが、当人も驚いているくらいだからもっともである」（関西大学校友会発行『関大』昭和四三年一一月一五日）と述べている。

のちに法務大臣となった秦野章は、日本大学専門部の夜間部政治科を出て警視総監まで昇り詰めているが、卒業後にキャリア官僚として内務省に入ったので、巡査から出世した尾崎とは立場が違う。

似たような経歴に、英国の〈M・O法〉を研究して来いと相川勝六を派遣して、のちに読売新聞の主筆や副社長になった高橋雄豺がいる。高橋は中学卒で警視庁の巡査となり、警察勤務をしながら独学で高等文官試験を一番で通って内務省キャリアに任官、警察幹部を歴任した上、内務省任命の香川県知事となっている。政党間の争いに巻き込まれなければ、警察トップの警保局長になるのは確実のところまで来ていた。

これら三人に共通するのは内務省の警察官僚だったことで、他省では大学も出ていない者がトップまで昇り詰めることはありえない。秦野章が内務省を選んだのも、自分の学歴では他省でキャリア官僚となっても、せいぜい税務署長止まりだが、ここならもっと上を目指せると聞かされたからだった。内務省でも地方局ではまずない。人物本位で採用する警保局の特徴が表れている。

それにしても、内務省の警察官僚でも大学を出ずにここまで出世したのはこの三人くらいなので、尾崎幸一の卓抜した能力と評価の高さが示されている。とくに著作『犯罪捜査の基礎になる考え方』は、プラグマティズムやゲシュタルト心理学、法哲学や古典などを援用するだけでなく、文章そのものに知性と教養があふれている。最近では因果推論が流行りだが、その実践的先駆者としても本書は再評価されるべきだろう。

警察大学校の教養部長を永年勤めたのも頷ける。警察制度史の研究書を数多く記すことになる高橋雄豺と同じく、知性派として出世しているのである。これだけの人物が、シャーロック・ホームズに匹敵する天才・吉川澄一技師のワトソン役として配されたところに、歴史の偶然の面白さがある。

話を元に戻すと、このような司法省と内務省の権益が複雑に入り組んだ司法警察制度についても、明治維新期に定められたかなり無理のある制度を実態に合わせて柔軟運用しようとした結果だった。しかし、そこに司法省の付け入る隙が残されていたとも云える。それはあたかも、天皇主権と明記されている明治憲法を、イギリス流の議会中心主義に移そうと柔軟運用を目指したが、やはり軍部に付け込まれてしまったのと重なる、明治体制の矛盾でもあった。

検察による〈司法介入〉

松阪検事総長らが内務省の司法省への干渉を過剰なまでに警戒したのは、これら司法省の攻勢への反動を怖れたからだと思われる。実際、戦時に入ってからの内務省の姿勢には、これまでの司法省のやり方に対する反発も多分にあったのだろう。

戦前にあまりにも苛烈な力で政官財を掻き乱したこの〈検察ファッショ〉の反省から、戦後は検事の公選制などの改革が図られたが、検察の抵抗でことごとくつぶされた。辛うじて、検察庁法で指揮権発動について、かなりの制限を付けて規定するようになったのである。

本来の原則に照らせば、選挙で選ばれた政治家が何らかのチェックを検察に入れるのは当然のことではある。政府が与党政治家の汚職を揉み消そうとしたり、政権に敵対する者を逮捕起訴するように検察に圧力を掛けるのはあってはならない政治介入だが、それはなんのチェックもしてはならないということとはまったく違う。

検事が国民による選挙で選ばれないのなら、検察も他の役所と同じく政治家が指揮監督し、指導の具体的内容が間違っていれば政治家が選挙で淘汰される。これが民主主義の根幹というもの。現在でも〈検察権の独立〉は当然で、政治介入は絶対に赦されないかのようなことを云う者がいるが、平沼騏一郎が蔓延らせた観念にいまだに毒されているだけなのである。

憲法上の司法部とは裁判所のことだ。戦前は検察が予審判事に圧力を掛け、歪まされた予審の決定そのままに最終判決として確定することが多かった。このことが憲法上の三権分立を侵す司法介入だと、当時の法律専門家の間ではたびたび問題視されていた。検察は介入をする側なのである。

旧刑事訴訟法第二百九十六条で「予審に於ては取調の秘密を保ち被告人其の他の者の名誉を毀損せさることに注意すへし」と定められ、予審は非公開だった。また、戦前は司法省が判事の人事権を握っていたことが背景にある。

〈中野正剛事件〉では、予審判事の判断を曲げようとしたが相手が屈しなかったので、検察に歴史的な汚点を残さずに済んだ。もっと時間があって、検察もやる気があったなら、予審判事に人事権をちらつかせていたことだろう。

さらに、この手の検察と裁判所の関係は法廷だけではなく、世間一般でも誤解して受け止められていた。戦前の犯罪捜査は予審判事が主体となり、その許可の元に検察や警察が押収、捜索、検証、勾留、訊問、鑑定などの強制処分を行使するという仕組みだったにも関わらず、あたかも検察がすべての捜査指揮をしていると見られていた。犯行現場に予審判事が出向いても、たんなるオブザーバーとして、もっとひどい場合は検察官に付き従ってやってきたように新聞記事などでたびたび書かれ、その基本的認識不足で判事たちを嘆かせていた。

そもそも、明治期は予審判事が現場で警察官を直接指揮して捜査に当たっており、検察官は捜査から完全に締め出されていたのである。それが、明治四一年の〈日糖事件〉で平沼騏一郎が初めて検察官による捜査を強行して以来、立場を逆転させるようになったのだった。

検察、警察、憲兵隊のバランス均衡

ともあれ、ミッドウェー敗退、ガダルカナルもすでに敗退確実でほぼ戦争全体の大勢は決し破滅が目前に迫っていた戦局を尻目に、国内では呑気に相変わらずの勢力争いに明け暮れていたわけだ。そんな様々なる思惑が交錯していた時代にしては、〈浜松事件〉はめずらしく警察、憲兵隊、検察の連携が取れており、突出した功労者がいなかったこともあって三者とも満足の行く展開で、特別の賞を設けるのに都合のよい事案ではあったろう。

さらにその上で、松阪検事総長は三者のバランスが崩れることを危惧して、検察が警察と憲兵隊を上から指揮をする立場であることを誇示しようとしたのだが、〈中野正剛事件〉で踏みつけにされることになる。しかし、警察や憲兵隊の驕りも束の間のことであった。

わずか二年後の破局とともに、憲兵隊と内務省は消滅する。司法省も裁判官の人事権など司法行政権を最高裁に移され、法務省へと変質させられてしまう。その直前の、〈浜松事件〉が三者最後の蜜月を象徴する事件となったのだった。

なお、〈二・二六事件〉のとき、反乱罪捜査の陣頭指揮を執らねばならない光行次郎検事総長が、命を狙われるのを怖れて役所に登庁しないばかりか、芸妓と遊ぶ待合に何日も身を隠すという失態があった。若手検事たちはまだ叛乱将校が占拠している首相官邸へ悲壮な覚悟で検死に出向いたりしているのに、検事総長の醜態はなんたることかと激昂。検察庁に集結して辞任を求めるという事態となった。検察内の青年将校によるクーデターと云えなくもない騒動である。

当時の松阪東京控訴院次席検事は、検事総長と若手検事たちの間に入って見事に騒ぎを収めている。両者を納得させバランスを取ることにより、不祥事を拡大させることなく、辛うじて検察の威信を保つことができたのだった。〈二・二六事件〉に右往左往するばかりの軍幹部たちとは違って、毅然と事態に対応し、松阪の検察内での信頼はこれによって確立された。

戦後の〈造船疑獄〉でも、松阪は古巣である検察の面子をつぶしたようでいて、結果的に検察の権威を保った面がある。企業が金を提供したのは自由党に対してであって佐藤栄作個人への利益供与ではなかったので、かなり無理筋の立件だった。役人の不正が横行した戦時中に〈第三者供賄罪〉が新設されていたものの立証は難しく、公判に持ち込んでも無罪となる公算が大きかったのだ。また、史上初の指揮権発動が与党幹事長の収賄に関することだったために、政権が検察に手を出しづらくなり、逆説的に現在に至るまで揺らぐことのない〈検察権の独立〉を確立してしまったのだ。

〈中野正剛事件〉といい、間に挟まれてバランスを取る役回りばかりをさせられることになる松阪検事総長が、〈浜松事件〉を利用した見事な手綱捌きで関係を引き締め直し、最大限ぎりぎりまで検察が上に立つ三者のバランスを保ったとも云えるのである。

帝国憲法下では各省を統括する権限を有するのは天皇しかおらず、その代わりをしていた元老が衰え、当の昭和天皇は統治に関わらなかったため、誰も束ねることがないまま役所同士がバラバラの状態となっていた。とくに危うい立ち位置の司法省を上に置いたまま、それらをたとえ一時でもまとめたのは、今日では想像もつかない偉業であり、その道具となった〈浜松事件〉は存外に大きな意味を歴史上に刻んでいたのだった。

初めての表彰ではなかった

ここにじつは奇妙なる事実がひとつある。〈浜松事件〉を解決した捜査官たちに授与された〈捜査功労賞〉は、検事総長による史上初めての表彰ではなかったのである。

昭和一七年六月一日、松阪検事総長は〈ゾルゲ事件〉の検挙と取り調べを担当した特高一課長と外事課長ら警察官十名を検事総長室で表彰しているのだった。特高外事課員の大橋秀雄は、自費出版した『私の警察功過録』で、このとき受け取った表彰状の画像を掲げ、

「この表彰は外部には公表されなかった」と記している。しかし、翌日の東京朝日新聞には八行だけの小さな記事だが、〔諜報団検挙者表彰〕と松阪検事総長の名前も入れて出ているのである。

だが、半年後の〈浜松事件〉解決記事では、すべての新聞で「検事総長による史上初めての表彰」が殊更に強調されている。これはどういうことであろうか。

〈ゾルゲ事件〉自体は表彰の二週間前に新聞記事が解禁され大きく報じられていたのだから、表彰を伏せる必要はないはずである。検事、憲兵、警察の三者連携を強調したあの松阪検事総長の訓示からわずか十日後に警察だけに出した表彰よりは、あとから舞い込んできてうまい具合にバランスの取れた〈浜松事件〉のほうが「検事総長による史上初めての表彰」に相応しいと判断したのだろう。戦時の新聞報道を抑えていた情報局は、警察と憲兵隊の寄り合い所帯なので、彼らにとっても同時に授与された〈浜松事件〉表彰が史上初のほうがよかったらしい。

ともかく、何かしらの政治的判断によって、紅林刑事らの働きは国家存亡の命運が懸かった〈ゾルゲ事件〉を解決した特高刑事よりも上のあつかいを受けるようになったわけだ。戦時中のこのときでさえ、外敵よりも内側の役所同士の主導権争いが重要視されていたということである。

私が調べた限りでは、〈ゾルゲ事件〉以前に検事総長による警察や憲兵隊への表彰はない。それまでは、内務大臣が優秀警官を表彰するのに地検のトップである検事正が同席するのが恒例となっていた程度で、松阪検事総長の動きはやはり画期的ではあった。

なお、翌昭和一八年一月一五日になって、内務大臣は〈ゾルゲ事件〉の取り調べに当たった特高警察官四名に警察最高の賞である警察官功労記章を授与、その他の警察官にも警察特別賞や警視総監賞を授与し、新聞でも大きく報道された。『私の警察功過録』には、こちらの表彰状も掲載されている。

〈浜松事件〉によって、表彰を大々的に執り行って新聞に出すことの意義が再認識されたようだ。また、両省の静かなる主導権争いが仄(ほの)かに透けて見えるようでもある。実際は〈ゾルゲ事件〉表彰で先を越されてしまった警察が、検事総長表彰をなかったことにしたかっただけやも知れぬ。いずれにしても、この非常時に内向きの指向ではあった。

巨大なる虚像が屹立する

両省の表彰合戦は〈浜松事件〉のときにすでに過熱している。検事総長による〈捜査功労賞〉以外にも、『濱松事件』にこのように特筆される状況となっていた。

　真犯人中村誠策の検挙が発表されると地方民の歓喜感激は筆舌に尽し難く内務大臣、警保局長を始め各府県長官、各府県刑事課長、検事正、各検事局からは賞詞、祝電等多数寄せられ全国に吾が警察威信を昂揚した。

　戦時中の報道統制のため静岡以外では国民にほとんど知られることもなかった事件で、内務大臣や検事総長まで乗り出して来ての祝福は、国民に向けての威信昂揚ばかりではなく、役所同士の内なる鬩ぎ合いがあったと見るべきだろう。賞を出す検察の側には誰でもよかったのかもしれないが、受ける警察の側には、それに相応しいスターが必要だった。必ずしも静岡以外の国民一般に知られたわけではないが、検察や憲兵隊を圧倒するための役所間のスターである。

　しかも、役所は人事異動が激しいため、南部清松氏が記録しているように、警察内部でも表彰の経緯はすぐに忘れ去られた。たんなる作り物のスターが、わずか数年のうちに本物の難事件解決功労者となってしまったのである。

　さらにもし、〈浜松事件〉が解決しなかったとしたら、それを口実としてまたぞろ司法省が〈司法警察〉を新設し、刑事警察を内務省から切り離さんと画策した可能性がある。

つまり、紅林刑事はたんに難事件を解決したのみならず、極端に云えば、警察を、内務省を救った役所防衛の英雄ともなったのだ。

警察が創り上げた虚構の英雄のはずが、いつの間にか警察自身をも呑み込んで誰にも押し留めることのできないうねりを生じさせたのだ。その渦巻く奔流に押し流され、何もない地に忽然と巨大なる虚像の屹立して天を摩すこととなったのだ。

土台のないまま聳(そび)え立った虚像が、紅林刑事ひとりに留まらず、あまりにも多くの人々を巻き込みながら轟音とともに地に倒れるは、何人(なんぴと)にも避け得ない、歴史のうねりがもたらす宿命的帰結なのであった。

6　〈浜松事件〉の犯人から見た事件経過と犯人の父

誠策という少年

中村誠策は大正一二年（一九二三）九月一〇日に生まれた。六男三女九人兄弟の末っ子で、母親の妊娠出産時にも異常はなかったのに一家で誠策だけが生まれつきの聾唖者だった。初めはまだ多少聞こえたらしく、その時に覚えた「お父ちゃん」「お母ちゃん」くらいの言葉は発したが、三、四歳でほぼ聞こえなくなってしまった。家族は特別の注意を払わず、普通の小学校を卒業して農業を手伝うことになる。

家はわりと裕福な農家で、不動産を合わせて一万八千円の財産があった。昭和一七年の銀行員大卒初任給は七五円であるから、いまの五千万円ほどだろうか。土地の安かった時代の地方の農家としてはかなりのもので、村で三番目の資産家だった。

しかし、父親は極めて吝嗇（りんしょく）で、誠策はこづかいをもらえなかったので金を盗もうと考える。耳が悪く背後から近寄られたら判らないから、一家皆殺しにして盗む計画を立てる。まず、三ヶ月掛けて自転車の金属部品をヤスリで削って柄と鞘を拵えて刃物を自作、綿入れの服を人間に見立てて的にして突き刺す練習をした。懸垂で腕を鍛えて首を絞める練習までして、自転車に乗って女が多い家を物色する。そして、昭和一三年の満14歳の時に〈武蔵屋〉に押し入った。芸妓を皆殺しにするつもりが、二人を刺したところで刃物が曲がってしまったので逃走したのである。

手先が器用でなんでも自作し、機械の分解や修繕が好きだった。小学生の頃から映画をよく観て、とくに片目片腕の丹下左膳(たんげさぜん)に強い憧れを抱く。殺しも左膳をまねたもので、殺人事件の新聞記事も参考にしていた。犯行に出かけるときは常にズボンのベルトに凶器の刃物を差していたが、丹下左膳の気分になっていたのかもしれない。

昭和一四年三月に診察を受けた耳鼻科で初めて聾唖学校の存在を知り、浜松市の浜松聾唖学校初等部三年生クラスに入学する。〈武蔵屋事件〉で捜査の手が伸びなかったのは、まだ聾唖学校に在籍していなかったので、聾唖者としてリストアップされなかったことも大きいと思われる。

普通の小学校では耳が聞こえないので成績は最低だったが、新たに入った聾唖学校では勉強に夢中になって進学して立派な人になろうと懸命に励み、殺しは考えなくなる。これが三年間事件が途絶えた理由だった。成績はトップで、自分を英雄視するようにもなった。ところが、一年半ほどすると父親が、しゃべれるようにもならないし、役に立たないから学校をやめろと云い出す。日曜日にしか畑仕事を手伝っていなかったので毎日働かせたいのと、授業料三十銭、学校報国団費（校友会費）十五銭、郵便貯金二十五銭、学用品代など、月に一円七十銭というわずかな費用が惜しかったのだ。いまの五千円以下だろう。

弁当も持たせてくれなくなったので、二ヶ月間弁当なしで通学するようなこともあった。どんなに反対されても学校で勉強がしたかったのだ。このため父親に対する反感が鬱積される。また学費を稼ぐ方法も考えはじめ、鶏を三羽飼って卵を売って月に二、三円儲けたりした。

さらにまとまった金を得るために夏休みに働こうとしたが、聾啞者のためにどこも相手にしてくれない。そこでまた盗みのための殺人を計画するが、九月になっていたので来年の夏にしようと決めた。

夏と違って冬は戸締まりが厳重になるし、冬は相手が厚着で刺しにくい。自分の動きも寒さに震えて鈍くなるからだ。このあたりが論理的に考え、じっくり計画を練って決して衝動的には行動しない、少年犯にはなかなか見られない誠策の特異なるところではある。

誠策は身長一五四センチ体重四四キロという小柄。しかし、腕力が強く、足が極端に短く、下半身が異常に毛深いという特徴もあった。

読書は『キング』『青年』『家の光』などの大衆雑誌で、探偵小説は一切読まない。新聞はよく読む。酒も煙草もやらず、女もまったく知らなかった。

事件経過　第一、第二事件

知能は極めて高く、どのようにしたら警察に判らないように殺人が犯せるかと綿密な計画を練る。片桐警部補が座談会で誠策の自供を報告している。

人を殺すには匕首を買わなければならんが、匕首をそのまま買ったんではすぐ啞者が匕首を買ったということが判って捕る。それだから刺身庖丁を買ってやろう

浜松市の金物店で刺身包丁を買い、十日間掛けて金ノコで十五センチに切り、ヤスリで先端に刃を付け、柄も造って匕首と鞘を自作する。この鞘は第四事件の現場に残されたが、専門の職人に持ち込んで、よくできているが素人の手作りだと鑑定してもらうまで、捜査陣も市販の製品かと思わせるような精巧なものだった。

非常に自分の拵えた兇器に魅力を感じて夜半に磨いたり、油を掛けたり、人殺しをする稽古をした。そこでまあ結局練習した結果、刃物は刃を下にしかつ刃先を内側に向けて柄を握ってその端に親指を掛ける、これが一番滑らんでいい。なるべくそれんように真直に突くと、そういう稽古だけやった。立って向って来られた時に、体をしゃがめて真直ぐぴしゃっと奥の急所を突く、そういうような稽古をしておった。十四五日というものは殺す稽古ばかりしておった。

そうして、昭和一六年の満17歳の時に〈和香松〉と〈菊水〉に押し入る。芸妓屋や料理屋は弱い女だけで男はほとんどおらず、金もたくさんあるという目算を立てており、また女ひとりは残して強姦して金を奪ってから殺すつもりだった。

侵入すると最初に二ヵ所の鍵を外して複数の逃げ道を確保するという用意周到さ。だが、刺せばすぐ死ぬと思っていた被害者が叫んだことにびっくりして、いずれも失敗している。叫び声が微かに聞こえる程度の聴力はあったのだ。

〈菊水〉からの帰りに警戒していた自警団に見つかり、二百人の大規模な捜索が行われたが、本人は耳が聞こえないためかまったく気づかぬままに逃れている。疲れたので次の日は休んだが、いたって暢気で一日置いた夜にまた出掛けた。この時初めて警戒されていることを知って、外での犯行を断念したのだった。

事件経過　第三事件

外でやれないのなら内しかない。大阪に行った次男は時々帰ってきてこづかいをくれたので、一家皆殺しにすれば次男が家を継いで学費を出してくれるだろうという簡単な理由だった。父親以外は憎んでいるわけではないが、父親だけを殺すと家族に自分が犯人だと知れるので、いっそのこと全員殺してしまおうと思ったという。可愛がってくれた母親にも肉親らしい感情は持っていなかった。

動機は簡単だが、ここでもまた決して衝動的には行動に移さず、警察に捕まらぬ方法を改めて考え抜くところが知能の高い誠策の特徴である。三週間近くも偽装工作を練っている。

ああでもいかぬ。こうでもいかぬと云うので画策を繞(めぐ)らしたが、結局犯人は外部から入ったと云う事を偽装するより外にないと考えた。そして犯罪の実行を考えた。そして何時やろう、何時やろうと考えていた。所が、父○○が九月二十四日に、蚕が忙がしいから又学校を休めといい出した。自分は反対したがどうしても聞かぬから学校を休んで一生懸命蚕の手伝いをやった。一生懸命手伝ったが、親爺は怒鳴るばかりで少しも御苦労とか云うような愛の言葉はない。ただ怒るばかりで可愛がって呉れないから——いよいよやって終えと云うので、九月二十六日の昼頃、今晩やろうと腹を決めた。

当日も周到なる準備をしていたことを、片桐警部補が報告している。

ところが自分のいる二階と父親達の寝ている離れへ行く廊下にあまり埃(ほこり)が積っておったからこれでは足跡が残って解ると云うので、午後三時頃奇麗に掃いて置いた。そしてその夜は九時頃寝て終ったが矢張り家をやろうと思ったら寝られなかった。それで十一時頃自分の家の者が寝て終ったのが判ったので、自分は十一時半頃まで眠らずに起きていて、二十七日の一時半頃便所へ行って様子を見たら何の様子もない。これならいいと云うので、血を拭く用意にと二階へ上って一尺四、五寸の布を持って下に下りて、外に風呂桶があるからその桶に漬けて軽く絞って二階へ持って来て、そして布のあった中へ入れておいた。それから兇器と覆面を懐に入れて、今度は本屋の表から出て離れの西側の方へ行って見た。そうした所が節穴から燈火が漏れている。ここから来たことにしよう、見た所が土が盛ってあったからそこへ草履を穿いていたのを脱いで、わざわざ素足の跡を付けて覗いて見た。犯人はここから覗いたことになる。そして、犯人の侵入口は計画通りやろうと云うので、用意周到に風呂場の南側窓の戸を開けて、そこから手を差し込んで東側の開き戸の旋錠の釘を抜いてそこから侵入して入った。表の戸はぴったり締めておいた。

仕事を終えると、表戸を開けて逃走したような音を立ててから二階に上がる。布で血の付いた手や顔を拭き、返り血を浴びた服は風呂敷で包んで、屑箱の下に入れた。凶器の匕首は、二階に天井がなく、杉皮の上に瓦が載せてあるだけなので、その間に突っ込んで隠した。皆殺しにしたと安心して、ぐっすり寝てしまう。すぐに刑事に起こされたがまったくバレなかった。部屋を少し調べれば、血の付いた布や服は簡単に見つかるはずだったのに。

翌朝起きてみると、四男しか死んでいなかったので落胆。それからは寂しいからと一階で家族と寝るようになった。

家族が誠策の犯行と知っていたかどうかが座談会でも議論となったが、一緒に寝るということから判っていなかったのではないかと結論づけられている。

翌年五月には父親の湯飲みに二度も猫イラズを入れて殺害を謀ったが、気づかれ捨てられて失敗している。ここでもまだ、家族は誠策の仕業だとは思っていなかったらしい。四男の嫁がやったことだと思い込んで、警察には届けていなかった。

事件経過　第四事件

また冬になったので一年間待って、今度は離れた場所でやろうと決めた。その間に四、五年生は一年で終了し、昭和一七年三月に初等科六年生を首席で卒業、中等部の木工科に入学した。それまでは自転車で通っていたが、六年生の頃から電車通学をするようになっていた。

昭和一七年の満18歳の時に、電車で見かけた娘（19歳）の服が派手なので金持ちなのだろうと跡をつけて立派な造りの自宅を確認、ここを標的とすることに決めた。匕首は一年前に瓦の下に隠してそのままだったので錆びており、丁寧に研いで油を塗り、懸垂と人を刺す練習を五日間してから実行に移している。

侵入すると、寝ている父親、三男と刺したが、母親を刺すと「アー」という声を出し、その音に隣で寝ていた娘が半身を起こした。慌てた誠策は匕首を置いて娘の口をふさぐと覆面を取られてしまい、手に嚙み付かれた。振り払って匕首を拾おうとしたときに、気づいて起き上がった三男に顔を殴られてケガをした。三男を滅多刺しにし、さらに娘が摑みかかってきたので滅多刺しにする。

これだけ騒げば近所に知れたと、金も取らず強姦もせずにまた逃げる。覆面と鞘を現場に忘れてきたことに気づき、このまま匕首を持って帰るのは危険だと考え、浜松陸軍飛行学校付近の電柱の割れ目に差してこじって三つに折り、草むらに投げ込んだ。

浜松の松菱百貨店で食事をしてから電車で帰宅する。殴られた目が充血して腫れていたが、家族には電車の扉にぶつけてケガをしたとごまかしておいた。

なお、〈菊水〉では布を持ってくるのを忘れたので、ハンカチを口にくわえると人相が変わるだろうと咄嗟に考えついて実践したが、他の犯行ではすべて黒っぽい盲目縞の布で覆面をしており、異常事態での目撃証言がいかに当てにならないものかが判る。

指紋の知識はなく、手袋もしておらず、たまたま木製の窓枠など指紋の付きにくい箇所しか触らなかったため鮮明には残らなかっただけだった。現代ならもちろん採取できるが、当時の捜査技術では発見も不可能な指紋の付き方だったのである。

家族も間違いないと云う。その時段々様子を聞いて見ると、今月の初め頃から、家からああ云う大罪人を出して世間に対して申訳がない。被害者に対しても申訳がない。どうしたら償いが出来るだろうか財産を全部売払って少しずつでもやったらどうか、それだけでは償いは出来ぬ。親としては死を選ぶより外にないどうだ、と云うので家内に相談したら、○○（※次男）と云うのがその当時拘束しておいたから、それが帰って来てからではどうでしょうか。といって母親は濁した。二三日すると七日の午後六時頃には浜まで行って来るといって、普通の着物のままで出かけて行った。その前の晩に地図を眺めていて、夜になっても帰って来ない。浜松の娘の所へ行ったのだろうと思っておった。おかしい、死にはしないだろうかと思っていたが、自分はそのまま黙っていた。又近所へ行ってお父さんを探して呉れと云う事も云いかねた。

天龍川に、国道の鉄橋がありますが、鉄橋の上から飛び込んだ。現金も所持しておりますし傷はございませぬし、窒息死の状態、死後三十時間、九日朝六時頃発見されました。検案調書は死後三十時間、そうだとすると大概に於て七日の夜の真夜中頃死んだのではないかと云う事が推定できる。

遺書はなかった。「母親も死ぬかも知らんね」という小川内務省警務課長の言葉を受け

て、

死骸を見た時現実に「お父さん私も行くぞ」と云うたと云うので、親類にも注意させて居りますが、保護検束も見透しが出来ぬので……。

と、片桐警部補は無力感を見せる。他家に嫁いでいた誠策の姉が離縁になって帰ってきたという話を聞いて、小川課長は

何とか、この際斡旋して戻してやってはどうか、警察がちょっと口をきいてやれば……。その女に罪はないんだから……。そういう事で離縁したら、悲劇をますます輪に輪をかけて大きくするばかりだからね。子供が腹にあるのなら、それは一つ署長斡旋して一肌脱いでやり給え。

と、いかにも自ら〈牧民官〉たることを自負していた内務官僚らしい、内務官僚の内務官僚たる神髄と呼ぶべきパターナリズムあふれる発言をしている。

内務省は地方行政を司る地方局と、警察を統括する警保局が二本柱だが、地方局は法律

に強く他省ともやり合える成績優秀な秀才を採用し、警保局は人物本位で採用するという。警保局採用だと若いうちからすぐ県警の課長などに据えられ、経験もないのにいきなり現場の指揮を任されるので、癖の強いベテラン巡査部長に舐められたりすると、つぶされて早々に辞めてしまうことが多かったからだ。書類あつかいのうまさよりも、人あつかいのうまさが必須だった。一般に公開するわけでもない座談会でこのような父権性あふれる発言をするところに、その一端が垣間見える。

しかし、「一肌脱いでやり給え」と指名された浜松署の青木署長は、このように苦しげに答えている。

何分田舎の事で因襲と云うものがありますから、ちょっとここで云うように出来るかどうか……。

青木署長は日々具体的個々の庶民と接しただけあって現実的ではあった。部下の掌握には効くかもしれない中央官僚の権力を使った抽象的パターナリズムでは、解決の付きそうもない悲劇が生まれていたのだ。

この内務官僚の父権性は、自らが完全に支配していると思い込んでいた内務だけを見ていれば良かった呑気さから生まれてくるものだったろう。戦局の悪化をある程度は知っていたであろうが、それでもまさか数年後に内務省が消滅するとは露ほども感じておらぬ、自らの足場の盤石を疑うことを知らぬ者の空疎な余裕であった。

それはあたかも、一年以上前の第一事件から、〈武蔵屋事件〉まで遡るならさらに数年前からすでに破滅がはじまっていたことを知らずに、子どもの僅かな教育費までも惜しんでせっせと蓄財に励んでいた誠策の父親の姿のようでもあった。

そして、座談会の最後に吉川澄一(ちょういち)技師が「誠策は父親の死んだ事を知っておりますか」と、この戦前最大の難事件を解明するためのプロファイリングに関わる要(かなめ)の質問を発した。片桐警部補がこのような答えで座談会を締め括ったのである。

知りませぬ。身柄は未だ私の方にあるんですが、人を殺した私と、人を殺させた父親とどちらが悪いんですか、お取調べが願いたいと云うております。

7　天才分析官は何故〈浜松事件〉を解決できなかったのか

精神鑑定

戦前の日本では、欧米と同じく裁判をはじめるかどうかを予審判事が決定する予審制度があった。誠策の予審はかなり慎重に執り行われ、とくに精神鑑定に万全を期すため、逮捕から九ヶ月後の昭和一八年七月二八日、東京の拘置所に身柄を移された。予審の最中で、そのあと引き続き静岡地裁にて一審が開かれることになっているのだから、精神鑑定のためだけの東京移送はかなり異例のあつかいだったろう。

八月三日より東京帝大教授と松沢病院長を兼任していた内村祐之（ゆうし）博士、のちに東大教授となるが当時まだ講師だった吉益脩夫（よしますしゅうふ）博士のふたりによって精神鑑定が行われる。

以下の精神鑑定の内容は、すべて『日本の精神鑑定』（みすず書房）よりの引用である。

「どんな人間を一番えらいと思うか」という問いに「文章のうまい学問のある人がえら

い」、「どんな人が一番悪いと思うか」には「何も書けない無学の人が一番悪い」と答え、さらには「人を殺した人と無学の人と、どちらが悪いか」という問いに「どちらも同じです」と語るなど誠策の知識への貪欲さ、九九を知らないのに自分で工夫した方法で見事に計算するなど知能の高さと、精神のバランスの悪さが如実に示されている。

喜びや悲しみなどの感情を表すことはなく、家族にも愛情を示さず、無関心だった。「鳩」「カラス」「雀」は判っても、それが「鳥」に属するという抽象的なことが判らない。一〇〇円を盗むことと殺人のどちらが悪いことか判断できない。これらは聾唖教育の不備から抽象概念や道徳概念を得ることが困難であるからで、責任能力に問題があり、心神耗弱と判断すべきだと、鑑定書では結論づけている。耳鼻咽喉科専門の堀口申作博士の鑑定書も、誠策は聾唖者であるという結論だった。

これは決定的な意味を持つ。刑法第四十条に「瘖唖者（いんあしゃ）ノ行為ハ之ヲ罰セス又ハ其刑ヲ減軽ス」と規定され、聾唖者は罪一等を減じることになっていたため、誠策を死刑にはできないということだからだ。

誠策の死刑観

精神鑑定の面接で、誠策は死刑についてこんな風に語っている。

「普通の人がそれだけのことをしたら、日本の裁判官はどんな判決をすると思うか」

（考えこむ。表情の変化なし）

「質問がわかりません」

（再び具体的に質問する）……（熱心に見入る）

（「死刑」という字を書いてみせると理解する）……「家に帰されると思います」（ようやく答える）

「普通は死刑になる。お前もそうなるかもしれない」（全く顔色を変えぬ）「私は法律というものは知りません。人を殺せば死刑になるということも読んだことはありません。友だちが話しているのを聞いたことはあります。まだ殺されては困る」

「しかし裁判官が死刑を言い渡したら死なねばならぬが、それでもよいか」（容易に答えぬ。利害関係のみ考えている様子）

「法律の本に書いてあります。私まだ用事があるのですが」

「もし死刑だといわれてもよいか」（考えこむ。依然として表情の変化なし）「非常にこわいと思います」

「自分のしたことが死刑に相当すると思わないか」(前と同じく、身動きもせず問い返す)

(再び具体的に)「有期懲役が適当か、死刑が適当か」「死刑が当然です。しかし私は聾唖ですから、あるいは許してくれるかもしれません」

「もし君のような男を罪にしないで帰すと、世の中が危いから、出せないじゃないか」「世の中の人がそれほどに思うかどうか、出してみないとわかりません」

出所したあとのことまで考えている。

「もし仮りに世の中へ出られたら、どうして暮そうと思うか」「もし出ても学校へは行かれないでしょう。誠策が帰ってきた、また殺されるかもしれないと言うから恥ずかしい。友達の所で読み書きを習ったり、家で百姓するつもりです」

「その時お金がなかったら?」「お金がなくても友達が教えてくれると思います」

「金をとったり人を傷つけたりしないか」「今度やると死刑になるからやらない。永い拘置所生活では体の調子がわるくて閉口です(活発に答える)○○村を最後にして、やる気はなくなった。あのときは女にとびつかれたり物を落したりして実に調子が悪

かったから」（表情の動きをともなう）

メディアの影響

犯行にはメディアの影響があったことを自ら語っている。なお、ここで出てくる年齢は数え年なので、「十六歳の時」というのは満14歳時の〈武蔵屋事件〉の話である。

「十六歳の時まで人を殺そうと思わなかったのに、人を殺して物をとろうとしたのはどういうわけか」「活動（※映画）に行ったり、新聞などを読んで思いつきました」

「西ヶ崎へ行くどのくらい前から考え出したか」（しばらく答えぬ）「剣劇映画を見て思いついたが、それが何年何月か忘れました」

「十六歳の時、強姦するということを知っていたか」「映画の影響と思います」

「強盗、強姦、殺人のうち、どれが一番の目的か」「お金をとることです」

「殺人の予備練習について話してみよ」「西ヶ崎の時、綿入の着物をおいて突いてみました、体を自由にするため鉄棒で懸垂をやりました、首を締める練習もしましたが、熟練が足りなくて失敗しました」

映画ではとくに丹下左膳の影響を受けている。

「丹下左膳をえらいと思うか」「映画で見て尊敬していました。えらいと思います。私はそのまねをしたのです」

「人を殺そうとしたのは丹下左膳の映画を見てまねたためか」「十六歳の時、映画を見て、それで最初の殺人をしたのです。その後は前のを思い出してやりました」

「見事に斬り殺した時は気持がよかったか」「まだ未熟で、そういうのにぶつからないからわかりません」

「丹下左膳のようにうまくやってみたいと思ったか」「さようでございます」

「お金をとることと、うまく殺すことと、どちらがうれしいか」「殺して金をとれば、一番うれしい」

「丹下左膳は金をとらないじゃないか」「殺すことだけまねしたのです」

小学校卒業当時、左膳の絵をよく描いており、新聞に載っている左膳の絵を拡大機で描き写したりもしていたという。

また、ラジオが好きで、耳を押し当ててよく聴いていた。音楽のリズムを聴き取ること
くらいはできていたらしい。
性に関しては、ここにある映画で強姦を知ったこと。小学校で覚えて7歳から手淫をし
ていたがいまはしていないこと。
「血を見たときに愉快だったか。性欲的な感じを伴ったか」と訊かれて
「愉快でなかった。性欲的な感じもありませんでした。金をとりたかったのです」と
答えたこと。この三点だけで、事件への直接の質問はない。しかし、強姦が誠策の目的の
ひとつだったことには、鑑定人も疑問を持っていなかったようである。

検事論告要旨

これら鑑定も踏まえて予審裁判を経たのち、ようやく第一審が静岡地方裁判所浜松支部
で執り行われた。そして、昭和一九年二月八日に地検の井上上席検事が以下のような論告
要旨を述べ、死刑を求刑したのである。

本件は浜名郡下に発生せる古今未曾有の兇悪なる殺人事件でありまして一ヶ年有余

の間前後四回にわたり被害者合計十五名を殺傷し内九名を即死またはその後間もなく死亡せしめたものでありましてこれを全国的に見るも未だかつてほとんどその例を見ざる重大事件であります。

犯罪地の住民は当時日夜不安に襲われその恐怖と戦慄は言語に絶し犯人検挙の一日も速かならんことを熱望して止まなかったのであります。

このようにまず戦時下に銃後の治安を攪乱したことを責める。次に自己の利己心を満足させるためだけに両親を殺害せんとしたことは、我国の人倫に悖る行為で絶対に赦されないと説く。その他の被害者も、面識もなく殺されるような原因もなく善良なる人たちで気の毒に堪えない。

問題は被告人が法律上減刑されるべき瘖唖者に当たるかどうかである。堀口申作博士の鑑定では瘖唖者であると結論づけられているが、疑問があると云うのである。

「鑑定説明の内容に至ってはこれを肯定し得る所もありまた否定し得るところもありまして必ずしも右断定を相当なりとは認め難いのであります」

「また医学上の判断は必ずしも法律上の判断と一致すると謂い得ぬのでありますからこれを本裁判の資料に供するにはなお慎重なる検討と考慮を要するものがあると思うのであり

ます」

静岡県少年鑑別医で浜松脳病院長である藤井綏彦博士の鑑定によると、被告人は熱病のような聾啞の原因となる疾患に掛かったことはなく、外傷を受けたこともない。右耳は骨伝導音を聴き取るのみで空気伝導音は聴取不能であるからこれを「聾者」と呼ぶことはできる。しかし、左耳は高度なる内耳性難聴ではあるが、検査器具より発する音響はもちろん、人語でも、通常の対話は一メートル、囁きでも十センチの距離で聴取する聴力を有している。平素好んでラジオを聴き、映画場にも出入し良くこれを理解し、観賞していた。また、「おっかさん」などの簡単な言葉を話し、「君が代」を「その音の抑揚並に促音各節の長短も正確にして比較的巧妙」に歌う。

したがって、刑法第四十条の瘖啞者（いんあしゃ）ではなく、常人として取扱いすべきである。

「次にかくの如き重大事犯を敢行しなお平然たる如き被告人はその精神に欠陥無きやを疑わしむるものがありますので、この点に就ても一応検討するの要があるのであります」

内村、吉益両博士の鑑定書によれば、被告人の精神状態は意識清明にして注意も良く錯覚も妄想もなく意識の障碍もない。

知的素質極めて優秀だが、手話法による聾啞教育を受けたためこの優秀なる知的素質が研磨されていないが日常の常識を有し、精神薄弱者とは云えない。

本件の如き残虐なる犯罪を重ねたのは、被告人に高等なる人間的感情、即ち情性の欠如のためで、精神医学上典型的な性格偏倚者、普通に云う変質者である。この性格偏倚者は心神喪失者でも精神耗弱者でもない。常人として取り扱うべきである。

「本件発生当時被害現地方面においてはもちろんその近隣地方における幾多民衆の年余にわたり日夜を分たぬ恐怖戦慄と不安動揺に思を致す時誰かこの処断に非難すべきものあらんや被告人といえども既にこれを覚悟し被害者の冥福を祈るところがあるのでありますから厳呼（※原文ママ）たる態度をもって今後の治安確保の為め期するところあらねばならぬと思うのであります」

「以上縷述せるところの理由により国家を代表せる検察当局としてはここに被告人に対し極刑に処するを相当なりと思料する次第であります」

この締め括りだけでなく、はじまりも

「本件公判のまさに終決せんとするにあたり国家を代表して裁判所に対しこれに対する検察当局の意見を開陳したいと思います」

と、検察が国家を代表しているということを二度も強調したこの検事論告をそのまま受け入れ、昭和一九年二月二三日に浜松地裁は死刑判決を出した。刑名は、住居侵入、強盗、強盗致死、強姦致死未遂、殺人、殺人未遂、父母に対する尊属殺未遂である。

精神鑑定人の批判

銃後に不安を及ぼす凶悪犯罪は短期間で厳罰に処するため、昭和一七年三月二一日に戦時刑事特別法が施行されていた。これに当てはまる誠策は二審制となり、一審の次はいきなり大審院（現在の最高裁）で審理されたが上告棄却され、昭和一九年六月一九日に死刑が確定した。

つまり裁判所は検察と同じく、知能が高く法廷での態度も沈着冷静でとうてい心神耗弱とは云えず、わずかに音が聞こえるので聾唖ではなく、刑法第四十条は当てはまらないと判断したわけだ。

それに対して、内村祐之博士は、完全に聞こえないかどうかは問題ではなく音声言語を獲得しているかどうかであると批判する。ハルトマンによれば、先天性の聾唖者で完全に聴力を欠く者は四二・四パーセントに過ぎない。多少聞こえても幼児期に音声言語を獲得できないと聾唖者となり、手話のみの不完全な教育が責任能力に影響を及ぼすというのだ。

手話教育のために抽象概念や善悪を判断する能力がないから心神耗弱なのであって、知能や精神状況とは関係ない。裁判官は鑑定を理解していないと断じている。

もっとも、一連の犯行については聾唖教育だけの問題ではなく、誠策独自の性格異常も合わさった特異な事例であるとも分析している。手話教育のために善悪を判断する能力がなく、窃盗などを犯す者は多いが、殺人となるとかなり例外的だ。

云わば、東條英機大将を初めとする軍人が受けた「片輪の教育」と同じと云っているわけだが、『日本の精神鑑定』（みすず書房）で読めるこの鑑定と解説は、昭和二六年刊行の雑誌『人間研究』に掲載された文章の再録であり、あくまでも当時の見解である。戦前は手話は劣ったものだと見なされ、聾唖学校の九割では厳しく禁止され、相手の唇（くちびる）の動きを読んで自らも口で発語する口話（こうわ）教育が行われていた。誠策の通っていた浜松聾唖学校は、口話教育をまったく実施せず手話だけを教えるという全国でも極めてめずらしい学校だった。そういう手話への偏見も含まれている時代の見方である。

いまでは聾唖教育も発達し、抽象概念、とくに善悪の判断も学べるようになった。そのため、健常者と同じ責任能力を有することができるとして、刑法第四十条「瘖唖者（いんあしゃ）の行為は之を罰せず又は其刑を減軽す」は一九九五年に削除され、聾唖者も死刑になる権利を獲得する。いち早くその権利を与えられた誠策は、昭和一九年七月二四日に処刑された。

内村博士は『わが歩みし精神医学の道』で、再鑑定の措置さえ取られないうちに、判決からわずか一ヶ月後に死刑執行されたのは遺憾であるとしている。また、このように付け加えている。

「人権擁護に最も深い配慮を払う裁判所が、このような、最も人命を尊重しない態度に出たところに、切迫した戦時の影響を感じるのである」

ちなみに、内村博士による事件経過では、第四事件の三女が殺されたことが抜けているので死者の数が合わず、注意が必要である。これまで〈浜松事件〉について書かれた文献はほぼすべてこの内村博士の報告を元にしているが、被害人数の矛盾にさえ気づかずにそのまま引き写しているだけの杜撰なものである。誠策の生年月日が明記されていて、事件発生時の満年齢もすぐに計算できるのに、それらの文献では内村博士の記す数え年を書き写している。また、内村博士が誠策のことを「木村幸作」という仮名で記しているのもそのまま丸写しで、手軽に参照できる全国紙さえ読んでいないことが判る。

日本の、とくに戦後に出された本は、このように本だけを典拠として引き写し、さらにその本を元にまた引き写すという手抜きの循環から成り立っているものが大半で、そのまま受け取らないほうが無難である。

できうる限りのデータを収集し、緻密な分析を加えることだけが、冤罪を防ぎ、また同じことだが真犯人に迫る唯一の方法であることは、吉川澄一（ちょういち）技師の優れた手法を見るまでもない。吉川技師ほど高度なレベルでやり遂げるのはなかなか困難だが、少なくとも手抜きからノイズを増やして真実到達を邪魔するようなことだけは厳に慎むべきである。

精神鑑定人の人物像

内村祐之博士は〈小平事件〉、〈帝銀事件〉、極東裁判でいきなり東條英機の頭を殴った大川周明などの精神鑑定を次々務めた斯界の第一人者だった。内村鑑三の息子であり、また一高、東京帝大野球部のエースとしても鳴らしている。十八年ぶりに早慶両校にしかも完封で勝つなど、一高黄金期を復活させた大スターとして新聞でも持て囃された。まだ帝大生だったとき、朝日新聞大正一〇年六月二一日の婚約スクープ記事なぞ、写真入り五段ぶち抜きである。そこには、

「内村君の名を知らぬ女学生は一人もない」

「内村君が柏木から通学する省電には女学生がどっさり待って居て乗り合す」

などという文言が躍っている。戦前は学生野球がスポーツの花形で、その頂点に立つスターなのだから、このくらいの華々しい記事は当然であった。

精神科医となったときも、

「近代の名投手内村祐之氏が東京府の松澤病院に入る——こう聞いただけで、内村氏がど

うかしたのかと早合点してはいけない」（読売新聞大正一二年四月一八日〔前一高の名投手内村氏が松澤病院の御医者様　心理研究がお役に立ち打者の心理を掴み打撃を封じた腕前〕）と、書き立てられた。戦後にプロ野球が全盛となっても、プロアマ含めて歴代五人のひとりに数えられるほどの大投手だったのである。

戦前には六大学野球連盟の理事なども務めていたが、人気が過熱して入場料収入が莫大となり、選手の獲得や待遇について学生にあるまじきセミプロ化が進んだことに嫌気が差して距離を置く。そんな堕落した学生野球よりはいっそすっきりしていると、戦後はプロ野球の顧問となり、昭和三七年にはプロ野球コミッショナーに就任した。

メジャー・リーグ関係書などを次々翻訳して最新戦術論を日本球界に広めてもいる。川上哲治が日本に初めて導入した細かい戦術も、博士の翻訳書『ドジャースの戦法』をそのまま実践したものだった。これも大リーグに習って「オフィシャル・ベースボール・ガイド」を創刊、詳細なるデータを網羅するなど、球界一の理論派である。さらに往年の大投手でもあったため、他のお飾りコミッショナーたちとは一線を画し、プロ野球近代化改革を果敢に断行した。

しかし、そのために球団オーナーたちと対立することにもなる。もともと、アマなのに金が飛び交う学生野球よりもプロ野球のほうが割り切れていいと選んだにしても、この時代は桁外れに契約金が高騰していた。オーナーたちがなんとかしてくれと泣きつくので協定を設けると、その裏ですぐに抜け駆けするチームが出てくる。

それだけではなく、最高責任者であるはずのコミッショナーの、選手や球団の品位を高めるための改革は、オーナー会議で極めて簡単に復されてしまうのだ。この名選手に「あなたは野球をやったことがあるのかと聞く始末なんだ」（朝日新聞昭和三九年一一月一八日〈内村コミッショナーにきく〉）というほど野球を知らないオーナーたちに虚仮（こけ）にされ、内村コミッショナーは球界に幻滅、何度も慰留されたがきっぱり辞任することにした。

「現在のプロ野球関係者のやり方は自分本位で、あまりにも簡単に自分たちで作ったルールを破ったり、道義の欠如もはなはだしい。私は神経科の医者だが患者は人一倍一生懸命診察する。が、どうしてもなおらないと診断した場合は、あえて見放し、隔離しなければならない。これと同じような診断をプロ野球関係者に下したわけだ」（朝日新聞昭和四〇年一月二九日〈内村コミッショナー、辞任を決意〉）

プロ野球オーナーたちに対するこのような精神鑑定を残し、以後「隔離」宣言の如くに野球と一切の関わりを絶った。野球殿堂入りも頑として拒絶し続け、死後に遺族が強く説得されてようやく殿堂入りしている。

〈浜松事件〉に引き寄せられし特異なる人物のひとりではあった。

吉益脩夫博士の証言

もうひとりの精神鑑定人である吉益脩夫博士は、昭和三一年五月一一日、死刑廃止法案を審議するための参議院法務委員会公聴会で、〈浜松事件〉について証言している。死刑は誤って執行されてしまうと取り返しがつかないが、その誤判の例として挙げているのである。

もちろん、誤判と云っても冤罪ということではなく、死刑にできない聾啞者であるのに難聴者ということで死刑になってしまったことを指す。その原因として、地元の世論に言及しているのが興味深い。

私どもは、今なおこれは心神耗弱者で、そうして刑法で、ろうあ者は罰しないか、あるいは減刑するということがございまして、それに相当するものだと確信しておるのでございます。これは、おそらくその当時の地方の人々の——村民の感情というものは、これを生かしておいたら地方の人が承知しないというようなことはむろんあったろうと思うのです。裁判のときも、弁当持ちで一ぱい押しかけてくるという状態でありました。それで、地方の人の感情、それから地方の、国民の一部分の見解としましては、死刑を望む人が多かったろうと思いますが、しかし、それはほとんど全体の国民感情とか、それから国民の確信じゃないと私は存じておるのでございます。

戦時中にしては他府県でも逮捕時にわりと大きな記事が出たが、静岡県のように連日というわけではなく一日だけのことで、国民全体が誠策の死刑を望んだわけではないのは確かだろう。吉益博士は死刑廃止論者としてこの発言をしているので、当時の報道体制など説明せずにいささかミスリードの感はあるが、全体の感情ではないことを強調しなければならなかったのである。それくらい地元の死刑への欲求は強かったわけだ。

被害者が多いためにその親族も極めて多く、また直接の関わりがなくとも一年以上も恐怖のただ中に置かれたのであるから、それは当然とも云える。

吉益博士は死刑廃止論者として、死刑の犯罪抑制性もあまりないことも強調している。

多くの犯罪者は、逮捕されてから後は死刑をおそれて、何とかして免れたいというのが普通でございますが、しかし、それは犯行後のことでありまして、犯行前におきましては、死刑というものは、彼らにとりましては、はるか遠い所に、離れた所にありまして、現在の犯人の意識の中では、もっぱら犯罪の対象というものによって彼らの意識は占められておるのであります。それで、こういう人々がおそれるものは、それはおそれるものがあるとすれば、それは犯罪の発見されることでございます。これはもう、直接犯人と会いまして、たくさんの人々を見ておりますと、共通なところがございます。そうして、私の資料では、窃盗や詐欺や、それから強盗や、強姦が発見されないようにするために、人を殺したというのが非常に多いのでございますが、もし死刑というものが念頭にあったならば、こんなばかなことはするものではございません。

誠策の場合も、犯行前に死刑などはまったく念頭になく、これが当てはまっているのではないかと思われる。

なお、吉益博士は死刑廃止と同時に、仮釈放の規定を厳格に科学的にして、危険な人物は治るまで社会に出さないように仕組みを変革することが大切だとも訴えている。現在では無期懲役は死ぬまで刑務所を出られない終身刑と実質上同じ運用になっているが、当時は早ければ十五年で出ることが普通だった。誠策が刑法通りに死刑とならず、無期懲役となっていたらどのような扱いになっていたのか興味あるところである。

精神鑑定で判るように、誠策は精神異常でも精神薄弱でもない。どこかの時点で釈放せざる得なかったのではないかと思われる。そうなると、勤め先もないので、結局は本人が語っているように家に帰るしかないだろう。果たして、地元の人々はどのように迎えることになったであろうか。

戦時中の異常犯罪への見解

検事の論告要旨にある静岡県少年鑑別医で浜松脳病院長である藤井綏彦博士の鑑定は読むことができないが、読売報知新聞静岡版昭和一七年一一月一七日の犯人逮捕記事に添えて藤井博士の談話が掲載されている。異常な少年犯罪に対する当時の見方が判り興味深い。

勿論この少年は法律的にいわゆる精神病者でないことはいうまでもない。元来唖者は盲人ほど不幸ではないので精神的な歪みも比較的少ないのが普通だがこの少年は頭がよいために感覚が鋭くこれが却って歪みを大きくした原因の一つとも考えられる。私はこの少年をいわゆる変質者の中の〝反社会性性格者〟といいたい。一般に犯罪少年は白痴性のものが多いのだがこの少年はその部類には属しない。彼には社会人としての情緒、感情、道徳観というものがなく、反省心というものもないが、彼自身の主観的な世界においては彼は実に聡明大胆な独裁者だったといえる。

現在定義される意味での精神医学的な〈サイコパス〉概念は、米国のハーヴェイ・クレックレーが前年に出版した研究書『正気の仮面』からはじまったものだ。すでに藤井博士はこの書を読んでいたのか、誠策を明確に〈サイコパス〉として捉えていたことが窺える。誠策の場合は、実際に〈サイコパス〉だったのか、不備な教育によって似たような性質を顕わすようになってしまっただけなのか、判断が難しいところである。また、その当時の不備な手話教育にしても、誠策は尋常小学校を卒業して数年間農業をやったあとの満15歳で初めて受けており、その頃のほかの聾唖者と比べてもずいぶん遅い。言語能力が確立する幼年時に手話教育を受けられなかった影響もあるのかもしれない。

なお、現在の研究では、抽象概念や言語処理能力に欠陥があることも〈サイコパス〉の特徴とされており、当時の不備な手話教育の結果と共通点がある。ただ、現代でも〈サイコパス〉は学校にまともに通わないことが多いので、単純にその結果かも知れず、〈サイコパス〉の本質的な特徴と云えるのかどうか、因果関係はまだよく判っていない。

また、〈サイコパス〉は自分の非は一切認めず、どのような場合でも必ず人のせいにする。そのため、もし誠策が〈サイコパス〉であるのなら、父親を犯罪の原因と非難する彼の言葉を、そのままに受け取るのは危険である。

さて、藤井博士の談話の後半は、この時代の少年保護に対する意識が判る話が続く。何故だか、少年法は戦後になってGHQが持ち込んだと思い込んでいる歴史を歪める言説が多いのだが、実際には日本の少年法は大正一一年に施行されている。戦前の少年保護意識は極めて高く、戦時中の凶悪犯罪に対する記事でもこのような談話が掲載されていた。なお、藤井博士は当時はまだ科学性が認められていた血液型と性格が結びつくという論者のひとりであった。

われわれの血液には何千年と伝わった歴史が深く根を張っていることをまず遺伝学的に考えなくてはならない。次に少年の社会的、家庭的環境、そして経済とか食べ物とか娯楽とかの問題を調べることによってその解答が得られるのだ。社会情勢の悪影響というものが一般的に見て先ず少年犯罪に表われ次いで女性犯罪に現れるという事実によってみても現在の急務は子供のために社会施設というものをもっと本気になって考えてやることだ。一般家庭の父兄も子供に変質的なものを発見した場合その精神的指導方法を相談するために少年保護相談所へ遠慮なく来て頂きたい。

松本清張の資料

前述のように、後世の〈浜松事件〉についての記事は、基本的なことも調べていない不備なものが多い。唯一の例外が、松本清張『夏夜の連続殺人事件』である。「ノンフィクション」と銘打たれた『ミステリーの系譜』シリーズの第五話として、週刊読売昭和四三年二月二三日より七回に渡って連載された。『ミステリーの系譜』シリーズはのちに一冊にまとめられたが、何故だか『夏夜の連続殺人事件』は外され、松本清張全集にも入っていない。

この〈浜松事件〉に関する詳細なる記事は、『濱松事件』を基にしており、年齢が数え年のままで関係者を仮名にした以外は概ね正確である。むしろ、そのまま引き写しただけと云ってもいい。

ただ、数日で目まぐるしく変わる捜査の組織編成を、同時にふたつの編成が存在した二部制だと誤認していたり、細かいところで妙な間違いがある。資料を引き写して少々の感想が添えられているだけで、特筆すべき分析などがあるわけではない点も含めて、資料の読み込みや執筆に時間をあまり掛けられなかったような印象を受ける。本に収録しなかったところから見ても、清張本人にとって不本意な内容なのだろう。

また、『濱松事件捜査座談會速記録』はまったく読んでいないようだ。本書では二年以上ののちに第三者が編纂した『濱松事件』よりも、座談会での片桐警部補ら当事者たちの事件解決直後の証言に重きを置いているので、その点で多少違いがある。

清張の数少ない独自の分析としては、強姦未遂についての読み解きが目を惹く。誠策の行動からはその証拠を見出だせず現場に痕跡もなく、検事が誠策の心理を勝手に推し量って罪としたというのである。しかし、これも根拠のない憶測に過ぎず、精神鑑定人が強姦目的はあったと考えていたことからも無理があると思われる。

最も残念なのは、紅林麻雄刑事について、戦後に拷問捜査で話題となったという程度の言及しかしていないことである。同時代を生きたノンフィクション作家として、巨大な組織や運命に抵抗し敗れ去る個人を執拗に描いた推理小説作家として、紅林刑事こそは恰好の解剖材料、主人公に据えるに相応しいモデルではなかったか。巨大な組織側の人物としても、最後にはその組織からも見捨てられ踏みつけにされながらも抗い続けた人物として。

だが、清張は週刊誌記事や清瀬一郎『拷問捜査』の内容を僅かに引用するのみで、紅林刑事の内面への掘り下げはそれでもう充分と感じていたようだ。

連載の時点で、すでに紅林刑事が鬼籍に入っていたということもあるのだろう。できうれば生前に直接取材をしてくれていたらと、詮無き思いを抱かずにはいられない。

ちなみに、ズック靴押収時に活劇を演じて誠策を取り押さえたのは平野刑事だと断定し、紅林刑事は横で見ていただけのように描写しているが、これも根拠がよく判らない。

それらの分析はともかく、文献渉猟に定評のある清張らしく、『夏夜の連続殺人事件』には小室検事の予審終結意見書や白石信明弁護人の弁論要旨など、ほかでは見られない資料がいくつも掲載されている。とくに注目されるのが、誠策の獄中日記である。清張はどこからこんなものを入手したのか記していないが、文献に対する清張の姿勢、さらにはこの記事全体の正確性から本物であると信用できるので、一部転載しておく。現代かな遣いに直し、仮名となっているところは実名に戻した。表記のおかしなところはすべて原文のままということである。

中村誠策の獄中日記

十二月十三日

家庭は誠策の様子に心を痛め、或夜誠策を呼び、「お前は学問をして身を立てねばならぬ、そのためにわたしは辛い働もしている、暇になぜ勉強して偉い人になってくれぬ」と涙ながらに言い聞かせた。よしっ勉強して偉い人になろうと堅く決心がたいと思います。以後誠策は一日も学校を休まずに友達の嘲笑も風と聞き流して一心不乱に学業を励んでです。

誠策の努力は学校の成績の上にもめきめきと現れ、尋常四年の時には全校を通じての生長として耳不足な教師を手伝って生徒を教えることになった。

しかし、父が誠策は学校へ行くのを休んで農を働きて下さいと言いましたので困っていました。又も養蚕で忙しく働いていました。お父さんが誠策は学校へ行くのを止めて農蚕業を働いていますから誠策は農蚕業すれば様に身を立て下さいと言いましたので困っていました。

若し誠策は学校へ行くのを止めて農蚕業すれば不自由に身を立て損りになります。誠策は親には孝を尽すことが出来ない。親を敬い誠策を親しむことはないが、感謝を受けるは父が心にあらず。誠策は困っています。母の喜はいいようもなかった。

誠策は初六等小学校卒業の際は成績抜群のため特に県庁から褒状を授けられたが、修行に余程が出来ませんでした。誠策は二十才の中等部に入学することになった。

又もお父さんが誠策は中等部に入学を止めて農蚕業を働いていますから誠策は農蚕業すれば様に身を立て下さいと言う事でありました。誠策は中等部に入学して余暇をその好きな学校すると熱心を一生懸命に勉強して物学は智識に積み余程の成長まで特に御願います。

はいお父さんに出来ることになった。毎日誠策は中学校へ通学で通っています。後に誠策の犯罪までも重き罪に到らる。又時には誠策の守をしたり、冬籠りの用意のため、その結果誠策の不具な右左耳も僅かながら物を握る自由を得る。

その頃中等部に於て最も生徒を苦しいのは漢文であるが、既に習熟で日本外史を通読し、更に語学を読んで熱心して勉強している。毎日少年雑誌などを読んで想を纏め、化学、作文、筆談を練ることに努めている。この学校の全課程としている。

誠策はこの智識に余程の成長まで、そして中等都の学校を卒業する。

この文は更に模範文として同級生に示されると思います。

将来自ら我々が学べば学び得られるとして立ちたいとは何人が思い設けるであろうか。国民も日本人に文化するものはないと書いてある。この重要な研究の基礎として偉い人になる？　終り

誠策の知能の高さを強調されたあとに、これだけたどたどしい文章を読まされると、いささか違和感があるが、そうでもないらしい。同じく『夏夜の連続殺人事件』に掲載され

ている、萩原浅五郎の誠策鑑定書にはこうある。戦後すぐに東京教育大学附属聾学校校長となる聾唖教育の第一人者である。ちなみに、内村祐之博士と吉益脩夫博士による精神鑑定のための面談も、当時東京教育大学附属聾学校教諭だった萩原の手話通訳によって執り行われている。

「被告人の知能は聾唖者としては一〇〇人中に一人の優秀なる存在にて、その手真似表現は手真似言語としての最高度の形態を備え、自己の思惟或は行動をよく観念的に整理し表現している。更に被告人の過大に発達せる記憶力には一驚に値するものがある。然し被告人の知能と学力とは不均衡なる肢行関係にあり、これは潜在意識的に向学心を触発し、更に聾唖者としての学業成績の優越性を以て自負し、その独善的衝動は教育力を以て価値的衝動と発展的に置替えする能わず、無抑制のまま伸張するに至りしものである。被告人は学力的には国民学校初等科二、三年に相当す」

戦前の聾唖教育を受けた者としては、天才的な優秀さを持っているということだ。何度でも強調しておくが、これらはあくまでも当時の不備な聾唖教育についての評価であって、現在の発達した聾唖教育とは違うことには注意されたい。

松本清張はこの獄中日記について、聾唖者の文章はほとんど他の本からの引用に近いものので、ある心理学者は『野口英世伝』の文章から取ったと云っていると記している。この

「ある心理学者」が日記の入手先でもあろうか。

清張も指摘しているように、この時点で誠策は、まだ父親が死んだことを知らないらしい。さらに清張はこう付け加えるが、この点を実感できるのがこの獄中日記の価値だろうし、それを読めるように後世に残してくれたところに松本清張の資料収集家としての功績がある。

「この文章では、自分が死刑になるとは夢想もしていない。あるのは燃えるような向学心と、自信である」

たとえ死刑のような自身の生命に関わることであっても、リスクや罰に対する感覚が極端に鈍く、つねに自信にあふれる〈サイコパス〉の最大の特徴がここに如実に表れているのである。

吉川澄一技師の情報システム構築

犯人逮捕の報を聞くや、吉川澄一（ちょういち）技師は早速浜松に駆け付け、検挙の経緯などを聴取した。また、プロファイリングデータ収集を指導したと、同行した尾崎幸一が証言している。

それは吉川技師が残した詳細なるメモからも裏付けられる。検挙直後に現場捜査官に聞き質すべき事項をリストアップしているのである。

膨大なメモの中には、内務省座談会での自身の発言部分の写しもある。それを見ると、云い廻しの細かいところを逐一チェックして判りやすい言葉に置き換えている。たんなる役所仕事の棚の奥に眠らせる記録ではなく、この座談会を各県警の捜査官がすぐに実践できるプロファイリングテキストとして活用しようとする熱意なのだろう。

製本された『濱松事件捜査座談會速記録』では、その修正がすべて反映されているが、一ヵ所こういう発言がある。

「ところが警視庁や愛知までが変質者説だと聞いて自分は寧ろ不思議に思った位です」

吉川技師は「変質者説だ」の部分を「見方が違う」と修正している。警視庁が変質者説に固執したことは直接出さず、曖昧な表現にしたほうが穏当だと考えたのだろう。しかし、速記録ではこの発言全体が丸ごと削られてしまった。全国の県警に配布する資料に、警視庁が決定的な間違いを犯したことは載せてはならぬと内務省警保局が判断したと思われる。

膨大な資料を整理し後世に残す吉川技師のデータベース構築癖が、これだけの大事件に関する内部資料でさえ面子を保とうとする内務官僚のプロファイリングを可能としてくれているのである。

また、この速記録に掲げられた誠策の写真は手を胸に当てているが、これは被害者に噛み付かれてケガをした手を見せるためである。手だけでは誰の手だか判らないから、顔と一緒に写るように吉川技師が指示したと、尾崎幸一は証言する。尾崎が「非常に綿密なことですね」と付け加えると、写真の手について質問した警察庁科学捜査研究所（現在の科学警察研究所）所長の荻野隆司も「合理的で綿密なんですね」と、『刑事鑑識　吉川澄一遺稿』の座談会で感嘆している。

データの閲覧性にまで気を配るところが、さすがに吉川技師ではあった。たんに捜査のためのデータを集めるだけではなく、効率的利用のためのデータベースシステムそのものの構築に腐心した彼ならではだ。おかげで後世の我々も、この妙に生々しくも迫力のある誠策の手を見ることができるのである。

『濱松事件』に掲載された証拠品のズック靴、凶器と覆面布の写真も、一覧性のためひとつの写真に収まるように彼が指示して撮影させたものと思われる。コンピューターとウェブの発達で大規模データ解析が最も重要となった現代、データの収集と検索、その閲覧性にまで気を配った情報システム構築の先駆者としても、改めて吉川澄一の業績は注目しておくべきだろう。

プロファイリングの限界

しかし、最も肝心なるプロファイリングに関してはどうだっただろうか。

吉川澄一技師は最初から一貫して、犯人の動機は窃盗目的であると主張し続けた。これに対して、解決してから振り返ってみると、〈武蔵屋事件〉、第一第二、第四事件は確かに物盗りであっても、第三事件は自分の一家皆殺しを謀ったものだから、この事件まで物盗り目的の犯行と見たのはおかしいではないかとの疑問が出た。

それに答えて、吉川技師は『濱松事件捜査座談會速記録』で述べている。犯人が同一である以上、その目的もまた同一なのは常識である。第三事件も、一家を皆殺しにすれば次男が家を継いで自分を学校に行かせてくれるだろうと考えてやったので、その動機目的には何ら変わりはないというのである。

今までに物盗り自的で一家皆殺しにした例もたくさんあると云う。〈二本榎の五人殺し〉と同一犯人が他所で犯した〈三人殺し事件〉、〈小石川電燈会社の七人殺し事件〉〈深川佐賀の湯の四人殺し事件〉、〈大岡山の三人殺し事件〉と同一犯人の〈千住醤油屋の三人殺し事件〉、〈札幌饅頭屋の二人殺し事件〉〈渋谷公会堂通りの二人殺し事件〉〈浦和の三人殺し事件〉〈盛岡の三人殺し事件〉〈富山の芸者二人殺し事件〉〈宮崎県都農の二人殺し事件〉

と、ずらずら掲げている。

このほとんど、あるいはすべての事件で吉川技師は発生直後に駆け付けて現場を検証、捜査に直接関わっているのである。

このなかには、現場に物色の跡がまったくなかったが、逮捕してから物盗り自的だったことが判明した事件もある。殺人を犯したあとに、肝心の窃盗をする余裕もなく逃走しなければならない羽目に犯人が追い込まれることもあるのだ。〈浜松事件〉捜査中も、これらの例を出しながら捜査陣を説得したが、どうしても聞き入れられなかった。

ウェブ上の国会図書館サイトにも公開されている内務省統計を見れば判るように、戦前昭和期の殺人事件発生数は年間二五〇〇件前後。日中戦争がはじまって元気な二十代男子の何割かが大陸に送り込まれるようになり、太平洋戦争も迎えたため、昭和一六年は一四二四件にまで激減している。それでも、人口比で二〇一三年の二・七倍の発生率である。

こういう話をすると、昔は貧しかったので金のための殺人が多かったのだろうと考える諸氏がいまは多い。しかし、実際には痴情や怨恨、変質者の無差別殺人、ついカッとしたケンカ殺人がほとんどだった。金品を奪うための殺人は「強盗殺人」として「殺人」とは犯罪統計上も区別されるので、じつは戦前の年間二五〇〇件前後、昭和一六年の一四二四件は、すべて金を盗る以外の動機から起きた殺人である。

同じく内務省統計を見れば判るように、戦前の強盗殺人は年間一〇〇件前後。昭和一六年は七六件にまで減っている。こちらは二〇一三年の四・三倍ほどの発生率ではある。しかし、金を盗るために人を殺す事件は、戦前でも殺人全体の五パーセント程度に過ぎなかったということなのだ。

ちなみに、海外の犯罪統計は既遂のみのデータが多いようだが、日本の統計は未遂も含んでいるので、海外との比較は注意が必要である。殺人や強盗殺人は、いまも昔も未遂が半分程度なので、日本の過去と現在の比較に問題はない。

吉川技師が窃盗目的の殺人がいかに多いかを強調してみても、その何十倍も窃盗目的以外の殺人が発生していたのである。耳の聞こえない誡策のように、よほどの理由がない限り、窃盗のためにわざわざ殺人を犯すのは割が合わないので当然ではある。

吉川技師は全国の何年にも渡った膨大なるデータを蓄積させて分析していたので強盗殺人の手口もいくつものパターンを熟知していたが、単純計算でひとつの県では年に二件程度の発生しかない。離れた町の事件まで直接関係することはまずないので、金が目的の殺人というものに所轄署の普通の捜査員は十年に一回遭遇するかどうかである。県警本部の刑事でさえ、滅多にないわけである。それに引き替え、痴情や怨恨、変質者によるものなど金品目的以外の殺人は、戦争前に於いてひとつの県で年に五〇件程度発生しており、毎年数回は経験させられていたのだ。

ひとつの県で年に五〇件程度となると、普通の庶民も身近でそのような殺人事件に接している。新聞でも毎日のように痴情や怨恨による殺人ばかりを読んでいる。イメージだけで金のためだろうと思い込んでいる現代人とは違って、この時代の人々は物事を正しく見通していた。

殺人が起きると、庶民もまず痴情や怨恨だろうとみんな考えることになる。ましてや、〈浜松事件〉の如く花柳界が舞台となれば、それ以外にはない。その前提に沿った情報だけが大量に押寄せる。元々、殺しは痴情や怨恨だという頭がある捜査陣に、それ以外の話が受け入れられるのは無理である。

吉川技師は、このように嘆いている。

「それにつけても今回の犯人は他の事由で昨年既に有力な容疑者と目され、寝床の暖かさまで調べた位だから当時この動機目的というものが、捜査官の頭にハッキリ這入っていたならば、自然金の必要に迫られている事情はないか、というところまで行ったのじゃないか。もしそうなれば勢い捜査も徹底することになろうから当時犯人が居室に匿していた血痕附着の兇器や衣類等もその際発見出来たのじゃなかろうか」

犯行動機目的の設定が最も大切なのだが、これを徹底できなかったために、ヤギを犯して殺した男など変質者ばかりを追っかけて、時間を浪費してしまったというのである。

これにも異論は出た。警視庁の三原才一捜査第一課長は、第四事件発生時に部下を引き連れて浜松を訪れ、すべての現場を視察。浜松署の捜査本部にアドバイスして、吉川技師とも意見交換をしていた。事態を憂慮した内務省警保局の命令があったのではないかと思われる。その上で、

「現場だけを見て恐らくここへ到達するのは困難だったと思う。その点は諸君の浜松事件の捜査本部に居られても、恐らく日本の捜査官の頭では、あれ以上出ないのではないかと考えて居るんですがね。これはおべっかでも何でもなく、あれ以上出られなかったんじゃないか、(中略)盗犯と云う事は見抜かれないと思う」

と、たとえ吉川技師の強い意見があっても、物盗りと断定するのは無理だと座談会で述べている。さらに、「もう一つは見抜いての捜査では外れたろうと思う」とも云うのである。

窃盗犯と決めてかかると、前科者、金に困っている貧乏人を探るのが捜査の常道である。それでは、前科もなく裕福な家庭の子息である誠策には辿り着けなかっただろうということだ。

三原課長は、警視庁捜査一課強力犯係主任、係長として十年間現場の捜査責任者を務め、吉川警視庁鑑識課長と二人三脚で、〈玉の井バラバラ殺人事件〉〈隅田川コマ切れ殺人事

件〉〈大森銀行ギャング事件〉〈日大生殺し〉などなど、歴史に残る帝都の大事件を次々解決している。この十年間で彼の手掛けた事件は、死刑や無期になった凶悪犯罪だけでも五〇件以上だという。その功績で巡査からの叩き上げながら警視に昇進して太平署の署長に栄転したという、顔写真入りの記事が出るほどの、現場捜査官としては名実共に日本警察のトップだった（東京朝日新聞昭和一四年七月二九日〈捕物陣の功労者　栄転の三原太平署長〉）。

さらに、昭和一六年六月には戦時下帝都の治安維持のため、警視庁では役所の前例を破る実力本意の大規模な人事刷新が断行された（東京朝日新聞昭和一六年六月五日〈思切った刷新断行　署長級九十名の大異動〉）。それに伴い捜査一課長へと就任したのだった。強力犯係長経験者が捜査一課長になること自体は通例通りだが、この抜本的組織改変に合せて投入されたのは、余人を持って代え難い犯罪捜査部門の絶対的エースだと内務省でも見なされていたということである。この現場の第一人者の発言には重みがある。

また、仮に窃盗目的だと断定しても、前科もない犯人を捕まえるのは容易ではない。この地方ではめずらしい二階建ての裕福に見える家ばかりが狙われたので、類似の家に張り込んで網を張ったりもしたが空しく終った。神業的な吉川技師の正しい洞察があっても、プロファイリングには自ずから限界があったのである。

捜査官プロファイリングの重要性

〈浜松事件〉の難しさは、動機は窃盗なのに一度もその目的を達せなかったところにある。捜査官たちは窃盗目的の殺人事件さえ数件しか体験したことがないのに、その目的を果たしていない事件なぞ捜査した経験はほぼ皆無であろう。もうひとつの目的である強姦も一度も実行できなかったので、膨大なデータを駆使する仙才鬼才の吉川技師でさえ見抜けなかった。仮に見抜いていたら、ますます捜査は混乱したはずである。

プロファイリングはもとより万能ではないが、捜査員への説得段階で躓(つまず)くとどうしようもなくなる。捜査員個人の狭い経験を補うための網羅的なデータを分析したプロファイリングだが、犯人が最初の目的を達成できない場合に、その個人と巨大データ分析の齟齬(そご)が最も大きくなってしまう。本当はこの場面こそプロファイリングが真に役に立つはずなのだが、これまでの経験と懸け離れた分析は呑み込めなくなってしまうのだ。

人間の脳は、目の前の対象をそのまま受け入れるのではなく、あらかじめ用意しているパターンに沿って物事を認識しようとする。あるいは、その場で簡単な因果関係をでっち上げ、それに固執する。対象を図式化して捉えようとして、却って真実から遠ざかってしまうことがあるのはこのためである。

吉川技師のように客観的データを示しただけでは、この脳には拒絶されてしまうのだ。たとえば、「昔は貧しかったので金のための殺人が多かった」という、なんとなく正しそうだが実証的根拠がまったくない図式をあらかじめ脳にインプットしており、これに沿って対象を認識しようとする。インプットされていなくとも、その場で一番簡単そうな因果関係としてこのような図式をでっち上げ、それが真実だと思い込む。そこに「金のために人を殺す事件は、戦前でも殺人全体の五パーセント程度しかない」という客観的データを示すと、素直に現実を受け止められない人が確実にいるのである。

たんに信じないだけではなく、癇癪(かんしゃく)を起こして、明らかなる脳の拒否反応を示す者もいる。私は過去の犯罪データを網羅した〈少年犯罪データベース〉の活動を通じて、このような反応をたびたび目撃してきた。まさしく、虚構と現実との混同である。

この程度の簡単な数字なら、まだ受け入れる人は多いが、目的を果たさなかった強盗殺人となるとかなり絶望的である。なまじ捜査官たちが強盗殺人を数件でも体験していると、そのわずかのパターンを脳にインプットして固執、それ以外のパターンを脳が断固拒否することになってしまう。

元々、人類は生存競争に有利なように、このような認識能力を発達させてきた。五感から入ってくるすべての情報を受け入れてしまうと脳が処理しきれなくなるので、情報を絞って取り入れ、記憶などによってあらかじめ用意したパターンに沿って処理する。そうすることによって、瞬時に判断して危険を避けたりできるのである。とくに狩猟採集時代は正確性よりも素早い判断が生死を別つのだから、これは正しい進化の結果である。パターンに縛られない脳を持つことは、ある意味、人間としてのまともな能力がないことになる。その能力のため、目の前にある現実が見えなくなることもある。かと云って、何も考えずにどのような対象も脳に入れてしまえばいいというものでもない。そのような者は、洞察力などないものだ。

吉川技師はたんに網羅的で膨大なるデータを蓄積しているだけではなく、それを予断なく受け入れる脳の柔軟性があった。しかも、その膨大なるデータから、必ずしもぴったりとは一致しないパターンを選び出して目の前の現場に当てはまる分析を導き出す鋭い洞察力もあった。

相反するこのふたつの能力を同時に持つ者は少ない。そこから導き出される洞察力は、通常の人間を超越した認識能力の発露と云える。吉川澄一技師の天才性は、卓抜した能力をふたつ兼ね備えたところにある。それは架空の天才であるシャーロック・ホームズとまったく同じ能力なのだ。

しかし、犯罪捜査はプロファイリング分析官だけでは成り立たぬ。捜査官にこの分析を呑み込ませるためには、犯罪に対するのとはまた別の、捜査官に対する心理的、行動的分析が必要なのである。それは、たんに捜査官を犯人検挙に近づけさせる正しい判断をさせるだけではなく、もっと別の効用もあるのだ。

座談会に於いて、三原警視庁捜査第一課長は、窃盗犯だと断定するのは無理でも、第三事件で誠策の部屋をきちんと捜索していれば解決できたので、これが一番の問題だと指摘している。この基本を怠って〈浜松事件〉を史上最大の難事件に仕立て上げてしまった紅林刑事のように、捜査員が真犯人となってしまうことは存外に多い。

吉川技師はプロファイリングの眼を捜査員にも向け、その思考と行動をデータ分析すべきであった。さすれば、犯人を逃すだけではなく、無辜（むこ）の人を犯人に仕立て上げる捜査員の犯罪も未然に防ぐことができたはずであるのに。

吉川澄一技師はあまりにも簡単に物事を見通すことができるために、捜査員がどうして失敗をするのか判らなかった。あるいはまた、捜査員が真犯人に辿り着けないために、ときには積極的に冤罪を作り出すなどの犯罪を犯すことさえあることなぞ理解できなかった。これこそが、天才ゆえの限界ではあった。

小宮喬介博士のプロファイリング

〈浜松事件〉と関わったもうひとりのプロファイラー、名古屋帝国大学医学部教授の小宮(こみや)喬介(きょうすけ)博士にも触れておかねばなるまい。小宮博士（浜松事件発生時満44歳）は、戦後すぐに国鉄総裁が轢死した〈下山事件〉に於いて自殺鑑定を打ち出し論争を引き起こしたことのみで現代でも辛うじて記憶されているが、戦前は法医学の権威としてその名が全国に響き渡っていた。

〈浜松事件〉では、第二事件発生当日に愛知県警の刑事課長、強力犯(ごうりきはん)係長、鑑識係員三名とともに応援に駆け付け、司法解剖に立ち会っている。第三事件、第四事件では直接解剖を担当した。特異な事件として、早い段階より他県警からも注目を集めていたことが判る。もともと、鑑識が全国に完備されていなかった戦前は、愛知県警が中部東海地方の重要犯罪捜査を支援する体制だったらしい。

また、〈浜松事件〉座談会では、小宮博士が警察や内務省に所属していない唯一の部外者として参加、意見を求められている。博士の権威の高さ、警察での信頼の厚さが窺える。

第二事件直後には、法医学の見地からプロファイリングを執り行った。凶器は片刃薄刃の鋭利なもの、足跡から犯人は小柄だが、何度も突き刺しているので腕力は強い。状況から顔見知りではなく、痴情や怨恨の線は薄い。つまり変質者と推定したのである。事件二日後の読売新聞静岡版にそのまま談話を出している。

誰彼かまわず襲う〈変質者〉というこのプロファイリングと、次の話が地域のパニックを大きくしたのではないかと思われる。戦時中の新聞とは思えない情報統制の緩さではある。

「各種の情況から見て土地の人間だということはまず間違いない。しかも犯人はまだこの付近にいるだろうから一日も早く逮捕しなければ第三第四の事件発生も予想される」

また、犯人は指紋を残していなかったので手袋をはめていたと考えられる。切ることはなく突き専門だったので、手袋を着けることが多く球を突くビリヤードをやる者か、竹を斜めに切った〈サシ〉で米俵を突き刺し中身の米を取り出して確かめる検査員ではないかとも推察、談話に添えている。

このプロファイリングが広まり、思わぬ冤罪を生んでしまうことになるのだ。しかし、『濱松事件』では、「第二事件から「パット」こんな噂が広がって来た」と出所不明の噂のように記している。座談会でも、冤罪に関連してこの犯人像が「何処から出たか、未だに分らないのでありますが」とされている。座談会に同席している小宮博士に配慮したのだろうか。

博士もこの件では黙っていた。たまたまこのプロファイリングに当てはまる人物がいたから冤罪に繋がっただけで、小宮博士の分析もそれほど見当外れということもなかったのだが、神業的なプロファイリングを披露する吉川技師を前にしては、米の検査員と云い出したのが自分だとは切り出しにくかったのであろう。分析内容自体はともかく、人々に予断を抱かせるような犯人像を新聞に発表したのは、明らかに事件解決の妨げとなる行為だった。

小宮喬介博士のサービス精神

博士としてみれば、ちょっとばかしサービス精神を発揮しただけといったところかもしれない。なにせ、小宮博士は、人の注目を集めるのが大好きな社交界の花形だったのだ。奇しくも誠策のヒーロー『丹下左膳』を産んだ林不忘が、昭和五年に牧逸馬名義で東京日日新聞に連載した『この太陽』の主人公である東京帝大法医学教室助手、杉山喬太郎のモデルともなっている。小宮博士が欧州留学に向から船上で、『丹下左膳』を大当たりさせて欧州周遊へ出掛けた牧逸馬夫妻と知り合ったのである。

この都会の上流階級を舞台としたメロドラマの主人公は、六尺豊かで胸板も厚い大丈夫、恋愛にうじうじとした友人をぶん殴ったりする豪放磊落(ごうほうらいらく)のスポーツマン、しかし洒落者でちょっと気取ったところもある社交界の寵児だが、若き日の小宮博士の容姿や性格をそのまま写していると云われている。戦前戦後と二度も映画化されるほどの、とくに女性に大人気の小説だった。倉本聰のプロデビュー作も、この小説のラジオドラマ化だった。博士もその主人公と同じく甲州財閥令嬢と結ばれ、財閥の後援があったのか金払いのいいことで知られていた。

『サンデー毎日』昭和二二年八月一〇日号の記事によると、ある殺人事件でゴールデン・バットの空箱に事件の要点をメモしてわざと新聞記者の前に捨て、気づかなかった記者の注意力のなさを雑誌か何かの座談会で語ったこともあるという。

この役者染みた自己演出まで仕掛ける派手な性格から、新聞記者にサービス精神を発揮したばかりに、〈浜松事件〉では土地の人々に恐慌と冤罪をもたらしてしまう。また、この性格から自身の破滅までをも呼び寄せてしまうことになるのだが、戦後のその話はのちほど第十章で詳述することとなる。彼もまた、〈浜松事件〉に引き寄せられし特異なる人物のひとりではあった。

なお、小宮博士は第二事件の解剖をできなかった理由として、到着したときにはすでに解剖がはじまっていたからと、座談会でこのような発言をしている。

「第一事件は私は行って居ない。第二事件は行って見ました。これは日曜と縁があった事件で、第二事件の時は私は子供と海岸へ遊びに行っておったので、それから家へ帰って出かけて行ったので遅くなりました」

しかし、第二事件は水曜日に発生しているのである。〈武蔵屋事件〉や二日前の第一事件は、正確には月曜だが、午前二時前後なので日曜深夜と云ってもいいだろう。日曜日に芸妓の勝也が海水浴に出かけて、その夜に殺されている。曜日はともかく、同じく海水浴に出かけたという博士の証言からも、戦争中とは思えない銃後の人々の呑気さが伝わってくる。

座談会では、下半身が異常に毛深い誠策の写真を見せられて、博士はいささか科学的にどうかと思うようなこんな発言もしている。

「ああ、これは毛髪発生異常だ、これは精神病者の系統に多い……、これは精神異状者に多いのですよ。これは必ずしも精神病者だという訳じゃなくて、精神病者に多いということですね」

藤井綏彦博士が血液型と性格を結びつけていたのと同じく、時代のためかもしれないが、少なくとも誠策に関わった当時の多くの専門家はこんな見解を述べてはいないのだが。

また、身の破滅に至る直前、『科学朝日』昭和二二年四月号の法医学についてのインタビューで、小宮博士は〈浜松事件〉を念頭に置いたかのような、あるいは戦後に続発した自白強要冤罪事件を暗示するかのような、こんな示唆的な話もしている。

問　捜査の科学化ということについて、どのようにお考えですか。
答　犯人が全部オシであったら科学化しますね。
問　といいますと……。
答　オシは自供しませんからね。ちょっと変ないい方ですが、犯人が自供するから、捜査が科学的にならないのですよ。犯人がみなオシで、被害者や参考人がみなメクラだったら、反証で固めてゆくより方法がないでしょう。

小宮喬介博士のプロファイリングによって引き起こされてしまった冤罪については、南部清松氏の記録を見てみよう。

小池清松刑事と冤罪

南部清松氏は、第二事件後に磐田署からの応援要員として捜査本部に加わっている。

〈特設隊〉の一員となるため派遣されてきたのだ。吉川澄一技師が現地入りして昭和一六年九月二日に浜松署の捜査会議で披露したプロファイリングを元に、「容疑人物の再検討をなし犯人の摘出に当たること」(『濱松事件』)を任務として八班とは別に九月一〇日に新設された部隊である。

同時に八班も再編成され、紅林麻雄刑事はこの隊の副長に横滑りしたので、直接の部下となる。なお、南部氏は戦後に改名したので、この時代の資料には小池姓で登場している。浜松署所属ではないにも関わらず、この重要なる〈特設隊〉に抜擢されたのは、紅林刑事も小池刑事もすでにその手腕を静岡県警内で認められていたからではないかと思われる。磐田署でも部長刑事とヒラの刑事という云わば上司と部下の関係で、あるいは紅林刑事が指名して引き抜いたのかもしれない。小池刑事は彫金職人を経てから警察に勤めるようになったためか、歳下の紅林刑事よりも出世が遅かった。

〈浜松事件〉の捜査に加わってからのことは、南部氏が75歳を過ぎて〈島田事件〉の再審を要請するために裁判所に提出した上申書に詳しい。南部氏による『島田事件に対する上申書』は四通あるが、その一通目の冒頭は、何故か〈島田事件〉とは直接関係のない〈浜松事件〉の話からはじまっているのである。

それによると、彼は第三事件について誠策に疑いを抱いていたが、世間の風評は隣家の養子が怪しいということであった。事件直後に誠策の父親が助けを求めに駆け込んだ家の息子である。

殺された四男の長男（数えの3歳、満2歳）は無傷だったが、事態を理解できずに無邪気に現場を走り回って遊んでいたため血だらけとなり、隣家が事件直後に預かったので血の跡が点々とこの家まで付いていた。さらに、この養子が最近まで農会の技術員として米の検査をやっていたことが決定的な要因となっていた。まさしく、小宮喬介博士のプロファイリングにぴったり当てはまるのだ。

犯人はこの養子に間違いないとの噂が村中に拡がっていたので、小池刑事は養子に入る前の実家など綿密な身辺調査をした結果、この男は決してそのようなことができる者ではないとの確信を得た。そこで反対に、自分の疑っている誠策の動静を探ってくれと、この養子に依頼して協力してもらうことになったのである。なお、プライバシーに配慮して名前は伏せ字とする。

> ところが事は私の志と違い「小池刑事は殺人容疑者の○○と一緒に酒を飲んでいる」という事実無根の噂が流れ、そのため私は上司より白眼視される結果となり、○○と会うことも出来なくなり情報を得ることは不可能となりました。

第三事件発生後は〈特設隊〉も解散されて紅林刑事の部下として「戸口調査的捜査」などの任務に就いたが、事件も解決しないまま一二月三〇日の捜査本部解散に伴い、小池刑事は所属の磐田署に戻ることとなった。紅林刑事は一〇月末に引き上げているので、上司に白眼視されながらも小池刑事はそのあとも引き続き残っていたらしい。

この「上司」が紅林刑事を指しているかどうかは判らないが、同じ文中で紅林刑事のことも非難しているのにこの上司とは結びつけていないので、おそらく違うのであろう。班は何度も改編されて、小池刑事は何人もの班長の下でさまざまなる任務に就いている。

さて、年明けの一月二〇日にこの養子が容疑者として逮捕され、何ヶ月も取り調べを受けるということになってしまう。南部氏は綴っている。

ついには同人妻を連日のように署に呼び出し、聞くことがなくなると夫婦間の房事のことまで根掘り葉掘り聞くと言う誠に耐えがたい辱かしめを受け、家族まで苦悩の日日を送ったのであります。その当時、家族から、「貴方は○○を無実と信じていてくれるので、○○を釈放するように働きかけてくれ」との手紙が参りましたが、私としては、その権限がなく、無実は必ず晴れて帰れるから、それまで待ってほしいと返事を出しておきました。私は○○の無実を信ずるだけに本人並びに家族に対しては心から同情して居りましたが、如何とも為す術もなく、本人及び家族の苦しみは又私の苦しみでもありました。

第四事件が発生すると、部長刑事に昇進していた小池刑事はまた応援部隊として投入される。やがて犯人が検挙されるわけだが、早速そのことを伝えに走った。

私は無実の罪で六ヶ月間も苦しみぬいた○○並びにその家族にこの事を伝えようと早朝の七時頃同家に参りますと、○○は畜舎で牛に朝の飼料を与えて居りましたので、私は外から「○○君真犯人が挙ったぞ」と叫ぶ様に申しますと、同人は転ばる様にとび出して来て「ワアッ」と泣きながら私に抱きつき、泪を流して喜び私も貰い泣きをして共に喜び合いました。この事は今も昨日のことの様にはっきりと覚えて居ります。私はこの体験から司法の職に携わるものは絶対無辜を作ってはならないとの信念の許に職を辞するまでこれを堅持して参りました。

冤罪を憎む己の原点になったとして、無理な取り調べによる自白で死刑が確定した〈島田事件〉の再審を願う上申書の冒頭に、わざわざこの話を持って来ているのである。

戦時警察の反省

この隣家の養子の誤認逮捕については、『濱松事件』にも記載されている。それによると、誠策の母や、殺された四男の妻が、犯人は隣家の養子だと刑事に告げ、報告を受けて取り調べを行った井上上席検事などにも同様の供述をしたため逮捕に踏み切ったものだった。

農協の前身である農会の仕事を続けたかったのに、誠策の父親が口出ししたせいで家の農作業をすることになって怨んでいた。慣れない畑仕事のために手袋もしていた。また、農会の宴会で事件の現場となった〈菊水〉にもたびたび顔を出していた、などの傍証もあったのである。

しかし、連日追及しても白状はせず、家宅捜査でも収穫はなく、取調官全員が犯人とは思われないと意見が一致した。ここで念を入れて、応援を派遣していなかった大仁署と富士宮署、さらに三島署と県警本部刑事課の〈浜松事件〉に関わっていなかった刑事四人をわざわざ呼び寄せ、白紙の状態で取調べをさせている。それでもやはり、犯人とは思えないという結論だった。

そこで改めて誠策の母と兄嫁に訊くと、母親は噂を元に話しただけで根拠はなく、兄嫁は刑事から隣家の養子だろうと云われたので、つい「言ってしまった」ということだった。

年末に捜査本部が解散し、正月から「自由捜査」となり、噂を元に捜査したひとりの刑事が「熱心の余り」兄嫁に云わせてしまったというのである。しかし、最終的には冤罪とはならず、真犯人が検挙される前にきちんと釈放されている。

> 一月二十日から五月二十八日までの長期間、徒(いたずら)に拘束した責任を感ずると共に捜査員は風評に迷い誘導を無視し良心に恥じた、捜査をなすなかれと痛感した次第である。

このように記す『濱松事件』は、県警本部の強力(ごうりき)主任である杉村幸作警部補が責任者となって纏め上げたものだった。杉村警部補は、二五年後の毎日新聞静岡版昭和四二年一二月一九日〔明治百年静岡県の歩み　事件と名刑事〕で〈浜松事件〉について語っている。

この誤認逮捕で何ヶ月も拘留した話を聞いて、毎日新聞記者は「〝警察国家〟といわれたころの強引な捜査であった」と記しているが、戦前戦中の警察は横暴だったという図式的イメージに囚われているだけではないかとも思われる。これは明治百年の記事で、戦後の冤罪事件も取り上げているのだから、強引な捜査は戦後も変わらない、むしろ静岡県では戦後のほうがひどいと理解できるはずなのだが。

戦時中に編纂された、県民に公表するわけでもない内部文書である『濱松事件』の反省の弁を読んでも、警察は必ずしも現代より横暴だったわけではないことが判る。

誠策逮捕を報じる静岡新聞では、県警トップの市来吉至警察部長がこんな談話を出しており、庶民に対して実に低姿勢だった。

「犯罪地を中心とした地方一帯に深刻なる不安を形成したことに就いてまことに相済まぬと思って居ります」

同じ記事にある静岡地裁の帯金検事正の談話で、検察も決して傲慢で居丈高だったわけではないと知れる。

県民各位特に浜松方面の方々は長い間不安と恐怖の念を抱いて居られた事と存じますが、当局といたしましても誠に申訳ないと常々自責の念に堪えなかったのであります。

発表にもございました通り、あの事件は犯罪史上実に特異な事件でありまして、当局はこれが検挙に非常な苦心を致しました結果、遅蒔ながら今度犯人を検挙し不日予審請求を致すこととなったのであります。

　この度の検挙は汎ゆる捜査機関渾然一体となり捜査に努力した結果でありますが、一面には一般民衆殊に隠れたる有志の絶大なる御協力があったからでありまして、この点各位に対しまして深甚なる敬意と感謝の意を表する次第であります。

　捜査の経過を振返って見ますと当局の処置に対しまして色々批判の余地もあり御不満の点もありましょうが、及ばずながら全力をつくして居ったのであります。この度の事件を好い教訓と致しまして大に反省し決戦下治安維持に勇往邁進万遺漏なきを期したいと念願する次第であります。

戦時警察の実態

　戦時中は、検察や警察が威張り散らしていたイメージがあるが、実態はそうでもない。一部で行き過ぎはあり、大きく取り上げられることがあるが、それが全体の問題とは云えないことは、現在の警察でも同じことである。行政拘禁制度で長期に留置する問題はあったが、現在の警察でも不当に長期勾留をする場合はある。戦時のイメージはかなり歪んだものになっているため、戦後に書かれた文献などに囚われることなく、ひとつひとつ検証していく必要がある。

誤認逮捕について『濱松事件』で謙虚な反省の弁を記した杉村警部補は、紅林部長刑事の前任の浜松署刑事部長だった。〈浜松事件〉の長期化に伴い更迭されたが、すぐに伊東署の司法主任となり、のちに県警本部の強力犯（ごうりきはん）係主任となって部長刑事から警部補に昇進するので左遷というわけではない。県警本部の強力（ごうりき）主任としても、紅林警部補の前任だったと思われる。

タイミングが少しばかりずれていれば、誠策を検挙するのも、〈幸浦事件〉〈二俣事件〉〈小島事件〉の三事件を担当するのも、紅林警部補ではなく杉村警部補だった。そうすれば、現代にまで連なる悲劇は起きなかったのかもしれないのである。

「名刑事は、むしろいまのほうが多いのではないか。ち密で、しかも知的な技術を身につけている。むかしは、ほんとうの意味で名刑事は存在しなかった。くさい、と思えばブチこんで強引に調べるわけで、個人の能力より警察権力におんぶしていたのだから。間違いのない証拠主義、この新刑訴のなかにこそ名刑事が誕生するのだと、私は思う」

前述の毎日新聞〔事件と名刑事〕で、杉村元警部補はこんな談話を残している。しかし、実際には紅林警部補という個人が関わると、戦前戦中の警察よりも遥かに横暴な捜査がまかり通ることになってしまったのである。杉村元警部補は紅林捜査のことも頭に置いて、戦後すぐの「むかし」と戦後二二年経った「いま」の違いを語っているのだろうか。このインタビューが出たころには、静岡県ではまたもや〈袴田事件〉が起きていたのだが。

戦前戦後の警察内部にいた当事者である杉村元警部補でさえ、図式的理解に囚われていたのだろうか。あるいは、こういう名刑事が生まれなくてはならないという希望を述べたものなのだろうか。

紅林麻雄警部補が引き起こした数々の冤罪事件は、前時代のやり方を引きずったものと云われる。これがいかに実態を反映していない図式的捉え方であるかは、証拠がすべて揃うまでの誠策に対する慎重なる取り調べと、奇しくも同じ18歳だった〈二俣事件〉の少年に対する取り調べを引き比べただけでも明白である。

〈浜松事件〉ではその他の容疑者も、かなりの根拠が積み重なるまで逮捕はされていない。また、長時間の強引な取り調べはあっても、紅林方式の直接的な暴力は振るわれていないのだ。

戦前戦中を引きずったものではなく、まったく反対に戦後ならではの現象なのである。

深い傷跡

二〇〇八年に現地を取材する前はもうなにも痕跡はないだろうと思っていたのだが、あまりに往時の面影がそのまま残っているのに驚愕を覚えずにはおれなかった。

遠州鉄道は車両こそ最新型になっているものの、単線のまま長閑(のどか)な走りを見せている。沿線では当時のままに駅前に数軒の店が並ぶだけであとは畑が広がっている。

近所のお歳を召した方数名に事件の話をしてみると、おそらく半世紀以上あの事件について喋ったこともない人が、皆さん急にスイッチが入ったかの如く、地名や固有名詞がすらすら出てきて昨日のことのように語り出す。まだお元気な世代にとっては、十代の多感な年頃だったということもあるのだろう。

第二事件の〈菊水〉傍に住まわれている当時16歳の方は、お父さんが警戒して木刀を持って毎晩寝ていたと話してくれた。第四事件の現場近くに住まわれて、殺害された三男と一緒に高等小学校に通っていたという当時13歳の方は、自警団が廻っていた様子や、「そこらで犬吠えても、人とか違って、ほいでびっくりして家帰っちゃうの」というくらい怯えていたことを聞かせてくれた。

文献に残された住民の恐慌はいささか大袈裟ではないかと疑っていたのだが、直接証言を聞くとその恐怖心は底知れぬものだったことが確認できた。事件解決直後に吉川澄一技師が〈浜松事件〉を総括したメモが残っているが、そこにはこのようにある。

「その副産物として、精神病者や自殺者まで出た事件で、司法大臣から特使が派遣されたという類例のない事件」

恐怖の余り気が狂った者もいたという記述をしている文献もあるが、当時の一時資料には見つからないので話を膨らましているのだろうと考えていたのだが、吉川メモを閲覧できたことで案外に正確であることが裏付けられたのは意外だった。

そして、なにより驚いたのは、なにも残っていないだろうと思っていたすべての現場に被害者の方やその親族の方がそのままいまでも住まわれていることだ。少しだけ接触を試みたのだが、七〇年以上の歳月を経てまったく癒えていないことを思い知らされた。己の認識の甘さは慙愧（ざんき）に堪えない。その傷はあまりに深すぎる。

本書ではそれぞれの場所を詳しく示しておらず地図も掲載していないが、その意図をお汲み取りいただきたい。歴史を記録し学ぶとは、もちろん被害者の方の傷口を広げるような行為では決してない。

遠く時代を隔てたものだと思っていた事件が、じつは現代と地続きだったことに気づかされて改めて戦慄を覚えざるを得なかった。被害者の方々の心の平穏をひたすら願うのみである。

8　〈二俣事件〉など数々の冤罪を生んだ戦後警察の実態

強力犯係主任・紅林麻雄警部補の誕生

紅林麻雄刑事は、〈浜松事件〉のみで強大なる力を得たわけではなかった。

まず、昭和一九年三月一八日、浜松署の刑事部長から県警本部の刑事課勤務へと栄転している。これが、南部清松氏の記しているように、〈浜松事件〉直後に紅林刑事が「或る醜い事件を二件も起したため」クビになりそうになったが次の県警本部刑事課長が「表彰の実情」を知らず「浜松事件の功労者を首にするに忍びない」と刑事課に引き上げたのかは、別の記録は見つからずにはっきりしない。

ただ、〈浜松事件〉勃発時の浜松署長であった大城警視、その時点の県警本部刑事課長で浜松署長を継いだ青木警視、検挙時の刑事課長であった長谷川警視の三人が、昭和一九年一月三日と四日に相次いで「一身上の都合により」辞表を出しているのが気に掛かる。

東京日日新聞静岡版昭和一九年一月一九日〔三署、課長転退　十三年ぶりの警官大異動発令〕によると、新任の警察部長が「沈滞した空気を一掃し緊迫した時局下の要請に答え」るため、「強力かつ信頼に答え得る警察」にすべく、「陣容を革新」したとある。しかも、この異動発令による「内部の動揺」を赦さないため、「即日赴任」を命令している。まるで現状は「信頼に答え得る警察」ではなく、組織の動揺を伴う何かがあったような口ぶりではある。さらに、同日の静岡新聞では、これら幹部について、「勇退理由は別として（中略）内外から惜しまれている」と、辞任理由に何かがあるような含みのある云い廻しをしている。

まあ、これだけで何かを語るのは邪推に過ぎないだろう。ただたんに、新任の警察部長が官僚としての己の存在感を示すためだけに人事をいじり、地元の古参幹部を一掃せんと無理やり辞表を書かせたことから県警に動揺が走ったということだけかもしれない。

ともかく、これによって〈浜松事件〉に関係した幹部が一斉に県警を去った。代わりに、浜松から一〇〇キロ以上離れて応援部隊も派遣していなかった富士宮署の署長、状況からおそらくは〈浜松事件〉について何も知らなかったこの警部が警視に昇進、新しい県警本部刑事課長となっている。その二ヶ月後に、紅林刑事が刑事課に引き上げられた。まさしく、南部氏の証言に符合しているのである。

そして、ここでも紅林刑事は強力犯係員として二年足らずの間に犯人検挙により二十五回の表彰を受けるという、目覚ましい活躍を示している。

戦後になると昭和二〇年一二月二四日に静岡市の静岡署へ転出した。のちに静岡県警本部が警察庁長官に提出した「叙勲についての上申」によると、こういうことになっている。

「静岡警察署の司法刑事係を命ぜられ終戦直後の混乱した時代に県都の刑事事件の解決にあたっていたが、本名の卓抜した捜査能力を高く評価され特別任用試験に合格して昭和二十一年六月七日警部補に昇進し捜査主任を命じられた」

なお、「特別任用試験」とは、警察官や消防士のための役人登用試験のことである。この頃まだ続いていた戦前の制度で公務員となるために、通常は文官普通試験や高等試験に合格しなくてはならない。しかし、警察官は小学校程度しか出ていない者が多く、激務に従事しているため試験勉強の時間も取れず、文官試験を通るのは難しい。あくまで「判任官待遇」であった巡査や巡査部長から、正式な役人である判任官の警部補となるため、学術試験だけではなく実務試験も加味した特別制度が用意されていたわけである。

ちなみに、現在と違って戦前の巡査や巡査部長の待遇は極めて悪かった。恩給の付く十年（不況による財政悪化のため昭和八年以降は十二年に延長）を勤めたあとは、警部補に昇級できる一部の者を除いて別の職業に就くのが基本だった。巡査や巡査部長は激務薄給で若い頃しか務まらないということもある。

夜勤や二十四時間昼夜勤務があるのに、日曜祭日も休みはなく、ただ六ヶ月皆勤で一週間、一年皆勤で三週間の有給休暇が与えられるのみ。六ヶ月に達する前に病気で一日でも欠勤するとそれもなくなるのである。躯（からだ）が続かず、恩給年限の前に退職する者も稀ではない。さすがにこれでは過酷すぎるので、昭和九年から皆勤でなくとも年に十日以内の休暇が与えられるようになったが、それでも厳しいことには変わりない。

巡査は何年勤続しても月給七〇円で頭打ちとなり、妻は原則として働くことを禁じられていたので、子供が大きくなると生活は苦しくなる。これでは永年勤めるのはとうてい無理である。一生勤め上げることが前提の立派な公務員である現在の巡査と違って、「判任官待遇」であるところに戦前の巡査の地位の低さが表わされている。

よく、「紅林麻雄刑事は事件解決の功績により警部補に昇進した」というような記述を見ることがあるが、受験資格として精勤証書が必要でその働きを考慮されることはあっても、警察官の階級はあくまで試験結果によって決まるのだ。東京の警視庁では特別任用試験に合格した判任官が多かったため警部補や警部のポストが足らず、昇級に情実が入りこむこともあったようだが、静岡県警などでも同じだったかはよく判らない。

しかし、階級とは違って役職はまた別である。紅林麻雄刑事は警部補に昇級した翌日付で静岡署司法刑事係捜査主任となり、さらに一年も経たない昭和二二年二月二一日にはまたもや県警本部（この頃の名称はまだ「静岡県警察部」）の刑事課勤務となった。正式な記録は見当たらないが、おそらく同日付けで強力犯係主任になったものと思われる。これらの昇進はまぎれもなく、彼のこれまで上げた成果が評価されたゆえの抜擢だろう。

こうして紅林麻雄警部補は、戦後刑事史に残る大活躍の基盤を固めたのだった。

紅林麻雄警部補が手掛けた事件

強力犯係主任になるいきさつについて、週刊読売昭和三八年七月二八日の記事にはこうある。

「二十二年、静岡署捜査主任で五人殺し事件を解決、県警察の捜査一課強力係長になった」

まず、紅林警部補は強力係長の部下である〈主任〉に就いたのであって、のちにも係長にはなっていないので、その点は明確な間違いである。

サンデー毎日昭和三八年一〇月六日の記事も

「二十一年六月、警部補に昇任と同時に国警静岡本部の強力班長に就任した」

と明らかに間違っていて、新聞社系の週刊誌もかなりいい加減ではある。このようによく「強力班」という表記を見かけるが、「強力犯」との混同なのだろう。

さらに週刊読売の記事は、五人殺し事件を解決した功績で出世したようにも読み取れる記述だが、その点もいささか疑わしい。これは次の事件のことだと思われる。

昭和二二年（一九四七）二月三日、静岡県静岡市の雑貨商宅で深夜二時、ブローカーふたり（19歳、20歳）が押し入り、主人の妻（35歳）、母親（55歳）、長男（6歳）、長女（6歳）、次男（5歳）の五人をアイロンのコードで次々絞殺、現金、服などを強奪して逃走した。

年齢は数え年。満年齢にすると一～二歳低くなるので、犯人はふたりとも少年である。元々、寿司屋を営業していた被害者宅の主人は、戦後の食材難で寿司屋を畳んで九州の炭坑に出稼ぎに行っており、妻は女手ひとつで雑貨商を経営していた。犯人二人組は寿司屋時代から闇米などを売って出入りしていたため、この家が女子供だけで金もあることを知っており、計画的に襲ったのだった。

逃走して千葉県松戸市の旅館に泊まっていたが、銀行員大卒初任給二二〇円の時代に、若いにも関わらず一〇〇円の宿泊費のほかに気前よく二〇円のチップを女中に毎日渡すので旅館では怪しいと思っていた。それを聞きつけた千葉県警の元刑事が二月九日に「俺は静岡署の刑事だ」と嘘をついて吐かせたので、ここでも紅林刑事は何もしていない。

静岡県警防義会がこのふたりに賞金千円を出すことを決め、元刑事はその新聞記事を見て旅館のふたりが犯人だと睨んで賞金欲しさに捕まえたのである。内務省の解体はこの年の末で、警防義会もまだ戦時中のまま残っていた。

静岡県警察部が発行していた雑誌『芙蓉』昭和二二年三月号の「静岡五人殺し　浜ずし事件」という記事でも、事件功労者に紅林警部補の名前はない。地元新聞の記事でも、紅林警部補は登場してこない。

犯人を特定して指名手配ができるようになったのは、日頃被害者宅へ出入りしていたふたりがその日の夜に駅前の旅館に大きな荷物を持って泊まり、女中に金を出して列車の切符を入手していたからだった。何故か自分の靴下で鼻をかんで殺人現場に残しており、少年のひとりは真冬に靴下を履いていなかったことも決め手となった。しかし、その旅館は隣の清水署管内であり、聞き込みでこの情報を拾い上げ殊勲者となったのも清水署員だった。賞金付の公開捜査に踏み切ったのも、検事正と県警本部長というトップの判断であり、紅林警部補の出る幕はなかった。

いずれにしても、逮捕から一二日後の栄転は、役所仕事としてはあり得ない早さであり、この事件が強力犯主任抜擢（ごうりきはん）につながったわけではなかった。もっとも、週刊読売もこの事件解決のための出世とは書いておらず、時系列的に並べているだけだから間違いではない。

惜しむらくはこの事件では犯人たちが勝手に尻尾を顕わして、紅林刑事がトリックを仕掛ける隙を与えなかったことである。

紅林麻雄警部補と少年

自ら解決できなかったとは云え、紅林麻雄警部補は管轄内の大事件で陣頭指揮には当っただろう。この事件のように、彼のめざましい活躍には、不思議と少年犯罪の縁が深い。19歳の少年を含む四人が逮捕された〈幸浦事件〉、18歳の少年が逮捕された〈二俣事件〉。さらには、昭和二七年三月三日に静岡県駿東郡の御殿場町役場で、工員（19歳）が深夜〇時過ぎに押し入り、宿直員（21歳、29歳）ふたりの頭や顔を薪割りで滅多打ちにして殺害、現金四七五〇円を強奪した〈御殿場事件〉も解決している。女に貢ぐ金やパチンコ代欲しさに強盗殺人を犯したというこの少年は、最高裁で死刑が確定する。

そうして、少年との関わりが多いことに何か意味があるのかは、紅林刑事が手がけた事件をもう少し網羅的に分析してみる必要がある。〈幸浦事件〉で自白させたのは23歳だが知能が劣った青年だったこととも関係があるかもしれない。その他、冤罪が晴れた三事件以外にも冤罪事件が埋もれている可能性がないとは云えないのだが、まったく検証がなされていないのだ。

この点については、紅林警部補自身が『週刊文春』にこんなことを記している。

幸浦も、二俣も、小島も、みんな無罪になってしまったのに御殿場だけは、犯人は殺されてしまった。わたしをしていわしめれば、御殿場の犯人はたったライター一つという物的証拠を残したために。また、清瀬氏や海野氏のような有能な弁護人がつかなかったために。

――どうせなら、どうして御殿場の犯人も無罪にならなかったのか。御殿場の犯人よ、生き返ってきてくれ、いや、これまでわたしが上げた十何人の殺人犯人よ、みんな返ってきてくれ。

〈二俣事件〉が最高裁で一審二審の死刑判決を破棄され差し戻されたわずか八日前に、〈御殿場事件〉は最高裁で死刑が確定している。二年あとに起こった事件の判決がこのタイミングで出されたのは、明らかに類似の事件として騒がれるのを事前に封じ込めるためだろう。マスコミや弁護士も、〈御殿場事件〉に触れることは一切なかった。ただひとり、紅林警部補だけがこうやって犯人の少年に同情を寄せているのが興味深いところではある。

ともかく、これらの功績により、山崎兵八(ひょうはち)氏の言によると「紅林強力班(※原文ママ)主任。階級は警部補であるが、こと捜査に関しては警視正の署長であっても、その言うことをきかなければならない絶対的権力の持ち主である」(『現場刑事の告発　二俣事件の真相』)という地位にまで駆け上ったのである。

軽かった刑罰

ここで、この時期に発生した静岡県内の少年による強盗殺人をもう一件だけ見ておきたい。昭和二三年四月二五日、浜名郡での〈中瀬四人殺し事件〉である。

日本人少年ふたり(18歳、18歳)、中国人少年ふたり(満16歳と満18歳)の四人組が民家に押し入り、主人の妻(29歳)、長女(3歳)、泊まりに来ていた隣家の妻(23歳)、長男(3歳)を襲って女性ふたりの手足を縛ってから荒縄で絞殺、ひとりは生き返ると困るというので首に包丁で二回もとどめまで刺している。子どもひとりも絞殺、ひとりは鼻骨が折れるほど踏み付けて窒息死させた。現金、服、自転車などを強奪したが、盗品を売ったことからすぐに足が付く。神戸などへバラバラに高飛びしたため一ヶ月ほど掛ったが、全員逮捕されている。

国警の管轄なので、紅林警部補が捜査指揮を執ってもおかしくないのだが、地元新聞を見ても、『濱松事件』を編纂した杉村幸作警部補が執筆したらしい『芙蓉』昭和二三年六月一日号の「中瀬四人殺し事件を顧みて」を読んでも、彼の名は出てこない。国警と自治警が分かれた直後だったからか、国警県本部からは警部が出張って指揮をしている。

一審で日本人少年はふたりとも死刑判決が出たが、二審で無期懲役確定。中国人は占領下の日本には刑事裁判権がなく、占領軍の軍事法廷で重労働三〇年の判決。昭和二七年のサンフランシスコ講和条約発効により軍事法廷判決は無効となって、日本の法廷で再審理することになり、ふたりとも見張りをしていただけと主張したが、最高裁で無期懲役が確定している。

主犯の日本人少年が、遊ぶ金欲しさに仲間を率いて幼児まで襲った身勝手な凶悪犯罪だが、誰ひとりとして死刑とはならなかった。

先に触れた〈浜ずし事件〉でも、一審では少年ふたりとも死刑判決、二審でひとりは無期懲役に減刑、ひとりは獄中で死亡したため控訴棄却となっている。これ以上の身勝手な凶悪犯罪もないと思われるが、死刑は回避された。

ふたりとも朝鮮人だが、読売新聞静岡版昭和二二年二月一五日の記事によると、20歳の父親は大正時代に来日、土方から立身出世して、戦災後困っている市民のため損を承知で公衆浴場を建てる名望家となっているなど、経済的には恵まれていた。ただたんに、働くのを嫌って家業も手伝わずに遊び歩いていただけである。遊ぶ金欲しさに顔見知りの一家五人を幼い子どもまで含めて皆殺しにしている。

この時代の少年に対する判決は戦前の温情主義がまだ残っていて、比較的軽かった。戦前の伝統が消滅してしまった現代の日本では、仕事を放り出して遊び歩いている少年たちが遊ぶ金欲しさに幼児まで含む一家皆殺しをすれば、死刑にせよと大騒ぎになるだろう。ところが、昔は被害者家族までもが温情判決を望む声明を出したりするのである。

その点で、〈幸浦事件〉や〈二俣事件〉が一審二審とも死刑判決が出たのは、かなり厳しいあつかいだったと云える。否認したことが大きかったのであろう。そうなるとやはり、〈御殿場事件〉だけが死刑確定となってしまったのはなにゆえか、紅林警部補が主張するように再検証が必要となるだろう。

〈御殿場事件〉の再検証

〈御殿場事件〉の少年も、別件の横領と詐欺で逮捕されてから三日後に自白するという、紅林警部補ケースのパターンに沿っている。風俗店の女に注ぎ込んだためにこづかいに困り、青年団の金を使い込み、ヤミ米の斡旋をすると会社の上司を騙して金を詐取したというのである。

自白後の静岡新聞で、現場には「遺留品も指紋も犯人の割出しに投立つ証拠となるべきものはなかった」ので捜査は難しかったと、紅林警部補が談話を寄せている。同じ記事ではその後、自宅から血の付いた凶器が発見されたのが決め手となったとしている。『週刊文春』手記の「犯人はたったライター一つという物的証拠を残したため」と、いずれも齟齬があって不審ではある。

『芙蓉』昭和二七年七月号には、「御殿場強盗殺人事件」という記事がある。紅林警部補の上司である強力犯(ごうりきはん)係長の手になる詳細な内容で、これが一番信用がおけるのではないかと思われる。

しかし、この記事によると、現場に残された足跡が容疑者の所持していた長靴と一致したことだけが唯一の証拠となっている。衣服の汚れを血痕と鑑定したが、被害者の血液型と一致するかを何故だか調べていない。長靴も職場で二〇足以上売られていたもので、この記事でも「状況証拠」であるとされている。直接的な証拠は、自白のみである。

なお、紅林警部補は『週刊文春』手記で、わざわざこのように足跡を強調しているのが興味深い。

「戦前はむしろこの物的証拠よりも状況証拠とか容疑者の自白に重点がおかれていた。状況証拠というのは犯人の足跡とかアリバイの有無などだが、これらもあまり現在の法廷では重要視されない」

ここで、忽然と「ライター一つという物的証拠」が出てくるのがなかなかきな臭いとは云える。容疑者は優しくおとなしい性格で、「二重人格」とされているのも、〈二俣事件〉などとの共通点である。

被害者の胃の内容物から当初算定された死亡時刻は、容疑者の自白により、二時間半遅らされた。これは被害者の胃が弱く、消化が遅くなったと解釈され、

「本件被害者の○○○○（※プライバシーのため名前は伏せる）は例外的な事実を残して我々捜査員の視野を広くしてくれた」

と『芙蓉』記事にはある。

また、逮捕時の記事でも、死刑判決時の記事でも、反省の弁なり否認なりの犯人の肉声がまったく出ていないことが気に掛かる。通常ならこの程度の大きい事件では、新聞記者たちが必ず犯人の素顔に迫ろうとするものなのだが。

いずれも疑えば疑わしく思えてくるが、いかんせんこちらが提示できるのも〈状況証

拠〉ばかりで、いまのところはこれ以上の追及は不可能である。

田上輝彦検事の手記

じつはこちらが提示した〈状況証拠〉には、ひとつ大きな問題があるのだ。〈御殿場事件〉の一審を担当した田上輝彦検事が『ジュリスト』昭和三五年二月一日号に寄稿した「誤判事件の反省」という記事である。前年末に出た週刊文春の紅林手記を読んでの、あまりに素早い反応であった。

これによると、現場の町役場で町長のライターを盗んだことが発覚したとある。ライターをほんとに盗んだとしても、殺人時刻とは限らずこれも状況証拠ではあるが、容疑者の少年は一切否認をしなかったようだ。

しかし、この記事の主眼は〈御殿場事件〉ではなかった。

「調べ室に向き合ってじっと目をみつめる。『おまえ、お父さんお母さんに会いたいだろう』こう一言やさしくいってやると、ワッと泣きくずれて、『刑事さん、助けて下さい。頼みは刑事さんだけなのです、そうです、わたしが殺りました――』と一さ

い の泥をはき出すのが大ていの犯人だ」と書いているが、これは、裏を返えせば、自白すれば親兄弟や妻子に会わせてやるぞと利害をもって誘導する尋問であって、所謂任意性のない自白ではないかと思われるので、これを紅林警部が本当に書いたのかとさえ疑わしくなる。

かくの如き尋問を若し捜査官が許されたものとして行っているのだとすれば、洵に憂慮すべきことであって、かかる尋問は旧刑訴時代と雖もやってはならぬことになっていた筈である。

それにひきかえ、〈御殿場事件〉では事件発生直後に田上検事が現場に駆け付け、現場調書も自ら書き、紅林刑事などとも充分打ち合わせて助言を与えたので、警察が勝手なことなぞする余地はなく、間違いがないという話である。

ライター以外に決め手はまったくなかったので、家族や愛人が口裏を合わせればかなり揉めたはずだと、ライター一つの弱さは認めているが、誰も偽証をしなかったという。

また、自白は本人も真実だと思い込んでいることがあるので迂闊に信用しては失敗し、ましてや被告に有利な証拠を隠すようでは警察や裁判の権威は失墜すると、紅林刑事の捜査や有罪にした裁判所まで批判、さらにはここまで云っている。

「人或るは、刑事裁判と雖も、訴訟法上の真実即ち或る程度高度の蓋然性のある証拠より外には取れないのだと論ずる者もあるが、素朴なる国民に対しては、単なる責任回避の言訳としか聞かれないのではあるまいか」

これほどの検事が担当したのなら、やはり〈御殿場事件〉は間違いがなかったのだろうか。しかし、ここにさらなるもうひとつの思わぬ〈状況証拠〉が提出されるのである。

田上輝彦判事の判決

田上輝彦検事は、この記事を書いたのちに判事へと転じた。そして、昭和三八年に発生した〈波崎事件〉の一審で死刑判決を出し、死刑確定の道筋をつけている。保険金を得るため毒殺したというのだが、物証が無いどころか青酸化合物の入手経路さえ明らかとしないまま有罪にするというかなり無理のある判決で、冤罪が疑われている。被告自らが綴った控訴趣意書では、ここまで云われている。

「真に公平な裁判の精神に立脚して判断をしたならば、絶対に有罪の線の出るべき筈のない被告人に対して、厚顔無恥な虚構を構えて死刑の判決を下している。即ち、法の名を隠れ蓑に、卑劣な思想的背景を擁して権力を個人の凶器化している合法的殺人者としての冤罪製造人たる田上裁判長に、地獄の墓掘人の名を冠してそっくりそのまま返上したいと考えるものである」「悪魔イズムの集大成とも言うべき田上判決文」（今井恭平「波崎事件 徹底検証！ 無実の死刑囚・冨山常喜が獄死！（法）（証拠）を無視する犯罪裁判長 田上輝彦による有罪断定！」『冤罪 file』二〇一二年三月号）

度重なる再審請求は却下され、しかし冤罪が疑われていたためか死刑確定してから三〇年近くも刑は執行されることなく、死刑囚は高齢のため獄中で死去した。

これだけならまだしも、〈御殿場事件〉を担当する前、彼は歴史に残る大事件の疑惑の渦中にいたのであった。一連の流れを見ると、紅林警部の手記に何故あれほど素早く反応しなければならなかったのか、すべてが疑わしく思えてくる。

じつは田上検事が巻き起こした疑惑が、国家警察と自治体警察に分かれていた時代についてのイメージ操作についても奇妙なる形で禍根を残したのだった。彼の疑惑が歴史を動かし、自治警をつぶし、警察の再統一を後押ししたとさえ云えるのである。

田上検事の疑惑について見る前に、まずその前提となる警察システムの実態を検証してみよう。戦後数々発生した冤罪事件を読み解くためにも、このシステム変転の理解は欠かすことができないのであるから。

国警と自治警

紅林警部補が引き起こした三事件も含めた終戦直後の冤罪に関する本は、過去何百冊も出されている。しかし、それらの書は、左翼的書き手が国家による権力犯罪を断罪するというスタンスのものがほとんどで、左翼イデオロギーのひとつのパターンに嵌め込んでいるために、ほんとうに恐ろしい実像が覆い隠されてしまっている。

紅林方式の戦前と戦後の図式のように、これらの事件では単純な二項対立の見方が多く、正しい理解を妨げているのだ。戦後すぐの国家警察と自治体警察に分かれていた時代だからこそ、あのような事件が起こったという説もそのひとつである。

GHQは、戦前の中央集権的な警察が日本のファシズムを推し進めたと考え、米国の保安官制度などをモデルとした地方分権型の警察機構に改正するよう日本政府にかなり強引に要請する。その結果、人口五〇〇〇人以上の全国千六〇〇の市町村には、その自治体で選出された公安委員会のチェックを受ける以外はどこからも命令を受けない、完全独立の自治体警察が設置されることとなった。昭和二三年三月七日のことである。

人口五〇〇〇人未満の町村がある田舎はこれまで通り、国が統括する国家地方警察が担当。当時は町村の境界線が整備されておらず、飛び地があったりと入り組んでいたため、国警と自治警の縄張り争いや責任の押し付け合いが起きた地域もある。また、これまでの体制を引きずって、国警が偉そうに命令を下し、命令を受ける謂われのない自治警が反発して激しく対立した地区が一部あったことも事実ではある。しかし、〈二俣事件〉に関しては、そのような対立なぞまったくなかった。

そもそも、署員わずか十三名で非常線を張るにもとうてい人数が足りず、鑑識課員さえいない二俣町自治体警察にこれだけの事件が手に負えるはずもなく、すぐに国警に応援を要請している。じつは、この要請を出したのは山崎兵八(ひょうはち)刑事その人なのであった。

山崎刑事が紅林警部補を呼び込んだ

家族を山奥の実家に残して単身赴任で二俣署に住み込んでいた山崎刑事は、朝五時四〇分の通報が入ると早速現場に急行した。一家心中ではなく他殺であること、雪の上に犯人のものとおぼしき足跡が残されていることを確認すると、近くの文房具屋で電話を借りて署に連絡、国家地方警察静岡県本部に電話を繋ぐように指示したのである。

コードを差し込むだけだが、指示を受けた巡査は、規則で国警本部には電話は繋げないと云う。また、宿直の巡査部長も、国警に応援要請するには町の公安委員会の承認が必要だとこれまた規則を持ち出す。国警と自治警に分離されて丸二年のこの時期、かなり厳密に独立性を保とうとしていたことが判る。

もっとも、国警に応援要請するような大事件が起きたのは二俣署ではこれが初めてだったからで、頻繁に共同捜査をやっていた地区ではずぶずぶの馴れ合いがあったり、反対に前述の如く激しい対立があったりもしたのだが。

そんな、大事件慣れしていない二俣署のなかにあって、山崎刑事は以前の勤務地で殺人事件捜査を経験していた唯一の存在だった。こういう場合はなにより迅速性が重要だと理解していたので、非常事態だから公安委員会へは事後承諾でいいし、責任は自分が取るからと押し切って電話を繋げさせ、直接国警本部に応援を頼んだのである。

捜査人員の応援は、国警の出先機関である北磐田地区署にこれまた山崎刑事が直接電話して頼んでいる。じつは、国警北磐田地区署は二俣署と道を一本隔てただけのすぐ近所にあった。

国警本部に要請したのは鑑識課員の派遣だけだったが、早速本部を出発した鑑識は途中で藤枝にいた紅林麻雄警部補を拾ってくることとなった。すでに〈幸浦事件〉で拷問捜査が問題になっていた紅林警部補が来ると聞かされて山崎刑事は嫌な予感がしたそうだが、ともかく彼の機転を利かせた迅速な行動により、紅林警部補は通報からわずか数時間で現場に急行できたのである。その後もすぐに追加投入されて、応援部隊は総勢八〇名にも及ぶ大所帯となった。

一方の出張ってきた紅林警部補も、二俣署員を配下に加えて捜査を指揮したものの、あくまで自分たちは応援部隊だという建前を守って二俣署員には非常に気を遣っていた。

「誰れもやり手は無いだろうが、一応捜査はしなくてはならんでな。地元である二俣署の人にやって貰いたい。山崎君すまんがやってくれんか」

仕事を頼むにもこんな調子だった。さらには、捜査方針に疑問を持った山崎刑事の進言を退けるときなどでも威張ったり莫迦にしたりすることはなく

「山崎君、捜査というものはなあ、そう深く考えては駄目だよ」

といった具合に柔らかく丁重に接していることが、紅林警部補を憎んでいるはずの山崎氏の著作『現場刑事の告発』からも読み取れる。

現代の県警本部の捜査主任でも、捜査方針に口出しをしてきた所轄署の一番下っ端の刑事にこのような接し方ができる者はそうはいないだろう。ましてや、これまで難事件を次々解決して全国に名を馳せている犯罪捜査界の生ける伝説なのである。

冷血そうに見える顔つきや、数々の拷問冤罪事件によって誤解されているが、紅林警部補は部下の面倒見が大変によく、また慕われており、たとえ小さな町の自治警相手でも気

配りのできる人であった。むしろ、こういう周りに良い顔をしたい性格が、部下の働きに報いて自分の評判も高めるために無理やりにも成果を上げようとして、恐ろしい災禍を招いたとも云えるのであるが。

国警と自治警の神話

山崎刑事が拷問を新聞に告発をすると、真っ先に法廷に立ってあいつは嘘つきの異常者だという証言をしたのは、身内のはずの二俣署長だった。同僚たちも従っており、国警と自治警は一丸となって山崎氏を攻撃したのであって、捜査以外のこんなところでもなんの対立もしていない。

市や町が財政負担に耐えられなかったこともあり、昭和二九年に自治警は廃され、現行の警察制度となった。それ以降は大きな事件が起きると県警本部から捜査主任が出てきて指揮をするようになったのであるから、まったく同じことになっていたはずである。

また、拷問を行った国警刑事たちに「俺たちは町警のようにやさしくはないぞ」というようなことを云われたと、少年は法廷で証言している。これこそ国警と自治警に分かれていた時代の特徴だと、ことさら取り上げる者もいる。

この脅し文句は、地元の人々と良好な関係を保っていなければ日常業務に差し支える自治警の警察官は無茶な取り調べなどできないが、国警には関係ないぞという意味だ。山崎氏も「自治体警察でこんなことをやったらすぐに首になる」と著作に記している。少年の前に警察に引っ張られた青年が拷問でケガをして寝込み、父親が怒鳴り込んできたときには、穏便に済ませるように二俣署から見舞金を出すなど、地元署は住民に気を遣っている。

しかし、これも現在の県警本部と所轄署が置かれている立場と、さして変わりはない。実際に静岡県では、自治警が廃止されてからも拷問による冤罪事件が頻発しているのである。

国警と自治警とに分かれていた時代だからこそ冤罪事件が起こったというのは、意味のない見方であることが判るであろう。何故このような根拠のない言説が広まっているのだろうか。

『暴力の街』伝説

冤罪だけではなく、自治体警察はこの時代のあらゆる問題を引き起こす諸悪の根源のように語られることが多い。そうなった要因のひとつに、映画『暴力の街』の奇妙な影響がある。昭和二三年に起きた〈本庄事件〉を描いた作品である。自治警の実態と、この時代への歪んだ認識を知るためには好材料なので、その顚末を見てみよう。本筋と関係のある思わぬ人物も、主役のひとりとして登場することになる。

埼玉県本庄町では、隣接する群馬県伊勢崎市の名産、絹織物〈銘仙〉のヤミ取引が横行していた。〈銘仙〉業者が開いた宴会に警察署長や検察関係者が出席したが、これはヤミ事件揉み消しの癒着ではないかと非難する記事を朝日新聞浦和支局が埼玉版に出す。警察後援会を牛耳って地元警察に絶大な影響力を持っていた本庄町会議員はこの記事に怒り、警察署長や検察関係者の目の前で朝日の記者を一発殴ったが、見て見ぬふりで逮捕もされなかった。

そこで朝日新聞は、かつて博徒でもあったこの町会議員こそは金の力と暴力団をバックに町を支配する〈ボス〉であり、警察や検察も云いなりになっていると一大キャンペーンを繰り広げたのである。町の若者たちも立ち上がり、暴力追放と、腐敗した町会議員や警察署長の罷免を訴えた。国会の参議院法務委員会でも正式に調査がはじまり、地方の小さな町が一躍全国の注目を浴びることとなったのであった。

これに対して、読売や毎日は、朝日を痛烈に批判した。確かにこの町では暴力団やヤミ取引が横行しているが、他の県でもよくある程度であり、警察はそれなりに取り締まっていて癒着などない。〈ボス〉がすべてを支配しているというのはあまりにセンセーショナリズムに走って、ジャーナリズムの本道から外れていると云うのである。

とくに一万人も集めた町民大会は共産党が扇動したもので、殴られた朝日の記者も共産党と繋がっている形跡があり、共産党が警察や政権を打倒するために小さな事件を利用したのだと糾弾する。古い封建主義を打破する戦後の健全なる草の根民主主義の萌芽だとこの運動を持上げる朝日に対して、その不純なる裏側を暴こうとしたわけだ。

記者クラブの協定を破って朝日が町会議員を批判する抜け駆けの記事を書いたことへの反発もあり、新聞社同士の非難合戦も感情的になって、騒ぎを一層盛り上げることとなった。

しかし、警察と検察は、署長や地方検事を配置換えしたものの、癒着はなかったと結論づけた。ヤミ業者や町会議員、暴力団組長は起訴され、ヤミ取り引きや暴行、脅迫で有罪判決を受けたが、汚職は摘発されなかった。

国会の調査でも汚職までは解明できなかった。ただ、この地区の共産党は小さな勢力で、運動を主導したとは云えないと最終報告書で述べている。草の根民主主義の好例として全国的な話題となったこの運動を自分たちの手柄にしたい共産党と、戦後初の新聞キャンペーンを大成功させた朝日へのライバル心を燃やす読売や毎日の利害が一致して、ことさら共産党の影を大きくしたようなところがある。

ところが、昭和二五年に封切られた『暴力の街』は、明らかに共産党が主導した映画だった。戦車が何台も出動した激烈な東宝争議で、会社側は一五〇〇万円の解決金を日本映画演劇労働組合に支払った。これを資金として、東宝を追放された共産党員の山本薩夫監督が独立プロダクションで制作したのが『暴力の街』である。

しかし、共産思想が前面に出ることはなく、暗いだけの社会派でもなく、正義に燃えた若者たちが立ち上がって悪を倒すエンターテインメント映画としてよくできている。映像的にも昭和三〇年代の太陽族映画や日活アクション物を一部先取りしたようなところがあって、同時代の日本映画の如き古臭さを感じさせず、いま観ても充分おもしろい。前年の『青い山脈』で大スターとなっていた池部良など役者も豪華な顔ぶれで、かなりのヒット作となった。その影響力は絶大だった。

原作となっている朝日新聞記者執筆の『ペン偽らず　本庄事件』では、町議や暴力団、ヤミ業者らと癒着しているのは国警、自治警とも同じであり、むしろ国警のほうが深く関わっていたことを解き明かしている。

しかし、映画では話を判りやすくするためか自治警の署長だけがクローズアップされ、自治警が地元の〈ボス〉と癒着しているように描かれる。当時の観客も、国警の出先機関である地区署と自治警の区別など付かなかったであろうから、これは映画として賢明な単純化だろう。

田上輝彦検事の関わり

映画では町の〈ボス〉と癒着する悪の主役は、警察署長ではなくむしろ地方検事となっている。そして、滝沢修扮する〝戸山検事〟のモデルこそは、のちに紅林警部補とともに〈御殿場事件〉を担当し、判事に転じて〈波崎事件〉の死刑判決を出すことにもなる田上輝彦検事その人なのであった。

ただし、『暴力の街』では、戸山検事が業者の宴会に出席し、他日の新聞記者が町議に殴られる場面でも見て見ぬ振りをするが、実際にはこれは副検事のやったことであり、田上検事は両方とも関わっていない。

人口二万三千人の本庄町地区検察には副検事しか配属されておらず、この副検事が事件と関係したため、代わりに埼玉地検熊谷支部から乗り込んで〈本庄事件〉捜査を担当したのが田上検事なのであった。

映画公開前に雑誌に掲載されたシナリオによって自分が不当な描き方をされていること

を知った田上検事は、東京高検とともに「そのまま映画となるようだったら強硬態度で臨む覚悟である」「職をかけて断乎抗議する」（読売新聞昭和二四年一二月一五日夕刊〔モデルの検事怒る　〝本庄事件〟の映画化は検察侮辱　問題の解決を高検へ　許せない虚構の筋書〕）と猛抗議をしたが、撮影がすでに終っていることもあり、そのまま上映されたようだ。しかし、田上検事がメディアの風評被害者だとばかりも云えないのである。

捜査を開始した田上検事はヤミ事件や町議と暴力団の暴行脅迫の摘発はしたが、朝日や町の若者たちの追及の中心である警察や検察の汚職疑惑はまったく取り上げようとしなかった。さらには、関係者へのインタビュー内容をあとで否定されないよう原稿に印を捺させたのを、〈印鑑盗用〉だというかなり無理のある容疑で記者の取り調べを行い、起訴を臭わせ、朝日の取材を牽制しようとさえした。

ところが、熊谷市での別のヤミ事件揉み消しに関わる田上検事自身の汚職疑惑を摑んだ朝日浦和支局が記事にしようとすると、態度を一変させたのである。

田上検事は、「朝日が〈本庄事件〉で追及している、町議の記者への暴行、警察や検察の汚職疑惑を朝日と協力して調査する」という趣旨の手紙を浦和支局に寄越してきた。さらにこの手紙を届けに来た検察事務官は口頭でこのように付け加えた。朝日の意向を聞くため支局長に会いたいと田上検事は云っている。だから、田上検事に関する記事は出さないでほしい。

その不可解なる「前代未聞の怪文書」（『ペン偽らず』）に驚いた支局長は面談を拒否する。朝日としては公正なる捜査を訴えていただけで、なにも自分たちの意向に沿えなどといった要求はしていないのに、これはいったいなんだと逆に憤激したのである。すると、二日後に田上検事は直腸炎で危篤だとして寝込み、面会謝絶となってしまった。

国会の証人喚問にも病気のため出席しなかった。しかし、病床での国会議員聴取には重体とは思えない元気さで答えている。自身の汚職疑惑については明確に否定したが、何故あんな手紙を朝日に届けたのかについては、町議との癒着の黒幕である検察事務官に騙され書かされたのだという曖昧な供述をした。

田上検事は何故かすぐに健康を回復し、配置換えとなった。読売なぞは朝日への当てつけなのか、先の［許せない虚構の筋書］記事で「田上検事は本庄事件終末後の去る七月同事件の功績が認められ横浜地検に栄転」と、ことさら記している。

参議院法務委員会の現地調査では田上検事に関する汚職の明確な証拠は摑めなかったが、朝鮮からの引き揚げ者で財産のないはずの田上検事がかなり裕福な暮らしをしており、周囲の間接的な証言など状況証拠は揃っていることから、「疑いは極めて濃厚」という最終報告書を出している。また、熊谷の警察に影響力持つ〈ボス〉的人物から饗応を受けていたことについても、「不注意のそしりは免れえない」と併記されている。

これらを総合して、〈ボス〉と結託し、しかし最後に自分の身が危うくなると〝東朝新報〟に擦り寄る〝戸山検事〟は、映画的単純化としてギリギリ有りなのかもしれない。少なくとも、「職をかけて」といきり立っていた田上検事が、映画封切り後に法的措置を取ることはなかったのである。裁判沙汰になって熊谷時代のことが蒸し返されると不利だと、東京高検も判断したのだろう。

いかにも切れ者然とした渋い滝沢修が自分の役をやっていることに、気をよくしただけの可能性もあるが。実際の田上検事は、「大きな坊主頭をふり立てるのが癖で、それがえらくユーモラスなところから、記者団が〝蛸チャン〟と愛称している」と『ペン偽らず』に描写されている。

ともかく、週刊文春の紅林手記が出た直後に、田上検事が自分の担当した〈御殿場事件〉だけは間違いないとあれほど素早く法律雑誌に記事を書いたのはなにゆえか、これらの顚末を踏まえると、また違った見え方がしてくるのではないだろうか。

図式的単純化

単純化が映画だけに留まらないところが、この時代を読み解くことを難しくしている元兇となっている。

本庄町での〈ボス〉やヤミ業者との癒着は自治警だけではなく、国警や検察も同様であることは最初から朝日は記事にしていた。しかし、何故だか記事に添えられる解説では、自治体警察特有の問題であるかのように記されるのである。

翌年発行の『ペン偽らず　本庄事件』では、さらに掘り下げて、この癒着は自治体警察ができる前から続いていたことが明らかにされている。国警の本庄地区署長は、昭和二二年以前の旧警察時代の本庄町署長であり、その時代から「警察その他が暴力団の保護者」と云われる有様だった。問題の町議が、戦後初の選挙で当選した時も、暴力沙汰があったのにも関わらず不問にされている。

これは国警地区署長となってからのようだが、暴力団と関係のある男を巡査として採用しており、署長が〈本庄事件〉で隣接する秩父地区署に配置換えされても、わざわざこの巡査を引き抜いている。その後もこの巡査は賭場に出入りしたり、職権をカサに大金を集めて暴力団に融通したりの便宜を謀っていたことが発覚し、署長ともどもクビになった。

〈本庄事件〉は自治体警察発足四ヶ月目に起きており、本庄町自治警署長は発足時に浦和署から移ってきたばかりの人物であるので、もともと自治警と地元〈ボス〉の癒着を前面に押し出すのはかなり無理がある。この短い間にも自治警の巡査が賭場を護るため見張りをしたりなど癒着は大いにあるのだが、国警のほうがこのさらに何倍も上を行っていたのだ。

ちなみに『ペン偽らず』では、毎日や読売の地元記者も〈ボス〉やヤミ業者と癒着し、都合の悪い記事を揉み消すために地元記者クラブが結成されたことも暴いている。警察や検察ばかりの問題でもない。

ところが、この書でも自治体警察が〈ボス〉支配の温床となりやすいことを強調し、それが最大の問題であるかのように記されているのであった。

このような理解はマスコミの側だけではなく、一般市民も同様だった。朝日の第一報である宴会記事では副検事や国警署長も出席したという記述に続けて、「自治体警察では、有力者との関係を円滑にしてゆかねばならぬので、困難な立場はよくわかる。しかし、今度の場合はやはり行き過ぎではないか」という、ことさら自治警だけを非難する町民のコメントを載せているのである。

これには、自治体警察開設のための前年の国会での議論が大きく影響している。地元

〈ボス〉の支配を受けて警察活動が歪まされるのではないかという懸念が、数ヶ月に渡る審議のかなりの部分を占めていたのである。

各党議員からの追及を受けて、内務省警保局長は

「そういう小さな独立の警察ができました場合の、いわゆる不当なボス的勢力の警察への侵入ということにつきましては、私どももお話のように非常に心配をいたすのでありますが」(衆議院治安及び地方制度委員会昭和二二年一一月六日)

という受け身の答弁に終始した。しかし、〈ボス〉支配の弊害を議員に吹き込んだのは、警察分権化に抵抗する内務省警保局だった可能性は大いにある。

ともかく、新聞でもこの論調が繰返し大きく取り上げられて、自治警の弊害という図式は、自治警発足前にすでに出来上がっていたのであった。現実よりも先に、先入観による認識が確立していたのだ。

なにゆえ、自治警が〈ボス〉支配の温床になるかと云えば、当時の地方自治体の財政状況では充分な予算が確保できないという背景がある。民間の有力者による寄付に頼らざるを得なかったのだ。

本庄町でも、事件の中心となった暴力団と関係のある町議が専務理事を務める警察後援会の寄付によって、自治警の警察署や署員官舎二棟が建てられ、備品まで揃えられている。

しかし、この新築警察署は国警の本庄地区署も兼用で同居しており、国警の署員官舎三棟も警察後援会の寄付金により建てられているのである。さらに云えば、本庄町の簡易裁判所や地区検察庁舎までもが、この後援会の寄付金で建てられている。朝日記者が殴られたのは、検察庁舎完成パーティーの席であった。

終戦直後で民間もまだ苦しいこの時代、町民に対する暴力団をバックとした脅しに等しい強引なる寄付集めによって、これだけの予算が賄(まかな)われていたのだ。その中心人物たる町議の影響力は大きくならざるを得なかった。

しかし、熊谷市での田上検事の疑惑を見ても判るように、決してこの地区だけの問題ではない。読売や毎日が指摘したように、他県でも同じ状況だった。『渡り鳥シリーズ』など、昔のヒーローアクション物では敵役(かたき)として暴力団だけではなく警察をも牛耳って町を支配している地元有力者がよく出てくるが、あれは荒唐無稽映画の絵空事ではなく、戦後日本のまぎれもない現実の姿であったのだ。

よそでは警察や検察だけでなくマスコミも手懐けてうまくやっていたのに、本庄町では記者を殴って新聞をわざわざ怒らせたことが唯一の違いである。また、何故だか共産党を嬉しがらせ、格好の宣伝材料として彼らを張り切らせてしまったことも、ことさら本庄町だけが後世まで語り継がれることになった要因である。

このような状態は、なにも戦後に限ったわけではない。〈浜松事件〉解決時に民間団体である警防義会が捜査官に金一封を出し、またこれは戦後すぐだったが犯人逮捕に多額の賞金を提供したことは既に述べた。昭和一〇年に県警本部の刑事課長を内務省人事としたのも、地元有力者との癒着が問題になっていたからだということも述べた。

内務省警保局はこの実態を知っていたにも関わらず、自治警特有の問題として〈ボス〉支配を煽ったのであった。なんらかの意図が透けて見える由縁である。いまだにこの内務官僚トークに騙されている者もいる。

当時のマスコミや一般市民も、国警や検察まで〈ボス〉と癒着している現実を目の前にしても、すでに刷り込まれた「自治警だからこそ癒着する」という単純な図式に沿った認識しかできなかったのだ。同時代の証言だからと云って、そのまま鵜呑みにはできない。客観的事実と証言を照らし合わせることが常に必要である。

自治警特有の問題として国警との連繋がうまくいかないということも盛んに喧伝されたが、同じ警察署に同居し、表でも裏でも行動を共にしている本庄の自治警と国警地区署を見ても、それが必ずしも正しいわけではないことは瞭然であろう。独立した組織となるため中央から監視ができず腐敗するというのも、自治警と国警地区署、あるいはそれ以前の警察にも違いはないことから、まったくの間違いであることが〈本庄事件〉によってよく判る。

それにも関わらず、『暴力の街』のヒットで、改めて国会でも問題として取り上げられ、マスコミでも大きく報道され、歪んだ図式的現実認識が固定化されることとなったのであった。

内務省解体から見えるもの

自治体警察への歪んだ認識の背後に透けて見える、内務官僚の意図を探ってみよう。国警と自治警の分割は、ＧＨＱによる内務省解体政策の一環だということが何より大きいのである。

ＧＨＱは日本に乗り込んできた当初から、内務省こそ日本をファシズム化させた諸悪の根源であると公言していた。ファシズムのためには強力な中央集権と思想統制が必要である。中央から地方行政を支配し、警察力をも合わせて抑えていた内務省をその中枢と見なしたのだ。

すぐさま、思想統制の装置である特高警察を廃止して特高刑事を公職追放にする。さらに内務省幹部も追放し、組織の分離や地方分権を進めて強大なる内務省の力を弱めようとした。しかし、完全に解体するところまでは考えていなかったようである。反対に、占領政策の便利な手先として、強化しようとする動きさえ一時はあった。

それが、昭和二二年になって急遽、解体方針を打ち出したのには、他省庁からの働きかけがあったからだった。彼らはＧＨＱと親密になるにつれ、内務省悪玉論を吹き込んだのだ。

内務省がつぶれればその権益が自省に廻ってくるという役所の縄張り争いもあっただろうが、それだけでもない。実際に内務省が日本の国政を歪めてきたと、心底から敵視している者は多かったのである。司法省のような内務省との軋轢は、どの省も多かれ少なかれ経験している。内務省は他省庁より一段上だと公言するその不遜な態度に憤懣も募らせている。その上に、激烈なる選挙干渉によって政党政治の腐敗を官の側から推進し、軍の台頭を招いた元兇と見なしていたのだから、悪く思わないほうがおかしいくらいである。

そのために、戦前から内務省の力を弱めようとする試みは幾度となく繰り返されていた。日本の抜本的改革を目指す〈新体制運動〉や革新官僚たちによる内務省解体の策謀は先に述べた。

それについては、内務省ＯＢたちによる『内務省史』という全四巻の分厚い本にも触れられている。三巻掲載「内務省解体の経緯」の冒頭はこのように書き出されているのである。

内務省の解体は終戦にはじまる。もっとも、太平洋戦争前においても政府の一部に内務省解体論はあった。しかし、それはむしろ内務省を「総務省」または「総務院」として強化し、これに主計局・法制局等を加えようとする、いわば拡大発展的な改組案とみられる意見であって、その当否はおくとして、決して内務省の分散解消論などではなかった。

いかにも官僚の巧みな作文ではある。戦前の内務省解体論は、首相の権限を強め戦後型の政治体制にするため官僚機構の要である内務省を狙い撃ちにした、まさしく「分散解消論」に等しいものだった。「拡大発展的な改組案」なら、内務省が猛反対してつぶしてしまうはずがない。

昭和一三年に厚生省を内務省から分離独立させたときは、初代大臣こそ文部大臣の木戸幸一が兼任したが、すぐに内務官僚ポストとして取り戻し、実質的な内務省の植民地として自在に活用するようになった。そもそもは、徴兵検査を受ける青年の体格や体力が工業化が進むにつれ年々衰えているので衛生省を作れと陸軍が提言したのに便乗、巧みに予算を獲得して勢力拡大を果たしたものだった。

内務省のしたたかな戦略を見て、近衛や革新官僚たちは軍の力も利用してもっと根本的なやり方を模索したのだろうが、やはり駄目だったのだ。

このように、戦前にはどうしてもできなかった改革を、戦後にGHQをうまい具合に操って、ようやく実現したというのが本当のところであった。

『内務省史』が出版された昭和四六年は、内務省OBたちがまだ現役官僚で、内務省復活を決して諦めてはいなかった。そのためには、内務省は他省の官僚たちからでさえ諸悪の根源と見なされ、戦前にも解体を目指されていたなどと知られてはまずかったのだ。あくまでも日本の国情に疎いGHQが、訳も判らず、あるいは日本の国力を弱めるため無理やりつぶしてしまったという、外圧押しつけ神話が必要だったのである。

内務省解体の経緯を論じる書は、戦前の内務省解体の動きを知ってか知らずか記すことはなく、内務省OBたちの官僚トークに簡単に引っ掛かっているものばかりだ。とくにこの手の論者の種本である草柳大蔵『内務省対占領軍』が、戦前の歴史を一切無視した内務官僚御都合史観の元兇となっている。内務省は地方分権の守護をしていたなどという、内務省OBたちの話を真に受けているものさえある。他省が府県の人事や予算に介入しようとしたときに、撃退する方便として地方分権を掲げていたに過ぎないのだが。

元々、地方分権そのものである藩を無くして中央に配属させる〈廃藩置県〉に士族の不満が渦巻く中、征韓論に敗れた西郷隆盛と江藤新平が野に下った不穏なる情勢下、叛乱必至と見られていた地方を抑え込むために大久保利通が内務省を創設したのであった。成り立ちから云っても、内務省とは地方分権と正反対の中央集権機構なのである。

さらに、大久保は大蔵省を拠点としていた大隈重信ら政敵に対抗する意図を持って、大蔵省から権益を削り取ってこの新官庁を立ち上げたのであって、他省との対立も創設以来の宿命であった。内務省の云う地方分権とは、他省から自省に権益を移すことにほかならない。

戦前の内務省解体論

戦前の内務省解体の動きには、内務省自らの手によるものさえある。たとえば、六大都市の〈特別市〉制を推し進めようとしていた大正期から、警察権を自治体に委譲する案が幾度も繰返し浮上していた。自治体警察はなにもＧＨＱの専売ではなく、内務省自身が古くから構想していたのである。

ただ、これも地方分権と云うより、内務省内部の利権争いだったようだ。たびたび提案したのは地方局だと思われるが、警保局の抵抗によってすべてつぶされた。

分割して外部に出してしまう構想もあった。司法省が検事直属の〈司法警察〉を新設させようとしたとき、警察を内務省から切り離し、憲兵隊と合わせて内閣直属にした〈警察省〉を新設するという案を、内務省が出しているのである（東京朝日新聞昭和九年四月一二日夕刊〔警察権の統制に「警察省」を新設　内務首脳の意見一致〕）。戦後の警察制度に近いこんな計画を立てたことは、内務省復活にマイナスだからなのか『内務省史』には出てこない。草柳大蔵『内務省対占領軍』にも出てこない。

しかし、これも、司法省管轄になるよりは内閣直属のほうが影響力を残しやすい、またあわよくば憲兵隊を乗っ取ろうという内務官僚のしたたかな計略だったとも考えられる。憲兵隊が軍隊以外の民間まで手を出すことに内務省はかねて不快感を覚えており、二重警察状態の解消を狙っていた。憲兵隊廃止論を公言する内務官僚出身の議員さえいた（東京朝日新聞昭和六年五月二〇日〔行財政整理座談会　連隊区司令部と憲兵は無用の長物　有吉氏の長講一席〕）。その延長線上にあると見ることもできるだろう。

特高が軍隊内の思想犯取り調べのため連隊に乗り込んで憲兵に殴られるような事件もたびたび起きており、警察と憲兵隊の対立は〈ゴーストップ事件〉だけに留まらない、かなり深刻な事態となっていたのだ。〈ゴーストップ事件〉の手打ちに際して、警察は軍人には手を出さないという覚書きを出して、以降は軍に屈服したようなことも云われるが、その五ヶ月後にぶち上げた〈警察省〉構想を見ると、対抗意識はさらに強まっていたようでもある。

また、この〈警察省〉立案をしたのは警保局で、警察官僚たちは地方局が支配的だった内務省から独立したいという願望があったのではないかと推測することも可能だろう。戦前は警保局警務課長で、戦後には与党幹事長として警察再統一を進めた増田甲子七による と、警察トップを政争から切り離すことも目的だったようで、政権から一応切り離された現在の警察組織と「そっくりだ」と述べている（『増田甲子七回想録』）。

官僚の発言には何かしら狙いがあるものだが、戦後の内務省解体に関する話はすべて裏のある出鱈目と云っても過言ではない。国警と自治警の話も、何らかの狙いがあると見て、その裏を読み取るべきであろう。

奇妙な説の発信源

国警と自治警に別れていた時代だからこそ冤罪事件が多発したなどという、まったく根拠のない話は、おそらく警保局出身の元内務省官僚が意図的に広めたものだと思われる。

バラバラに解体された内務省の残党官僚たちにとって、内務省復活こそが最大の使命となっていたのだ。国警と自治警の廃止、一本化された警察庁の設立は、彼らの悲願が達成されたただひとつの成果となったのである。

警察以外の部門もひとつの役所に再統一させる機会を隙あらば狙っていたが、そのたびに内務省復活は戦前のファシズムへの逆行だと大騒ぎされて、ことごとくつぶされることになる。

強大なる力を秘めた内務省復活は、自分たちの権限を侵されることになると警戒する他省庁が、復活防止をマスコミや政治家へ働き掛けたことももちろんあった。しかし、それ以上に、内務省内部からの裏切りもあったのである。

内務省の技術官僚たちは帝大出のエリートであるにも関わらず、文官より一段低いあつかいを受け、常に頭を抑えつけられていた。それが、内務省から分離設立された建設省では、技術官僚がトップとなって思う存分に権限が振るえるようになったのだ。ここで内務省復活なんてことになれば、またもや文官からあれこれ指図を受けることになってしまう。そうなっては堪らないと、残党官僚たちに内務省復活の動きがあれば、いち早く察知してマスコミなどにリーク、内務省危険論を焚き付けていたのである。

その点で、警察の再統一に対し、中央省庁には反対勢力がいなかった。他省庁も直接自分たちの権限を侵される怖れはない。

司法省は終戦後にまたぞろ検察官直属の〈司法警察〉構想を打ち出してきたが、法務庁（法務省の前身）となる直前の昭和二二年、捜査権や逮捕権を持つ〈検察事務官〉を六〇〇人体制で発足させ、〈隠匿退蔵物資事件〉捜査や警察の人権侵害の監督をすることを名目にすぐ三千人に増員することができたので、警察への切り崩しはいったん矛を収めた。その後に冤罪事件が続発して大問題となったのを幸い、警察の不当不法の捜査を抑制するためとして、法務省は昭和二八年に検察の捜査指揮権を強化する刑事訴訟法改正案を提出したが、警察の独立を守るために国会で否決されるなど、警察への介入を決して諦めてはいなかった。しかし、それまでの数年間はおとなしくなったのである。

初代の国警担当国務大臣は、内務省とも司法省や法務省とも関係のない樋貝詮三が就任している。

ところが、ここに思わぬ方向から警察に手を伸ばそうとする者が出てきたのだった。

吉田茂VS国家警察

〈下山事件〉で国鉄総裁の列車轢断死体が発見された昭和二四年七月六日、まさしくその一報が官邸に入った直後、吉田茂首相は国家非常事態宣言の布告準備をするとともに、突如として斎藤昇国警本部長官（のちの警察庁長官）罷免を打ち出したのである。

自治警は完全独立のため自治体で選出された公安委員会以外のどこからも命令を受けず、国警も新たに設けられた国家公安委員会に指揮監督を受けることとなり、政権から干渉されないようになっていた。ただ、国家非常事態宣言を出したときのみ、首相が国警も自治警も一括して指揮できると、警察法で定められていたのである。

共産党による騒擾事件が各地で頻発し、〈下山事件〉も共産党の影響下にある国鉄労組による殺人だと見られていた当時、何より共産主義を憎む吉田首相は、自らの手に警察力を握ることが最優先だと考えたのだ。

それ以前から横浜市で起きた〈人民列車事件〉など、共産党による事件を国警で取り締まれと、吉田首相は斎藤長官に命じていた。そのたびに斎藤国警長官は、法律上、自治警の管轄に国警は手を出せないし、命令することもできないと返答するのだが、どう説明しても吉田首相には理解できないのだった。「なかなか納得のいかないような様子であった」と、首相の態度に逆に困惑した斎藤長官が『随想十年』で回想している。

元々、吉田茂は外交官で内政にはまったく興味がなく、知識も意欲も持ち合わせていなかった。この時代は死者数百人、負傷者数万人も出るような台風被害や大規模列車事故が続発していたが、吉田首相は国内で何が起こっても箱根の別荘に籠もった切りで我関せずといった態度を示している。そもそも、どのような被害があったのかさえ知らなかったらしい。首相に代わって対応に奔走した増田甲子七官房長官が呆れている。

「吉田さんは時には大宮人のようなところもあったが、何となくこわくて、誰も箱根に近寄らないので内政にはうといところがあった」(『増田甲子七回想録』)

吉田首相が国民に人気がなかったというのも、これでは道理である。GHQが内務省解体へと方針転換した際、役所防衛能力には圧倒的力量を備えていたはずの内務省さえ、うまく抵抗できなかったのも、内政に興味のない吉田政権下だったことが大きいと思われる。基礎的知識がなかったので、内務省お得意のロボット操縦ができなかったのだ。

斎藤長官罷免を唐突に打ち出したことにも、吉田首相の内政に対する無知が表れている。現在では国務大臣が委員長を務め、政権から一定の影響力を及ぼせるようになっているが、この当時の国家公安委員会は委員長を含めて全員民間人のみと規定され、政権から完全に独立しているので、首相が口出しする余地は制度上ないのであった。

法律に反するこの干渉に国家公安委員会は猛反発し、きっぱりと拒否した。罷免するのは法的に無理、暴動や革命に直結する動きがないのに国家非常事態宣言を出すのも無理とようやく気づいた二日後からは、斎藤長官に自主的な辞任を迫ることとなる。しかし、二週間責め立てても云うことを聞かないので、とうとう吉田首相は前言を撤回せざるを得なくなった。

戦後最大の事件が起きた当日に、警察トップの首を切ろうとして失敗する。水面下ならともかく、最初から新聞に発表し、〈下山事件〉とセットになったために大々的に取り上げられて公衆の面前で大騒動を繰り広げたあげくの、かなりお粗末な顚末だった。

複数の関係者の証言で、この騒動を主導したのは白洲次郎だったことが判っている。GHQが感情的に最も嫌っている者を吉田内閣の側近に置いておくのは、あまりにも策を得たことではないのではないかと云ったことが耳に入って、自分の罷免を云い出したのではないかと、斎藤長官は自著で推察している。法律に従っているだけの斎藤長官を自分に逆らっていると勘違いした吉田首相は、同じく法律にはあまり強くなかったらしい、さらには側近などという立場で法的根拠のない力を振り回していた白洲の言葉に簡単に乗せられて醜態をさらしたのであった。

首相に勝った形の斎藤長官ではあるが、この罷免騒動により少なからぬショックを受けたようで、姿勢が変わってしまう。警察の経験が乏しいことも罷免の理由とされ、これに過剰反応したのかもしれない。

敗戦で警保局幹部が公職追放されたため、彼は警察と関係ない内務省地方局出身でありながら、半年間警視総監を務めただけですぐに初代国警本部長官に就任した。過去の警察のしがらみがない斎藤長官は、新しい警察制度を擁護する立場だった。〈本庄事件〉や共産党の騒擾事件などで国会で追及を受けても、現行の自治警と国警に分かれている警察制度で治安維持にはなんら心配はないと答えて泰然としていた。ところが、この罷免騒動からのちは、言動が微妙に変わって来るのである。

内政に興味はなかったが共産主義憎しで警察権を手中にしたい吉田首相と、警察解体に警保局ほど抵抗を持っていなかったが警察トップとしての存在感を示さざる得なくなった斎藤長官。警察再統一の執念だけに燃えている警保局出身者たちが、このふたりのぶつかり合いに生じた潮目の変化を逃すはずがない。彼らの暗躍がはじまった。

吉田首相は共産党事件を封じ込めるために警視庁など都市部の警察力を思い通りに動かしたかっただけで、斎藤長官ともども、必ずしも警察の統一が目的ではなかった。そこをしかし、旧警保局官僚たちは悲願の警察制度改革へと、ふたりを巧みに誘導するのである。また、『暴力の街』など、共産党の宣伝も逆手に利用して、世論を形成していった。

斎藤国警長官は、〈幸浦事件〉〈二俣事件〉など難事件を次々「解決」した紅林麻雄警部補を昭和二五年に表彰して記念の時計を贈ったことにより、彼の名望を一段と高らしめている。戦中に紅林刑事を表彰して彼の名望を全国に響き渡らせた松阪広政検事総長と奇しくも同じく、法律に疎い首相によって理不尽な介入を受け、それが歴史を大きく動かすこととなったのであった。

警察再統一の実態

警察行政には素人のはずだった斎藤昇長官が、国警発足時からその解体、さらにはその後の初代警察庁長官と、波瀾の時代を七年にも渡って警察トップに君臨することとなった。吉田首相も同時代に長期政権を維持することとなる。一度は決定的に対立したはずのふたりが永くトップの座を守ったことにより、GHQの反対やバカヤロー解散などによる幾度かの紆余曲折を乗り越えて、ようやく昭和二九年の警察法改正で、現行の統一的な警察を取り戻すことができたのであった。

再統一のためにはあらゆる理屈が付き、あらゆる機会を逃さなかった。最後には大蔵省と結託することとなる。貿易収支悪化を乗り切るため、大蔵省はデフレ政策を採り、金融引き締めと緊縮財政、とくに公務員の大幅削減を目指していたが、抵抗が大きく人員削減は一向に進まなかった。そのため、警察合理化による警官削減で一挙に目標を達成しようと図ったのであった。

それまでは国家非常事態宣言より一段階下の危機宣言で都市部の自治警のみ首相が直接指揮できるなどの一部の改正を打ち出していただけだったのが、これですべての警察を一本化する方向に定まったのである。

国会議事堂に警官隊を導入しての強行採決により、警察法改正は成立する。国警と自治警に分かれていた二重状態の無駄をはぶくことにより警官三万五千人を削減することが明言されていたが、実際に警察が統一されるとすぐに削減案は凍結され、反対に大幅な増員となった。

欧米の好景気により輸出が増大して貿易収支が改善、大蔵省がデフレ政策を転換させたことが大きい。しかし、この神武景気の端緒がなくとも、果たしてほんとうに警官定員を削減していたかどうかは怪しいところがある。警察法改正のための方便に過ぎないので、法案さえ通ってしまえば他省庁と同じく大蔵省の行革なぞ骨抜きにしてしまったことだろう。

ただでさえ、内務省は他省より一段上だと公言し、相手が局長を出してくればこちらは課長が相手するといったことをやって、大蔵省も見下していたのである。解体から数年で、この内務官僚の傲慢さが変わっているはずもない。

一方で各自治体警察は警察一本化に猛反発、大規模な反対運動を繰り広げ、警察法改正が成立したあとも強行採決は無効だと訴訟を起こしたりもした。しかし、なし崩しに反発は収束し、当たり前のように、ひとつの警察は成ったのだった。

内務官僚を支援する左翼ジャーナリスト

警察統一が成ったのなら、そのためのプロパガンダに過ぎなかった自治警弊害論はもう必要ないはずであった。しかし、それからも、国警と自治警に別れていた時代だからこそ冤罪事件が多発したという奇妙な話が流布され続けることになるのだ。実際には、その後も変わらず冤罪事件は起こっていたのにも関わらずである。

警察の地方分権は戦前から検討されていたものなのだから、ＧＨＱが去ってもまた自治体警察設置論が再燃する恐れは充分にあるだろう。間違ってもまた警察が分割されないように、警察官僚が意図的にこんな話を流していたのではないかとも思われる。少なくとも、彼らにとって、すこぶる都合のいい流言ではあった。冤罪について警察を糾弾する左派的筆者たちが、何故か警察のお先棒のようにこの根拠のない説を広め続けた。

内務省復活には断乎反対する左翼が、警察だけは統一されているほうがよいと主張するのはおかしな話ではある。じつは、ＧＨＱが警察の地方分権を強力に推し進めた狙いのひとつに、共産勢力が中央で革命を起こして警察機構を握った場合、一挙に全国を支配されてしまうのを防止したいという意図もあった。終戦後すぐの日本に於いて、共産主義革命が勃発する危険性はかなり高いとGHQは怖れていたのである。

左派的書き手のなかには、革命成就のために中央集権的な警察のほうが具合がいいと、意図的にこんな流言を広めようとした者もいたことだろう。また、反体制を気取る書き手には、「国家警察」という言葉の響きに過剰反応しただけの者もいるかもしれない。

しかし、ほとんどの書き手は、誰かが云い出したことをなんの検証もせずにただ引き写しているだけだと思われる。この問題以外にも、誰かの本をなんの考えもなしにただ書き写しているだけの本が多いからである。

冤罪を防ぐためには、真犯人のプロファイリングとともに、捜査官のプロファイリング、また、警察制度のプロファイリングも必要である。いたずらに既存の書物を鵜呑みにすることなく、一から再検討することが求められているのである。

刑事警察の開放感

警察制度のプロファイリングとして、この時代の流れを読み解くために、ひとつのヒントがある。『濱松事件』を編纂した杉村幸作警部補が、貴重な証言を残してくれているのだ。地元の雑誌『月刊静岡』昭和二三年一〇月号の「犯罪捜査あの手この手　苦心を語る老練刑事の座談会」という記事で、彼はこんな話をしている。

「私共のやった当時には刑事というと特高刑事が花形で我々はドロ刑ドロ刑といわれ社会の見方もそうだった。それから戦争になって経済刑事が出てきた。三段構えで行くと、やっぱりドロ刑が一番下積みになった。自分のひがみもあるし社会のもて方にも多少そういう点があったのではないかと思う」

昭和一〇年から刑事警察が強化され、吉川澄一(ちょういち)技師の全国を飛び回る活躍があったにも関わらず、依然として戦前はこのような状態だったのだ。吉川技師のワトソン役である尾崎幸一も、著作『犯罪捜査の基礎になる考え方』で、このように戦前の様子を述べている。

「刑事警察官が、警務・特高・保安・営業といった他の警察部門に比べて、極めて士気が振わず、刑事警察振興ということが、刑事課長会議の議題として毎回論ぜられている」

県警本部の強力(ごうりき)主任という、刑事警察の輝かしい主役であるはずの地位まで昇り詰めた杉村警部補にして、こんな惨めな想いを抱いていたのである。それを受けて、他のベテラン刑事がこう述べている。

「最近は司法警察が根幹になった」

ここで云う〈司法警察〉とは、事件を捜査する刑事警察のことだ。治安を維持する特高などの〈行政警察〉と対になる部門である。

反国家思想や配給制度違反を取り締まり国家体制維持のために働く刑事ではなく、泥棒や人殺しなどの一般犯罪を取り締まる刑事。戦前戦中は国家ではなく庶民に密接したちまちました仕事をやっていると莫迦にされていた〈ドロ刑〉が、ようやく警察の中心になったというのだ。

戦後になって特高が廃止され、特高刑事たちが公職追放となった。闇市が公然と立って配給制度が有名無実となり、それを取り締まってきた経済刑事の存在価値も一挙に薄れた。

戦時中は配給物資を懐に入れる特権階級を摘発して喝采を送られることもあったが、戦後はやむなくヤミに手を出していた一般庶民を取り締まって、経済警察は敵視されるようになったのだ。ちょうどこの座談会記事が出た頃に、配給だけで食べていた裁判官が餓死したが、それ以外の人々は皆、生きるために法律違反のヤミが当たり前だった。そんなものを取り締まっても虚しいだけである。

それまでの主役たちが没落して、押さえつけられていた〈ドロ刑〉の鬱屈が爆発したことが、紅林麻雄警部補の〈活躍〉とも云える。静岡だけではなく、戦後すぐに全国で冤罪事件が蔓延したが、同じ構図があったと云えるだろう。やりたい放題になってしまったのである。下積みの日陰者が一挙にスポットライトを浴びせられる花形となり、〈活躍〉すれば〈活躍〉するだけ世間の賞賛を受けるようにもなったのだ。

これが一地方の警察官たちの感想に留まらないのは、二年後の昭和二四年四月、管区刑事部長会議で国警本部刑事部捜査課長がこう述べていることからも明らかである。

「戦時中刑事警察は極めて不振であった。特高、経済警察部面における華やかな活動に比べて、全くその存在価値が薄れたかの感があった。……然るに戦後国内事情は一変して警察部門における刑事警察の比重は極めて大になり、……陣容も整備せられ、陰鬱な舞台から華やかな舞台に躍り出た」（広中俊雄『戦後日本の警察』）

ただ、一方で、先に「最近は司法警察が根幹になった」と発言した浜松署の平野刑事はこうも付け加えているのである。

「昔は刑事になるに何年か骨を折ったものですが、今日では刑事になってもらいたいというので、経済とか、その他の方は一般からもてはやされるので若い者が行きたがる、どうも司法刑事にはなり手がないということで、結局頼んでなってもらう。しかも頼んでなってもらった上に半年か一年で一本の刑事になってしまうから今は先輩もなにもない。民衆に接するにしても一人前の刑事のような顔をして一人前の刑事になればむしろおとなしいが顎でしゃくって見たり、貫禄もないのに威張って民衆から反感を買う始末だ」

戦後となっても、経済警察はいろいろと役得があるのでまだ成り手が多かった。それは、〈本庄事件〉や、のちに述べる小宮喬介博士に関する事件でも窺える。先の平野刑事のセリフを略さず正確に記すとこうだった。

「最近は司法警察が根幹になったがそれと相当の人物が刑事になることを希望している」

刑事警察の重要性は一挙に増したものの、人材も育成も追いついていなかったのだ。これが戦後の冤罪事件多発の一因ともなっているのだろう。

もちろん、これらは数多くある要素のひとつに過ぎないもので、これだけでは到底すべてを説明できるものではない。しかし、まったく見当外れの「国警と自治警に別れていた時代だからこそ」というような話よりは、遥かに意味がある。

ひとつひとつは一パーセントの要素もないかもしれないが、地道にそれらのデータを集めて分析することによってしか時代は読み取れない。冤罪も撲滅できない。膨大なるデータを収集分析した吉川技師の仕事を見習って、警察制度を改めて精査してみる必要があるだろう。

現場を去った吉川澄一

もう一点だけ、この時代の警察システムにとって重大なる画期があった。吉川澄一が警察大学校教授に就任したことである。

前身の内務省警察講習所でも講師を務めてはいたが、内務省警保局防犯課の技師として全国を飛び回り、現場の捜査指導も行う傍らの兼任であった。内務省が解体された昭和二三年、国警本部刑事部鑑識課長に就任したが、夏には現場を離れ、幹部警察官養成のため設立されたばかりの警察大学校の専任となったのだ。しかも、翌年には病に倒れ、一〇月二五日、64歳で死去している。

〈幸浦事件〉発生は昭和二三年末だが、紅林麻雄警部補による「犯人」逮捕は翌二四年。〈二俣事件〉と〈小島事件〉は昭和二五年。

吉川教授がかつての〈浜松事件〉の如く、現場に赴いて直接捜査を指導していたのなら、果たして紅林警部補による無茶な立件が可能であったか、はなはだ疑問ではある。誠策宅の隣家の養子を真犯人発覚の前に釈放したのには、吉川技師の眼を背後に感じていたこともひとつの要因ではあったろう。裁判で引っ繰り返されることよりも、この斯界の第一人者の鋭い指摘を受けることのほうが怖かったかもしれない。その科学的突っ込みにも耐えることのできる確証が必要だったのだ。

また、警視庁の鑑識課長時代には、留置所の構造や設備が人権の尊重に悖(もと)ると、自ら大蔵省に交渉、予算を出させて改善している。被疑者を逮捕した所轄署から予審判事に送致する前に本庁を経由させて指紋や顔写真などの鑑識資料を採取するため、留置所は鑑識課の管轄となっていたとは云え、ただでさえ忙しい身で、人権意識が高くなければとてもこんなことまでするわけはない。

彼は鑑識課長時代の昭和五年、相川勝六警視庁刑事部長に対して〈手口法〉導入や専属医師配置など鑑識体制拡張の意見書を出している。それらとともに束ねられた草稿を見ると、内務省内に〈中央鑑識局〉を立ち上げるというかなり大規模な構想も持っていたことが判る。おそらくこの上申が、吉川が技師として所属し、鑑識研究も重要な任務となる警保局防犯課の昭和一〇年設立へと実を結んだのであろう。その目的として、刑事警察の能率増進とともに、人権尊重を期することを掲げているのである。

従来の捜査は「事件を中心とせず、人を証拠とする兵法」であったため、時に自白を強要して拷問なども行われることがあった。鑑識体制を充実させることによって、このような無理なやり方はなくせるというのだ。

「拷問なぞということは取りも直さず一つの犯罪である。犯罪を犯してまでも犯罪を検挙する必要を認めないと謂うのである」「十人の犯人を逃しても一人の無辜（むこ）を罰するなかれ」などという文言も見える。彼の鑑識への情熱がどこから来たものなのか、これによってはっきりする。その吉川技師が拷問の噂を聞けば、徹底追及していたに違いない。

しかし、戦後の冤罪事件では、すでに警視正まで昇進しており、〈二俣事件〉の前に亡くなった吉川教授はもとより、彼の弟子たちも現場まで足を運んだ形跡はないのだ。なにゆえだろうか。

紅林警部補などの国警県本部の警察官は国家公務員であり、その捜査費用や経費はすべて国家予算で賄われていた。しかし、県で選出された公安委員会が監督する擬似的な自治権もあるという、変則的な形式となっている。さらに全国を六つの地域に分けた〈警察管区〉が、それぞれの都道府県国警を管轄するのである。中央の国警本部は、この六つの〈警察管区〉を統括する。

かつて、内務省警保局防犯課の官僚であった吉川技師が、その任務により直接の管轄下にある県警刑事警察を指導するのと比べ、かなり距離感のある体制となっていたのだ。警察の中央集権化復活に眼を光らせるＧＨＱの存在もある。各県の優秀なる警部や警部補を中央の警察大学校に集めて県警幹部として養成することはあっても、逆に中央から出向いての捜査指導は憚（はばか）られることがあったのやも知れぬ。

吉川澄一の絶対性

だが、システムの違いというより、この場合はやはり人物の問題が大きいであろう。吉川技師の元で十二年間部下として働いた高尾金作国警本部刑事部鑑識課員が、師についてこのような述懐をしている。

「先生が警視庁の鑑識課長時代に鑑識の拡充と効果の発揚さらにその宣伝にと大童になっていられるとき、一面重大事件は時々発生し、その解決に努力されていられたとき、さすが頑健の私もフラフラになることがよくあった」

「一夜に三件、あるいは四件以上の殺人事件に、臨場することは並大抵ではなく、それから引続いて事件解決の鍵を握るまで数日役所に泊り込みで暮すことも多かった」

この吉川澄一の警視庁時代には、警察署長に栄転する話が何度もあったのだが、すべて断わって鑑識の任務に固執したという。それも、研究室に籠もるのではなく、常に第一線の現場を駆けずり廻って、死体の詳細なる観察などに熱情を注いでいたのだ。その超人的な働きには、付き従う若い課員たちが音を上げた。

高尾ら部下一同は、酒を呑んで辛うじて疲労回復を図ったが、

「酒の呑めない先生は、よくあの身体で続くものだ」「先生のあの執拗さや精力は一体どこから出るのであろうか」

と、誰しもが疑問に思ったという。

高尾は「それは先生の最も好物な中華料理にあると断言」する。吉川は課長として警視庁に赴任する前に朝鮮総督府京幾道警察部で指紋制度確立のため五年勤めていたが、その間に満州の遼東半島租借地（実質上の日本領土）を統治する関東庁の警察練習所講師を兼任している。さらに鑑識課長となってからも、激務の合間にどうやって時間を作ったのか、台湾総督府警察官司獄官練習所講師もこなしている。そんなことも影響しているのだろう、吉川技師は中華料理に眼がなかった。日本内地ではまだ戦後ほど一般的ではなく、鑑識課員たちもそのご相伴で生まれて初めて中華料理を口にしたという。

中華料理店まで車を飛ばして、課員はたびたび御馳走にあずかったが、

「課長に精力が出て、これはまた今日は遅くなるぞとつぶやいたものである」

さらに、こうも付け加えてもいる。

「戦争が激しくなって、中華料理が食べられなくなってから先生が急に歳をとられたような感が深い」

この回想は、吉川澄一がまだ病に倒れる前、現場を離れて警察大学校教授に任官するこ

とを記念した、国警本部刑事部編纂『犯罪の研究』昭和二三年一一月号の「吉川先生とその業績」特集に掲載されたものである。すでに、かなり体力も気力も衰えていたことが窺える。

戦後になって吉川澄一が現場に足を運ばなくなったのは、やはり警察システムの変化ではなく、吉川自身の体調が原因だったのだ。

そして、弟子たちも、全盛期の師ほどの精力や執念は持ち合わせていなかった。警視庁の管轄である東京府内の現場にお供するだけでフラフラになっているようでは、陣頭指揮を執って全国各地の現場にはとても臨めない。しばらくして、また警察が統一されてからも、中央の鑑識専門家が全国の県警に駆け付け重大事件の捜査指導をしたという形跡はない。国警と自治警に分かれていたかどうかなどというシステムの問題ではなく、吉川技師という異様なまでの執念と体力を併せ持った特異なる人物がいたからこその直接指導だったのだ。

さらには、吉川技師ほどの圧倒的な実績に裏付けされた権威もカリスマ性も、弟子たちにはなかったのである。仮に捜査指導に訪れたとしても、新聞記事にもならず、ことさら記録として残されず、また現場の捜査官も大した影響を受けなかったであろう。同じ特集にある法医学者、浅田一博士の手記にはこう綴られている。

「吉川さんは地方の刑事諸君から大先生として慕われて居られる」

警視庁鑑識課長時には異例の警視に昇進し、以後、鑑識課長は警視庁他部署の課長と同じく警視となった。相川勝六ら上層部の鑑識重視化方針があったとは云え、吉川の存在抜きにはあり得ないシステム改革である。実質的に日本のこの分野を確立させた、空前絶後の存在だったのだ。役所内部だけではなく、彼ほど新聞記事に書き立てられた鑑識専門家も、絶後なのである。

天才ゆえの非伝承

この絶後になってしまったところに問題がある。そして、そうなってしまった原因の一端を、吉川澄一の遺言のなかに見出だすことができるのである。

亡くなる数日前、奥さんにこのような言葉を遺したと、葬儀委員長も務めた荻野隆司警察庁科学捜査研究所所長が『刑事鑑識　吉川澄一遺稿』で語っている。

「自分は相川勝六先生に警視庁時代、内務省時代を通じていろいろお世話になって、今日まで仕事を続けて来た。自分も相川先生の御恩に何とかして仕事の上でお報いしたいと、一生懸命出来るだけのことをして来た。実際の事件の解決とか技術の研究とかについては自分としては相当自信をもって仕事をしたつもりで思い残すことはない。これ以上は後の世の批判をまつ以外にないと思っている。しかし唯一つ相川さんに申訳ないことがある、それは自分が内務省に入った時に、鑑識に関するまとまった著書を書きますという約束を相川先生としたことがある。しかし遂に今日までそれを書くことが出来なかった。自分に万一のことがあったら是非相川さんに伝えて欲しい。仕事は一生懸命やりましたが著書だけは約束を果すことが出来なかった。お前、御苦労でも自身で相川先生のところへ出向いて行って、忘れずにお詫びしてくれ」

著作を残さなかったことについては、岡田鎭警察庁鑑識課指紋係長も、指紋検出方法についてのこんな回想を同じく『刑事鑑識』でしている。

「私は硝酸銀による検出について苦労したのですけれど、乾かしてから光に曝すと非常によいと思いますが、どうでしょうか」

とたづねましたところ吉川先生は言下に

「ああそれは乾かすものですよ」（笑）。

そんならそうと先生が早く本にでも書いて下さればこんな難儀をしなくて済んだのに……（笑）。そういう点でなるほど大先生であると感じました。

この「大先生」云々は、天才ゆえに、凡人がどこを判らず、どこで苦労するのか理解できなかったという意味ではないかと思われる。吉川澄一最大の弱点を突いた評である。

しかし、このような指紋などの細かい技術については、鑑識課での作業や、学校での講義を通じて、まだしも弟子たちに受け継がれている。警察大学校創設とともに設けられた鑑識専科で養成された鑑識員が全国の県警に戻って活躍しているので、この点に関しては中央から出向いて指導する必要はない。

だが、指紋なぞ、とうに捨て去った吉川澄一技師を体現した、最も重要なる、プロファイリングの技術を受け継ぐ弟子はひとりもいなかったのである。吉川技師は現場の捜査官に分析内容をうまく呑み込ませることができなかっただけではなく、中央の専門家も養成できなかったのだ。〈手口法〉についての書式などの説明は書き残しているが、実際の犯人像特定に導く吉川技師の天才的なノウハウはまとめられていないのである。

吉川技師が全国を飛び回って、現場で指導したのは、まさしくこのプロファイリングであったのに。それは決して鋭い勘などというものではなく、誰にでも活用できるデータベースと統計手法に裏付けられたものであったにも関わらずである。

たとえ捜査中は受け入れられないことがあっても、解決時にはその分析が恐ろしいほど的確だったことが現場の捜査官にも思い知らされるので、「吉川さんは地方の刑事諸君から大先生として慕われて居られる」ことになる源泉であった。もう一度、同じ現場で指導することがあれば、捜査官たちも吉川技師の分析を無条件で受け入れることになるだろう。

数人でもプロファイリングの弟子を養成して全国に派遣していれば、捜査官も抵抗なくその分析を捜査に生かすようになったはずだった。はたまた、吉川技師自身がもっと長期に渡って活動を続けていれば、プロファイリングの重要性への認識が全国の現場に深く浸透することもあっただろう。

しかし、昭和一八年には愛知の山奥に引っ込んでしまったこともあって、彼の全国行脚は八年間にも満たなかったのだ。そのため、吉川技師の死とともに技術が途絶えてしまい、折角の〈手口法〉も、単純な窃盗犯などではともかくとして、冤罪を生むような複雑な事件では充分に活用されないことになったのである。

橋本環警察大学校教授が『刑事鑑識』座談会でこう述べている。

遺族の方は、先生の遺言として「僕の書いたものでごちゃごちゃあるやつは全部焼いてくれ」と云われたのを守って、全部整理してしまわれたそうです。山の中で相当お書きになったことは書かれたんでしょうが、几帳面な先生のことですから、御自身でこれでよいという信念が持てない限りはお出しにならなかったということで、遂に先生が二年近く山の中で書かれたものは陽の目を見ずに終った。こういうことだと思います。

警視庁鑑識課の〈細君強奪事件〉

ところで、のちに推理作家となり『天狗』などの奇想と華麗なる文体と偏執狂が絡み合った怪作を書くことになる大坪砂男が、戦前の警視庁鑑識課に十年間勤めていた。東京薬学専門学校を卒業している大坪は、乱歩などの小説に出てくる探偵に憧れて鑑識課理化学室に入り、昭和七年の〈玉ノ井バラバラ事件〉などを手掛けるのである。

彼は吉川課長を崇拝していた。「街の裁判化学」(『大坪砂男全集』収録)にも「名探偵の夢はすぐ覚めても、一代の名課長吉川澄一(ちょういち)氏に心酔し」とある。現場の大切さを何千回と説く課長の教えを忠実に守り、最前線に顔を出すまでになった。

当時理化学室の者は爆発事件以外には試験室を出ない習慣をもっていた。これは白衣の学者らしくて怪我のない妙案ながら、若くて足も達者、課長をまねた現場主義者

ハヤカワ文庫の最新刊

5
2021

●表示の価格は税込価格です。
＊価格は変更になる場合があります。
＊発売日は地域によって変わる場合があります。

紀伊國屋じんぶん大賞第3位の傑作、
ついに文庫化　解説／宮崎哲弥

NF574

冤罪と人類
道徳感情はなぜ人を誤らせるのか

管賀江留郎

eb5月

冤罪、殺人、戦争、テロ、大恐慌
――すべての悲劇の根本原因は、
私たちの〈道徳感情〉にあった。
圧倒的筆力で人間本性を抉る怪著

定価１３６４円［絶賛発売中］

宇宙英雄ローダン・シリーズ640

首席テラナーの座を辞したティフ
ラーの後任を決める選挙が本格化

「イヌは人を愛しているのか？」
究極の問いに、アリゾナ州立大学教授が挑む！

イヌは愛である
――「最良の友」の科学

クライブ・ウィン／梅田智世訳

eb5月

「イヌは感情をもち、人を愛するか？」。研究者たちが恐れ、避けてきた究極の疑問に先駆者が挑む。研究所を飛び出し、狼との比較を行なう日本の大学や、「イヌのようなキツネ」を育てる旧ソ連の研究施設にも答えを求めた、その先にある結論とは。　解説／菊水健史

四六判上製　定価２３１０円［18日発売］

『罪の声』でも描かれた凶悪事件の深層に迫る！

裏切り者

アストリッド・ホーレーダー／小松佳代子訳

オランダで50万部

eb5月

一九八三年に起きた、ハイネケンCEO誘拐事件から数十年。事件の実行犯の一人であったウィレム・ホーレーダーは、釈放後も裏社会のボスとして数々の凶悪犯罪に手を染めていた。彼の妹で弁護士でもあるアストリッドは、危険を冒しつつも、兄の悪事を暴こうと奮闘する。

四六判上製　定価３３００円［18日発売］

『食べて、祈って、恋をして』の著者、最新作

一九四〇年、アメリカ。小さな町のお嬢様ヴィヴィアンは、大学を辞め、ＮＹのショー

はそれでおさまらず「試験室から現場へ」とスローガンをかかげて、〝殺し〟と聞いては同行をせびり、もとより役に立ったためしはなかったにせよ、鑑定材料を科学者自身の手で採集する先例はひらいた。

ここまで鑑識の仕事に打ち込んでいた大坪であったが、上司の妻と恋仲になり、そのことが原因で退職したと、本人は周囲に語っている（山村正夫『推理文壇戦後史』）。大坪は警視庁に入る前に谷崎潤一郎宅で書生をしており、谷崎夫人と深い仲になって、谷崎が佐藤春夫に妻を譲る〈細君譲渡事件〉のきっかけを作っているので、なかなかに生々しい話ではある。

長男で劇作家の和田周によると、母親がこの上司の妻であり、夫の浮気に愛想を尽かして離婚、鹿児島の実家に帰ったところに大坪が追っかけてきて口説いたので再婚したという（瀬戸内寂聴『つれなかりせばなかなかに』）。

元の夫は「警察大学の先生にもなった立派な人だった」そうだが、警視庁鑑識課から教授となった者は大勢いるし、あれほどの多忙では浮気をする暇もなかったであろうから、これが吉川のことかは判らない。そもそも、母親が息子に対して、自分の過去の色事をどこまで正直に語っているのかも怪しいところがある。

大坪砂男は当時美貌で大人気の女形、中村福助にも似た色男。再婚することになる上司の妻も、当時美人女優として大スターだった岡田嘉子をさらに可憐にした、人も振り返る美女だったという。

谷崎潤一郎は妻と大坪との関係を知っていたばかりか、その関係の真っ最中に顚末をそのまま描いた『蓼喰う虫』を新聞に連載している。公器を使った、妻の不貞の実況中継である。佐藤春夫も再婚した妻との過去の関係を知っていたにも関わらず、戦後になって大坪を自分の弟子にして作家デビューさせている。

往年の文士たちのこの驚くべき明け透けさとはさすがに違い、慎ましやかな鑑識屋たちはこの件については何も語っていない。そのために、科学捜査や華麗なる推理でも解決が付かなかった、美女が絡む艶っぽい事件の真相は謎のままである。

吉川澄一という警察システム

さて、ちょうど吉川澄一が亡くなる直前の警察全体の鑑識体制について、荻野隆司が証言を残してくれている。その頃、〈下山事件〉で他殺か自殺か鑑定が真っ二つに割れてマスコミでも大騒動となったため、昭和二四年八月三〇日の参議院法務委員会で科学捜査についての公聴会が開かれ、荻野が政府委員として出席したのだ。彼は吉川の後任の国警本部鑑識課長を経て、国警本部科学捜査研究所所長に就任していた。

荻野所長の説明によると、科学捜査研究所は国警県本部だけではなく、自治警からの依頼も受けて指紋や血液、薬物など捜査資料の検査鑑定を行っている。また、各国警県本部だけではなく、自治警も指紋や写真などの証拠や、犯罪手口情報を国警本部長官に報告しなければならないと警察法で定められており、国警本部鑑識課で犯罪鑑識記録の整理保管をしている。

つまり、国警が自治警を指揮することができなくなったこの時代でも、「鑑識に関する限り指揮監督ができる。従って資料も一箇所に集めようと思えば一箇所に集めて、実際の組織的な運営ができる。こういう形になっておるのであります」（国会議事録）と、戦前と同じ全国一体化した鑑識体制だと答弁している。

しかし、人員が足りないこともあって、科学捜査研究所の鑑識はあくまでも物的証拠の分析や研究に限られ、心理学的研究までは手が回らない現状であると付け加えている。

やはり、戦前に吉川澄一技師のような中央の専門家が全国の捜査現場まで直接赴いて前線の捜査官にプロファイリングを指導した如く、戦後に同じ体制が組まれなかったのは、国警と自治警に分裂した警察システムの変化が原因ではなかったのだ。吉川という異能の人物が戦後には健康が衰え前線に出られなくなったまま亡くなってしまい、また後継者もいなかったという、純然たる人材の問題だったのである。

国警や自治警が消滅した後も延々と、現代にまで続く冤罪事件の発生は、たったひとりの人物が担った〈吉川澄一という警察システム〉が失われたことが、なにより大きかった。天才ゆえに吉川技師が凡人に伝えることができなかったその高度なプロファイリングテクニックは、のちの時代の我々が分析して確立する責務を負っているだろう。

いつまでも、〈国警と自治警が分かれていた警察システム〉などという見当外れの分析をしている場合ではないのである。〈吉川澄一という警察システム〉が失われた時期と、〈国警と自治警が分かれていた警察システム〉がはじまった時期が、偶然にもぴったり同時だったことが混乱の一因ではあった。吉川技師の遺言、「これ以上は後の世の批判をまつ以外にない」を、僅かでも果す者がこれまでいなかったため、歴史は歪まされていたのだ。

また、この絶対的権威だった〈吉川澄一という警察システム〉が失われた空隙を埋めるため新たなる権威が生まれ、そのために却って多くの冤罪事件を生む悲劇が起こるのだが、それはまた第十章で詳述することとなる。

9　清瀬一郎の憲法改正論と紅林警部補の意外な関係

体制と反体制

冤罪事件では、「国警と自治警に別れていた時代だからこそ」などという話だけではなく、奇妙な図式的理解が多い。たとえば、冤罪事件は国家犯罪であって、反体制的な左翼弁護士や支援者たちが闘っているという捉え方があるが、これも必ずしも正しいわけではない。

〈二俣事件〉が一審二審とも死刑判決となったあとに無罪へと踏み出すには、最高裁上告段階で清瀬一郎弁護士が弁護団に加わったことがなにより大きかった。彼は弁護活動の傍ら自民党の代議士として文部大臣も務めることになり、二俣に続いて〈幸浦事件〉弁護人として最初の無罪を勝ち取ったすぐあとの昭和三五年には、衆議院議長にまでなって安保条約を強行採決している。

六〇年安保闘争の映像では野党議員が妨害する中、自民党の武闘派議員に警護されて議長席になんとか辿り着きマイクを握り締めて本会議開会宣言をする姿がよく流れるが、あの年老いた議長がこの人である。これ以上の体制派はない。〈五・一五事件〉の弁護や、極東裁判に於ける東條英機の主任弁護人だったことでも知られている。

この大物の弁護に対して、紅林警部補は「清瀬氏や海野氏のようなベテランの弁護人の猿智恵で、有罪のものが無罪になる」と、「猿知恵」などという言葉を使ってからかう批判手記を現職警察官でありながら週刊誌に寄せており、むしろこちらのほうが反体制にも見えてくる。

なお、〈二俣事件〉では、最初に朝鮮人が拷問に遭ったことが強調されて、一連の冤罪事件は警察による差別問題とも絡められることが多いが、これもそうそう単純ではない。弁護人として清瀬は〈幸浦事件〉の朝鮮人犯人説を強力に打ち出しており、凶器の紐や死体の結び方が特殊なもので現場の傍にあった朝鮮人集落が怪しいと雑誌に記事まで書いている。（「こうして殺人犯人は作られた　幸浦事件の場合」『日本週報』昭和三二年三月五日号）

〈幸浦事件〉も一審二審と死刑判決が出たが、最高裁が差し戻したあとに無罪判決を出した東京高裁はとくにこの点を取り上げ、紐も結び方もこの地方ではよくあるものだという調査結果を踏まえて朝鮮人特有とは云えないと否定する。有罪判決なら他に真犯人がいないことを強調しておく必要があるが、無罪なのにわざわざこんなことを付け加えるのは、清瀬が法廷でもよほど強く朝鮮人の犯行だと主張して捜査はそちらに向かうべきだと訴えていたのだろう。

清瀬は自著『拷問捜査　幸浦・二俣の怪事件』でこの高裁判決文の朝鮮人説を否定する部分も掲載して自らの誤りをあげつらうようなことをしており、非常にフェアな人物ではある。この本だけを読むと、清瀬弁護士が朝鮮人犯人説を主張していたことも判らないし、反省の言葉があるわけでもなく、ただ判決文の全文を削らずに載せているだけではあるが。

こうして見てくると、戦前と戦後、国警と自治警（中央と地方）、右翼と左翼という単純な図式に落とし込むことによって、学者やジャーナリストたちは、あるいはそのような判りやすい構図を欲する受け手は、物事の本質をいかに覆い隠して見えなくすることに邁進しているかが判る。

数多く出されている冤罪本で、無罪を勝ち取った原動力である清瀬弁護士が守旧派の代表で朝鮮人犯人説を打ち出していたことに触れている書は一冊もなく、いかに偏った書き方をされてきたのかが知れるのである。

裁判に於ける憲法問題

冤罪に関する記事で憲法問題に触れたものが昔は多かった。むしろ、憲法擁護のダシとして冤罪事件を利用したものがほとんどと云っていい。

たとえば、岩波書店の雑誌『世界』昭和三五年五月号に掲載されている無署名記事「危険きわまる紅林警部の手記」では、週刊文春の紅林警部の手記が、自白だけでは有罪にならないと明記された民主的な新憲法の精神を蹂躙するものとして断罪している。この時代の典型的な内容だった。

しかし、無罪を勝ち取ってこの紅林警部の手記でも名指しで非難されている清瀬弁護士の話が何故だかまったく出てこないことは、まことに奇妙な話ではある。この号では安保特集が組まれ、大規模デモのきっかけとなった清水幾太郎「今こそ国会へ　請願のすすめ」も並べて掲載され、その請願を持ち込む相手として清瀬一郎の名が記されているのである。強行採決は一ヶ月後だが、清瀬が安保条約成立に深く関わる衆議院議長であることはもとより、新憲法をアメリカに押しつけられたものだと最初に主張した改憲派の急先鋒であることは、『世界』の読者なら当然知っていたはずなのにである。

占領下での憲法改正は、旧帝国憲法七十五条で天皇に摂政を置く間は憲法改正ができないという規定に違反しており無効だと、清瀬は主張した。占領下での天皇は自ら政務を見ることができないのだから、旧皇室典範第十九条「天皇久きに亘るの故障に由り大政を親らすること能わざるときは皇族会議及び枢密顧問の議を経て摂政を置く」と同じ状態だというのである。

さらには新憲法を「マッカーサー憲法」だと名付けて、日本人自身の手で速やかに改憲すべしと訴えた。

これが、自衛隊が憲法第九条に違反していないという解釈と併せて〈清瀬理論〉と呼ばれるのである。戦後数年を経て天皇制存続についての異論がなくなって以降は、日米安保とともにこの理論が保守派のほとんど唯一の統一的な拠り所となった。当然、左翼からは攻撃対象の中心となる。

この時代の新聞や雑誌には連日、安保や改憲、教育政策にからんで政治面に清瀬一郎が登場し、また一方では冤罪事件の象徴としての〈二俣事件〉や〈幸浦事件〉を担当する弁護士として社会面に登場する。ところが、このふたつの清瀬を明確に結びつける記事は私にはひとつも見つけられなかった。

裁判記事には、肩書きとしてだけ「文部大臣」や「衆議院議長」という単語がごくたまに出てくることはある。多少詳しく書かれたものでも、せいぜい「政務の忙しい合間を縫って法廷へと向かう」くらいの描写があるだけで、政治家としての活動内容に触れたものはない。裁判記事では、まだこの程度でも関連づけているものが数件あるだけまともと云える。政治記事に裁判の話が出てくることはまったくの皆無なのである。

まるで、ふたりの清瀬が別々に存在していたかのようだ。この人は一方ではこういう活動もしていると一言くらい言及してもよさそうなものだが、まさしく一片としてないのである。

保守系メディアも含めて、この当時のマスコミは左右のイデオロギー対立に沿った図式的捉え方しかできなかったということだ。漫然とマスコミ記事を読むだけでは、清瀬についても当時の時代背景についても理解は難しいのである。

〈マッカーサー憲法〉作成に関与していた清瀬

さても、冤罪事件に限らず、清瀬一郎は単純な左右のイデオロギーでは到底推し量れない存在ではあった。

京都帝国大学法学部を首席で卒業し、天皇より恩賜の銀時計を拝受する。犬養毅に私淑して弁護士から政治家に転じ、治安維持法に反対して普通選挙を推し進めるなどリベラルな政治姿勢を示した。

国会内だけの活動に留まらない。〈京都学連事件〉や〈三・一五事件〉など左翼の治安維持法に絡む裁判の弁護を引き受け、松阪広政ら検察思想部と真っ向対峙した。さらに軍縮条約を支持して反軍派と見られていた。

政治家になる前のドイツ留学中に第一次世界大戦が勃発、日本とドイツが敵国同士になったのでやむなく英国に待避した。それから、他国を圧する強大な軍事力を誇ったドイツ帝国が崩壊する様子を克明に見せつけられる。そこで、軍事力だけでは国を守ることはできないという信念を持つようになったのである。

それが、一転して犬養と袂を分かつや、満州事変では軍を支持。犬養首相を暗殺した〈五・一五事件〉の青年将校を弁護して死刑を回避させている。

戦時中は弁護士報国会会長で、戦後に元の日本弁護士協会に組織を衣替えしても会長に留まり、真っ先に拷問根絶運動を展開。自身でしたためた趣意書を手にGHQに乗り込み、民政局次長で憲法草案作成の責任者だったケーディス大佐に「拷問の疑ある自白は一切証拠とすべきでない、との大原則を立つべきである」と訴えた。

かくして、その後にGHQが日本政府に提示した憲法草案には

「強制、拷問もしくは脅迫による自白、または不当に長く拘留もしくは拘禁された後の自

白は、これを証拠とすることができない」という条文が入っており、日本国憲法にもそのまま採用された。他国では刑法や判例によって強制的な自白は証拠とならないと定められていることがあっても、憲法にこんな規定が明記されている国はなかったのである。

拷問その物を禁止する条文は、いくつかの国の憲法にもすでにあった。新憲法でも第三十六条に拷問禁止規定がある。それとはわざわざ別に、第三十八条で拷問による自白を証拠にできない条文を入れたのが大きな特徴である。

ＧＨＱの力を借りて自らの主張を憲法に入れた清瀬一郎は、その新憲法を押しつけられた「マッカーサー憲法」であると正当性を難じて改憲を訴えることになるのだ。その〈清瀬理論〉を攻撃し、拷問禁止を新憲法の最大の美点のひとつとして称揚する左翼は「大原則を立つべきである」なんてことをどうしてＧＨＱに請願に行ったのかと指摘することはなかったし、保守派ももとより持ち出さなかった。

清瀬は〈二俣事件〉と〈幸浦事件〉について著した『拷問捜査』で、このＧＨＱに乗り込んだ顛末を記した。その三年後の昭和三七年になってようやく、左派の大スターとなっていた家永三郎がこのように触れたのが唯一の例外だろう。

この清瀬証言は、日本国憲法が「おしつけられた憲法」であることを強調しようとしてこれを「マッカーサー憲法」と呼んで物議をかもしたその人物の証言であるだけに、資料価値がきわめて高い。（「刑事訴訟法をめぐる人権保障の要求」『司法権独立の歴史的考察』収録）

家永はここで清瀬の矛盾を追及するようなことはしていない。左翼の特に人権や法律に関心ある者はこの家永の書を読んでいるはずだが、同じく矛盾を突いたりしなかった。岸首相が退陣したあとのこの時期でも、首相と同じく辞職を迫られながらもまだ清瀬は衆議院議長に居座って改憲勢力の中心だったにも関わらずである。家永も記しているように、新憲法発布直後から清瀬はこの顚末を雑誌に発表していたのだが、保守派も含めてそれまで誰も指摘することはなかったのである。

どうも、実際に国のあり方をどうすべきかなんてことはあまり真剣に考えておらず、取りあえず左右対立で場を盛り上げて新聞や雑誌の売り上げを図るために八百長のプロレスショーをやっていたようにしか見えない。

なお、『拷問捜査』は静岡新聞に連載した文章をまとめたものだが、じつはその一年前に、「こんな本の出版を引き受ける本屋もあるまい」と、〈二俣事件〉の部分だけを『二俣の怪事件』というタイトルで清瀬法政研究所から自費出版している。ほぼ同じ内容だが、GHQに談判して新憲法に拷問による自白を証拠とできない条項が入ったくだりで、「この憲法は役に立った」という一文があり、『拷問捜査』では削られている。一般に出回る本に、新憲法が役に立つと清瀬の名で書くのはまずいと判断したらしい。

いまでは憲法擁護のために冤罪事件をダシに使う左翼は少なくともマスコミの表舞台からは絶滅してしまったが、あいかわらずに清瀬理論の流れである憲法改正を唯一の拠り所としている保守派も、改めて清瀬理論とはなんであるのかを再考する必要があるのではないか。そのためには、清瀬の政治思想遍歴を辿ってみなければならない。

本題と関係ないようでいて、じつは冤罪と直結する問題であることは十三章で詳述するが、まずは政治家清瀬の姿を追ってみよう。

清瀬一郎が成功させた真の革命

清瀬一郎の左右両極を行き来したような政治歴を説明するために、ふたつの理由が掲げられることがある。まずひとつは、特定の支持組織をバックに持つことがなく選挙基盤が弱かったために大衆に迎合せざる得なかったというもの。もうひとつは、法律の専門家として何事につけて法律優先の思考をしていたというものである。『国会月報』昭和三六年一月号の人物紹介では、「憲法改正問題の盛んな時独特の清瀬理論を振りかざして「法律の中から生れた男」と言われ、その純理一点張りには政治的な要素の入り込む余地がなかったものである」と評されている。

後者の例としては、安保条約の強行採決がある。強行採決という荒っぽい手法は、日米安保を支持する勢力からも政治センスがない愚挙だと云われた。岸信介首相は官僚上がりなので国民の心情というものが理解できないと、あらゆる方面から批判を浴びて退陣に追い込まれる。ところが、実際には岸首相ら自民党幹部は会期延長しか考えていなかった。それにも関わらず、法律になんら違反していないという理由から、清瀬議長が主導して延長と強行採決を立て続けに断行してしまったのが真相であった。

少なくとも、自民党幹事長だった川島正次郎は、東京新聞　昭和四二年一〇月一一日「私の人生劇場」で、そのように証言している。驚いて党執行部全体で反対したが清瀬がどうしても強行しようとするので困って岸首相に相談、「清瀬議長がやろうということなら、このさい安保改定案を上程した方がいいのではないか」と、首相も引きずられてやることになったというのである。

清瀬自身も、直後に開かれた岸首相と清瀬議長を激励する会で以下のような挨拶をしている。

「安保条約の通過に関して私を褒めることは誤りである。しかし私のやったことを悪いと言って非難することも誤りである。私は憲法や国会法と慣例に基づいてやるべきことをやっただけである」（清瀬の秘書だった戸井田三郎の『陣笠代議士奮戦記』）

実際に清瀬が主導したのでなければ、首相を前にしてこんな不遜な発言をすることは自民党議員が赦さないだろう。すでに衆議院議長となって選挙の心配もなくなったと見れば、法律だけを基準とする思考も納得が行く。またこれも憲法問題がからんでいるようでもある。

天皇の病気のため摂政を置いて憲法改正が不可能だった大正時代が終ると、わずか一ヶ月半後の昭和二年二月一二日（昭和元年は一二月二五日にはじまったので一週間しかない）と翌日の二回に渡って、清瀬代議士は読売新聞紙上に『憲法改正私論』を発表した。

神聖不可侵の〈不磨の大典〉と信じられていた帝国憲法の改正が公の場で堂々と打ち出されたのは、憲法発布直後に中江兆民が〈憲法点閲〉を主張して誰にも相手にされなかったとき以来、これが初めてだろう。少しでもそれらしいことを表明しただけで、「憲法紛更」（みだりに改変すること）だと総攻撃を受けるのだ。ましてや、これほど具体的な改正案は、伏せ字だらけで刊行された北一輝『日本改造法案大綱』以外、戦後に至るまで誰も出せなかった極めて大胆なものである。その後に美濃部達吉が論議自体はいいことだから大いにやろうと呼び掛けたりもしたが、畏れ多くて誰も追随できなかったのである。

その改正私論の骨子は以下の三点（台湾や朝鮮に独自の憲法を制定させる提言もしているが、ここでは関係ないので省く）。

（1）華族特権廃止とそれに伴う貴族院の改革。
（2）三ヶ月と極めて短かった国会会期の長期化。
（3）他国との条約批准を議会の権限とすること。

いずれも清瀬が属する衆議院の権限拡張を目指したものだった。

（2）に関しては、通年いつでも開会できることを目標としていたためこの私論には直接書かれていないが、会期延長の権限も天皇から議会に移すことを念頭に置いていたと思われる。帝国憲法第四十二条には会期が三ヶ月であることとともに、必要があれば天皇の勅命で延長することも規定されているからだ。元の会期を三ヶ月よりも長くできても、新憲法の規定のように通年ではなく限定された期間となるなら、この改憲案の趣旨を考えれば必然的にそうなるはずである。

なんとなれば、（1）は〈皇室の藩屏〉（藩屏は防御の囲いの意味）たる華族と貴族院を廃し、（3）は天皇のみが締結権を持っており、天皇直属の枢密院が取り仕切っていた国際条約批准を議会の権限に移すためのものだからだ。天皇主権を侵すような改憲と見られないよう、書き方にはかなり気を遣っているが、実際には天皇の権限を制限するのがこの改正案の主眼であったことは明白だろう。

逆から見ると、伊藤博文ら明治の元勲は、選挙で選ばれる議会の力を極限まで抑え、天皇の権威を借りた自分たち元老が国政を思うままに動かせるよう、いかに腐心して帝国憲法を制定していたかが知れる。

清瀬一郎はそれを、戦後の新憲法と同じような内容に改憲しようと図ったのであった。清瀬は戦後に出版した『政治は生きている』で、日本の戦前の政党の中心的政治思想である立憲思想についてこのように説明している。

当時の立憲思想というのは、英国流の議会政治を理想としておったのである。当時の政治家の演説や文章のうちにも往々イギリスのエドマンド・バークや、ベンジャミン・ヂスレリイの言句が引用せられた。憲法（明治憲法）の上では主権は天皇に在るとしても、その運用においては、議会を中心とし、民権の伸長をはかるというに在った。故にこの立憲思想に反する政府の施政には常に猛然として反抗した。

日本帝国憲法をイギリス流、すなわち戦後の新憲法流に運用することを、戦前から政党は目指していた。そして、大正期の護憲運動によって元老の権限を排するなど、かなりのところまでそれは実現していた。その時期に打ち出した清瀬の改憲案は、無理な運用ではなく、帝国憲法の中身を自分や政党の理想である英国流に改めるためのものだった。

すなわち、押しつけの「マッカーサー憲法」だと清瀬が非難した戦後の新憲法は、拷問禁止規定だけではなく、最も重要な根幹部分に彼の戦前からの理想が注ぎ込まれているのである。

日米安保改正時に清瀬一郎衆議院議長が断行した会期延長と条約批准強行採決は、いずれも帝国憲法では天皇のみの権限であり、新憲法がなければできないことであった。彼の云う「合法だ」はたんに国会法に違反していないだけではなく、新憲法上も議会（の多数派）と議長の意志でできるという意味でもあったのだ。ここでも正当性がないと非難していた「マッカーサー憲法」を、己の法的正当性の根拠としている。またしても、「この憲法は役に立った」という具合である。

ちなみに、清瀬ら戦前のリベラルな政党政治家と対極の立場である国粋主義者の平沼騏一郎は、司法省のトップでありながら、同じように帝国憲法を改憲すべきと周囲には仄めかしていた。『平沼騏一郎回顧録』昭和一七年二月二四日の側近たちに向けた談話では、明治以降の日本は西洋一辺倒になってしまって、帝国憲法も伊藤博文らがあまり理解できないままに西洋の憲法学者の講釈をそのまま翻訳しただけのもので、条文が西洋調だと腐(くさ)してる。そのすぐあとに、「帝国憲法」という名称はドイツ語の直訳であって残念なので、「どうしてもこれは直したいものである」と付け加えている。直接的な表現は避けつつ、これはまあ、名前だけではなく憲法の中身も日本流に変えたいと云っているのだろう。戦後の新憲法に対する改憲論と似たような難癖の付け方をしているのが、おもしろいところではある。

なお、帝国憲法を改正するための議案は天皇の勅令がないと国会に提出できず、さらに両院議員の三分の二以上の賛成がないと否決されるので、戦後よりも改憲は遥かに難しかった。元老と貴族院議員の同意が必要なのだから、天皇や貴族院の権限を削る改正案が通る可能性はまったくない。国粋主義が極まった時代に即しているはずの平沼の方向でさえ、改憲を公に主張できないほど帝国憲法は絶対的なものだったのである。戦前の清瀬の改憲案は、どれほどの覚悟の元に出されたのかが窺い知れる。

戦後になるとＧＨＱに拷問禁止の項目を入れるよう陳情するだけではなく、素早く『法律新報』昭和二〇年一二月号に「憲法改正論議の焦点」として、憲法改正私案を寄稿している。昭和になってすぐに出した改正私論と同じく、大臣は天皇に対してだけではなく議会にも責任を持ち、外国との条約批准権を議会に持たせ、貴族院の改革など、天皇から議会へ権限を移す内容だった。

こうして見ていくと、安保条約の強行採決は、清瀬にとって日米の安全保障なぞまったくどうでもよく、戦前から彼が目指していた憲法改正による議会の権限強化を実体化するためだけにやったように思えてくる。法律や条約に通じた清瀬は、これまでのアメリカに一方的に有利だった安保条約を多少は平等に近づけるための改正と正しく理解して賛同はしていたのだが、安保自体にそれほど強い関心はなかったようだ。明治維新以降の日本の憲政史上における安保条約改正の真の意味を、清瀬ひとりだけは正確に認識していたのである。

そうであれば、大規模な安保反対デモも、清瀬の積年の目論見を実体化するための要素のひとつとなってくる。憲法第十六条の〈請願権〉を法的根拠とする安保反対運動は、天皇でも官僚でも政府でもなく、国会の議長である清瀬に請願を届けるのが目的だったからだ。戦前の帝国憲法でも〈請願権〉は明記されており、帝国議会に対する請願も毎年大量に寄せられていたが、国会議事堂前でのこれほど派手なデモなぞ前代未聞である。

たとえば、昭和一四年のイギリス外相訪日に合わせて日本全国で澎湃として巻き起こった反英運動は、東京の反英市民大会だけでも十万人が結集して気勢を上げてデモ行進、そのナショナリズムの昂揚とも合せて安保闘争そっくりの様相を呈していた。しかし、デモ隊は国会議事堂を素通りし、総理、外務、陸海軍の各大臣に決議書を届けるのが目的だったのだ。

この国の中心が名実共に議会になったのだから、議会派の清瀬にとっては感慨無量だったろう。六〇年安保闘争を主導した全学連の革命は挫折したが、清瀬が戦前から目指していた革命はここに完成を見たのだ。明治維新より重要とも云えるこの〈六〇年清瀬革命〉に気づいている歴史家は、いまだにひとりもいないのである。

個人的挫折が生み出した清瀬理論

ともあれ、改正私案を終戦直後に打ち出したということは、占領下の憲法改正に問題なしと清瀬が考えていたことは間違いない。それどころか、帝国憲法は柔軟運用できるし、改憲は世の中が落ち着いてからゆっくりやればいいという美濃部達吉らの提言を、現実の政治を知らない学者論だと痛烈に批判した。ポツダム宣言を受け入れたからには、その条文から改憲こそ占領を終らせる第一条件であると、外圧を利用しながら自身の案を通そうとしたのである。

日本は無条件降伏をしたわけではないという論を最初に唱えたのも清瀬一郎で、保守派はその受け売りをしているだけだが、清瀬の云う〈条件〉の筆頭はじつは帝国憲法改正だったのだ。一転して占領下の改憲が無効だと云い出してからは、論敵を攻撃する法的根拠にしていたはずのこのような〈条件〉の話はしなくなったのだが。

のちに旧皇室典範の摂政条項を持ち出してきたのも、清瀬一流の弁護士的レトリックに過ぎないことがここから知れる。清瀬はなにゆえ、こんなレトリックを振り回すことになったのか。

新憲法はＧＨＱ草案を元に、両院で四ヶ月に渡る徹底した論議を重ねて多くの修正を施した上に大方の国民の支持を得て制定されている。そのＧＨＱ草案自体、清瀬の提言以外にも日本人による民間憲法草案をかなりの部分取り入れている。だから、「押しつけ」だとか「マッカーサー憲法」だとかいうのは必ずしも正しいわけではないのだが、問題は議会の制定過程で清瀬が関与できなかったことにあると思われる。

戦前から終戦直後まで帝国憲法改正派の急先鋒で具体案を出していたほとんど唯一の存在である自分が、公職追放のため国会の議論に参加できなかった。ポツダム宣言受諾に根拠のある親軍的政治家の追放は法的に否定できないので、代わりに摂政条項や押しつけ論を持ち出して、新憲法を否定したのだ。帝国憲法を改正できるのは自分だけだという自負心を満足させるためと考えなければ、終戦直後の自身の言動とも矛盾するこのような無理のあるレトリックを捻り出すことになった理由は説明がつかないだろう。

なにせ、新憲法の内容に問題があるのなら、新たにその改正を目指せばいいだけのはずなのだから。しかし、それでは帝国憲法の改正にはならないではないか。帝国憲法改正が生涯の悲願だった清瀬にとって、自分が関与していない新憲法は最初から無かったことにしなければならなかったのだ。議会派の清瀬にとって、裏口からの陳情ではなく、議会での堂々たる議論をできなかったことは、議会人としての己の人生を全否定することになってしまうのだ。

また、朝鮮戦争勃発からGHQは日本に再軍備を要求、憲法九条改正を強力に迫ってきたのだから、新憲法改正こそが占領軍の押しつけである〈マッカーサー改憲〉そのものであった。そのため、改憲ではなく新憲法が最初からなかったことにしないといけないということもあっただろう。

〈マッカーサー憲法〉だとか、〈清瀬理論〉だとか、あるいは安保改定強行採決も含めて、清瀬一郎という特異なる法律政治家の個人的執念と挫折が編み出した捻れたレトリックであり、その巧みな弁護士的アクロバチック言語に日本はいまだに翻弄され続けているのである。

ファシストになりそこねた男

この調子で大衆迎合と法律基準というふたつの背景を組み合わせていくと清瀬の言動のすべてをうまく説明できるようにも見えるが、やはりそうでもない。

憲法改正私論を発表した一ヶ月後の国会で、清瀬が田中義一首相の陸軍機密費横領疑惑を追及する演説中に、与党議員十数人に壇上で襲われている。殴られたり首を絞められたりするという、言論の府たる議会そのものを否定するような事件だった。

また、彼が推し進めた普通選挙のため広範な選挙運動が必要となり、却って金持ちしか議員に当選できなくなってしまった。その莫大な選挙資金作りのため、財閥との癒着や汚職も増大する。

その後も弱小野党系の衆議院副議長となって議事運営に苦労し、政党政治に嫌気が差すようになっていったようだ。

これ以前にも国会乱闘は多く、鉄道敷設法案で揉めたときなどは、清瀬代議士が「会議は六時七分に開かれ定刻を過ぎたれば正式に開会せられ居らず」と議長の議会開会宣言が違法であることを非難したことが乱闘のきっかけとなっている（東京朝日新聞大正一〇年三月二七日朝刊）。議長の議会運営の合法性が、彼にとっては重大事であった。ちなみに、このときには衆議院書記官が議会内の時計の針をこっそり六時前に戻そうとして野党議員と対立するという、〈二俣事件〉のトリックのようなことも起きている。

憲法改正私論にもすでに「変態的政党政治が行われたため近時甚だしく議会の信用を失墜した」と記している由縁である。そこで起きた〈五・一五事件〉の青年将校らが、政党政治の打倒を叫んでいたことに共鳴したのだろう。

犬養毅と袂を分かったのは、犬養が党首で清瀬も属していた小政党の革新倶楽部を立憲政友会に吸収合併させようとしたからだった。既存の大政党を批判していた清瀬にとって、これは赦せないことである。青年将校らが批判していた政党政治とは、二大政党が足を引っ張り合う泥仕合のことだったので、清瀬には元々共感できることだった。

また青年将校らは、田中義一大将などの薩長閥が支配していたそれまでの軍の打倒も目指しており、反軍的な清瀬が期待を寄せる余地もあった。

青年将校ら一部の革新派将校が中枢を握るようになった軍に接近するのは、たんなる大衆迎合ではなく、政党政治に理想を持ち過ぎた反動として噴き出した偽りのない真情と云える。清瀬は特許法の第一人者で企業顧問を数多く引き受けていたために選挙資金に困ることはなく、小作争議で弁護を引き受けて地元姫路の小作たちに広く支持され、戦前は政権と縁がない小政党所属ながら一度も落選がないという強さだった。自分の節を曲げてまでの大衆迎合は、じつは必要なかったのである。

ただ、彼が率いた革新党は議席を徐々に減らしてしまったため、中野正剛らと合流して国民同盟を結成、ここもジリ貧となり近衛文麿の〈新体制運動〉に参加するといった政治遍歴を辿ることにはなる。

「政治の貧困の克服」を目指して、近衛文麿の〈新体制運動〉にも参加して積極的に改革を推し進めようとした。大政翼賛会が結成されたときに、憲法違反だという批判が轟然と巻き起こったが、清瀬は合憲だという論陣を張っている。憲法違反だと攻撃したのは平沼騏一郎ら〈観念右翼〉で、天皇が直接親政を敷くべきと考える〈復古派〉である彼らにとって、天皇の権限を侵す強大な力を持つ政治組織は赦せないことだった。「幕府を作るつもりか」と騒ぎ立てる由縁である。帝国憲法では天皇に国家主権があるので、正当な主張ではあった。

憲法改正私論を見ても判るように、清瀬は天皇の権限を議会に移そうとしていたので、天皇の権限を総理大臣に移そうとしていた近衛文麿と同じく、英国的な、あるいは戦後的な立憲君主国家を目指していたと思われる。大政翼賛会が平沼らによって骨抜きにされたあとも、清瀬は近衛と同じく、企画院の権限強化を画策したが、やはり帝国憲法の壁は厚く、つぶされてしまった。

清永聡『気骨の判決』でも知られる、翼賛選挙での非推薦候補者に警察などが妨害をした鹿児島二区の選挙無効訴訟では、清瀬が被告側弁護人として大政翼賛会を代表する主張を展開したが敗れている。全国で五件起こされた同様の訴訟では清瀬がすべて被告側弁護人となり、ほかの四件では勝訴しているのではあるが。

〈新体制運動〉が当初の目論見通りに発展していれば、天皇に権限のない戦後型の立憲君主制度を経て、ナチスドイツの如きファシズムが日本にも成立したはずだった。しかし、西洋的な民主主義を基盤とするファシズムを、天皇に反するものとして嫌う平沼らに阻まれ、幸か不幸か清瀬はファシストにならずに済んでいる。

極東裁判でも、「大政翼賛会はナチスの如きファシズム政党だ」と追及する連合国側の検事に対し、胸を張って堂々と反論することができた。

清瀬が戦争に与えた深刻な影響

極東裁判ではさらに、満州事変以来の日本の戦争を自衛のためと正当化し、とくにいかに合法的だったかを強調した。これはじつは戦時中から清瀬の主張したことそのままだったのである。むしろ、法廷で展開すべきいささか技術的な小手先の法律論を現実のパワーポリティクスの場に持ち込んで、日本の方向性を誤らせてしまった感がある。

国が滅んでしまえばどちらが法的に正しいかなどということは無意味だと、ドイツ帝国の滅亡と帝室廃絶を目の当たりにして思い知っていたはずであったのに。ドイツ帝国は、テロによって皇太子を暗殺されたオーストリアの味方をしただけだったのだが。しかも、満州事変勃発のわずか三ヶ月前に出したパンフレット『軍費を論ず』（黒澤良『清瀬一郎　ある法曹政治家の生涯』収録）に於いて、その崩壊したドイツ帝国を引き合いに出しながら、こう説いていたのである。

「我が外交関係は危機をはらむものとは思われぬ。地理的関係は我が国は守るに易き島国であると見る。従って仮想敵もまた近くにはない。侵略遠征などいうことの不可なるは論ずるまでもない」

「実際的に考えて今日の世界の大勢を達観すれば、我が国が侵略遠征の帝国主義を立てて繁栄するなどということが考えらるべきものでない」

「武備偏重は事実において国を保つゆえんでない」

満蒙問題の武力解決を謀る軍を批判し、当時の国際情勢では、日本の自衛のために戦争など必要ないと断言した。第一次大戦で開戦一年以上経てからようやく徴兵制を敷き、大戦終了とともに廃止したイギリスに、島国防衛のあり方を見習おうとしたのかもしれない。軍の過少申告とは違って、各国の条件を揃えると日本の国家予算に占める軍事費の割合は二七・七パーセントと世界一高く、とくにイギリスの二倍にも達することを強調している。その莫大なる軍事費を減らして、疲弊した農村救済に廻すべきだと清瀬は主張するのである。

経済力はもちろん、外交や地理的条件を含めた総合的な〈国力〉こそが国防の要であって、過大なる軍事力はむしろ〈国力〉を弱め、国を滅ぼすことになるというのが、ドイツ帝国滅亡から得た清瀬の信念であった。第一次大戦から総力戦というものを正しく学び取った、日本では希有な存在だったことが判る。

それが、満州事変がはじまると一転して、清瀬自身の論を裏切る言動を取ることになるのだ。

このパンフ『軍費を論ず』は、清瀬一郎、新渡部稲造、石橋湛山、尾崎行雄らが設立した〈軍縮国民同盟〉から出されている。この錚々たる論客たちによる強力な運動と、大恐慌による国費逼迫から、軍事費削減が目前に迫られていた。追い詰められた軍が予算死守のため満州事変を起こしたことは、清瀬も承知していたのではないかと思われる。ところが、鮮やかなる勝ち戦を見て世論が一八〇度転換したのと同じく、国内体制の行き詰まりを打開する道と考えて対外膨張路線を熱烈に支持するようになってしまうのである。

青年将校の扇動者

そこから意見を変えるだけならともかく、過去の自身の思想までも修正することになる。清瀬が〈五・一五事件〉の弁護団に加わりたいと自ら申し出たときには、青年将校ら昭和維新勢力は警戒心を抱いて一度は拒絶した。議会で海軍軍縮条約を強力に支持し、統帥権干犯などないと断言していたのだから、どう考えても彼らの敵であり、それも道理である。ところが、法廷に立った清瀬は、軍縮条約は明確な統帥権干犯であり、そもそもの軍縮も国防を危うくする間違った方策なのだから、軍人である彼らが憤激して行動を起こすのも当然であるとの弁論を展開したのだ。これには弁護されている青年将校らでさえ、さぞや唖然としたことであろう。

満州事変直前には、師団長らに満蒙問題の武力解決への決心を促す文書を配布した南次郎陸軍大臣に対して、激しく非難する質問書を〈軍縮国民同盟〉の連名で突きつけていた。

「政治に関し、論説もしくは文書をもって意見を公表したる者は三年以下の禁固」と軍人の政治意見表明を厳しく禁じた陸海軍刑法第百三条に違反することは間違いないというのである。それが、〈五・一五事件〉公判では、その南陸相が題字を書いていることをことさら何度も強調しながら、『陸海軍人に賜りたる勅諭下賜事情』という本を自己の論理の裏付けとして持ち出すことになる。軍人勅諭で「政治に拘わらず、ただただ一途に己が本分の忠誠を守り」と政治活動を禁じているように見える文言は、じつはそうではないと力説するのだ。「政治」という言葉をマルクス思想や政党政治に巧みにずらしながら、軍人勅諭はそういうおかしな政治にかぶれることを禁じているのであって、むしろまともな「政治」であれば軍人は積極的に参加すべきだとまで云い切った。

実際には、明治一一年に近衛兵たちが反乱を起こして上官を殺害、大隈重信大蔵卿邸に発砲し、明治天皇に直訴しようと銃撃戦を繰り広げながら皇居に進撃して五三人が死刑となった〈竹橋事件〉から、こういう禁止令が天皇の名に於いて出されるようになったのだが。まさしく、〈五・一五事件〉〈二・二六事件〉の如き政治活動を封じ込めるための軍人勅諭であり、発言さえ禁ずる陸海軍刑法であり、清瀬の論法は詭弁の極みではあった。

清瀬の弁論は、法律論から政治論、教育論から哲学論、民族論、果ては心情論まで駆使し、総理大臣を暗殺した彼らは実質的に無罪であるというところまで論理を引きずり廻してゆく。華麗なる文言と相まって、当代一流の弁護士として面目躍如の力業を見せつける。
その一環として、彼らが行動を起こしたのではなく、政界や財界が腐敗し貧困や精神退廃が蔓延するこの時代、自然の力が彼らにそうさせたのだという〈造化の秘鍵〉論も展開した。「造化」とは造物主により創造された森羅万象の自然のこと。その秘密の鍵について法廷で解き明そうという呆れ返るほかはない壮大なる目論見だが、その名にし負う見事なる言語による現実歪曲空間構築ではあった。
「春になれば梅の花が咲く。梅の花に向って、汝は何故咲いたかと問うても梅花は之に答えることは出来ない。長い間氷に鎖され、雪に埋もれたが冬も終って春になった。雪も融けた。地熱もようやく煖くなった。東の風もそよそよ吹いている。鳥も枝に鳴く。この全体の空気が梅の花を何時の間にか咲かしめた。梅が開いたのではない。天然が開かせたのである。故に畑の畔の一つの梅が開けば、山の谷の梅、庭園の梅も同じく開く。開いたのでない。天然が開かせたのだ」（清瀬一郎『造化の秘鍵　五・一五事件の弁論』）
法廷に朗々たるその冴え渡る弁舌は、昭和維新運動の青年将校やその支持者、あるいは軍の分裂を招きかねない死刑だけは回避したかった軍法会議の判事たちの心を、見事なまでに摑むことになる。その結果、首謀者でも禁錮十五年、同志たちはさらに短いという、信じられないような軽い判決を引出すことに成功した。

これがたんなる弁護人としてのディベート・テクニックに過ぎないのか、清瀬の心底から湧き上がる真情に発するものなのか、俄には見極めがつかないところがある。政界浄化のために革新倶楽部を結成したが、権力財力ある者には負け続け、同志四〇名が選挙の度に半分に減って、いまでは三人になってしまったという私的体験を元に、もはや通常のやり方では政治改革などできないと法廷で熱弁する清瀬の言葉も本音だろう。また、「心を虚にしてこの二箇月間被告を了解せんと務めた」結果、自分や検事のような明治の遺物とは違う、政党内閣が本格的にはじまった大正七年に11歳だった若い世代が、その後に蔓延する政界財界の腐敗や統帥権干犯へ抱く心情を悟ったという弁護人的立場もある。軍人が国家に反逆して首相を暗殺するという、どう考えても極刑しかあり得ない依頼人の死刑を回避させるためのいかにも弁護士的アクロバチックな言説を弄するうちに、自らもその言葉に酔い、真実だと信じ込んでしまうという〈自己欺瞞〉の作用も少なからず働いていることだろう。

それらが相まり、たんなる弁護から大きく踏み出し、さらに来るべき次の維新行動までをも予告、あるいは扇動する内容であるところに、清瀬弁論の見逃せない特徴があった。それは難解ゆえにさして読まれていなかった北一輝の革命理論よりも、のちに行動を起こす二・二六などの青年将校たちに与えた影響は遙かに大きかったのではないかと思われる。

その前提となる、軍人勅諭で禁じられた軍人の政治活動に対する心理的抵抗を、法律面から一掃したことが決定的だったろう。また、統帥権干犯解釈への影響もある。

本来、軍縮条約は天皇自身が批准しているのだから統帥権干犯なぞないはずで、検事も当然そう主張した。それに対して清瀬は、責任を天皇に押しつけるものだとこきおろし、さらには検事を恫喝さえしているのである。

「日本に於いて、口を皇室に籍り（※借り）奉って、問題を解決しようと云う者は不忠不信の逆賊であると謂われても致し方はありませぬ」「これは私の言うべきことではないかも知れぬが、法廷でそんなをことを仰しゃっては問題になりますぞ」（『造化の秘鍵』）

統帥権（軍の指揮権）を持つ唯一の存在であると帝国憲法に明記されている天皇が認可しているのに、何故か統帥権干犯だという論法は、のちに〈二・二六事件〉の青年将校たちも駆使するものだ。法律の第一人者であるはずの清瀬の、この法廷での発言の影響は見逃せないだろう。帝国憲法を柔軟運用して天皇の権限を形式的なものに押し込めたいと考える議会派の清瀬にとっては、それなりに筋が通った主張ではある。帝国憲法の文言通りに天皇親政を目指す昭和維新派の青年将校が同じことを云うのは、まことにおかしな話ではあるのだが。

歴史に禍根を残した清瀬流、弁護士流〈東京裁判史観〉

こうして親軍派に転向した清瀬一郎は、極東裁判で満州事変以来の日本の戦争を自衛のためと正当化し、とくにいかに合法的だったかを強調したわけだが、しかしまた、清瀬の論法は、以下の処に立脚していた。

「われわれがここに求めんとする真理は、一方の当事者が全然正しく、他方が絶対不正であるということではありませぬ」「近代戦争を生起しました一層深き原因を探究せねばなりませぬ」「将来の世代のために恒久平和への方向と努力の方途を指示するでありましょう」（清瀬による冒頭陳述）

これは敵対国の違法性を非難し、日本の合法性を主張し続けた戦時中の清瀬自身の態度を断罪し、満州事変以前の、ドイツ帝国崩壊に衝撃を受けた元の清瀬の姿に立ち戻ったと見えなくもない。

だが、その願いとは裏腹に、清瀬の極東裁判に於ける弁護は、日本の戦争を法的正当性のみの狭い議論に押し込める歪な影響を現代にまで及ぼし、「一層深き原因」を探究する妨げとなってしまった。それは、何事も法律に還元しないと思考できなかった法曹政治家としての清瀬の限界であり、また清瀬の法曹政治家としての卓抜した弁舌能力がもたらした歴史の皮肉ではあった。

清瀬が極東裁判に関わるそもそもの経緯も、いくつかの曲折が重なった、云わば偶然からである。敗戦必至と見たからだろうが、陸軍法務部が国際法の学者たちを顧問に迎え、ウェストファリア条約からベルサイユ条約までの終戦条約に関する研究会を戦争末期に何度か開いた。国会で外交問題を論じることが多かった法律家の清瀬も、請われて顧問のひとりとなっていた。顧問団で唯一の現役弁護士だったこともあり、その縁で陸軍軍人が多いA級戦犯全員の弁護人をいったん引き受けることになる。他の被告は個人的に次々弁護人を雇ったのに、東條英機だけは引き受け手がなく、やむなく清瀬が東條をそのまま担当することになったのである。

この偶然が、戦勝国からの押しつけなどよりも遙かに大きな禍根を歴史に残す清瀬流、あるいは弁護士流〈東京裁判史観〉を立ち上げてしまい、ドイツ帝国滅亡の教訓を再度踏みにじることになった。

しかし、この清瀬流〈東京裁判史観〉は、清瀬の留学まで遡って、もう一度再検証してみれば、また違った様相を呈してくる。戦後の清瀬理論も合せて、昭和史とはすなわち、清瀬一郎の立ち位置の遍歴によって融通無碍に変転する弁護士的レトリックに引きずり回された歴史であったとも云えるのである。

拷問と清瀬一郎

清瀬はまだ青年将校らの弁護を引き受ける前の昭和八年一月二三日の国会で、政党政治不信のために五・一五のような事件が起きるのも当然であるかの如き発言をし、与党から撤回を求められて大問題となっている。

しかしまた、この同じ演説では、共産党員への拷問など行き過ぎた取り調べ方も糾弾しているのである。「人権蹂躪と云うのは古い言葉ではありますけれども」と述べているのがなかなか興味深い。「人権蹂躪」は、平沼騏一郎が〈検察権の独立〉を確立させ、〈日糖疑獄〉で苛烈な取り調べを行った明治末に流行った言葉だった。

この追及に対して、小山松吉司法大臣も、このように答弁している。

「人権蹂躪の不当でありますることは申すまでもないのでありまして、これを絶滅致しまするためには多年政府当局は努力を致して居るのであります」（帝国議会会議録）

実際に小山大臣は検事総長時代、特高の法律無視の姿勢を非難し、拷問を絶対に禁ずる訓示を出している。こちらは国会の建前の答弁などではなく、部外秘の本音である。

従来司法警察官中のある者は、思想犯人は国体の変革を企図する大罪人なるを以て、かかる犯人の取調を為すには法律を超越するも可なりと主張されたそうでありますが此の如き考を以て取調を為せば往々にして人権を蹂躙する結果となるのみではなく被疑者をして反抗心を高めしむることとなり取調の効果を挙ぐることは出来ぬであろうと思います。

極めて稀なる事例ではありますが警察署に勤務する署員が警察官の取調の苛酷なるを目撃し之を憤慨して其の職を辞し反て共産党に加盟するに至った者があります故に取調の苛酷なることは意外の辺にもまた反感を生ぜしむるものであることを注意せられたいのであります。

各位は思想事犯の取調に付ては法規を遵守し飽くまでも合法的態度を執られんことを望みます。

(昭和四年九月一八日の特別高等課長事務打合会訓辞。
『大審院長検事総長訓示演述集（部外秘）』収録)

明治一三年の太政官布告第三十六号では、第二百八十二条でこのように定まっていた。

「裁判官検事及び警察官吏被告人に対し罪状を陳述せしむる為め暴行を加え又は陵虐の所

為ある者は四月以上四年以下の重禁錮に処し五円以上五十円以下の罰金を附加す」「因て被告人を死傷に致したる時は殴打創傷の各本条に照し一等を加え重きに従て処断す」

明治四一年に改正された刑法では、百九十五条でこのような条文となった。

「裁判、検察、警察の職務を行い又はこれを補助する者、その職務を行うに当り刑事被告人その他の者に対し暴行又は陵辱の行為を為したるときは三年以下の懲役または禁錮に処す」

戦後の改正で「七年以下の懲役または禁錮」となった以外は、現行の刑法百九十五条と同じである。

元々、欧米各国が居留民に対する裁判権は自国領事にあるという治外法権条約を江戸幕府と結ぶことになったのは、日本の遅れた法制度から自国民を護るということが名目となっていた。明治維新後の法整備は、この不平等条約を解消することが第一の目的だったため、拷問や残虐な刑罰は欧米以上に厳格に禁ずる必要があった。日本の民法刑法の基礎を確立したお雇い外国人ボアソナードが理想主義者で、拷問廃止を強く進言したことも大きい。ようやく不平等条約を解消し、日本が在留外国人への裁判権を取り戻したのは明治三二年のことだった。だからこそ、これだけ厳しく拷問を禁ずる法律があり、国家を担う法律専門家が拷問を撲滅しようとするのは、至極当然のことであったのだ。

それでも拷問は絶えることなく、この司法大臣答弁のわずか一ヶ月後に小林多喜二が拷問死している。これには内務省の特高が司法省の大臣や検事総長を軽く見ていたこともあろうが、また大審院（いまの最高裁）の判例も関係している。

大審院は「拷問は違法であるが、そこから得られた自白は必ずしも嘘とは限らないので証拠として採用する」という趣旨の判決を出していたのである。法律用語で云うところの〈毒樹の果実〉、つまり違法な取り調べから得られた成果は、喰ってもよろしいということになっていたのだ。

そこで、清瀬一郎はたんに拷問を禁止するだけでは撲滅は無理なので、「拷問の疑ある自白は一切証拠とすべきでない、との大原則を立つべきである」とGHQに乗り込み訴えたのである。かつての帝国憲法改正私論と同じく、終戦からわずか二ヶ月後の早業であった。

法律家としては、かくの如く首尾一貫していると云える。

なお、改訂される前の中公文庫『秘録東京裁判』に付いていた長尾龍一の解説には、清瀬は裁判官を志して司法省に入り、養成過程にいたとき予審での拷問に衝撃をうけて辞職、弁護士になったとある。『清瀬一郎　ある法曹政治家の生涯』の著者である黒澤良学習院大学講師に問い合わせてみたところ、清瀬の次男である清瀬信次郎亜細亜大学名誉教授もそのように語っていたという。長尾東大名誉教授も信次郎教授などから聞いた話として記しているので、出処は同じであろう。

しかし、拷問についての記述が多い清瀬が、この重大なる人生の転機について書き残していないのは、いささか解せないところがある。『拷問捜査』では、ボアソナードが裁判官養成所へ授業に向かう途中で裁判所内の拷問を目撃、強い衝撃を受けてすぐに意見書を政府に出して拷問廃止のため奔走した有名なエピソードが記されているが、清瀬のそんな話を周囲が混同した可能性もあるのではないかと私は疑っている。清瀬が養成過程で判事を辞めたのは事実ではあるのだが、官に留まるより民権擁護をしたかったからだと本人は語っている。

複雑怪奇なる清瀬一郎

清瀬一郎は文部大臣時代に、石原慎太郎原作脚本の太陽族映画を映倫の自主規制だけに任せず法律で取り締まろうと画策する。また、戦後の風紀が乱れた元凶として男女共学を廃止しようともしており、安保闘争のずっと以前から守旧派の象徴として左翼が支配していた言論界の総攻撃を受けていた。

いや、そもそもの大臣就任自体が、結党したばかりの自民党の保守反動ぶりを示すものだと見なされていた。たとえば、経済白書の有名なフレーズの元ネタとして知られている中野好夫「もはや「戦後」ではない」（『文藝春秋』昭和三一年二月号）では、左右の思想を越えた過去の遺物の典型として、ここまでこきおろされていたのである。

いくら口では民主主義を云いながら、最近保守合同までの経過に見られた政治取引のアイマイさなど、およそこれほど青年の気持を懐疑、失望に陥れたものはなかったであろうし、まして合同後新内閣の椅子の振り当てぶり、――なにもジャーナリズムの批評を待つまでもなく、あまりにも目に見えたせめて死出の思い出に大臣の味もなめさせてやると云わんばかりの割振りぶり、とりわけ文教担当の大臣というような役割に、過去は知らぬが、現在少くとももっとも精神の動脈硬化を来しているような人物を持って来るなどとは言語道断である。思想、主義はとにかく、これでは教師も生徒も助からないであろう。

71歳での文部大臣就任時にすでに前世紀のミイラとしか見られていなかった清瀬一郎が、

その後にこれだけの仕事をやってのけるとは誰も予想だにしなかったであろう。しかも、成し遂げた当時も、現在に於いても、人はバラバラの一部分しか見ることなく、その全体像は何人(なんぴと)にもまだ捕まえられてはいないのである。

たとえば、自費出版の『二俣の怪事件』には第41章「感想」という章があるのだが、『拷問捜査』では丸ごと削られている。民主主義の世の中だと喧伝される戦後になって、何故、拷問をする警察官がいたり、また、「少々の強制により、やすやすと虚偽の自白をなす青年があったのか」という、〈二俣事件〉〈幸浦事件〉を総括した章である。

道徳の第一原理たる「人間尊重の精神」が日本では浸透していないのがその原因だが、なにゆえそうなのかを清瀬は説いている。

道徳の根本のひとつである宗教でも人間尊重は重視されているが、しかし、仏教の〈慈悲〉もキリスト教の〈愛〉も他者に向けた人間尊重であって、自己に対してではない。ルネッサンスによって初めて、他者も自己も含めた「一番貴いものは人間である」というテーゼが道徳の根源になった。ところがこのルネッサンスの人間中心主義思想を基盤とする道徳が、日本の文明開化では正しく取り入れられなかったのだと清瀬は云う。

「日本が明治維新の変革をなし遂げ、文明開化を標語とし、義務教育においては宗教と離れた国民道徳を打ち立てんとした。この調子で進む以上、明治の教育では必ずこの人間尊重を基調とすべきであった。かの教育勅語でも、これを基調として説明も出来た。しかるに我が教育界はこれに徹底することが出来なかった」

さらには「明治、大正、昭和を通じ、わが国の道徳教育には魂もなく、熱情もなかった」とまで断言するのである。これは戦前には普通に云われていたことであり、当時の道徳崩壊の実態は拙著『戦前の少年犯罪』を参照していただきたい。青年将校らの昭和維新運動も、政界や財界、軍部の腐敗だけではなく、世の中全般の道徳退廃を憂い、教育改革をその政治目標の中心のひとつとして掲げていたのである。

だからこそと清瀬は続けるが、警察官は拷問をし、「拷問を受ける容疑者も、容易にこれに対して屈しておる」。また、昭和三〇年前後は青少年の自殺が極めて多く、実数で現在の五倍以上、年齢別人口比でも三倍以上もあったが、これも自己という人間を尊重できないためだと云う。

そのため清瀬は文部大臣時代に道徳教育を学校に取り入れるよう唱えたが、戦前の修身を復活するものだと強い批判を浴びた。しかし、この非難は大きな誤解から来ていると説くのである。

「私は昔から昔の修身のような押しつけ主義には反対しておる。私の過去三十数年の行動によりご了解を願えるものと思う。私は日本の青年に合理主義、人格主義による道徳を浸透せしめ、成長して公務員の地位についても、拷問のような卑しむべき行為をなさず、また一朝、捕われて、調べを受ける立場に立っても迎合的、屈辱的の態度をとることなく、毅然として気品を失わない人間となしたいものであると願っておる。これが私が本件を弁護して後の感想である」

旧弊なる文部大臣という当時の清瀬への評価は、これを読めばずいぶんと変わってくるだろう。しかし、自費出版の一年後に出した広く読まれる商業出版に於いて、彼は何故かこの一章を消し去ってしまったのである。

その年に出した『政治は生きている』では、「社会党には理論がある（マルクス主義をいうのであろう）。しかるに自民党には哲学がない」（※括弧内も清瀬の原文のまま）という世評を誤りとし、ルネッサンス以来、文明国の共通思潮となった「人間尊重」の思想こそが保守党の哲学であると高らかに宣言しているのであるが。

秘書だった戸井田三郎によると、清瀬は82歳での死を前にして「政治家は浴衣がけで旅をすることは出来ない」と云って、自ら正装し息を引きとったという（『陣笠代議士奮戦記』）。周りが留めるのも構わず、死の床でモーニングコートに着替えたらしい。さらには、議員生活四十年で本会議を欠席したのは一日だけ、しかもその唯一となった急性肺炎を患って欠席届を出した日に亡くなっている（戸井田徹『労して功らず 厚生・福祉の政治家戸井田三郎』）。

清瀬一郎こそ、まさしく紅林麻雄警部補に対峙するにふさわしい、複雑怪奇なる人物ではあった。

清瀬のライバル、海野普吉

紅林麻雄警部補が引き起こした三大冤罪事件のうち、清瀬一郎が手掛けなかった〈小島事件〉の弁護を担当したのが海野普吉（うんのしんきち）だったことは、歴史の妙ではある。清瀬と海野は、まるで表と裏、右手と左手の如くに、ある意味そっくりでありながらも決して握手ができない好敵手であったからだ。

一歳違いで治安維持法に反対するリベラル弁護士として出発したふたりだったが、親軍派に転向した清瀬とは違って、海野は戦時中も反体制を貫いた。〈人民戦線事件〉〈尾崎行雄不敬事件〉〈津田左右吉事件〉〈河合栄治郎事件〉〈横浜事件〉〈企画院事件〉などなど、この時期の名だたる思想弾圧事件を一手に引き受けて弁護している。清瀬が会長となる戦争協力のための弁護士報国会設立にも頑強に反対、もちろん自身は会員とならなかった。

戦後は社会党結成に参加。しかし、清瀬のように政治家とはならず、また社会党政権時の司法大臣、検事総長、できたばかりの最高裁判事の就任を次々要請されたが、すべて断っている。弁護士であることにこだわり続け、日弁連会長に選出される。

その一方で公職追放の適否審査委員ともなり、政治家などを担当して閣僚を含む大物を次々追放処分、GHQでさえ「あまり激しくやるな」と注意する始末だった（『海野普吉ある弁護士の歩み』）。終戦後の政治変革を〈革命〉と捉え、革命時には人権制限もやむなしと考えていたらしい。

ただ、吉田茂の息が掛った委員が吉田の政敵を次々追放したりといったこともあったので、左派だけが無茶をやったわけでもない。また、清瀬の追放は、審査委員会設置以前にGHQが直接命じたことなので、海野は関係していない。

しかし、追放する側とされる側という対極に立ったのである。この両極は憲法を軸にして、対称性をより鮮明にするのだった。

海野は民間の憲法改正案作成に参加、憲法懇談会の草案に「日本国は軍備をもたざる文化国家とす」という条文も入れようとしたが反対されたので、代わりに平和主義を打ち出す前文を書いた（憲法懇談会の主宰者で、この草案を巡るやり取りを海野とした稲田正次「戦後憲法私案起草の経過」富士論叢昭和五四年一一月号による）。これが新憲法の前文に影響したとも云われる。そのため新憲法、とくに九条を日本の誇りとして、改変しようとする勢力を決して赦さなかった。

海野の弟子で、〈小島事件〉弁護団にも加わった芦田浩志弁護士が、海野の〈憲法改正限界説〉にしてもなかなか過激な理論を記している。

「憲法典に明文化した立憲民主主義、戦争放棄、基本的人権の不可侵などは、憲法九十六条の改正手続きでは変更できず、ファシズム、軍国主義がこれら不可変の原則に手をつけるとすれば、これも「革命」を企図するものであり、われわれ護憲派は、体制擁護勢力として、これら「革命」分子を憲法の名において抑圧する、ともいっておられました」（『弁護士海野普吉』）

天皇主権から国民主権へと、限界説を越える改正を行うことに整合性を保つため捻り出されたレトリックとしての〈八月革命〉説とは違い、最初から本気で革命だと捉えて新憲法を制定しようとした海野の決意のほどがここに表れているのだろう。

そんな彼は憲法懇談会の草案に、「犯罪容疑者に対する審理遅滞及自白の強要は之を禁ず」という条文も入れた。これが清瀬の請願とともにGHQ憲法草案の拷問禁止条項に影響を与えたと唱える論者もいる。

ただ、海野は清瀬とは違って、このような条項を刑法だけではなく憲法に入れなければならないのは、日本の人権意識が遅れているためで、恥ずかしい気持ちがすると述べている。将来的に憲法を改正するとしたら、この条文を削ることとしかありえないとまで云っており、こんな部分まで徹底的に対立しているのである。

海野の危惧通りに、清瀬が公職追放を解除され政界に復帰すると、早速に改進党の憲法調査会会長として憲法九条の撤廃を打ち出す。その後の自民党では、清瀬が中心となって内閣に憲法調査会を設置し改憲を目指す。すると海野は準備会議長に就任し、社会党系の憲法擁護国民連合を結成して対抗した。

さらには、自由人権協会を設立して会長となる。この経歴に相応しく左翼系の公判を数多く手がけたが、しかし、裁判は思想にこだわらない主義で、〈昭和電工事件〉では大蔵省主計局長だった福田赳夫、また〈造船疑獄〉など、保守系の贈収賄事件も弁護している。社会党員として、保守派よりも共産党を嫌ったと思われるが、そちら方面も変わらず弁護を引き受けた。〈森永ヒ素ミルク事件〉や不当労働行為案件でさえ、企業側に立って弁護している。

なお、左派系弁護士で海野とも交流のあった森永英三郎は、社会党は大政党となるため広く自由主義者も集めており、海野に社会主義思想はまったくなく自由主義者だったのではないかと『日本弁護士列伝』に記している。戦前の思想事件も六高の後輩たちに頼られてやったので、社会主義の弁護士たちとは距離を置いていたというのである。このあたりは、どうもはっきりしない。ただ、世間からは当然のことに社会主義者と見られていた。

そうでありながら、極右のテロ事件まで弁護している。終戦の日に、佐々木武雄大尉率いる〈国民神風隊〉四〇人が首相を暗殺して降伏を阻止するため首相官邸を機関銃で襲い、首相私邸に放火全焼させた。和平工作をしていた平沼騏一郎宅も襲っている。映画『日本のいちばん長い日』でも描かれたこの事件では、軍人はすべて憲兵隊に自首して無罪放免となったのに、大尉の後輩として参加した専門学校生五人など民間人七人だけが警察に逮捕されたので、海野が弁護人となったのだ。

ちなみに、七人とも戦時刑事特別法に於ける国政変乱目的の殺人予備、戦時放火罪で懲役五年の刑となり、一年半で釈放されたが、専門学校生ひとりは獄中で病死。自ら出頭した彼らとは違い、首謀者の大尉は時効まで身を隠して逃げ切っている。

こういう事件まで含めて幅広く受け入れる懐の深さがあったのだが、極東国際軍事裁判の弁護団団長就任を要請されたときだけは即座に断った。その理由は述べなかったが、心を許した者には「弁護士は赤十字だ。どんな事件でも選り好みはしない。だが、この裁判だけは嫌だ」「ファシストたちの弁護ができるか」と漏らしたという（入江曜子『思想は裁けるか　弁護士・海野普吉伝』）。

なんたる歴史の采配か、極東裁判の弁護団副団長は清瀬一郎が務めることになるのである。清瀬流〈東京裁判史観〉を巡る舞台上での直接対決が回避されたのは、結果的に何も起こらなかったために見逃されているが、日本の歴史にとって決定的とも云える大きな出来事であった。反物質同士がよりによってあの舞台で激突していたとしたら、果たしてどうような顚末が待ち受けていたであろうか。ここでとことんまでぶつかり合っておれば全国民を巻き込み、あるいはひょっとすると、戦後に遺された矛盾をすべてこの時点で解消するといった展開もあり得たかもしれないのである。

清瀬と海野、共闘と反発

その海野普吉が紅林警部補の冤罪事件に関わるようになったのは、清瀬とはまったく別ルートからで、たまたま彼が静岡県出身だったことによる。〈小島事件〉の一審を担当した弁護士が無罪を勝ち取るには高名な海野を頼るほかないと面識もなかった郷土の先輩に直談判、昭和二七年に二審から弁護を引き受けることとなるのである。

清瀬は昭和二六年にたまたま仕事で浜松市を訪れた際、二審の死刑判決が出たばかりの〈幸浦事件〉弁護人を務めていた内藤惣一静岡県弁護士会会長に依頼されたのだった。翌年には南部清松氏の手紙を受け取り、〈二俣事件〉弁護団にも加わることになる。

名実ともに左派と保守派を代表するトップ弁護士両雄を同時に相手にする羽目になったのが、紅林警部補の不運ではあった。

「海野先生のキャリア、永年司法界にきづかれた信用、その海野先生が全力を傾けておられるということ自体がもつ司法関係者に対する説得力、これらがなければ、この事件にあの結果はなかったことは、私には痛い程よくわかります」（『弁護士海野普吉』）

芦田弁護士がこう記しているように、このふたりが介入しなければ、あるいは紅林警部補はいまでも希代の名刑事であり続けたのかもしれない。裏返すと、これだけの大物弁護士両人を惹きつけるほどの大事件を、紅林警部補ひとりで引き起こしていたとも云えるのであるが。

不思議な力の作用でこれらの事件に引き寄せられた海野も清瀬もまったくの無報酬で、経費は持ち出しだった。『週刊新潮』昭和三四年三月一六日号の記事によると、〈幸浦事件〉での清瀬の費用負担は昭和三三年一年間の書類の謄写代だけで四〇万円を上回ったという。この年の大卒銀行員初任給一万二七〇〇円なので、いまの六〇〇万円以上である。

スタッフを引き連れた静岡への往復や宿泊費など、すべて合わせると年間一千万円規模の支出だったろう。〈二俣事件〉では、清瀬弁護士が何度も静岡にやってきて打ち合わせをしたと、山崎兵八（ひょうはち）氏が述懐している。スタッフや自分自身の人件費まで計算に入れると、さらにその数倍。そこまでして引き受けたいと思わせるだけの魅力があったわけである。

ふたりとも思想にはこだわらず、金になる大企業の訴訟なども手広く引き受けていたからこそ、このような無茶が成り立っていたわけだが。何から何まで対照的だった清瀬と海野の、金に対する態度だけは不思議と似通っていた。

戦後に於いて海野の名を高らしめたのは、列車転覆で国鉄労組員多数が逮捕されて五人が死刑、五人が無期懲役判決を受け、最高裁で逆転させた冤罪の〈松川事件〉。デモ隊が米軍基地に侵入した〈砂川事件〉という、ふたつの左翼系裁判である。

とくに〈砂川事件〉では、たんなる不法侵入罪ながら日米安保条約規定で起訴されたため、駐留米軍基地や安保条約は九条違反で無罪だという論法で、法廷を憲法擁護と安保反対闘争の場に仕立て上げてしまった。時あたかも六〇年安保闘争真っ直中。国会議事堂と、そのころはまだ霞ヶ関にあった最高裁判所という、すぐ傍で並び立つ官衙(かんが)を舞台に、ここでも清瀬と真っ向から対決する図式となった。

そのまったく同じ時期に、対紅林警部補の法廷ではこのふたりが共闘するような形になっていたのである。なかなか興味深い構図だと思うのだが、マスコミではまったく関連づけられることはなかった。〈松川事件〉〈砂川事件〉は連日、新聞雑誌を賑わして、海野はジャーナリズムに出過ぎると批判を受けていたのにも関わらずである。マスコミにとっては、盛り上がるプロレスショーのすっきりとした左右対立の図式が崩れると困るからとしか、やはり考えようがない。

また、海野や清瀬たち本人もこの時期は雑誌などに頻繁に記事を書いており、インタビューも多い。当然それは、憲法、安保、静岡の冤罪事件といった両者に直接関わることが中心となるのだが、不自然なまでにお互いの名前が出てこないのである。意識的に避けていたようにも見受けられる。海野普吉は『世界』に執筆することも多かったので、あの紅林警部補を非難しながら何故か清瀬一郎の名が出てこない匿名記事を書いたのは海野だった可能性も大いにある。

唯一の例外は、海野の怒りを取材した「「紅林手記」にもの申す」（週刊サンケイ昭和35年1月第2号）だ。週刊文春の手記は、自分のことを誹謗するだけならともかく、無罪になった人たちを真犯人と思わせるような書き方をしているのは断じて許せない。雑誌社と紅林警部には法律的な手続きによって反省してもらいます。このように憤慨した最後に、「清瀬さんも同じ気持ちでしょう」と付け加えている。ただ、これは記者がまとめた記事の中の短い談話なので、内容のチェックをしていない可能性はありそうだ。いずれにしても、こんな一言が目を惹くくらいに、相手の名前が出てこないのである。

立ち位置的には真っ向対立しているように見えて、お互いに微妙な距離を置きながら、直接のぶつかり合いは避けていたようなのである。

このふたりの関係が解き明かされない限りは、このふたりの業績、さらには戦中戦後の日本の歴史が解明されたとは云えない。いや、このふたりがどうしたわけだか直接の激突を頑なに避け続けたために矛盾が矛盾のまま残されたことそれ自体が、あるいは戦後史の真相そのものであったのかもしれないのである。

直接対決を避けねばならなかった理由のひとつに、対紅林警部補の闘いに於いて、その場に立ち会わせた芦田浩志弁護士が証言したように、ふたりの権威が必要という事情があったとしたら。お互いの権威を傷づけるような争いは避けたいという、暗黙の了解がもしあったとしたら。紅林麻雄警部補は冤罪だけに留まらぬ、意想外に大きな影響を戦後史に及ぼしたことになるのであった。

10　古畑種基博士の正しい科学が冤罪を増幅させた

老探偵・南部清松

山崎兵八氏のことを探求していた二〇〇八年、静岡で鈴木昂氏（当時69歳）に出逢うことができた。高校教師のかたわら〈島田事件〉再審支援活動をされていた方で、この活動に加わった山崎氏と親交があり、また南部清松氏を支援活動に引き入れた方でもある。

山崎氏は事件以来マスコミに手記を寄せたりインタビューがあったりで結構存在が知られているが、南部氏は本人がメディアに出てくることがほとんどないため実像はあまり知られていない。先に提示した〈島田事件〉の上申書など貴重な資料を鈴木氏に見せていただいて話も伺っているうちに、南部氏の強烈な人物像と存在の大きさが判ってきた。

〈島田事件〉とは、昭和二九年（一九五四）三月一〇日、静岡県島田市の幼稚園で、男が遊んでいた女の子（6歳）を誘拐、山林に連れ込みレイプしてから殺害したものである。

捜査は難航し警察への批判も高まった二ヶ月後、ようやく五月二八日に無職（24歳）が逮捕された。一度は犯行を自供したが、公判に入ると拷問によるものだと一転して無罪を主張する。

幼稚園では卒業記念のお遊戯会が開かれており、大勢の園児や父兄が比較的小綺麗な背広姿の男を目撃しているのに、何故か汚い恰好の浮浪者が犯人にされた。しかも、そのまま最高裁で死刑が確定してしまったのである。紅林警部は第一回の捜査会議には加わったものの直接の捜査はしておらず、彼の部下たちにより拷問と冤罪が繰り返されることとなったのだ。

南部氏が〈島田事件〉再審支援活動に参加したのは昭和五二年で、すでに齢74歳であった。静岡には〈二俣事件〉という冤罪事件が過去にはあったことを知った鈴木昂氏らが話を聞くため、支援グループの会合に招いたことが縁となっている。

南部氏は高齢にも関わらず、膨大な〈島田事件〉資料を何度も細かく読み返し、事件現場に足を運び、死刑判決文の矛盾点を洗い出していった。そして、被疑者が履いていた長靴とは違う、真犯人の目撃情報にあり、現場の足跡にも合う、馬蹄型の踵（かかと）をした短靴を見つけ出すなど決定的な働きをしている。

また、緻密な論理を組み立てた見事な文章の上申書を大量に書き記している。女の子の胸を「石を以って力一杯、二、三回殴りつけた」という自供を確認するために、女の子に見立てた木に馬乗りになって凶器に似た石で殴りつけるという狂気迫る実験までやって、肋骨が折れるはずなのに実際の死体がそうなっていないのは自供が不自然だと記したりもしているのである。

ちなみに清瀬一郎弁護士を〈二俣事件〉に引っ張り出したのも南部氏の一通の手紙で、あれだけの大物を動かすだけの説得力があるのは彼の文章を読むと充分に判る。また、清瀬弁護士の手足となって地道な捜査を続けている。〈幸浦事件〉で死体が今日出るはずだと聞いて見物に出かけ、棒が立った砂浜に被疑者があとから連れてこられたのを目撃した人物がいるのを探り出し、清瀬に知らせたのも南部氏であった。

南部氏は二俣町の自宅から車で二時間は掛かる藤枝市の鈴木氏宅までたびたびやってきた。それも夜間高校勤めのためまだ寝ている鈴木氏を朝七時前に叩き起こして事件の細かい話をはじめるので、どうやってこんな時間に来ることができるのか不思議だったそうだ。

再審請求にはそれまで知られていなかった新たなる証拠や事実が必要なため、何度目かの再審請求が却下されそうになったときに馬蹄型靴の証拠提示は次回に廻そうかと鈴木氏らが話していると、お前らは本気でやる気があるのかと烈火の如く叱りつけたという。その熱心な姿には支援メンバー全員が胸を打たれたが、どこからその情熱が湧き上がるのかよく判らないところもあったらしい。

南部氏は、紅林刑事への「誤った表彰」が静岡県の度重なる冤罪事件の根源だと、〈島田事件〉上申書に、直接関係のない〈浜松事件〉についてたびたび記している。怪物誕生の瞬間に立ち会った者としての使命感があったのかもしれない。その上申書にはこんな記述もある。

「私はこの事件に関し最早数少ない生き残りの証人として将来の冤罪事件防止のため、その真実を記録に残し置く義務を強く感じております」

〈浜松事件〉を記録するのが己の使命だというのだ。

一連の冤罪はすべて紅林系譜で繫がっていることは知っていたが、それに対抗する勢力もまたすべて繫がっていたとは驚きだった。数々の殺人事件を間にはさんで、特異な人物たちの織りなす葛藤がそこにはあったのだ。

度重なる再審請求がようやく通り、〈島田事件〉は一九八九年に再審で無罪となっている。しかし、南部氏は再審無罪を見届けることなく、昭和五五年一一月二〇日に亡くなった。〈二俣事件〉〈幸浦事件〉〈島田事件〉の冤罪を晴らすに大きな力となったことはもちろん、〈浜松事件〉についての貴重なる記録を記し、とくに現代にまで続く数々の冤罪を生む元兇となった紅林麻雄警部補の精神形成過程を解き明かしたことは、後世まで功績として残ることだろう。

あの吉川澄一（ちょういち）技師にさえできなかった冤罪捜査官プロファイリングデータ作成を、南部清松氏は成し遂げてくれたのである。老探偵、最後で最大の仕事であった。

法医学界の紅林警部補、古畑種基博士

〈島田事件〉では、犯人とされた男が「石で女の子の胸を殴った」と自供したのに合わせて、それまで二ヶ月以上の捜索でも見つからなかったコブシ大の石が現場のすぐ傍、死体の一・二メートルの位置から忽然と出てくるという、なかなか荒っぽいことを警察はやっている。このあたりが、繊細なる紅林麻雄警部補の手法を形だけマネた、不肖の部下たちの稚拙さではある。

これだけならまだ犯人の証言通りの凶器が見つかった〈秘密の暴露〉であるとして、事はうまく運びそうだった。ところが、さらなる詰めの甘さから、大きな綻びが出てきてしまったのである。

女の子の遺体発見時に、国警静岡県本部鑑識課技官の鈴木完夫医師が司法解剖し、「首を絞めて殺害したあとに、鈍器で胸を強打した」という鑑定をすでに出していた。胸の傷には出血などの生活反応がまったく認められなかったからだ。しかし、その後に逮捕されて犯人とされた男は「石で胸を殴ってから、首を絞めて殺害した」と自供し、警察や検察はそのまま調書として採用していたのである。

一審の最終弁論で弁護団はこの矛盾点を突いてきた。すると静岡地裁は判決言い渡しを中止してもう一度弁論を再開、法医学の権威である古畑種基（ふるはたたねもと）博士（当時66歳）に再鑑定を依頼する。

「本件の被害者のような幼少のものは、まだ血管の発達が充分でなく、毛細管に於ける血圧が成人のように大きくないために、生前に受けた損傷であるに拘（かかわ）らず、皮下出血が殆んどみられないことがある。本件に於て、皮下出血が欠けていたので、死後のものと判定したことは、一般成人の場合には適当するのであるが、幼児に於ては皮下出血を伴わない生前の損傷のあることは忘れてはならぬ」（日本弁護士連合会人権擁護委員会『島田再審鑑定書集』）

古畑博士はこんな医学の常識を覆す鑑定を提出した。また、この石が胸の傷を付けた凶器だと断定している。これが決め手となって、〈島田事件〉は死刑が確定するのである。

さらには、最高裁で死刑が確定した〈財田川事件〉〈松山事件〉、懲役十五年となった〈弘前大学教授夫人殺人事件〉などの著名な冤罪事件でも、血液型の権威でもある古畑博士が、被疑者の衣服などに付着した血液が被害者のものであると鑑定したことが決め手となっている。

ところが、古畑博士死後にこれらの事件はことごとく再審が成立して無罪となり、鑑定もすべて否定された。とくに〈弘前大学教授夫人殺人事件〉は真犯人が名乗り出て、言い訳の利かない完全なる誤りであることが証明されている。

しかも、後者三事件は、警察が事後的に血液を塗りつけた証拠捏造の可能性が高い。〈島田事件〉の医学上あり得ないおかしな説明とともに、たんなる鑑定ミスではなく、古畑博士が警察や検察の側に立って意図的に鑑定をねじ曲げた疑いがある。

のちに警察庁科学警察研究所長に就任したことで、ますますその疑惑が深まった。さらには、殉職者などを表彰するための警察官最高の栄誉である〈警察勲功章〉を、史上初めて生存者として警察庁長官から授与されるのである。

もし、意図的な鑑定捏造なら、ことは死刑に関わる荷担なので連続殺人未遂犯である。ここから、古畑種基博士を紅林麻雄警部補と並べて非難する者もいる。意図的でなくとも、警察の証拠捏造が見抜けなかったのでは、法医学者、とくに血液の専門家としてはお粗末に過ぎる。

これらの冤罪事件の再審がなかなか受理されなかったのは、古畑博士の権威を憚って、その死を待っていたとも云われている。

いずれにせよ、何十年もの永きに渡って無辜の人々を絶望の淵に彷徨わせた罪はあまりにも大きい。斯界の第一人者としての権威は失墜し、数多くの著作は次々絶版とされ、功績はすべて抹消された。

古畑種基博士の功績

ところが、じつは〈二俣事件〉では、古畑種基博士その人が少年の逆転無罪を決定付ける鑑定を出し、死刑から救っているのであった。

事件発覚直後に、〈島田事件〉と同じく鈴木完夫技官が父親と次女を、地元の医者が母親と長女を司法解剖し、父親は午後七時から十二時、他の三人は午後十一時前後の死亡という鑑定をそれぞれ出していた。ところが、紅林警部補は時計のトリックから少年に午後九時に殺害したという自供をさせて、裁判でもこれが採用されて死刑判決が出ていたのだ。古畑博士は、「四人はほとんど同時に殺害されたと推察できるので、死亡時刻は午後十一時前後」という鑑定を出し、少年のアリバイが成立した。これが決め手となって無罪が確定することになるのである。

もっとも、古畑博士が鑑定を依頼されたのは最高裁が差し戻したあとだった。一審二審とも死刑判決が出て最高裁で差し戻された事例は〈二俣事件〉が史上初めてで、公判がどのように推移するのかは予断が許される状況ではなかったが、ともかく最高裁の意向が無罪であるらしいことははっきりしていた。また、弁護団に清瀬一郎という大物政治家が加わったことも、古畑博士の言動に影響を及ぼした可能性はある。

それでも、古畑博士が警察や検察に対立する鑑定を出し、少年の冤罪を晴らしたのはまぎれもない事実だった。しかし、古畑博士を批判する文献ではまず必ず、この〈二俣事件〉の鑑定については黙殺されている。このようなやり方は古畑博士に対してだけではなく読者に対してもフェアではないし、真実の追究を妨げることにしかならない。権力対反権力というような図式的捉え方しかできていない証左でもある。

古畑博士は自著『法医学秘話　今だから話そう』で〈二俣事件〉に触れ、このように記している。

裁判所が真実を明らかにするために、過去の例にとらわれずに、正しい裁判をしたということは、非常に喜ばしいことだ。しかし、この事件をふりかえってみると、いろいろ考えさせられるものがある。

もし、清瀬さんという熱心な弁護士が登場しなかったら、また、鈴木、岸本という両警察医の「死後経過時間の測定」にあやまりがあったら、そして、法医学の鑑定が重んぜられなかったら、一人の無実の少年が、殺人の汚名をきて刑場のツユと消えていたことだろう——こう考えると、リツ然としてしまったのである。

これからの犯罪捜査には、確かな証拠を集めることに重点をおき、戦前のように、疑わしいからといって証拠もないのに自白を強制するというようなことは、絶対にさけねばならぬことを強調しておきたいと思う。というのも、無実の人たちを守るのも、法医学の役割だと私は確信しているからだ。

戦時中には、〈共産党リンチ殺人事件〉の二審で、死因は頭部の打撲でも絞殺でもないという鑑定を出して検察の主張を否定、一審の殺人判決を引っ繰り返して傷害致死への減刑を導き出している。

同じく戦時中に、反権力で有名な正木ひろし弁護士の〈首なし事件〉に協力、被疑者を拷問死させた警察官を傷害致死で有罪に追い込む鑑定を出している。これは、警察で受けた傷だとは正木弁護士から聞かされないまま、墓を暴いて斬り取った被害者の首だけが持ち込まれるという騙し討ちのような依頼だったが、すべてが明らかとなった戦時中の公判でも、一度出した警察に不利な鑑定を翻(ひるがえ)すようなことはしなかった。

戦後になって最高裁は、被害者が警察署に連行される前に受けた傷害によって死んだ可能性があるとして、二審の有罪判決を破棄して差し戻した。それでも、古畑博士は差し戻し審で改めて、死因となった傷害は死亡前二〇時間以内だとして、警察に連行されたあとで間違いないと法廷で断言しているのである。それぞれに検察や警察、さらには最高裁とも真っ向から対立しての、体制側の面目をつぶす鑑定だった。

また、戦後すぐには、国鉄総裁が轢死した〈下山事件〉で他殺と鑑定、自殺として早急に事件の幕を引きたかった警視庁を困惑させている。

体制側に立って権力に追従した鑑定を出すなどという、従来の単純な構図で古畑博士の行動を読み取れるかは、かなり疑問があるのである。

古畑種基博士の自信

〈二俣事件〉に於いて、古畑博士はまた、被害者ふたりの頸動脈を切断している状況から見て、犯人の衣服には血液が付着するはずだという鑑定も同時に出している。

紅林警部補が衣服に血液を塗りつけるようなあからさまで泥臭い証拠捏造はせず、あくまで自分でも真実だと思い込める華麗でスマートな方式にこだわったために、わりあいと早い段階で無罪が確定したとも云える。

じつは少年が当日着ていたジャンパーや、犯行後に手を拭いたとされるハンカチには微量ながら血液が付着しており、科学捜査研究所員と鈴木完夫技官のふたりがそれぞれに「人血らしきものが付いており、少年のA型ではなく、被害者夫婦のB型のように思われる」という非常に曖昧な鑑定を揃って出していた。これについて古畑博士は「対象が人血であるかどうかを検査せずに血液型を調べるのは不合理であって鑑定たるの価値なし」と一蹴した。

ところが、〈弘前大学教授夫人殺人事件〉では古畑博士自身が、微量であったため人血かどうかの検査ができず、しかし血液型から九八・五パーセントの確率で被害者のものだという鑑定を出しているのである。

法廷で弁護士から「そんな微量な血痕で鑑定ができるのか」と突っ込まれ、「他の方なら不可能かもしれません。しかし私なら可能です」と云い放った。

その四年後にこの〈二俣事件〉の鑑定を出しているのである。さらにそのまた四年後に〈島田事件〉の鑑定を出している。昭和二六年には、〈幸浦事件〉の二審に於いて、警察医の被害者死因鑑定書は正しく、被告たちの当初の自供内容と矛盾するところはないという再鑑定を提出し、これが決め手となって死刑判決へと導いているのである。

その行動原理はどこから来るのであろうか。

古畑博士の〈公安医学〉

古畑博士が「法医学は社会の治安維持のための公安医学」とたびたび主張していたことを、警察や検察の側に立って体制を守るために鑑定をしていた証左と非難する者が結構いるのだが、これは明らかな云い掛かりだ。公安とは反体制派を取り締まる〈公安警察〉のことではなくて、本来の意味の「社会の安全」のことである。

昭和三一年五月一一日、死刑廃止法案を審議するための参議院法務委員会公聴会で、自分の生業（なりわい）としている法医学とは何かを、古畑博士はこのように説明している。ちなみに、吉益脩夫博士が〈浜松事件〉について証言したのは、この同じ公聴会で、古畑博士のすぐあとのことであった。

「法医学のことを公安医学と申しております。パブリック・セーフティーの医学、一般の人が平和に暮せるように、あやまって罪せられることのないように、社会の福祉を増進するために、この医学を応用する公安医学であると、こういうように申しておるのであります」

社会の安全や治安の維持のために法医学を役立てたいという志は、なんら非難に値するものではない。体制派の中心である清瀬一郎が、警察や検察と対立して闘ったのも、拷問による冤罪などを放置していては社会の安全や秩序が脅かされると考えていたからだ。ただ、清瀬弁護士の如くに、古畑博士がその立派な理想を全うしていたかというと話はまた別であるが。

この公聴会で、古畑博士は死刑廃止に原則として賛成だが、日々殺人被害者の死体を解剖していて、犯罪を無くし、「社会の人がますます安心して生活できる」ようにするには、死刑廃止が妥当かどうか疑問に思う、充分お考えいただきたいと議会に訴えている。

また、誤判によって死刑が取り返しの付かない結果を招くことがあるが、捜査や裁判を科学化すれば「真実の発見」が可能になり、誤判は避けることができるとも述べている。〈公安医学〉たる法医学の担い手として、古畑博士の行動原理はこの二点に立脚していると思われる。

古畑博士の感情論

〈弘前大学教授夫人殺人事件〉では、血液型が九八・五パーセントの確率で被害者のものだという鑑定を古畑博士が出したにも関わらず、地裁はこの鑑定を採用せず、証拠不十分で一審無罪判決が出た。

博士は『法医学秘話　今だから話そう』に、こう書いている。

警察当局も、検察当局もこの判決には呆然としたようだった。が、それよりも市民の間にごうごうたる反対の空気がもり上った。慎重に協議を重ねていた検察当局は、控訴することをきめた。検事局の控訴によって、事件は直ちに仙台の高等裁判所に移された。ふつうならば、弘前の控訴事件は仙台高等裁判所の秋田支部で取扱う筈であった。しかし、本件は秋田支部に行かず、仙台の高等裁判所で取り上げられた。裁判所側の慎重なる態度が、これでも知れるだろう。

「市民の間にごうごうたる反対の空気がもり上った」というのは、科学とはまったく関係のない話ではあるが、古畑博士の云う〈公安医学〉が「社会の人がますます安心して生活できる」ことである限りは、博士の法医学はこの感情論に従うしかないはずだった。はたまた博士の「裁判所側の慎重なる態度」という評価も、科学的な「真実の発見」に寄与する方向なのかどうか心許ないところがある。

古畑博士は国鉄総裁が轢死した〈下山事件〉でジャーナリズムを賑わせて以来、絶対的な権威者となったため、事件発生直後に手ずから死体を解剖することよりも、裁判で揉めた段階で担ぎ出されて再鑑定をすることが多くなっていた。冤罪が問題となった鑑定はすべてこのパターンである。

なんの予断もなく真っ白な状態で死体に臨むのとは、自ずから違う情況がそこにはあった。博士が乗り出すような大事件で、博士が乗り出して来る頃合には、すでに市民の間の囂々たる空気はどちらかの方向を指して盛り上がり、ひとつの明瞭なる形象を成しているのである。

紅林警部補の引き起こした事件のうち、〈小島事件〉もじつは古畑博士の再鑑定が決め手となっていた。鈴木技官が解剖した死体を、斧の峰による頭蓋骨陥没だと裁判に入ってから再鑑定し、被告の〈秘密の暴露〉の自白が裏付けられ有罪となったのである。

〈小島事件〉の一審を担当して、二審から海野普吉弁護士を引き入れた西ヶ谷徹弁護士が、こう回想している。

「この事件の被害者は被告と同村に居住し、村内に親戚も多く、村民多数は被告の起訴によって被告を真犯人ときめ込み、被告に対する有罪裁判を期待して静岡地裁の第一審はもちろん、十数回にわたる東京高裁の公判開廷の都度、十数人の傍聴人を法廷に送り込んでいた。中には一審以来皆出席を誇っている人もいた」（『弁護士海野普吉』）

やはりここでも、村民の間の囂々たる空気は盛り上がっていたのである。この場合はたんなる「社会の人」ではなく、もっと直接的に被害者親族の感情である。〈公安医学〉を標榜する古畑博士としては、被害者の感情は無視し得ないものがあったのではないかと思われる。

古畑博士の科学性

もちろん、感情論だけではなく、古畑博士のもう一方の立脚点は科学である。とくに確率の概念を裁判に取り入れるべきだと繰返し主張した。〈弘前大学教授夫人殺人事件〉では、被疑者のシャツに付いていた僅かな血痕は、被疑者と被害者、両者と同じB型なので、どちらの血液とも断定できない。一般的なＡＢＯ式血液型ではないE式血液型で検査すると被害者のみの型と一致すると鑑定した。

ここからさらに踏み込んで、頻度を算出する通常の確率とは違う、ある命題が正しいかどうかを判定する「主観確率」である〈ベイズ確率〉を応用するのである。血液型の出現頻度から、このシャツの血痕が被害者の血液そのものである確率を九八・五パーセントと弾き出したのだ。

古畑博士の弟子で、〈弘前大学教授夫人殺人事件〉再審の鑑定人を務めた木村康千葉大医学部教授は、ベイズの定理を現実の出来事に当てはめるのは慎重でなければならないと批判した。コンピューターの発達によって膨大な計算が可能となった一九九〇年代以降、ベイズの定理は幅広い分野で応用されるようになり、一部では法廷でも使用されている。しかし、当時は非科学的な手法と見なされていたこともあって研究が進んでおらず、計算力も限られていたので、大まかな分析はともかく、個別の具体事象があつかえるはずはなかったのである。

ましてや、疑わしきは被告の利益が原則で、有罪とするには完全な判定が必要となる法廷で使えるはずがない。現在の一番判りやすいベイズ活用例では迷惑メール振り分けがあるが、大切なメールを迷惑メールと判定されて返事が来なかったら翌日電話すればそれで済む。人を誤って振り分けて何年も牢屋に入れたり、死刑にしてしまっては取り返しが付かないのである。人とメールは違うし、迷惑メールボックスは監獄や死刑台とは違う。

とくに血液が同一人物のものであるかどうかは、その人物がシャツの傍にいたかなど、多くの事象が関係する複雑な問題で、血液型の出現頻度だけで確率を算出するのは不可能だと木村教授は再審で証言した。単純な迷惑メール判定でさえ完璧は無理なのだから、遙かに複雑な現実の事象で使えないのは当然である。

あくまでも、型が一致している事実のみを鑑定として提出するべきで、まったく同一である確率を出したのは勇み足だと、木村教授は恩師を断罪している。

二審では弁護士もこの点を突いてきた。古畑博士は自著でこう記している。

「血液型の出現頻度が一・五％なら、人口六万の弘前市では、九〇〇人も被害者と同じ型のものがいる勘定になる。それにもかかわらず、古畑証人は、シャツの血は被害者の血がついたと判定しているのは、どうしたわけか」

これに対して古畑博士は

「けがをしておらぬ人からは血はつかぬものである。（中略）だから、この町にケガをしておらぬB・M・Q・E型の人が、九〇〇人おろうともそれは問題にならない」

と、かなり無茶な説明をした。まさしくその同じ血液型を持った人がケガをする確率が問題なのだが、何故か被害者以外はケガをしていないことになっているのである。さらに、九八・五パーセントの高率なら、被害者のものと断定しても差し支えないとまで云い切ったのだ。

一審無罪の反動がこの証言に出たと思われる。ここまで来ると勇み足どころではない。迷惑メール振り分けでさえ、間違えたときはユーザーが正しいメールボックスに入れ替えることにより、単語や差出人の特徴など新たなる情報をメールソフトに蓄積させ、判定基準を調整し、徐々に正確な判定へと近づけるようになっている。それは小数点以下にゼロがいくつも並ぶ極めてわずかな、しかし完全を目指す着実なる前進で、ここに最初から数値が定まっている通常の確率論とは違う〈ベイズ確率〉の意義がある。

九八・五パーセントから、新たなる情報を収集して分析することにより僅かずつでも着実に完全を目指すのではなく、一足飛びに一〇〇パーセントの断定へと飛躍するのは、古畑博士が〈ベイズ確率〉を理解していなかった証左だと思われる。元の九八・五パーセントという数値は血液型の出現頻度一・五パーセントをベイズの公式に当てはめただけで算出したもので、そこから、被疑者が被害者に近づいた形跡があれば確率は上がるし、微量ゆえの血液鑑定の間違いや、証拠自体が捜査陣によって捏造された可能性を考えるなら確率は下がる。次々と情報を加味することにより徐々に正解へと近づく〈ベイズ確率〉の手法は、科学研究、あるいは人間の思考法に沿うやり方だと云われることもあるが、その最大の原理に反しているのである。

〈ベイズ確率〉は基本的に一〇〇パーセントになることはない。ある程度の絞り込みはできるので、捜査段階では有効だが、裁判では、とくに有罪を立証する側では無理がある。なお、絞り込みができるとは云っても、一〇〇パーセントではないので、その範囲に必ず犯人がいるわけではない。そこで見つからなければそのこと自体が新しい情報となって、その範囲の確率は下がり、別の範囲の確率が上がる。常に更新されることが重要であり、最初から決めつけるようなことをするのでは〈ベイズ確率〉を持ち出す意味がまったくなくなってしまう。

　ところが、この根拠なき確率によって被告は逆転の有罪が確定してしまうのであった。

　さらに大きな問題は、古畑博士自身が複数の自著で、この法廷での証言を自慢気に何度も書いていることである。有罪にするための法廷内だけの詭弁というわけではなく、科学的に正しいことだと信じ切っていたらしいのだ。一審の証拠不十分という判決は、科学的に正しい自分に対する挑戦と受け取ったのやも知れぬ。

　ところが、真犯人が名乗り出たことで、古畑博士の科学的な誤謬は、完全に証明されてしまうことになる。確率にこだわったこの事件では皮肉にも、一〇〇パーセント完璧な結末を見たのであった。

　なお、警察の証拠捏造の可能性は、被害者の死後十六日以上経過した血液は特別な処置でもしていない限り凝固して付けることは不可能という、一応の科学的理由で否定している。しかし、一番根幹のE式血液型自体がいまでは否定され、シャツに付着したのが被害者の血液であるという根本が崩れてしまったので、捏造否定の根拠もなくなった。B・M

・Q・E型の入手は難しいが、たんなるB型であれば簡単で、被害者以外の血液を新しく付けても証拠捏造はできるからだ。

権威者の誕生

元々、指紋の専門家だった古畑博士が血液研究に携わるようになったのは、金沢医大の初代法医学教授として赴任した大正一二年（一九二三）、その地で起きた事件からだった。女性（21歳）が妻子ある男にレイプされ、男の子を産んだが、男が責任を取ろうとしないので、女性はその子を認知するように訴訟を起こしたのである。レイプは親告罪であるが、戦前の強姦検挙率は完全に一〇〇パーセントなので、親告はほとんどなかったことが判る。レイプ被害を訴えることよりも、結婚や認知を迫る訴訟が多かった。

裁判所は親子鑑定を古畑博士に依頼する。初めての経験だった博士は、血液型のことを一から調べはじめた。

ウィーン大学のラントシュタイナーが血液型というものを初めて発見したのが二〇年ほど前の一九〇〇年で、論文発表は翌年。彼はこの功績でノーベル医学生理学賞を受賞している。

ハイデルベルヒ大学のフォン・ヅンゲルンとヒルシュフェルドのふたりが七二家族を調べて、血液型が遺伝すると結論づけたのは一九一一年。アメリカのオッテンバーグが再調査して、この遺伝説が正しいことを確認し、原理として〈二対対立因子説〉を打ち出したのが一九二四年。

つまり、古畑博士が血液型研究に着手した頃は、まだそれが親子鑑定に使えるのかどうか、はっきりとは確立していない時期であったのだ。とくに、〈二対対立因子説〉は両親のどちらか一人がAB型の場合、すべての血液型の子どもができることとなるので、親子鑑定が不可能とされていたのだった。

そこで古畑博士はAB型の親子鑑定法を見つけるため一〇一家族を調査し、O型の親からAB型の子は生まれず、AB型の親からはO型の子どもが生まれないことを発見。一九二五年に〈三複対立因子説〉を発表、現在でも使用される血液型遺伝理論を世界で初めて打ち出したのである。ゲッチンゲン大学のベルンスタインが数理統計学の手法で同じ結論に達したのと同時で、それぞれ独立した業績だった。

たんなる法医学の範囲を超えた科学史上の一大発見により、古畑博士の血液型に於ける世界的権威という座は確立されたのだった。しかし、その功績があまりにも大きかったため、ここに妙なねじれを生むことにもなったのである。〈浜松事件〉で登場した小宮喬介博士との微妙な関係である。

権威者の交代

古畑種基博士は小宮喬介博士よりも五歳年上で、東京帝大法医学教室でも先輩にあたるが、先に〈法医学の権威〉として名を馳せていたのは小宮博士のほうだった。

実際には、ふたりの師である三田定則博士の定年退官を受けて昭和一一年に東大法医学教室を受け継いだのは古畑博士であり、戦前から帝都の著名な事件の司法解剖を手掛けて、犯罪関係の専門書を何冊も出していた。それなのに、何故だか戦前の新聞では古畑博士を犯罪捜査と関連させた記事は、それほど多くはない。

古畑博士も〈法医学の権威〉ではあったのだが、血液型の世界的大家として、またその血液型を使った親子鑑定や日本人のルーツを科学的に探る人類学への貢献が大きく喧伝されており、一般の人々が法医学で連想する犯罪捜査に関わる分野では影が薄かったのである。生真面目な学者気質だった古畑博士が、科学的な正確性を軽視して興味本位に書き立てる事件記者の取材を嫌ったことも大きい。科学記者しか相手にしなかったので、その方面の硬い記事ばかりになるのは当然である。

一方の小宮博士は、名古屋帝国大学教授として中部地方の事件を一手に引き受けて、そのたびに新聞記事に登場していた。派手好きでサービス精神旺盛な小宮博士は、事件記者との相性もよかった。

愛人を殺して乳房と性器を切り取って持ち運び、愛人の頭皮を被って自殺した〈淫獣増渕倉吉事件〉。尺八の名人が一家七人を皆殺しにした事件。金の鯱（しゃちほこ）の鱗五八枚が盗まれた事件。連続射殺魔〈ピス神事件〉。そして〈浜松事件〉などなど。重大事件が起こると現場に急行し、死体を司法解剖して現場の指紋を採取する小宮博士の活躍が記事になる。彼のプロファイリングが決め手となって犯人逮捕に結びついた事件も多い。

元々指紋の専門家であり、風雨にさらされ採取困難となった指紋を硝酸銀を散布した上で特殊フィルターを使ったX線照射で浮き上がらせる方法を考案。また、発射された銃弾の線条痕が、指紋と同じように銃ごとに特徴があることを発見し、愛知県すべてのピストル線条痕を調査した拡大写真カードを作成、全国網羅したデータベース構築を内務省に提言するなど、科学捜査の革新にも絶大なる貢献を果たしている。

昭和一五年、各県の最も優秀なる鑑識係を一名ずつ内務省に召集した刑事鑑識事務研究会が初めて開かれたときには、講師のひとりとなっている。じつは古畑博士も講師で、警察関係に強い読売新聞には名前が出ているが、朝日ではないのである。

「我が国法医学の権威名古屋帝大教授小宮喬介博士の列席を乞い犯罪手口法の創設者であり刑事鑑識の大家でもある本省防犯課技師吉川澄一氏と共に指導する」（東京朝日新聞昭和一五年九月五日〔科学の〝捕り物帖〟刑事鑑識事務の研究会〕）

その圧倒的権威を示していた小宮博士が、昭和二二年に発覚した事件により、奈落の底へと失墜するのであった。

権威者の失墜

食用油のヤミ事件揉み消しや、四人の少年に匕首を渡して強盗をさせた教唆贓物故買事件の容疑者を保釈させる工作で三〇万円以上の賄賂を取っていたとして、小宮喬介博士は昭和二二年七月八日に逮捕されたのだ。その深夜には留置所内で革バンドによる首吊り自殺を図ったが、すぐに発見され蘇生している。

愛知県警の経済刑事たちも関係したとして多数逮捕。七月一六日には、自身に容疑は掛かっていなかったものの上司や部下が逮捕された経済係の巡査部長が、日本刀で長女（7歳）を殺害、長男（5歳）にも傷害を負わせたのち割腹自殺するという動機不明の事件まで起きている。

時あたかも国会では、戦時中に軍が接収した膨大なる貴金属などが日銀地下金庫から忽然と消えた〈隠匿退蔵物資事件〉が大問題となっていた。この物資を世話しようと持ちかけた疑惑までが取り沙汰されて、話がかなり大きくなってきた。名古屋帝大教授で〈法医学の権威〉という顔と信用を利用して八〇〇万円にも上る詐欺を働いていたというのである。この年の銀行員大卒初任給は二二〇円なのだから、七〇億円規模の壮大なる犯罪である。

ちなみに、戦後たびたび話題になる〈M資金〉とは、この時に行方不明となった退蔵物資をエサとした詐欺事件なので、〈M資金〉詐欺の最も早い例のひとつと云える。すでに名古屋でも、この物資に絡む詐欺事件が何件も起きていた。

自殺未遂から回復した小宮博士は、観念して詐欺以外の容疑はすべて認めた。

「悪いところを徹底的に調べたら自分には今度の事件以外の瀆職も出てくるのではないかと思う」（中部日本新聞昭和二二年七月一三日〔検事に汎々と小宮博士〕）

こんなことまで検事の取り調べに対して話している。釈放後の記者会見でも罪を謝罪した。

ところが、裁判になるとかなり様相が変わってくるのである。まず、ヤミ業者に頼まれてガーゼ八〇〇反や電球七〇〇個などの大量の物資を名古屋帝大の名義で書類を偽造し隠匿していたことを認めた。さらには玄米四俵を農家からヤミ買いしたことも認めた。壮大なる〈M資金〉詐欺の代わりに、こんな家族で食べるためのヤミ米買い容疑で起訴されているところがすでに事件がずいぶん小さくなっている。

そして、一番重要な事件揉み消しに関わる収賄事件だが、事件の揉み消しをすると偽って金を騙し取った詐欺容疑となっている。つまり、検察も小宮博士は事件の揉み消し工作を行わなかったと認めたのである。

収賄容疑で逮捕された経済警察官たちは、摘発したヤミ業者に金を要求して半年間も送検せずに事件をうやむやにしようとしたのであって、博士とは関係がないという構図である。

元々、匿名の投書によって事件を知った検察がヤミ業者を取り調べると、「小宮氏を通じてこの事件のもみけし方をたのんでおいたが、同氏から何もいってこないか」（中部日本新聞昭和二三年七月一〇日〔名大小宮博士を収容　ヤミ事件の裏に躍る〕）と漏らしたことからはじまった疑惑なので、博士が警察に働きかけをしなかったことは確からしい。

この詐欺について、小宮博士は完全に否認。七万円は受け取ったが、自分に対するお礼のつもりで、警察官懐柔のための饗応費とは思わなかったというのである。

法廷でも「濃い灰色の縦縞ダブルという瀟洒な背広姿」（中部日本新聞昭和二三年三月一八日〔注目の小宮公判開く　〞法は余りにも冷酷〞〕）を着こなす伊達者ぶりだったが、「きょうまでも続いている厭世観から」自殺を図ったなどと、かつての明朗快活なる『この太陽』の主人公のモデルとは思えない退廃ぶりを示していた。敗戦により心境が変わったことをしきりに強調している。

結局、名古屋地裁では昭和二三年五月一二日、すでに名古屋帝大教授を辞職していることなどを情状酌量し、懲役一年六ヶ月、執行猶予二年の有罪判決となり、小宮博士も控訴せずにそのまま確定した。

警察の〈顔役〉

小宮博士が逮捕後すぐに釈放されたことなど、警察や検察に関係する大物であるために検察も配慮したのではないかと当時から批判されていた。最終的に軽めの容疑で起訴されたことにも、その疑惑がないではない。

実際に事件揉み消しに動いたにせよ、たんなる詐欺だったにせよ、こんなことが成り立つのは、小宮博士が警察に対して絶大なる影響力を持っていたからだった。それは〈法医学の権威〉、警察の監察医などという範疇を遙かに超えていた。

博士自身が「自分には親分気質がある」と云うように、戦時中でも連日のように刑事たちを引き連れては料亭で呑ませていた。自身は呑めないにも関わらずである。派手好きで社交好き、さらには妻の実家の財閥の援助があればこその気っぷの良さだった。薄給な警官へ金品の面倒も見てやったりしたらしい。

博士の鑑識した指紋や毛髪、プロファイリングで事件を解決したことにより、出世した警部や警視が多数いる上に、ここまでの金払いの良さがあってはその及ぼす力は強大となる。果ては刑事の異動まで、博士の一言で決まるようになっていた。

愛知県の警察人事は、博士の口先で左右されるとまでいわれ出し事実、警察上層部はほとんどその息のかかったものばかりとなり、「出世したけりゃ小宮まいり」の言葉さえ生れいつのまにか、みずから巧まずして愛知県警察部の大御所、ボス的存在となってしまった。

（井上八郎「解剖された解剖学者　法医学の権威・小宮博士事件の真相」
『新聞街』昭和二三年一〇月二五日号）

ここまでの栄華を極めた小宮喬介博士が、戦後は一転して窮乏することとなる。戦後のインフレにも派手な生活を改めることができなかったのである。

一日一〇〇本以上のヘビースモーカーで、この時代の煙草は極めて高かったため、『サンデー毎日』昭和二二年八月一〇日号「裁かれる法医学教授　背後にヤミ事件の疑い」によると、大学の給与や、解剖所見の謝礼など、正規の収入月五〇〇〇円を煙草代だけですべて煙にしていたという。

酒は呑まないが当時高価な甘い物には金を惜しまず、出張時も一流旅館でなければ承知しなかった。敗戦で精神は退廃しても、社交界の花形である『この太陽』の主人公らしさは、こんなところで捨て切れなかったのだ。

法医学への執念

しかし、小宮喬介博士の法医学への熱情は本物だった。

大正一五年に助教授として名古屋にやってきて、すぐに名古屋地裁や地検の医務嘱託となり、警察にも出入りするようになって二十数年。戦前は毎日新聞中部支社勤務で、のちに〈下山事件〉でも博士と関わる平正一記者はこう記している。
「事件が起こると、大学より警察部の鑑識課にいる時間が長いくらいの、まことに仕事熱心な人であった。若い巡査と机を並べて指紋の対照を自分でやったりしていた」（『生体れき断　下山事件の真相』）

ヤミ事件釈放後の記者会見で「どうしてこんな事件を起こしたか」という質問には、このように答えている。

「私は敗戦後法医学を昔の姿にしたいと念願した、鑑識陣の強化は新憲法下ますます必要でそれにはまず大学の「法医学」の強化がなされなければならぬと信じたからだ、そのため学生の厚生や二十年来の念願だった死因調査所の設置などでずいぶん物質的にも無理をしなければならなかった、無理をせず何もしない位なら月給泥棒になる、それより無理をしてもと考えていた」（中部日本新聞昭和二二年七月二〇日〔噂の渦・小宮博士汎々と語る〕）

高価な機材の購入など、法医学の復興のために二〇〇〇万円の資金を集めようとしていたことも、のちに判明する。現在の二〇億円近い額である。かなり怪しげな筋からも法医学のための多額の寄付を募り、それがヤミ事件揉み消しのための工作資金や〈M資金〉詐欺ではないかと疑われたわけである。金を出すほうも純粋に法医学発展のために寄付しているはずはなく、いざという時に警察への口利きを期待した保険料として払っていたことは暗黙の了解なのだから、これは危うい綱渡りだった。博士自身も自覚はあり、裁判でこう証言している。

「敗戦後のインフレで研究費はほとんどなく自分の専門の法医学を早く復旧させるためには何とかして金がほしいと常々から念願していた、悪銭身につかずというがこのごろでは悪銭が身についている、現在方々に寄付などする人を一一調べたら正当な金かどうかは疑わしい、時代の変化とともに〝金の所在〟も変わってきたようだ、自分も悪い金を集めてまでも仕事をせねばならないのかと良心的に苦しんでいた」（中部日本新聞昭和二三年三月一八日〔注目の小宮公判開く〝法は余りにも冷酷〟〕）

しかし、いずれにしても、決して派手な生活のためだけの事件ではなかったところに、小宮博士の真髄があった。

「私はどんなことが起っても二度と大学へ帰る意志はないが日本の法医学のためにもっと人材を用うべきだ」「大学はやめても法医学は捨てないつもりだ」

この言葉の通り、しばらくは田舎に隠棲していた。しかし、〈下山事件〉で法医学論争が華々しく繰り広げられることになると、堪え切れなくなったのか再び表舞台に顔を出すことになるのだった。

〈下山事件〉で古畑博士と対立

判決から一年二ヶ月後でまだ執行猶予が明けていない昭和二四年七月、小宮博士は指紋検出用の紫外線発生機を製作するため東京の機械屋に出向いたついでに、〈下山事件〉担当だった警視庁の坂本智元刑事部長を訪ねて意見書を提出している。坂本刑事部長は国警愛知県本部警察長（現在の愛知県警本部長）だった人物で、小宮博士とは懇意の間柄だった。

なお、逮捕されてからちょうど二年なので、ほんとうは判決確定が起算日となる執行猶予が満了したと勘違いしたのかもしれない。

さらには、旧知の仲で毎日新聞東京本社に移って〈下山事件〉担当デスクとなっていた前述の平正一記者に、「おめでとう」と謎かけのようなメッセージを残して気を惹いている。

電話でその言葉の意味を訊かれても答えず、会いたいと迫られても「君の方が多忙だから」と拒み、それでもと云われると自ら新聞社を訪れたが、そこでも自分は大学を辞めた浪人の身だから〈下山事件〉については語らないと断っている。しかし、そう云いつつも、下山総裁は自殺で、

「自殺説をとっている君に祝辞を送ったってわけさ」

と、しっかり自説を展開してから、

「ついぼくもしゃべってしまったが、これは約束違反だね」

といった具合になっている。

平記者が『生体れき断　下山事件の真相』に描写したこんな顚末は、いかにも小宮博士らしい、芝居染みた自己演出だが、法医学については真摯な態度だった。東京から戻ってすぐに、こんな談話を出している。

「私は個人としては下山総裁を英雄として死なせたいが科学者としてみる場合は自殺説をとる。このことは警視庁坂本刑事部長にも意見書をだしてきたから今後捜査もその方面の証拠固めに進むものと思う」

「下山事件は法医学の大きなテストケースだ、その意味で今まで育ててきた法医学の権威を失いたくない」（中部日本新聞昭和二四年七月二六日〔小宮博士も証言　帰名談〕）

自身の法医学界への復帰という野望もないわけではないだろうが、法医学そのものの権威を守りたいという言葉にも嘘はなかったと思われる。

〈下山事件〉論争に参加していた法医学者は古畑博士にせよ、自殺説を打ち出して対立した中館久平慶応大学教授にせよ、はたまたpH曲線による死亡時刻推定法で山下総裁の死亡時刻を割り出した秋谷七郎東大教授にせよ、自説に拘泥するあまり断定的な言説を繰り広げることがあったが、小宮博士だけは科学者らしく慎重だった。

科学の限界を見極め、とくに死亡推定時刻について正確な割り出しは当時の研究ではまだ不可能だと強調している。気温などの条件変化によって死亡推定時刻は大きくぶれるのである。じつは、警察に事件発生時刻を聞いてからそれに合せた鑑定書を作成する法医学者が多いとさえ小宮博士は云う。

〈二俣事件〉を無罪へと導いた古畑博士の死亡時刻に関する鑑定を見ても、警察の推定時刻にこそ反しているものの、あやふやな内容で、当時の死亡推定時刻鑑定がどこまで科学的なものだったかについては、小宮博士の言説が正しいのではないかと思われる。

轢断死体については、列車にぶつかって死んでから車輪で切断されることがあるので、生体反応がなくとも自殺の場合があることを、それまでの列車自殺鑑定経験から自信を持って示している。それを元に、下山総裁は自殺だと主張した。

生体反応がないことと死亡時点の食い違いを説明する点では、古畑博士の〈島田事件〉鑑定に似た論法だが、古畑博士とは違って科学的な根拠があった。

なお、警察大学校教授となっていた吉川澄一（ちょういち）は、読売新聞昭和二四年八月六日に〔下山事件について　自殺説の根拠薄弱　死因は〝窒息死〟が妥当〕という手記を寄せ、小宮博士の鑑定に疑問を呈している。

科学捜査の最高権威三人が揃い踏みで、大いにジャーナリズムを賑わせたのである。

ライバル喪失の不幸

しかし、既述の如く、吉川澄一はこの二ヶ月後に亡くなっている。小宮博士はどこの大学に再就職することもないまま、二年後の昭和二六年九月二一日、癌で逝った。54歳の若さだった。

ちなみに、〈下山事件〉のため参議院法務委員会に参考人招致された小宮博士は、「元名古屋大学教授」と自らは名乗っているのに、何故か委員長からは「元名古屋医科大学教授」と紹介され、国会議事録の出席者肩書きもそうなっている。それを簡単な検証もせずにただ引き写しているだけの資料も多い。しかし、名古屋医科大学は昭和一四年に名古屋帝国大学に改組され、名古屋医科大教授だった小宮博士もそのまま名古屋帝大教授に就任している。なお、名古屋帝大の初年度は医学部しか存在しない。

名古屋帝大は小宮博士が辞任した直後に「名古屋大学」に名称変更され、昭和二四年に現在の新制大学へ改組されたため、この時期の小宮博士の正しい肩書きは、自称通りに「元名古屋大教授」である。

ともあれ、吉川澄一と小宮喬介という斯界の両雄が、戦後はそれぞれ健康問題と不祥事により影が薄くなり、〈下山事件〉で一瞬の輝きを取り戻した直後に相次いで鬼籍に入り、入れ替わるように古畑博士が唯一の権威者として君臨することになってしまったのである。このことが、歴史に大きな禍根を残したと云える。とくに小宮博士が生きていれば、「法医学の権威」を護るため、それ以降数多く出された古畑鑑定に対して次々と科学的な批判を繰り広げたことは間違いないだろう。

古畑博士は『法医学秘話　今だから話そう』などの自著で、〈下山事件〉を自殺として捜査終結させた警視庁を非難し、またこのように反対派を問題にもせず、自身の科学的正しさに絶対の自信を示した。

「法医学者の間に、意見が対立したといって騒がれたものだが、それは違うのだ。見識ある法医学者は、すべて、わたしたちの鑑定を支持し、正当性を認めている」

しかし、小宮博士が生きていれば、果たしてこのような断言ができたであろうか。「今だから話そう」というのは、うるさい小宮博士がいなくなった「今だから」という含みを読み取れないでもない。〈弘前大学教授夫人殺人事件〉のあまりに微量な血液鑑定やベイズ確率論を含めて、科学的に不用意な記述を堂々と書き残しているのも、小宮博士の批判を怖れなくともよくなった気の緩みがないとは云えないだろう。

科学的批判を浴びせてくれるはずの最大のライバルの若過ぎる死は、古畑博士にとっても不幸なことであった。批判という新たなる情報を得て分析することによりわずかずつでも着実に正確を目指すという、完全へと近づく道を閉ざされることになったのである。

古畑種基博士の変化

もちろん、古畑種基博士自身は、小宮博士がいなくなった「今だから」などということは云わなかった。古畑博士は、まだ寂聴となる前の作家の瀬戸内晴美と『婦人公論』昭和三四年九月号で対談している。一般向けの著作を次々出してベストセラーになったことを受けての登場だが、そこで自身の変化についてこのように語っている。

私は今まで雑誌に書いたり、新聞に書いたりすることは、非常に悪いことだと思っていた。ジャーナリズムに迎合するみたいなことは、学者としては感心できないことだと教えられてきたし、今まで自分でも注意してきた。ところが最近になりましてね、それではいかぬと思い出した。私は東大を定年でやめて、今の東京医科歯科大学にきて、総合法医学研究所を建てて、法医学を世の中の人のために活用したいという念願をもっています。それにはみなさんに法医学というものを知ってもらわなければならない。したがって、私のこれからの仕事は、研究することのほかに法医学の知識を世の中の人たちに知っていただくように努力することだという考えから、岩波の『法医学の話』、中央公論の『法医学ノート』を初めはおずおずと出したんですよ（笑）。

小宮喬介博士が法医学の権威として戦前に目立っていたのは、彼の実績はもとより、マスコミ、その中でも一般読者に広く読まれる記事を書く事件記者へのサービス精神も多分に効いていたのだろう。自己抑制していた古畑博士が戦後はサービス精神の面でも小宮博士を受け継いで、学界だけではなくマスコミでも、とくに犯罪鑑識でも権威として広く喧伝されるようになったわけである。人気作家と対談なんてこと自体が、戦前の古畑博士には考えられないことであった。

事件記事に古畑博士の名前が大きく出てくる切っ掛けとなったのは、やはり戦後すぐの〈下山事件〉であった。対談ではこう話す。

今までの例では、ぼくらは捜査ということはやらなかったんですよ。普通の探偵小説に出てくる法医学者は、犯人を捕えるところまで活躍する。ところが日本の法医学者は、捜査には全然タッチしない。ただ運ばれた死体を解剖して、どんな傷があるか、死因は何であるかということを調べて、それを報告するだけなんですね。それをいかに活用するかしないかは、警察及び検察庁の人に任せていた。それ以上は法医学者の任務ではなかったわけです。

ところが、下山事件に関しては、積極的にならざるを得なくなった。警視庁が動かないからいろんなことをやり出した。ちょうど探偵小説に出てくる法医学者のように積極的に出ていって、自分でいろんなことを調べた。向こうから頼まれないことまでも、つまり捜査したわけです。だから、非常にあの事件では苦労しました。しかし、これまでやらなかったようないろんな事を調べましたね。探偵小説の法医学者のようにね。あれが科学捜査のヒナ型だといってもよいでしょう。

探偵小説の法医学者のように表舞台で華々しい活躍を見せるようになった古畑博士。その学者としての心境の変化を家族が記録してくれている。

古畑博士の人間性

古畑種基博士が亡くなった一周忌、昭和五一年に自費出版された追悼集『追想 古畑種基』に三男である古畑芳雄氏が、「父 古畑種基」という文章を寄せているのである。それによると、昭和一一年に東京帝大法医学教室を受け継いだ当時はその重過ぎる責務に押しつぶされ、すべてを犠牲にして研究に打ち込んでいたという。趣味は一切なく、家でもピリピリと張り詰め、幼い子どもと話すことさえほとんどなかったというのである。それがしばらくすると変化する。

私ら子供には少々被害を与えたものの、この自己限定策は効を奏して、深刻な心理的葛藤を正面突破でき、三・四年後には東大教授としての自信を得ることができたように思われます。この自信の増大とともに、父の禁欲的態度が漸次後退し、温厚な、明朗な面が進出して、晩年の父のイメージに変貌していった経緯が、現在の私の脳裏に低速度写真のように浮かんでおります。

博士の経歴から補足しておくと、昭和一五年の天皇東大行幸のおり、内村祐之博士などと並んで、天覧講義の栄誉を担った。昭和一八年には学術界最高の賞である恩賜賞を血液型研究で受けている。昭和二二年には選ばれし一五〇人だけが入ることが許される学士院会員となり、学者としての位を極めた。〈下山事件〉の「探偵小説の法医学者」のような活躍はその二年後である。これらの自信から、象牙の塔を出て新聞紙上で大々的に書き立てられるような表舞台に積極的に出るようになったものと思われる。

芳雄氏は古畑博士の若き日の姿についても言及している。

大学在学後期に父を襲った最大の危機が想い出されます。ある事件が発端となって人生の目標を見失なって、自己不全感に悩み、学業も放擲して無為の日々を過ごしかけていた父が、ある日破滅の岐路に立っていることに気付き、他の可能性をすべて断念して、三田スクールへの没入と母との結婚という二重の自己限定により、辛うじて立直ることが出来たと聞いております。

これについては、古畑博士本人も、読売新聞昭和四一年七月三一日「わたしの青春」で触れている。

三高に入ったとき、叔父の知人が舎監で、「ワシがよい友だちを選んでやろう」といって、二年先輩の小酒井光次と同じ部屋に入れてくれたという。彼はずっと一番を通していた大秀才で、のちに探偵小説作家・小酒井不木として知られることになる人物だった。

京大医学部に進むつもりだったが、小酒井の勧めで東大医学部へ入学する。

「ところが途中でグレちゃってね。いやーボクは道楽はしなかったが、講義がおもしろくないんで、活動写真をみたり、小説を読んだりしておって、卒業のときは医者をやめて工科、いまの理学部だね、ここへかわろうと思っていた」

しかし、また小酒井が出てきて、三田定則博士の法医学教室に入れと勧めたという。

「三田先生に会ってみると、これが、はじめて大先生に会った、と感激させられる人だった。三田先生というのはね、血清学を日本に輸入した人だが、親鸞を学者にしたような、人格、学識ともに申しぶんのない人で、向かい合っていると、心の悩みがなおってしまうような人格者だ」

ということで、心酔して学問に開眼したという。

さらに朝日新聞昭和四三年三月一四日「わが道」でも触れているが、三重で医者をしていた父親が急患が出ると夜中でも愚痴ひとつ云わずに駆け付ける姿を見て、「こんなむくいられない開業医にはなりたくない」という感情を抑え切れなかったという。なお、満8歳(数え年10歳)で親元を離れ、和歌山市の叔父宅に身を寄せて学校に通ったので、親とは疎遠だったようだ。

しかし、芳雄氏の「ある事件が発端」という言葉や、親鸞云々などという表現から、もっと大きな出来事があったのやも知れぬ。ともかく、これらのことから恩師と先輩については絶大なる信頼を寄せるようになっていた。芳雄氏もこう述べる。

自分自身について語ることを好まない父でしたが、他方三田定則先生や、小酒井不木博士について語るときは多弁でした。三田先生については、学識、人格に関し、望み得るすべての資質を兼ね備えた理想的な学者として、小酒井博士は古今東西にわたる該博な知識と、快刀乱麻の解析力を持つ英才として、口を極めて話してくれました。依存感情といったものが人一倍希薄な父だけに、その傾倒振りは私には異常に思えたほどです。おそらく、わずか十歳にして親許を離れ、盲目的な郷土の期待を背負って、小学校、中学校は和歌山で、高校は京都で、大学は東京でという潤いの少ない環境で過ごした父にとって、三田先生には幻想上の父親のイメージが、小酒井博士には幻想上の兄貴のイメージがダブったのではないかというのが私の想像です。

小酒井不木との関係からだろうが、古畑博士は『探偵文藝』大正一五年四月号に「指紋」という推理小説も書いている。ドイツ留学中には、小酒井の求めに応じてドイツの推理小説本を送っており、その方面にも通じていたようである。自己抑制が外れると、「探偵小鋭の法医学者」のような活躍を見せる素地はあった。

なお、『ペリイ・メイスン』シリーズなどで知られた推理小説作家のE・S・ガードナーが一九六四年に来日したおり、米国でも高名な古畑博士にどうしても逢いたいと訪ねてきた。古畑博士が「健康と遺伝」（『医学の灯のもとに』続・科学随筆全集9収録）に記しているところによると、当時、警察庁科学警察研究所長だった博士とこんな会話が交わされたという。

「これは、非常に立派な研究所だ。世界中で、こんな立派な研究所は、そうあるものではない。内容的にも、警察で取り入れる必要のある科学は殆んど全部研究されているし、また、警察に関係のある科学者を、こんなに集めている所は珍しい。」

こういって、感心していた。そして、

「ここは警察の研究所だから、犯人を捕えることを研究しているのですか。」

と彼はたずねた。そこで私は、

「とんでもない。私はもともと法医学者だから、無実の人が罪もないのに捕えられたり、自白を強要されて、裁判にかけられたりすることがないように、個人の人権を擁護することが、私たち医法学者の任務である。私は、ここにいて、警察の活動の上で、少しでも、間違った人を捕えたり、裁判にかけたりすることのないように注意をしているのです。そうでなければ、警察は民衆の信頼と尊敬をうることができません。民衆の信用と支持のない警察は無力なものです。」

と申したら、彼は、弁護士なものだから、意気大に投合した。そこで私は、

「日本の法医学は、無冤録（ムエンロク）（無実の罪に泣く人をなくする）、洗冤録（センエンロク）、平冤録（ヘイエンロク）（冤罪をそそいでやる）ということから出発しているので、無実の人を拷問したり、自白を強要したりして冤罪をきせることを防止することを第一の目的としている。法医学者の私が所長をしているこの研究所は無実の人を苦しめたり、裁判にかけたりすることが絶対にないよう最大の努力をしております。

しかしながら、真に犯罪をおかした人はこれを捕えて、社会の安全を守らなくてはいけない。個人の人権を擁護する他に、真犯人を捕えて処罰し、社会の治安を守るという仕事も私達の大きな役目であるので、私達のやっている仕事は『公安科学』である。

真犯人を捕えるには、その人が確かに犯罪をおかしたという確固たる証拠を挙げなくてはならぬ。この方法について、ここで各種の研究をしているのです。」

こう申したところ、それは、まことに結構なことだ、と大いに共鳴し、喜んで帰られた。

ガードナーは翌年出版した『美しい乞食』の序としてこの出逢いを振り返り、これ以上はないほどの言葉を並べて、博士を賞賛し、この作品を古畑博士に献げると記している。

芳雄氏は、父である古畑博士について

「日本科学史に大きな足跡を残した学者であり、その業績や人となりは、科学史家や心理学徒によって本格的に調べられてしかるべき巨人である」

と記しているが、まさしくその精神形成についても、より深い分析が求められているだろう。

古畑博士の科学性への疑義

三男である古畑芳雄氏の「父　古畑種基」では、古畑博士の科学性への疑義が提示されているのが興味深い。また、古畑鑑定に対する決定的な再審判決が出てその科学性が否定される前であり、斯界の泰斗に対してこのような疑問が投げかけられるのはほとんど初めてのことだった。

芳雄氏は日立製作所中央研究所主管研究員で、電気物理学分野の研究者である。生意気盛りの学生時代に父親に対して以下のような科学性への疑問をぶつけ、古畑博士からこのような解答を得たという。

（一）世を惑わすエセ科学に対し父は寛容であり過ぎる。法医学に関わりのある、手相学、骨相学、血液型性格学などは科学者として厳しく批判すべきではないか。

「確かに贋物かもしれないが、贋物であることを立証する研究を自分で行なっていない以上批判を控えるのが学者の良心というものである。なお既成の学問体系に基づく論理から判定することは、新しい学問の芽を圧殺する恐れを伴うので、新しいものへの批判は特に慎重でなければならぬ」

（二）薬や健康法の効果についての発言に慎重さを欠く。これは科学的批判精神の甘さに起因するのではないか。たとえば通俗雑誌にレモンパウダー、ハウザー氏法食品、あるいは青竹健康法の効用を気易く紹介しているが、学者としては、多くの検証実験を経た後でなければ効果を云々できない筈であろう。

「多くの事例を集め一般論として煮詰めて行くのが正道であるが、結論が出るまでには長時間を要する。プラスの効果の可能性があれば積極的に採り上げてじっさいに試み、データを積み重ねて行く過程で駄目とわかれば、その時点で棄てるのも、新しいものを評価する一つの道である」

(三) 啓蒙活動における父の議論に論理の飛躍が目立つ。自然科学の基本にある因果論理の面の弱さに起因するのではないか。たとえば、血球の被擬集性から見た一〇五才天寿説など。

「要因分析が簡単な物理現象と違って要因がむやみと多い生物現象などの理解には、形式論理を振り回しても不毛なことが多い。むしろ必ずしも多くない、質の違ったデータから全体を統合的に見通す能力が必要である」「後向きの証明も大切であるが前向きの法則性の発見にこそ、研究の面白さと意義がある」

この解答を踏まえて芳雄氏は記す。

「父の学問態度がかなり露呈していると私は感じました」

「要するに父は (一) で「実証経験主義」(二) で「実用主義」(三) で「因果論理より目的論理優先」と「直観に基づく統合力」の重要性を表明し、(一)(二)(三) に共通するものとして、「新しいものへの志向」を述べたと理解して良いと思います」

さらに踏み込んでこう評価する。

「精緻な理論を作ったり、思弁的仮説を立てたりする仕事はやはり父の本領ではなく、血液型学と遺伝学、血液型学と人類学、血液型学と生化学、法医学と歯学、等々の離れた学問領域の結合、学際的領域の探索にこそ父の学問の特色があるようです」

その「離れた学問領域の結合」のひとつとして

「小松勇作博士の数理能力の活用により成果は挙がっている」

と、専門の法医学、とくに〈ベイズ確率〉については芳雄氏も科学性を疑っているわけではなかったのだが。

「偏見、謬見に満ちており、一読して不快感を持つ方もいることも承知の上で、あえて私の頭にある父と父の学問のその一部をスケッチ」

するとして、このような手記をわざわざ偉業を称えるための追悼集に寄せているのだが、古畑種基博士の科学に対する姿勢を見る上で貴重なる記録となっている。

小松勇作博士の数学が悲劇を生む

ここにもあるように、古畑種基博士の〈ベイズ確率〉の導入は、東大講師から東京工業大学教授となったばかりの小松勇作博士の協力によるものだった。

小松博士は数学の大学生向け教科書をいくつも出していることで知られているが、金沢生まれで、金沢医科大の古畑法医学教室の学生となり、のちに東大数学科に転じるという変わった経歴を持っている。旧制高校の同級生たちがみな医学部に進むのにつられて、さしたる目的意識もなく金沢では親子鑑定など法医学を学んでいたが、必ずしも科学的にすっきりとした結果が出るとは限らない臨床は苦手で、エッセンミュラーの〈ベイズ確率〉を使った親子鑑定式を知り、元からあった数学への情熱が昂じて本格的にその道に入ったようである。

ただ、東大で数学の博士号を取ったあとに、「血液型の遺伝とその応用」という法医学に関する論文も東大に提出して医学博士となっており、先に金沢医科大から転じて東大法医学教室主任教授となっていた古畑博士との関係は極めて深い。

古畑博士が主宰する学術雑誌に学部生時代から論文を何本も掲載していた優秀なる法医学徒だった小松博士が、卒業間際になって突如として医学を捨てると云い出したので、古畑博士は驚いて当初猛反対したそうである。この愛弟子の進路変更と、さらにまたすぐに東大で再会して統計分析を手伝ってもらうことになるという偶然が、古畑博士の確率熱を呼び起こし、本来無かったはずの悲劇を生むこととなったのである。

〈弘前大学教授夫人殺人事件〉に於いて、裁判所は血液型鑑定を古畑博士に依頼したのに、核心部分を小松勇作博士に丸投げしたのは裁判手続きを逸脱していると弁護側は激しく非難した。訴訟法違反だという弁護側の訴えそのものについては、鑑定人は本を参照するように第三者の調査を参考にしても問題ないという最高裁判決が出て退けられた。しかし、この指摘通りに古畑博士が弟子にほんとうに全面依存していたとするなら、数学の専門家であるはずの小松博士も〈ベイズ確率〉の基本を理解していなかったということになる。果たして、どうだったのだろうか。

ベイズの精神を裏切る

古畑博士は〈ベイズ確率〉を活用するようになった経緯を、サンデー毎日昭和二六年二月一一日号の「客間訪問」という江戸川乱歩を交えた座談会で話している。

終戦直後に、茨城県の豪農の倉が荒らされ麦を盗まれた。現場には血の付いた包帯が落ちていたが、この農家ではケガをした人はいなかったので、犯人のものと思われる。古畑博士が依頼されて血液型を鑑定した。隣家の住人がたまたま夜中に重そうなものを運んでいる者を目撃していたので、男が逮捕されたが、同じ血液型で、指にケガをしていた。

この血液型は三・五パーセントの出現確率だが、それなら一〇〇人に三人半いることになり、その包帯の血が被告人のものとは云えないじゃないかと法廷で弁護士は詰め寄ってきた。それに対して古畑博士はこのように答えている。

「先程から申上げておるように、私はこの繃帯（ほうたい）の血が被告の血だとは申しておりません。この繃帯の血はAMQ型であり、この被告の血もAMQ型であるといっているのです。なる程AMQ型の人はこの被告以外にもあります。しかしこの繃帯の血は恐らく拇指（おやゆび）に怪我した人がまいておったものと思われるから、血液型がAMQでしかも拇指に怪我をしており、犯行時の夜の十二時から一時までの間に犯行現場のそばを歩いていた人はそうあるものではないでしょう」

公判が終ってから、このような場合に使える理論を研究するよう小松博士に依頼すると、博士は〈ベイズ確率〉を教えてくれた。この理論で計算すると、血液型の同一確率だけなら九六パーセントだが、ほかの条件を組み合わせてベイズの公式で計算していくとほとんど一〇〇パーセントに近くなるのである。

つまり、古畑博士は情報を追加していって徐々に完成を目指す〈ベイズ確率〉を、じつは正しく理解していたのだ。ちなみに、その話を聞いた乱歩もこのように答えて、完全に理解していたことが判る。

「それは結局総合判断ですね。柔道でいう「合せて一本」というやつだ。血液型だけでは非常に可能性は多いが、断定はできないでしょうね」

これは時代を考えれば驚くべきことである。そもそも、確率というのは反復可能な事象を客観的に分析するものであるとする〈頻度主義者〉たちによって、ある特定の事件のような一度しか起きない出来事を推測する「主観確率」である〈ベイズ確率〉なぞは科学でないと徹底批判され、二〇世紀に入ってからベイズは完全に息の根を止められていた。ベイズ全盛の現代とは違って、世界的にもきちんと理解している数学者や統計学者はほとんどいなかったのだ。

つい数年前の第二次大戦中、アラン・チューリングがドイツの暗号機エニグマを破るため〈ベイズ確率〉を使って成功していたが、伝説の天才数学者でコンピューターの原理を生み出したチューリングにして、こんなやり方がほんとに正しいのかどうか確信はなかったらしい。通常の解読法では計算に何十年何百年と掛かって戦争に間に合わないので、暗号組み合わせの範囲を限定するためやむなく試してみただけだった。しかも、イギリス国家最高機密となったため、Uボートへの暗号通信を読み取って祖国を救ったチューリングの功績と〈ベイズ確率〉の有効性は、戦後も一切隠蔽された。

ちなみに、チューリングは〈ベイズ確率〉の存在を知らず、この天才は独自に画期的な統計法を一から編み出したのである。そこまで、〈ベイズ確率〉は数学や統計学では完全に否定され、忘れ去られていた。

一方で、保険など実務の世界では経験則として有効性が密かに認められていた。小松博士も生粋の数学者なら手を出さなかっただろうが、実務と不可分の法医学で〈ベイズ確率〉による親子鑑定法を知っていたため抵抗なく受け入れたのだろう。〈頻度主義者〉が従来の統計学であつかう理想的で抽象的な世界とは違って、現実社会には完全なデータが揃わなくとも、なんらかの結論を出さねばいけなくなる場面が多々あるのだ。そこで最善の解を出すのが、〈ベイズ確率〉の役目である。

それにしても、親子鑑定のような、ある程度の確度さえあれば子供の利益に有利なように判定してしまっても差し支えない民事ならともかく、この時代に刑事裁判で堂々と〈ベイズ確率〉が使用されたのは驚異的である。まだベイズが数学界から追放される直前の一八九九年、〈ポアンカレ予想〉でも有名な数学者のポアンカレが〈ベイズ確率〉によって〈ドレフュス事件〉を無罪に導いたことはあるが、それはフランス軍側の鑑定人がおかしな確率論でスパイの手紙の筆跡をドレフュスのものだと主張したのを否定しただけであって、同一性を証明するより遙かに簡単な話だった。

〈弘前大学教授夫人殺人事件〉の法廷で古畑博士が初めて〈ベイズ確率〉を導入したのは、

世界の裁判史上、画期的な出来事だったのだ。しかも、博士はこのように証言していたのである。

しかし右のような確率が出たとしてもそれによって直ちに真犯人が被服を持っていた者であると断定は出来ないのでありますが、現在の法医学による科学的血液検査の結果では右のように推定されるのであります。

もっとも右開襟シャツに附着していた血痕が被害者以外の他のB・M・Q・Eの型の人の血が附着したものであるという証明が出来れば右の同一人の血液であるという推定を覆す問題が初めて生じます。

これを読むと、どうもやはり古畑博士は、新たなる情報が付け加えられるたびに更新されて徐々に完成に近づく〈ベイズ確率〉を正しく理解していたように見える。ただ、この公判記録には載っていないのだが、弁護士に突っ込まれると著作にもあるように、これは限りなく一〇〇パーセントに近いと断定的に答えているようだ。乱歩との座談会でも、茨城の事件では〈ベイズ確率〉の正確な話をしているのに、続けて披露した弘前の話では、やはり血液型の九八・五パーセントだけで一〇〇パーセントに近い極めて高い確率で指紋に匹敵するとまで云っていて、なんともちぐはぐなことになっている。

いみじくも乱歩が「血液型だけでは非常に可能性は多いが、断定はできないでしょうね」と喝破したように、九六や九八・五パーセントというのは範囲を限定するだけならともかく、唯一無二の同一性を証明するための確率としてじつは数字の印象ほど高くない。なにせ、被害者だけではなく弘前市に住むB・M・Q・E型の九〇〇人全員が九八・五パーセントの確率でシャツの血液と同一性があるのである。日本全国や世界中にはさらに膨大な人数、九八・五パーセントの確率で同一性がある人々がいる。とても、「指紋に匹敵」どころではない。だからこそ、乱歩の云う「合せて一本」が大切となってくるはずなのだが。

これは、茨城の窃盗事件で直感的に〈ベイズ確率〉の正しい考え方に辿り着いていた古畑博士が、小松博士の計算によって見かけ上一〇〇パーセントに近い極めて高い数値を示されたことで惑わされ、却ってベイズの精神から外れてしまった結果ではないかと思われる。公判では小松博士のアドバイス通りにこれは決して一〇〇パーセントではないし、別の情報が加わればすぐに確率は変わるという正しい説明をしたが、弁護士に突っ込まれるとアドリブで間違った証言をしてしまったのではないだろうか。

人間は実際の割合ではなく、表面的な数字の大きさに騙される特性がある。たとえば、

「この病気にかかると一万人に一二八六人が死ぬ」と「この病気の死亡率は二四・一四パーセント」なら、前者が危険と判断する者のほうが多い（山岸俊彦東京工業大学准教授の心理実験）。しかし、前者は後者の半分の死亡率しかないのである。人間には数字の小さな確率の方が小さく見えてしまうのだ。犯人特定の場合に当てはめると、人口六万の弘前市で、九〇〇人に絞り込んだだけなのに、九八・五パーセントと云い替えただけで充分狭い範囲に限定されたような錯覚を起こし、さらにそれ以外の情報を追加し「合せて一本」で唯一無二まで絞り込む作業を怠ってしまったのだ。

冤罪が確定してから、何人もの数学者たちが古畑博士の〈ベイズ確率〉の間違いを数学的に証明しようとしたが、ことごとく失敗している。〈ベイズ確率〉の意味がほんとうに知られるようになったのはつい最近のことなので、数学者もきちんと理解できていなかったらしいが、古畑博士がベイズによって算出した九八・五パーセント自体は数学的に正しかったのだ。

ただ、その数値の見かけに騙されるという、ベイズとはまったく別種の〈割合錯誤〉という〈認知バイアス〉に囚われたところに古畑博士の問題がある。この高い数字は、血液型の出現確率一・五パーセントをベイズ方程式に当てはめただけの答だが、たとえば弘前市に住むこの血液型九〇〇人の中でひとりの同一性という別の前提を置けば、ずっと低い数字が出てくる。これなら、古畑博士も裁判官も、見かけの数字の高さに惑わされることもなかったであろう。

このように前提を主観的に選ぶことによって、確率がまったく変わってしまうところがベイズは科学ではないと非難を受ける由縁ではある。しかし、前提となる事前確率によって最初の数字はまったく違っても、新しい情報を次々追加して計算を繰り返していくと、最終的には同じような数字に近づいていくのもまたベイズの大きな特徴なのである。

ひとつの情報だけで確率を出すことにはあまり意味はなく、だからこそ「合せて一本」が大切となってくるのだ。ベイズはつねに更新して完全を目指すところに最大の特徴があって、逆に云うと完全な同一性には永久に辿り着けないのがその存在意義でもある。

さらに、茨城の窃盗事件では明らかに有効な、出血のためのケガと犯行時刻に現場にいたという情報を、必ずしも条件がぴったり当てはまらない〈弘前大学教授夫人殺人事件〉に何故かそのまま無理やり組み入れようとしたところにも古畑博士の錯誤があった。

茨城でいけると思った〈ベイズ確率〉を弘前で初めて試すにあたって、何故だか関係ないそれ以外の条件まで影響を受けるという、数学とは別種の〈認知バイアス〉が引き起こした錯誤である。

法医学の知識がある上に、ふたつの事件の詳細を聞かされてその違いを知っていたはずで、さらに〈ベイズ確率〉も正しく理解していたはずの小松博士は、古畑博士の間違いを指摘してその〈認知バイアス〉を解消すべきだった。それこそが、次々と新しい情報を組み入れることによって徐々に完全を目指すベイズの精神であるはずだったのに。

あるいは、小松博士は偉大なる師の間違いに対して、口を出せない状態だったのかもしれない。もうひとりの弟子による、次のような証言も残されているからである。

弟子より見た古畑博士の科学性

古畑種基博士の弟子である木村康教授は、鑑定人として〈弘前大学教授夫人殺人事件〉の再審で無罪を勝ち取ったのちに、師の科学に対する姿勢をこう述懐している。

古畑教授はかなり頑固な、事実よりも自分の思考結果を重視する人ではなかったろうか。そういえば、東京医科歯科大時代、当時の教室員が「いくら実験結果をお見せしても、これはこうなるはずだといって納得されない」とこぼしていたことを思い出す。

（『科学朝日』昭和六三年四月号　「科学者をめぐる事件ノート16　古畑種基　血痕鑑定事件」）

その上で、こう付け加えている。

「古畑教授は、親子鑑定における父権肯定の確率を計算する数式を数学者小松勇作氏とともにつくり上げて意気揚々としていた時期であり、確率ついていたときであった」

また、再審の鑑定を引き受けたとき、法医学者である大先輩から「いまさら古い事件の是非をうんぬんして何になる。法医学の信用が失墜する」と云われ、「学問とは何か、事実を追求することではないかと無性に腹が立ったことを覚えている」とも記している。

これはつまり科学の敗北なのだろうか。あるいは、古畑博士個人や法医学界という特定の組織の科学的欠如に起因しているのだろうか。

木村教授はやはり、古畑博士があまりにも偉大で、血液型の世界的権威者であったためだと云う。法医学会への影響力が絶大だったことはもちろんだが、博士は医学部だけではなく、東大などの法学部でも法医学を講義したので、裁判官や検察官の多くも直接の教え子であったのだ。

木村教授はまた、鑑定を依頼されたのは血液型の検査のみなのに、同一人の血液かどうかを確率で判定したことは、たんなる勇み足ではなく、「意気の高揚した権威者の勇み足であったと思う」と推察している。

強力犯(ごうりきはん)捜査の権威者となっていた紅林警部補の華麗なるトリックに通ずるものが、そこには見出だせなくもない。古畑博士が法廷で披露した絶対的な自信は、まさしく紅林警部補にも似た「意気の高揚した権威者」の姿であった。

真に恐るべき冤罪への扉

だからこそ、法医学の素人が見てもかなり危なっかしい確率論で「犯人」を有罪に追い込む様を、嬉々として何冊もの著作に綴ったりするのである。また、そこには丸井清泰弘前大学長による「変態性欲者」という精神鑑定も必ず書き添えられているのだ。動機なき殺人を説明するためのこの鑑定書は、わずか一五分の面接だけで作成されたという。〈弘前大学教授夫人殺人事件〉の冤罪が確定すると、このような冤罪被害者を誹謗する言葉が掲載された本はすぐさま絶版とされたが、それは当然ではある。しかし、そのために古畑博士の〈二俣事件〉に対する想い、冤罪を晴らすために法医学が役立ったことを誇らしげに語るその言葉も同時に抹殺されてしまったのは、まことに惜しい限りだ。なんとなれば、その古畑博士の誇りに嘘偽りは微塵もないはずであろうから。そして、その〈二俣事件〉についての手記と、〈弘前大学教授夫人殺人事件〉についての手記が、一冊の本に整然と並んでいることこそが、書き手もただひとりの人間であることが、最も恐ろしい事実であるのに、隠されてしまっているからである。

　私なぞは、ドストエフスキーの次の一節を想い出しながら戦慄を憶えざるを得ない。

「美しい心と優れた理性を持った立派な人間までが、往々聖母（マドンナ）の理想を懐いて踏み出しながら、結局悪行（ソドム）の理想をもって終るという事なんだ。いや、まだまだ恐ろしい事がある。つまり悪行の理想を心にいだいている人間が、同時に聖母の理想をも否定しないで、まるで純潔な青年時代のように、真底から美しい理想の憧憬を心に燃やしているのだ。いや実に人間の心は広い、あまり広過ぎるくらいだ。俺は出来る事なら少し縮めてみたいよ。」

（『カラマーゾフの兄弟』米川正夫訳）

　まことに、「神様は人間に謎ばかり掛けていらっしゃるもんなあ。美のなかでは両方の岸がひとつに出会って、すべての矛盾が一緒に住んでいるのだ」としか云いようがない。

　それはひとりの人間の内側だけではなく、このような特異な人物を核とする、学界、裁判、警察、あるいは国家などの人間の巨大なるシステムも同様なのである。権力対反権力などというちゃちな図式では、一連の冤罪事件の病巣はとてもつかみ切れないのだ。

　師が最も誇った法医学鑑定と確率論を法廷で粉砕し、師を非難する記事を書かざるを得なかった木村康教授も、しかし、それでもその記事の最後をこう締めるしかなかったのだ。それがまぎれもない真実だったからである。

「古畑教授がやはり偉大な法医学者であったことに変わりはない。私は先生の晩年に、よく目をかけられてご指導いただいたことを思い出す」

冤罪を防ぐためには、紅林警部補などの捜査官のプロファイリングデータを作成するとともに、古畑博士のような法医学者の行動と心理のデータも蒐集分析する必要がある。これまで古畑博士について書かれてきた文献は、単純な図式に押し込めるためにデータを歪ませており、悲劇を未然に防ぐためのプロファイリングデータとしてはまったく役に立たないのだ。正しい分析の妨げとなる文献はすべて破棄して、データベースの再構築が急がれるところである。

11　史上唯一の正しい訓練を受けた最高裁判事たち

少年を目覚めさせた母の力

特異な人物たちの織りなすせめぎ合いによって構築された荘厳かつ絢爛たる世界に目を奪われてしまって、あいだに挟まれた殺人事件そのものは置いてけぼりの感がある。ここでもう一度、〈二俣事件〉を見ておこう。

警察の暴力に怯え切っていた少年は、検事も同じようなものだと思い込み、特段の暴力や脅しは受けなかったのにも関わらず警察に対すると同様の供述をして起訴された。しかし、第一回公判の前日になって、拷問によって無理やり自白させられたと一転して無実を主張する上申書を検事に提出したのである。清瀬一郎『拷問捜査』より転載する。

私は今から現在の真実の気持を、ここに書くことのできますように、ご心配していただいたことを感謝します。

私は先月の十二日に、検事さんにお調べを受けました時に、検事さんが、「お前さんは、警察で殺人をしたと言っているが、間違いなくやったのか」と聞かれました時に、私は「二俣ではひどくされましたのでそう申し上げましたが、実は事件のことなど何も知りません」と言う事も思いましたが、やはりそう言って、またひどくされやしないか、おこられて何かされないか、と恐怖心ばかりのために、あんなやりもしなかったことを申し上げてしまいました。

このことは、いくらおわびしても許してくれませんと思いますが、当時の私の気持は、ただ何かされはしないかという、何かおそろしいから、何事も調べる人の、都合の良い風にいうことだけで良いということしか、私に考える余地がなかったのです。しかし公判の時には、「人殺しをしたことなどありません」とはっきりいうつもりです。

私は自分の為はもとよりですが、まだ弁護士さんにも一度も面会して居りませんので、私の考だけでは何か不安な気持です。若し万一、不幸にして身のあかしを立てる事が出来なければ、母はきっと私を失った悲しみのため死んでしまうと思います。いかなる事がありましても、私はあかしをたてる決心です。私は今度のことで、検事さんに嘘をいった事だけが間違っていたと思います。たとえお許ししていただきませんでも、色々と親切に、わざわざ家まで心配してまでくだされた方に、うそをいったという気持が苦しくてたまりませんので、おたのみしてお詫びや私の気持を書かせていただきましたのです。二俣で調べられた時に、この刑務所の人のように何事でも人誰（権の誤字）を重んじるようにあつかって呉れたならば、こんな事にならずにすんだとも思います。

どうか二度とこんな事がありませんように革新して下さい。お願いします。

私はなぜもっと早く現在のような気になれなかったのかと、自分の心を自分で情なく思っておりますが、今後は何事にも負けない、強い正しい信念を持って進んで行きます。こちらに来ましてからは、一人で色々と良く考えることが出来ますので、今までのことを反省したりこれから進む社会の正しい道も良くわかりました。

私は今度こそ生れ変って、新しく真面目に生きて行くことが出来ます機会にめぐまれましたことを本当に感謝しております。

一週間前に小さい紙に同じ内容を書いて持っていたのだが、看守が見つけて「本当に出したいのなら、ちゃんと紙をやるから書け」と云って紙をくれた（清瀬一郎『拷問捜査』）。

二日後に書き上げ、看守が上司経由で届け出たものが五日後に検事に渡ったわけである。冒頭の感謝や「おたのみしてお詫びや私の気持を書かせていただきました」は、この看守に対する言葉である。

少年は旧制の小学校高等科しか出ておらず、しかもこの時点ではまだ弁護士にも接見していない。それを考えると、なかなかしっかりした文章ではある。

逮捕から一ヶ月半経ってようやく面会を許された母親が、ハリウッド映画『出獄』について彼に語って聞かせた。無実の罪で終身刑となっている息子のために貧しい母親が真犯人を見つけた者に高額な賞金を提供すると新聞広告を出し、新聞記者のジェームズ・スチュアートが事件を解決するという、実話を元にしたストーリーである。罪を認める自白をしているのにいまだ息子の無実を信じているその自分の母親の姿に少年は勇気を取り戻し、真実の告白を書き上げたのだ。そのために、少年が自供を翻したのは母親の入れ知恵があったと非難する声が出たという。

この上申書には土蔵で拷問を受けたことも書かれているが、太田輝義地方検事はまともな調査をしなかったと清瀬一郎弁護士はのちの公判で非難している。

いやしくも人権を擁護することを任務とする司法官吏が、これを聞いて処すべきことは、まず第一にそんな人権蹂躙があったか、なかったかを調べることである。

しかるに太田検事は、警察官暴行の訴えを聞くや、直ちに二俣へ飛んだが、二俣でなしたことは、あるいは風呂屋を調べ、あるいは○○（※少年）の父母を調べ、自白否認の主張を潰すことに狂奔し、人権蹂躙の有無については寸分も調べておらぬ、このことは、同人の当審法廷における供述においても認められることである。かかる思想の検察官が、警察官の拷問で萎縮しきった少年を取り調べて作った供述調書に、被告の任意の意志が表明されていると考えることは、とうていできない。

紅林警部補が戦後体制に刻んだトリック

しかし、一審二審とも死刑判決となる。それが一転して昭和二八年一一月二七日、最高裁は「自白は真実性に疑わしい」として破棄して差し戻した。これは歴史に残る画期的なことだった。なにゆえか。

戦前の最高裁判所は大審院と呼ばれていたが、名前が変わっただけではなく決定的な違いがあった。大審院は一審二審判決の法律の解釈や適用、あるいは事実認定の誤謬を正すことができた。ところが、新憲法の元で新設された最高裁は、一審二審の判決が最高裁判例に違反しているとき、憲法違反があったとき、この二点しか受理しないことになったのだ。たんに事実認定が間違っているので冤罪だと上告しても、門前払いを食わされるのである。清瀬一郎が〈二俣事件〉弁護人となったのは二審で死刑判決が出たあとなので、そのまま終了する可能性も大いにあったのだ。

二審判決を伝える静岡新聞昭和二六年九月三〇日の記事には、〔死刑確定〕という見出しが付いており、本文でも「死刑が確定した」と断言している。戦前の旧弊を改善せんがため設けた新制度のおかげで、戦時刑事特別法によって二審だけで死刑が確定してしまった〈浜松事件〉の誠策と同じ事態になるという、おかしなことになっていた。

そこで意味を持つのが、清瀬弁護士が尽力して新憲法に規定された三十八条二項である。

「強制、拷問もしくは脅迫による自白又は不当に長く抑留もしくは拘禁された後の自白は、これを証拠とすることができない」

彼は憲法違反事案として受理される可能性があると見て、弁護人を引き受けたのであった。

当然、上告趣意書では、〈二俣事件〉の取り調べに於いていかなる酷い憲法違反があったかを訴えた。また、この憲法違反を審理しなければ、新憲法が特に最高裁を設置した本旨に反すると訴えた。ところが、二年ものちに出された判決は拷問の有無にはまったく

触れていなかった。刑事訴訟法第四百十一条

「上告裁判所は、第四百五条各号に規定する事由がない場合であっても、左の事由があって原判決を破棄しなければ著しく正義に反すると認めるときは、判決で原判決を破棄することができる」

との規定を適用して、事実誤認を理由に一審二審の判決を破棄して地裁に差し戻したのである。

最高裁が設置されてから初めての適用であり、これ以降はこの判決が最高裁判例となって、たとえ拷問がなく憲法違反を問うことが難しい冤罪事件であっても、最高裁で審理することができるようになったのだ。

〈二俣事件〉が戦後の代表的な冤罪事件として特に取り上げられる由縁がここにある。紅林麻雄警部補が、最高裁設立当初の絶妙な時期に、誰の眼にも事実誤認で「著しく正義に反する」と認めることができる、あまりにも判りやすい時計のガラスというトリックを仕掛けてくれたおかげで、最高裁の門戸は著しく広がり、戦後の日本は極めて大きい恩恵を受けることになったのである。

それは、新憲法に拷問禁止の条項を裏口から忍び込ませ、自衛隊が九条違反ではないという解釈を編み出した清瀬一郎よりもさらに大きな影響をおよぼしたとも云える、戦後日

本の国の形を規定した巧妙なるトリックであった。

〈二俣事件〉よりも五ヶ月早く二審の死刑判決が出て上告されていた〈幸浦事件〉は、〈二俣事件〉より三年以上も遅く最高裁で破棄して差し戻された。こちらでも拷問の有無にはまったく触れずに事実誤認のみを理由としている。しかも、

（1）強奪した衣類と自転車を売ったとされている店に、実際には品物が渡った形跡がないこと

（2）窃盗の被害者と加害者の関係だった親しくもない歳も離れた被告同士が、強盗殺人を共謀するものか疑問があること

（3）屍体を縛っていた紐の入手経路が明らかになっていないこと

この三点がその一審二審判決の事実誤認であって、紅林警部補が仕掛けた最大のトリックである屍体を埋めた場所を指し示したことは取り上げられなかった。

残念ながらこれは〈二俣事件〉の時計のガラスのように誰の眼にも事実誤認で「著しく正義に反する」と認めることができる鮮やかなトリックであるとは最高裁では見てもらえず、裁判進行の早いこの時代としては極めて異例の六年もの長きに渡って最高裁で審理を

続けることになったのである。

誤判の犠牲者

〈二俣事件〉で一審二審の死刑判決を破棄して差し戻した最高裁判決は、五人の裁判官による全員一致だが、そのうち霜山精一、栗山茂、小谷勝重、藤田八郎の四判事が、四年前に辞職の瀬戸際まで追い詰められていたのは注目に値する。昭和二四年、長野県で起きた強盗致死事件を高裁に差し戻したのだが、これが誤判とされたのである。

すでに新刑事訴訟法は昭和二四年一月一日に施行されていたが、公訴の提起（起訴）はその施行前になされていたので、高裁は旧刑事訴訟法を元に無期懲役判決を出した。しかし、弁護側は公判が三ヶ月中断したことを捉え、旧刑事訴訟法三百五十三条「十五日以上開廷せざりし場合に於ては公判手続を更新すべし」に違反していると上告する。最高裁で審議した四判事は、確かに十五日以上開廷せず、公判手続も更新していないと、弁護側の主張を認めて七月一六日に四人一致で高裁判決を破棄してしまったのだった。

ところが、旧刑事訴訟法の運用を新刑事訴訟法に合わせるための〈刑事訴訟規則施行規則〉が、新刑法と同じく昭和二四年一月一日より施行されていた。その規則では「開廷後引き続き十五日以上開廷しなかった場合においても、必要と認める場合に限り、公判手続を更新すれば足りる」と柔軟な対応が許されるようになっている。この条文を当てはめると高裁判決は適法だったのである。

旧法と新法の過渡期で、その扱いを定めた〈刑事訴訟規則施行規則〉が打ち出されてから半年ほどしか経っていない時期の、うっかりミスに過ぎないはずだった。だが、この規則は他でもない最高裁自らが制定したところから重大視され、同僚判事たちが出席した最高裁裁判官会議は四判事に辞職勧告を出したのである。

最高裁としては弾劾裁判や分限裁判を開くことなく、自ら身を引いてもらうことにより内々に済ませるつもりだったのだが、彼らが辞職を断固拒否したため話は一挙に拡大した。新聞各紙の一面トップに、「誤判による辞職勧告」と四人の顔写真入りで大きく記事が出たのである。

なお、最高裁小法廷は五人の判事が審議を執り行うことになっている。彼らの所属する第二小法廷は、〈甘粕事件（あまかす）〉や清瀬一郎と同じく〈五・一五事件〉の弁護人だったことでも知られる弁護士出身の塚崎直義判事が、最年長ということもあって裁判長を務めていた。

しかし、塚崎判事はこの判決時にはなんらかの理由で出廷しておらず、霜山判事が裁判長を代行して四判事だけで審議を行っている。

抵抗する四判事

規則の条文を見落とした責任は当然あるが、憲法と法律に則って処分は決定すべきであるという声明を、四判事は連名で公表した。裁判官の身分は新憲法で保障されており、弾劾裁判や国民審査によってのみ罷免が可能であると明記されている。最高裁裁判官会議は司法府の最高意志決定機関ではあるが、判事の罷免に関してだけは憲法上権限がない。ましてや、辞職勧告などという法的根拠のない誤魔化しは、到底受け入れることができないと云うのである。

司法の独立を護るためにも、新しい司法制度の先例としても、合法的な手段を講じるべきだと正論も並べている。しかし、本音のところでは、彼らにしてみれば、単純ミスに過ぎないのに辞職は重すぎる刑罰であって、正式な手続きなら軽い懲戒処分で済むはずだという想いだったのであろう。

これに対して初代最高裁長官の三淵忠彦は、すでに裁判官会議の決定は辞職が望ましいと出たので、分限裁判などに掛けて処分することなく、引き続き自ら身を処することを促すと発表、事態は膠着状態に陥った。正式な手続きを踏めば、この程度のミスで罷免するのは無理なことは明白で、設立から二年しか経っていない最高裁の権威を護るには、自主的に辞めてもらうしかないと考えたのだろう。なお、あくまでも「自発的善処」を促しただけで「辞職勧告」ではないので、憲法には反しないと三淵長官は強調している。

宙ぶらりんの形で居座ることになった四判事は、新聞からの激しい攻撃を受けることとなった。人権派の弁護士たちも、新聞の読者投書欄に非難の投書をしているのが興味深い。のちに山崎兵八（ひょうはち）氏の名誉回復に奔走することになる大塚喜一郎弁護士は、単純なミスではあるが、最高裁判事は法的責任だけではなく高度の道義的責任も必要とされると、比較的穏当な内容ながら辞表を提出すべきと読売新聞への一一月二九日投書で述べている。

正木ひろし弁護士も同じく読売に一一月二〇日投書しているが、こちらは日頃の裁判所への鬱憤を晴らすかの如くに強烈だった。この判決は明確な誤判であるばかりでなく、裁判官の身分保障という憲法上の特権を濫用したことになる。すなわち、二重の違背行為だ。裁判官弾劾法によって罷免するのが当然だというのである。この裁判官特権の濫用は、軍部の統帥権独立を思わせるとまで云っている。

国会でも大問題となったが、方向性が違っていた。裁判官会議の辞職勧告というのは法的根拠がないのではないか、はたまた国会で制定した法律を裁判所が勝手に条文を変えて運用する〈刑事訴訟規則施行規則〉なるものは立法権の侵害で憲法違反ではないのかと、四判事よりも最高裁への非難に重点が置かれた議論が展開されたのである。

最高裁が四判事の辞職にこだわったのも、この判決がじつは誤判でない可能性も否定できず、独自の規則を優先させた最高裁自体の違憲性を追及されることを怖れていた面もあるかと思われる。

この規則は、新憲法七十七条

「最高裁判所は、訴訟に関する手続、弁護士、裁判所の内部規律及び司法事務処理に関する事項について、規則を定める権限を有する」

という規則制定権に法的根拠がある。しかし、果たして立法府である国会が定めた法律をひっくり返すような規則を定める権限が最高裁にあるのかは、憲法解釈が割れていたのである。

一方、新憲法七十六条で最高裁を中心とする司法権の独立が高らかに宣言されたものの、それだけでは戦前のように司法省、つまり検察からの司法介入をまた隠然と受ける怖れがあった。七十七条は、司法権の独立を単なるお題目ではなく中身のある完全なものにするため、司法行政権を司法省から最高裁に移す法的根拠ともなっていたので、微塵でも付け込まれて揺らぐようなことは最高裁にとって絶対にあってはならないはずだった。

事態が拡大した上に行き詰まり、板挟みとなった三淵最高裁長官は、もともと病弱だったがその心労のためか再び病に倒れる。病床で定年退官を迎え、その四ヶ月後に死去した。

長官が変わり、昭和二五年六月二四日にようやく分限裁判が開かれ、四判事は過料一万円の懲戒となった。過料は一万円以下と定まっていた上限であり、この年の大卒銀行員初任給が三千円であることを考えれば、決して軽い処分ではなかった。当時の判事の給料は、それでなくとも極めて低かったのだ。マッカーサー元師が心配して、裁判官は経済的な窮乏に煩わされないようにしないといけないと、三淵長官に書簡を送ったほどである。

ミスに責任を感じていた四人はもちろんこの決定を受け入れたが、同時に決して辞任はしないという決意を改めて新聞記者に語るのである。ここでまた新聞の社説やコラムによる、激烈なる非難が巻き起こった。最高裁判事の責任の重さを鑑みれば、金さえ払えば済むことではない、なにゆえ潔く身を引かないのかと云うのである。

〈刑事訴訟規則施行規則〉が憲法違反で、四判事の判決は誤判ではない可能性もあるといったような記述は、少なくとも朝日と読売には一切ない。一方的な断罪だった。

毎日新聞の社説だけは具体的な中身に触れないまま誤判ではないと云う人もいると一応記されているが、もはやそんな法的判断の段階ではなく、最高裁が辞職勧告という形で自らを律しようとしたことを是として、道義的判断から出処進退を決すべきと、辞職を求めることでは同じだった。実際の罪の有無とは関係なく、嫌疑を受けたのだから自ら刑に服せと述べているのに等しく、むしろこちらのほうが無理強いとも云える。

裁判官の資格

ここで四判事が非難に屈して辞任していれば、〈二俣事件〉は有罪が確定し、少年は死刑になっていた可能性が極めて高い。〈二俣事件〉判決の影響力の大きさを見れば、その後に続く冤罪裁判でも、死刑を回避することができなかった可能性が多分にある。なお、四人のうちのひとりである小谷勝重判事は、紅林警部補三大冤罪事件のひとつ〈小島事件〉でも一審二審の無期懲役判決を裁判長として破棄して差し戻し、無罪へと導いている。

逆の視点から見れば、この誤判事件が〈二俣事件〉判決にどのような影響を及ぼしたのかが気に掛かるところである。四判事は八ヶ月以上にも渡って、最高裁の同僚たちやマスコミからの激しい攻撃にさらされて、辞職を強要され続けた。最終的に辞職は回避できたが、その後も針のムシロだっただろう。

〈二俣事件〉の少年の如きまったく身に覚えのない罪を被されたわけではないが、些細なミスからあまりに理不尽な仕打ちを受け、冤罪被害者に共感を覚える心境になっていたのではなかろうか。彼らの立場では口に出せなかったが、〈刑事訴訟規則施行規則〉は司法府である裁判所が立法権を侵した明確な憲法違反であり、自分たちは間違ってなかったのに罰せられた完全なる冤罪被害者だと確信していた可能性さえある。

冤罪を防ぐには犯人のプロファイリングだけではなく、捜査官のプロファイリングも必要だが、また裁判官のプロファイリングも必要である。この事例は貴重なデータを与えてくれる。

当事者各位が己に都合のいい虚偽を述べる可能性の高い法廷に於いて、裁判官は法的知識だけではなく被告や検事、警察官の心理を読み取る能力が当然、必要とされるはずである。しかるに、そのような訓練はまったく為されていない。四判事は図らずも被告の立場に立たされたことにより、被告の心理が痛いほど判るようになってしまった。

その体験が、検察や警察の欺瞞を見抜くことにどれほど大きな力を与えただろうか。また、古畑種基博士の重視した「市民の間に盛り上がる囂々(ごうごう)たる空気」が、いかに一方的で無責任なものかも、身をもって思い知らされたことであろう。

〈二俣事件〉の判決で判るように、冤罪事件はごく常識的な判断能力があれば見抜くことができるものが多い。そこに必要なのは、人間離れした鋭い洞察力ではなく、偏った情報によって眼を曇らせることのない、中立的な見地の保持である。

「疑わしきは被告人の利益に」がたんなる建前ではなく裁判の原則であるとするのなら、裁判官は被告により大きな共感を持つようにするしかない。実際には検察や警察、市民感情の影響を完全に排することができるはずもなく、それでようやくバランスが取れてくる。

あまりに被告に有利だと思われる諸氏もあることだろうが、これがなければ無実の少年を死刑に処していただろうという事実は計り知れなくも大きい。イデオロギーや感情から導き出された抽象的な理想論などではなく、これは現実に起こったことなのである。冤罪事件に関する最も大きな影響を及ぼした判決が、この四判事によるものだったことは、裁判官プロファイリングが弾き出した冷徹なる解答なのである。裁判官自身が被告の体験を持つことは、どれほど大切なことであるか、〈二俣事件〉判決は厳然と示しているのである。

被告への共感を持つことにより、後述するアダム・スミスが『道徳感情論』に於いて理想とした、俯瞰的な眼を持つ〈公平な観察者〉を胸に秘めた人々がここに揃って現れることとなったのだった。アダム・スミスは、人が善を為すため必要な鳥瞰的視点〈公平な観察者〉を比喩的に「心の中の裁判官」と表現した。理想的な裁判官は己を含めた誰の利害にも惑わされない中立的な見地を保持するとともに、あらゆる情報に通じていると期待されるからだ。しかし、実際に裁判官が中立を保つには、ここまで被告についての知識を有しないと現実には無理なのである。

彼らのように被告としての理不尽なる立場に立たされるだけでも充分有益だが、さらに踏み込めば完璧だろう。殴られるまでもなく心理的圧迫を加えられるだけでも、人間は己がやってもいない犯行を自白するものだという現実を、骨の髄に刻むことである。

そのために、心理的拷問を身をもって体験させることを、裁判官養成の正規プログラムに組み込むべきなのである。この体験を経ることなしに、冤罪を見破ることは不可能とも云える。心理的圧迫に屈して引き出された己の自白を耳にすることは、裁判官として最低限必要な資格であるはずなのだ。

四判事は、即座に懲戒処分されるという形ではなく、八ヶ月以上にも渡って自ら辞任を口にするよう迫られたことによって、不完全ながらその訓練も同時に受けたと云える。自らの自白を耳にすることはなかったものの、ひとりなら耐え切れずに心にもない言葉を口にしたかもしれないと、容易に思い至る境地までは追い詰められたであろうから。実際にはひとりでも最後まで耐え抜いたかもしれないが、四人だったために逆に、「ひとりならあるいは」という、己の弱さに対する疑念が永遠に解決されることなく残されることになったはずである。

〈司法権の独立〉確立闘争

下手にひとりで乗り切ってしまうと、むしろ反対の効果をもたらすこともありえる。たとえば、三淵忠彦最高裁長官は、病気のために奇しくも八ヶ月間登庁できず、長官が務めるべき第一小法廷と大法廷の裁判長も他の判事に代行させる有様だった。長期に及ぶ長官不在は国会でも問題となり、辞職勧告を受けたが、断乎として辞めないと突っぱねた。

その直後の誤判事件で、三淵長官が四判事に見せた厳しい態度は、この辞職勧告をひとりでハネのけたこととまったく関係ないとも云い切れぬであろう。この点でも、四判事の体験は、人を裁く者として得難いものであった。

この三淵最高裁長官の姿勢には、〈浦和事件〉が大きな影を落としていた。昭和二三年、働かずに酒と博打に耽る夫に前途を悲観した女（30歳）が親子心中しようと幼い子供三人を絞殺、自分は死に切れずに自首した事件である。浦和地裁は、情状酌量の余地があるとして懲役三年執行猶予三年の判決を下して確定した。

この判決を問題視した参議院法務委員会は、国政調査権に基づく調査を行い、被告の女だけではなく、担当判事と検事をも尋問する。そして、翌年三月、事実の認定に誤りがあり、裁判官が出した量刑も軽すぎ、この量刑を妥当なものとして上訴を放棄した検事の処置も失当であるという報告書を出したのである。その原因としてこう付け加えている。「担当検察官及び裁判官の封建的思想に対する批判並びに基本的人権の尊重において、その認識にかけるところあるがためではないか」（最高裁判所事務総局刑事局『刑事裁判資料三十号』「司法権の独立と議院の国政調査権」）

心中するほど生活は苦しくなかったのに、動機は生活難のためと認定したのは誤りだというのだ。

最高裁は、立法府による〈司法権の独立〉を侵害した憲法違反だと猛反発した。この反応に対してさらに参議院法務委員会は、「最高裁判所が具体的事件の裁判としてではなく、裁判以外において国会や内閣の行動に関し、憲法問題につき意見を発表することは越権である」（同上）と批判した上で、裁判官に対する民主的監視は国民審査と弾劾制度だけでは不充分で、国政調査権による調査批判が必要であると反駁した。

この新憲法と新制度を巡る司法と議会の対立は大問題となったが、マスコミや法学者らが最高裁を支持して〈司法権の独立〉を護った形で一応の決着を見た。だが、これらは三淵最高裁長官の病気不在中の出来事だった。その直後の国会からの辞職勧告である。

三淵長官の辞職拒否は個人的な保身のためではなく、戦後になって裁判所がようやく手に入れた〈司法権の独立〉を立法府から護るためだった。だからこそ、最高裁裁判官会議も一丸となって長官を支援した。

そして、直後の四裁判官への断固たる辞職勧告も、まったく同じく〈司法権の独立〉を立法府や行政府から護るためだったのだ。国会や政府の介入を招く前に、最高裁裁判官会議の勧告に従って自らの進退を決せよということだ。

終戦後すぐの旧法と新法の過渡期のために数多くの冤罪事件が発生したと云われることもあるが、本書ではそれが必ずしも妥当ではないことを説いてきた。むしろまったく反対に、終戦後すぐの旧法と新法の過渡期のために、正しい訓練を受けることとなった史上唯一の裁判官たちがここに偶然誕生し、そのために数多くの冤罪を晴らし無辜の人々を死刑から救うことができた。裁判官プロファイリングから、そう云えるのである。

もうひとりの訓練生

実を云うと、もうひとりだけ正しい訓練を受けた裁判官は存在する。

老夫婦が殺害された強盗事件で、真犯人の偽証と警察による拷問により、無実の四人が十七年間も苦しみ、二回も最高裁で差し戻され、死刑と無罪の両極を行き来する合計七回もの審理を経ることになる〈八海(やかい)事件〉。その最後に最高裁で無罪を確定させた裁判長、奥野健一最高裁判事である。

長男で文芸評論家の奥野健男が、奥野健一『裁判と立法』の付録「奥野健一の人と業績」に、父親の旧制高校時代の〈ブラジル事件〉について綴っている。

特にブラジル事件は有名でカフェーブラジルで六高生と地回りたちの大乱闘があった。父はその喧嘩に加わらなかったが、目撃者の誤った証言で父ら三、四人が警察に逮捕された。いくらやらないと言っても警察官は聞き入れずついに父は卑怯者と言われたくなく友人をかばう義俠心から乱闘の首謀者だと偽りの自白をしてしまった。すると、警察官は凶器の棒はどこで仕入れたか等々、尋問をすすめ父は偽りの上に偽りの自白を重ね、結局架空の筋書きの調書が作られた。幸い検事の調べによって無実であることがわかり、不起訴になったが、この体験は後年裁判官になった父にとって大きな教訓となったらしい。つまり警官の誘導の尋問によって人間はいかに偽りの自白をしやすいものか、体験者のひとりである父は裁判の時いつもその点を配慮したと言う。それにしても後年の最高裁判事が手錠をはめられ、しょっぴかれる姿は観物であったろう。

こちらは自白までさせられているので、完璧なる訓練である。もっとも、戦前の出来事であるから、終戦後すぐの旧法と新法の過渡期ならでは正しい訓練を受けることとなった裁判官が生まれたという、当方の単純なる図式的記述を見事に破ってくれる事例であった。あらかじめ定めた単純な枠に無理やり当てはめた図式的理解がいかに浅はかなるものか、これでも判ろうというものだ。

しかし、〈二俣事件〉と〈八海事件〉という、戦後を代表するふたつの拷問による冤罪事件を死刑から無罪へと導いた最高裁判事が、両者揃って自ら冤罪の体験をしていたのは偶然ではあるまい。裁判官の基礎的訓練として、心理的拷問プログラムが必須であることが、ここからも証明されるのだ。

これが裁判官プロファイリングから導き出される帰結なのである。

失った名誉はあまりにも大きい

〈二俣事件〉の裁判官に話を戻すと、被告への共感だけではない要素もあったかと思える。

地に墜ちた己の名誉を挽回するため、歴史に残るようななんらかの功績を上げたいという野心が、四判事には微かであっても芽生えたのではなかろうか。

とくに誤判事件でも〈二俣事件〉でも裁判長だった霜山精一判事は、そのような考えが萌してもおかしくはないだろう。彼は同期の松阪広政検事総長が司法大臣となった昭和一九年、その大臣の推薦を受けて大審院長へと昇り詰めた。のちの最高裁長官に相当する役職である。

ちょうどこのとき、『気骨の判決』でも知られる翼賛選挙での選挙無効判決が出ている。霜山大審院長は「みな思う通りやられたらよかろう」（野村正男『法窓風雲録』）と述べて、〈司法権の独立〉を護った形となった。ただ、司法に露骨な介入を示す東條英機がすでに失脚していたこの頃には、大審院に対する直接的な政治圧力はなかったようだ。鹿児島で三件起こされた選挙無効訴訟では無効と棄却で判決が分かれる見込みだったため事前に報告を受けたのだが、大審院として統一するのではなく判事それぞれの判断に任せるという、〈裁判官の独立〉を護ろうとしたところに彼のこの指示の真意があった。

まだ東條が首相なら、その圧力に屈して前任者のようにドラマで揶揄され嗤われるような役処となっていただろうか。しかし、東條首相であれば、逆らった松阪検事総長が法相となることは絶対になく、その推薦も受けられなかったのだから、大審院長になることもない。彼は極めて強運なのだ。

そんな霜山判事は戦前の一時期、司法省参事官になったこともあるが、ほぼ一貫して判事畑を歩んでいる。GHQは何故か裁判官はひとりも公職追放の対象としなかったので、戦時中の国家中枢の要職を務めながらも引っ掛かることはなかった。昭和二一年に退官すると、天皇勅撰の貴族院議員となり、新憲法制定にも携わっている。

初代最高裁長官の有力候補ともなり、吉田内閣が倒れて社会党政権になったため片山哲首相に近しい三淵にその席は譲ったものの、他の三判事とともに初代の最高裁判事に就任した。裁判官としてはこれ以上はない人生と云ってよく、敗戦の激動も無事に潜り抜けた順風満帆の航路である。二代目最高裁長官、あるいは法務省と最高裁の距離感がまだ確立していなかったこの時代なら法務大臣就任の目も充分あったろう。その矢先の、すべての行く手を遮り奈落へと突き落とす誤判事件である。

誤判だけでも大きな汚点だが、その上に最高裁判事の極めて重い責任も自覚せず職に恋々と未練がましくしがみついていると冷たい眼で見られ、二重に裁判官失格の烙印を捺されてしまった。このままに終わっていいものだろうか。〈二俣事件〉判決の一年後には、70歳の定年退官の日が迫っていた。

なお、大審院では四七人の判事がおり、裁判所は司法省の下部組織のようなあつかいだったこともあり、他省の局長やせいぜい次官並みの地位でしかなかった。戦後の司法改革で、最高裁判事は国務大臣並みの権威を持たせるため、わずか一五人と定められた。最高裁自体も大審院にはなかった違憲立法審査権、規則制定権、下級裁判所に対する監督権を獲得。司法省から独立して国会や政府と対等となる司法府に名実ともに据えられたこともあって、ステータスが格段に上がっていた。

その最高裁判事の席は法曹界垂涎の的となり、弁護士とは比較にならない薄給にも関わらず、自らを売り込む運動が轟然と巻き起こった。正確に述べると、最高裁判事を選ぶための任命諮問委員会のメンバーを決めるため、裁判官、検察官、弁護士それぞれのグループ内で選挙を行ったのだった。しかし、選出された委員九名からお互いの投票でそのまま最高裁判事になった者が五名もいたので、実質的に最高裁判事を直接選ぶのとあまり変わりなかった。

とくに裁判官内の選挙活動は派閥争いもあって紛糾し、対立候補を誹謗する怪文書が乱れ飛ぶ。反対陣営の候補者の名前で「自分は辞退する」と打電したニセ電報事件まで起きており、判事が判事を刑事告発するという事態にまで発展している。四判事はこの激烈な競争を勝ち抜いて、初代の最高裁判事に就任しているのである。

彼らの失った名誉は、現代の我々が簡単には想像し得ないほど大きかったのではないかと思われる。あそこまで頑強なる辞任拒否は、名誉失墜を確定させたくないという足掻きでもあり、また必ず名誉回復をしてみせるという決意表明でもあったのではないだろうか。

拷問の認定では少年は救えない

じつは〈二俣事件〉の前にも、この四判事は拷問事件を差し戻す判決を出していたのであった。

岐阜県の殺人事件について、取り調べで殴ったり髪の毛を引っ張ったりの拷問により虚偽の自白を強要されたと被告は訴えており、警官のひとりがその一部を認める証言を法廷でしていた。それにも関わらず、この点について特段の審理をした形跡もなく有罪としたのは審理不尽の法令違反だとして、高裁判決を破棄したのである。

最高裁判事全員が参加する大法廷の判決で、意見は割れたが、四判事が揃って賛成した破棄差し戻しが多数となった。誤判の懲戒処分から一年後、昭和二六年八月一日のことである。これも公訴の提起（起訴）は新刑事訴訟法施行前になされていたので、旧刑事訴訟法による判断だった。

しかし、破棄差し戻しに反対する齋藤悠輔判事ら四人の少数意見にも説得力はあった。

〈少数意見〉とは、戦後の司法改革で最高裁判事の国民審査制度がはじまったので、判断材料として個々の判事がどのような意見を持っているのか示すために判決に添えて記されるようになったものである。

それによると、裁判は自由心証主義だと訴訟法で定められており、どの証拠を採用するか、証拠をどのように判断するかは判事の裁量に任されている。また、採用しなかった理由を判決書に示すことも、訴訟法上まったく要請されていない。

判決内容が、経験則や論理の法則に反する場合は正さねばならぬ。しかし、この件では確かにひとりの警官は一部を認めているが、その他の警官全員が拷問を完全に否定しているので、特段の問題はない。

さらには、拷問があったとする証言を高裁が記載していなかったら、最高裁で問題とはならなかったであろう。記載しても、これらの証言は態度等により信用できない旨を一言添えれば最高裁はまったく手の出しようがない。破棄して差し戻しても、高裁がこのようなやり方で再度有罪とすれば、事件終了が長引くこと以外何等の実益もないことになるであろう。

高裁が拷問について取り調べて、判決でその点に触れていないのなら、拷問はなかったと判断したのである。自ら尋問もしない証人の供述の信憑力を書類だけで判断することは赦されない。最高裁は事実審に踏み込むことなく、本来の使命である憲法違反や裁判手続きなど、法令違反の法律審のみに徹するべきである、というのである。

この判決の二ヶ月後に、〈二俣事件〉の高裁判決は出された。その少数意見に影響されたのかも知れぬが、このように明記している。

「拷問脅迫がなされたとは認められない。板倉政敏（※少年より先に逮捕され拷問を受けたと述べた証人）、小池清松、山崎兵八の各証言は容易に措信（※信用）できない」

すぐに最高裁に上告されてきたが、担当した第二小法廷の判事たちはどのように審理すべきであろうか。

岐阜県の殺人事件判決の少数意見でもあるように、拷問があったという証言を高裁判決文で明確に否定されてしまえば、これを最高裁で引っ繰り返すのは難しい。最高裁は書類のみの審査しかできないので、実際に証人の言葉を聞いて、その眼で表情や態度を見ている地裁や高裁判事の〈心証〉を上回る証拠は手元にないからだ。拷問で受けた傷の写真や診断書でもあれば別だが、〈二俣事件〉に関してはそんなものは存在しない。

ちなみに、原審破棄や死刑の判決を出す場合は最高裁でも弁護人による口頭弁論が行われることになっているが、証人尋問は一切ない。そもそも、最高裁の法廷には証言台や被告人席が存在しないのである。

〈二俣事件〉の最高裁判決で拷問の有無について触れていないのは、権力側に立って警察を庇う行為であるかのように書かれている本が多い。しかし、そう見えるのは体制対反体制という単純な図式に囚われているだけに過ぎず、図式に曇った眼を晴らしてきちんと対象に向き合えば、そこには明確な理由があったことが知れるのである。

この少年を救おうとすれば、拷問を理由とした、最高裁の職務である憲法違反を審理することでは不可能なのだ。本来は最高裁に赦されていない、事実認定に踏み込まざるを得ない。それも、地裁や高裁判事の〈心証〉で再度引っ繰り返されることのなき、明確な証拠を基にした審理である。

なお、この岐阜県の殺人事件の判決を最後に塚崎直義判事が定年退官した。後任として、谷村唯一郎判事が第二小法廷に加わることになる。

歴史に偉業を残す

戦前の大審院と違って、最高裁が事実審を原則として排除、憲法判断などの法律審に限定されたのは、判事が五〇名近くから一五名へと極端に減らされたからだった。これだけの人数で、数多くの公判の事実内容にまで踏み込むのは物理的に不可能である。法律審に限定してさえ、これだけの人数ですべての上告を裁くのは、かなり無理がある。

そこで、十年以上の経験を経た裁判官が就任する〈最高裁調査官〉制度が発足、最高裁判事を補助することになった。四〇人近い調査官が、まず地裁高裁の裁判資料や捜査資料などの記録を精査するのである。

谷村唯一郎判事が定年を前にして昭和三一年一一月に退官した時のことを、寺尾正二最高裁調査官が『谷村唯一郎追想録』で回想している。最高裁判事退官時の恒例により昼食に会した調査官一同に、谷村判事はこう切り出したのである。

最高裁は憲法違反や判例違反の審査を本命とするもので、事実誤認問題に深入りすることは本来の使命でなくむしろ差し控えるべきものかもしれない。しかし、「刑事事件においては、なんといっても事実の認定こそ永遠の課題であり最重要問題であるから、調査官諸君は事実誤認の主張には己を空しうして真剣に取り組んでもらいたい旨を、在任中取り扱われた事件を引用しながら強調されました」

この「在任中取り扱われた事件」というのは、間違いなく〈二俣事件〉であろう。すでに〈二俣事件〉を差し戻し、その後の一審で無罪判決が出て、画期的な司法判断だと大きな反響を呼んでいた。しかし、そんな時期でさえ、まだ最高裁が事実認定へ踏み込むことに抵抗があったことが判る。ましてや、初めて事実誤認を理由に死刑判決を破棄した〈二俣事件〉の前には、判事たちにも大きな心理的壁があったと思われる。

その壁を打ち破る要因のひとつとして、誤判事件で地に堕ちた己の名誉を回復したいという四判事の功名心もあったのではなかろうか。むしろ、壁を幸いとして、史上初の画期的判断で、歴史に自分たちの足跡を残したいという想いが、多少なりとも萌したのではなかろうか。

二年もの審理ののちに、時計のガラスがなかったことは紅林麻雄警部補も知っていたはずだという確固とした疑義を、書類審査のみで暴き出したその執念に、異様なまでの迫力を感じるのである。なによりこれは、清瀬一郎ら弁護団はもとより、南部清松と山崎兵八(ひょうはち)という、この事件に人生を賭して挑まざるを得なかった人々でさえ明確にはできなかったことなのだ。

実際には、心理的抵抗を踏み越える最後の一押し程度の意味しかなかったやも知れぬが、裁判官プロファイリングデータのひとつとして記録しておくべきことだろう。

人数よりも大切なもの

最高裁長官を含めて一五人という最高裁判事の数は、内閣の大臣が総理を含めて一五名以内と定められたのに合わせたものだ。行政部を司る内閣と、司法部を司る最高裁が同格であることを示すため、ただそれだけのために、人手を必要とする事実審は切り捨てられたのだった。

事実審に踏み込むことは、設立当初の最高裁にとって最も重要なる〈司法権の独立〉を崩す道を開きかねない暴挙だったのだ。事実審を捨てて、なおかつ〈最高裁調査官〉を新設してさえも判事の数は足りなかった。それ以上に仕事を増やせば、最高裁判事増員論を招く恐れがある。それでは、内閣と同格ではなくなってしまうではないか！

これは、つい数年前までの、行政部である司法省の下に置かれていた裁判所の地位に引きずり戻される第一歩にならないとは誰にも云えぬだろう。戦前の帝国憲法でも一応は、〈司法権の独立〉が謳われていた。できたばかりの新憲法は保証となるだろうか。

三淵最高裁長官のあらゆる事態に対する異常なまでの強硬なる姿勢は、〈司法権の独立〉がいかに危うい基盤に立っていると司法部自身が見なしていたかの表れであった。いまだに〈司法権の独立〉とは行政部の一機関に過ぎない検察の独立のことだと思い込んでいる者が戦前と同じく多数を占める現状を見れば、これが杞憂だと笑ってばかりもいられない。

しかし、皮肉なことに、ほかでもない、三淵長官の〈司法権の独立〉を護るための容赦ない処分によって、もはやそんなことはどうでもいい、少なくとも最優先事項ではないと考える四人の最高裁判事が生まれ、なんの巡り合わせか〈二俣事件〉法廷に結集することとなったのである。

さらに、誤判事件とは関係ない第二小法廷五人目の最高裁裁判官、谷村唯一郎判事にも、己の名誉を回復したい、歴史に足跡を残したい、あるいは〈司法権の独立〉よりも大切なものがあるという想いは共有されていたかもしれないのであった。それは、戦後の司法改革に起因する。

司法権独立運動の悲劇

裁判所を司法省の軛から解き放つ司法権独立など、戦後の革命的な司法改革はGHQによって断行されたと云われることがあるが、これは完全なる間違いである。天皇ではなく総理大臣に権力を集中させる戦後型の政治システムや新憲法制定、内務省解体なども戦前から模索されており、決してGHQが無理やりやったのではなく、むしろ反対にGHQの力を巧みに利用して日本積年の懸案を一気に実現させたことはこれまで見て来たが、司法改革もまったく同じ道筋を辿っていたのだった。

昭和一八年の終わり頃、弁護士で貴族院議員の岩田宙造、広島控訴院長（現在の広島高等裁判所長）の細野長良、東京控訴院判事（現在の東京高等裁判所判事）の丁野暁春が会合を持って、司法改革について語り合ったときからすべてははじまった（丁野暁春「司法権独立運動の証言　7」『法学セミナー』昭和四六年四月号）。北大路魯山人が天才的な手腕で開いたのに、傲岸不遜なる性格から数年前に追放されていた星ヶ岡茶寮に於いてである。

この直後の昭和一九年二月二八日、戦時体制に協力する司法判断をするようにと、東條英機首相が司法官会同会議で訓辞した。司法システム全体を合法的に変えるのではなく、現場に直接介入して最終結果だけ手っ取り早く曲げようとするのが、東條首相らしいところではある。細野広島控訴院長は、首相がこのような命令を下すのは〈司法権の独立〉を侵す憲法違反だとする断固たる抗議文を首相と司法省に送り付けている。すでに齢六〇を超えていたため、東條の常套手段である前線送りにはならなかったが、命懸けの行動であった。

丁野暁春も、それ以前から〈司法権の独立〉のために運動して上司に堂々と逆らうなど、司法界の革新官僚とも呼ぶべき存在だった。この丁野の働きかけで、岩田宙造が戦後すぐの司法大臣、細野長良が霜山精一の後任で最後の大審院長、丁野自身が大審院判事にそれぞれ就任したことにより、真の司法権独立を中心とする司法改革は強力に推進されたのである。

ところが、その最終仕上げである初代最高裁判事の選出で、反対派閥に阻まれ、この改革派は一掃されてしまった。そのため、彼らの功績は葬られ、ＧＨＱが日本の司法改革をやったなどという、歴史を歪める神話が残ることになったのである。

検事以外の、ほかの法曹関係者にとっても有益な司法権独立に邁進した彼らがなにゆえ眼の敵（かたき）にされ、誹謗中傷の怪文書まで撒かれて選挙戦で徹底的に攻撃を受けたかは、よく判らないところがある。

ひとつだけ原因のように思えるのは、丁野が東京控訴院判事だった昭和一七年、〈控訴院分科会事件〉の首謀者となっていることだ。控訴院判事人事は、部長会議（分科会）の合議で決めることになっていたが、当時の霜山精一東京控訴院長が独断で代理部長の人事を決めた。これは法律違反だと、丁野ら若手判事が徒党を組んで猛烈に抗議し撤回を迫ったのである。

控訴院長を司法省側の人間と見なして、司法権独立運動の一環としての闘いだった。軍の青年将校たちの如き軍律無視の暴走ではないが、その下克上ぶりは共通するものがある。霜山判事は誤判事件よりも前に、法律違反を咎められて煮え湯を飲まされるという体験をすでにしていたのだった。

民間出身の司法次官

こんなことも底流にあったのか、司法権独立運動派は最高裁判事選挙を機に一掃されたが、その中に谷村唯一郎がいたのである。

彼は弁護士出身で官僚経験はまったくないが、岩田司法大臣によりいきなり司法省事務次官に登用された。事務次官は本来、官僚のトップが座る席である。しかし、権限を大きく削られることになる裁判所独立を主眼とした司法改革に、彼ら司法官僚は断乎抵抗するであろう。そのため、あえて官僚を外し、民間からの異例の抜擢である。谷村次官はその期待に応え、司法権独立はもとより、最高裁判事を裁判官出身五人、弁護士出身五人のほかに、法律専門家ではない学識経験者五人を加える構成にすることを推進するなど、最高裁の基礎作りにも貢献した。

この学識経験者枠で初代最高裁判事に推薦したいから、次官を辞任したあとも弁護士登録はしないようにと、鈴木義男司法大臣に云われたらしい。しかし、

「いろいろ考えて細野さんらと司法省がうまくいかない、細野さんも（最高裁判事に）入らない、司法省がわの我々も入らない方が綺麗だし」（「終戦直後の司法改革の想い出　谷村唯一郎

氏に聴く」『法の支配』昭和四七年五月号）

と勧めを断り、谷村次官も野に下って弁護士に戻る。

なお、岩田司法大臣は終戦直後に辞任した松阪広政司法大臣の跡を受けて八月一七日に就任していたが、正式な終戦はミズーリ号での調印があった九月二日であり、それ以前の戦争中に大臣の職にあった者ということでGHQに追放されてしまったのだった。

元々、民間の谷村を事務次官にしたり、東京や大阪より序列が低い広島控訴院長の細野を何人か抜きで大審院長に引き上げたり、丁野を大審院判事に任命したりといった、岩田司法大臣の強引な人事は反感を持たれ、司法権独立運動派が敵視される元兇となっていた。その上で、岩田が追放され後ろ盾がなくなったことで、司法権独立運動派たちの改革は頓挫することになったのである。また、要となる岩田の不在が、細野らと谷村とを微妙に遠ざけることにもなったのだろう。

谷村次官は細野らの派閥というわけでなかったし、細野を最高裁判事に推す運動を積極的にやったわけでもないので、司法権独立運動派から反細野派に寝返ったと誹る者もいる。だが、醜悪なる選挙戦からは距離を置いたにせよ、司法改革を推進した側の共感と、完全には改革を成し遂げることができなかった無念さは、胸奥に残っていたのではないかと思われる。

それが四年後に、最高裁判事として再び司法の中枢に座を得ることとなったのだ。谷村判事の心境は如何ばかりであったろうか。

石持て追われた司法権独立運動派たちの無念さには凄まじいものがあった。法律雑誌にたびたび掲載される彼らの回想録にもその妄執が滲んでいる。『法律新聞』編集長だった河野真樹氏は『司法権独立運動の悲劇』と題するブログ記事で、彼らが無念の怒りを生涯持ち続けたその様子を直接接した立場から記している。

この一派の中では唯一司法中枢に舞い戻った谷村判事とて、これほど激烈ではなくとも幾分かは同じ想いを秘めていたかも知れぬ。しかも、かつて彼らを追った、憎んでも余りある勝ち組と呉越同舟となってしまったのだ。しかし、あれから四年間の間に、誤判事件で相手も尾羽打ち枯らし、失意の底に沈んでいた。

経緯から見て、谷村唯一郎が最高裁判事に就任することは考えにくかった。さらにその上、誤判事件の四判事と同じ第二小法廷に配属される確率は果たして計算できるだろうか。最高裁判事十五の席のうち弁護士枠はわずかに五つ。そのひとつが〈二俣事件〉上告直前に空いたことだけでも、不思議な巡り合わせとしか云いようがない。初代最高裁判事の裁判官枠や弁護士枠は、それぞれの世界の選挙で選ばれた任命諮問委員会から推薦され内閣に任命されたが、それ以降は委員会が開かれることもなく、派閥争いで選出を阻まれることもなかった。

なんという偶然の作用か、〈二俣事件〉を審理した最高裁第二小法廷の五人の判事は全員が全員、それぞれ胸に深い傷を抱えていたのだった。歴史的な判決がそこから生まれたのは、偶然が引き起こした紛れもない必然であったのかも知れぬのである。

裁判官の境遇による判決への影響

もっとも、谷村唯一郎自身は司法権独立運動から受けた影響についてなど何も語っていない。たんなる、当方の邪推に過ぎない。ただ、前掲の「終戦直後の司法改革の想い出」で彼はこんなことを述べている。

「最高裁に入って感じたことは、裁判官の判断というか意見というか、その人の今までの境遇が相当影響をもつように思う」

裁判官一筋の人はなるべく原審尊重、検事出身者は厳しく、両者とも上告棄却の意見が多い。弁護士出身の判事は何とか被告に有利な点を見つけて助かるものなら助けてやりたいと思うと、彼は云う。

「それで会議制が意義があることになるのだけれど、そこで私はなるべく弁護士出身者から多くの人を入れる必要があると考えるんですね」

弁護士出身者枠を確保した司法次官としての彼の働きが、最高裁判決に大きな影響を与えることとなった。「物の見方、考え方社会観」の違いから、判決の傾向が如実に出るというのである。

しかし、「物の見方、考え方社会観」は前職がなんであったかだけで決まるわけではないことは、これまで見て来た通り。裁判官プロファイリングと、それを基にした裁判官基礎訓練プログラムの確立が必要とされる由縁である。

そのために、いささかの邪推にも踏み込んだ、それぞれの裁判官の背景をここに描いてみたわけだ。分析のためには、あらゆるデータを揃えなくてはならず、そこから何を導き出すかは今後の課題である。誤りが赦されないはずの社会の中枢システムに対して、これまでこのようなプロファイリング分析がまったく行われてこなかったのは、驚くべきことではあった。

なお、とにもかくにも選挙を基に最高裁判事が選ばれたのは初回だけで、それ以降は最高裁事務総局が密室ですべてを決定することとなった。廃止された司法省から、司法行政を取り仕切る最高裁事務総局に司法官僚が入り込み、司法行政や裁判官人事を完全に握られることになるのだ。戦前の司法省支配への逆戻りである。

初代の事務総局長こそ、三淵忠彦最高裁長官が司法官僚の猛反発を押し切って民間の弁護士出身者を据えたが、すぐに司法官僚が牛耳ることとなった。時代を経て司法省出身者がいなくなると、今度は裁判官とは名ばかりの、裁判経験のほとんどない事務総局一筋の新たなる司法官僚がすべてを仕切ることになる。裁判官出身枠の最高裁判事も、この事務総局出の新たなる司法官僚が大半を占めることとなった。

司法権独立運動派の闘いや、同じく三淵長官が司法府の独立のために命を懸けた国会との対立も水泡に帰した。最高裁判事の弁護士出身者枠は昭和三六年に四人に減らされ、代わりに裁判官出身枠が六人に増やされて、現在もそのまま定着している。

12　山崎刑事の推理と人情、紅林警部の栄光と破滅

少年のプロフィール

〈二俣事件〉に話を戻すと、昭和三〇年九月二〇日、差し戻された静岡地裁で無罪判決が出て、逮捕以来じつに六年六ヶ月ぶりに元少年は釈放された。そのまま確定するかに思われたが、ぎりぎりになって検察は控訴する。しかし、昭和三二年一〇月二六日に東京高裁でも無罪判決が出て、翌年一月九日に検察は上告を断念。逮捕以来八年でようやく無罪が確定した。

ちなみに、最後の東京高裁無罪判決が一〇月二六日に出たとしている文献が多いが、検察が五度目の死刑求刑をした一〇月二二日と混同しているのか単純に数字を写し間違えただけなのか、いずれにしてもどこかの誤った資料を孫引きしているだけで検証もしておらず、本というものはなんのチェックも受けずに適当に出版されていることがよく判る。

データをひとつひとつ収集して精密なる分析を加えることこそが、冤罪克服の唯一の道であるはずなのだが、冤罪関係の書もそれを怠っていることが多い。たんなる日付だけの問題ではない。

さて、本来の主役のはずであったこの少年は、祖父が初代快楽亭ブラックの弟子で快楽亭ホスコを名乗ったあとに松旭斎天一に入門してスター手品師となった松旭斎天左、祖母は初代フランス大使の娘でその天左一座の花形だったローザ、自身も幼い頃には〈突貫ミーミー〉の芸名で浅草の劇場に出て大人気の芸人だった。母親も同じ舞台に立っていた女優である。

逮捕直後の静岡新聞昭和二五年三月四日〔二俣事件　容疑者は美青年　近所も〝あれが〟と驚く〕によると、高等小学校の成績は体操が「良上」、手工が「良」の他は、すべてが「優」という優等生だった。あの真実を告発する上申書が立派な文章だったことも肯ける。

祖父母が二俣町に持っていた劇場が町の大火で焼失してから零落、父親のラーメン屋台を手伝っており、マージャン屋に出前したことがアリバイとなった。

山崎兵八刑事の思わぬ失敗

事件発生から一ヶ月半も経った頃、二俣署の電話番をしていた山崎兵八刑事は、国警県本部長から紅林麻雄警部補に掛かってきた電話を取り次ぎ、またその会話は傍にいた山崎刑事にもよく聞こえたという。山崎氏の『現場刑事の告発　二俣事件の真相』にはこうある。


「紅林君、どうだね」

「ハッ、ハイ、二三容疑のある者がありますので、今しばらくお待ち願いたいのですが」

「ウン、余り無理をするなよ。少し長くなったから、一度払って来てはどうかね」

「ハイ、ただ今目ぼしい容疑者が浮かびましたので今しばらくご容赦願えませんか」

「まあ、無理をせんようになあ」

「必ず検挙致しますので今しばらくご猶予をお願いします」

紅林主任の額からは、玉の汗が流れ出ていた。受話器を置いた主任は、フウッと太い溜息をついた。

いくら紅林警部補が「こと捜査に関しては警視正の署長であっても、その言うことをきかなければならない絶対的権力の持ち主である」とは云っても、県警本部長には敵わない。

大勢の応援部隊を一ヶ月以上も旅館に泊めていたため莫大な捜査費用が掛かっていた。応援要請した二俣町自治警察、つまり結局は二俣町が負担する規則だが、一月中に一二〇万円となって二俣署の年間予算額を超え、町の収入役は青くなった。昭和二五年の大卒銀行員初任給は三千円なので、いまの八千万円ほどだろうか。

応援を頼んだのは鑑識課だけなので、呼んでもいない紅林警部補チームの分まで払う必要はないと山崎刑事が告げると、収入役は元気を出して県庁に交渉に赴き、県が全額を出すことに決まったと『現場刑事の告発』では記されている。あるいは、国警、つまり国費で負担することになったのを誤解したのかもしれない。

静岡新聞昭和二五年三月一日の記事ではこのようになっている。山崎氏の記述は、国警県本部だけではなく、国警地区署や二俣署すべて合わせた費用と考えておいたほうがいいだろう。

「国警県本部は事件発生とともに捜査課強力犯係主任紅林警部補以下腕利き刑事を選抜して応援に派遣、各地区署から新鋭刑事を選出し二俣町尾張屋旅館の離れ二室を借り、連日不休の捜査を続行しているが、徒に日を空費するばかりで、すでに国警県本部だけでも十数万円の捜査費を使い果たしたため、一部に応援捜査員の総引揚げにより捜査縮小説さえ出ている」

この腕利きばかりを率いた紅林警部補の名前を掲げて「徒(いたずら)に日を空費」などとあげつらわれた記事の二日後に、〔有力容疑者を検挙　犯行の一部を自供〕という華々しい記事が大きく出たのは果たして偶然なのだろうか。容疑者検挙の警察発表は翌日なのである。

ともあれ、山崎氏も著作で指摘しているのだが、目の前で取り逃がしたのならともかく、当てのない犯人を捕まえられなかったからといって、警察官が上司から叱責されたり給料を減らされるということはない。しかし、気配りの人である紅林警部補としては、莫大な費用を掛けて大部隊を展開した以上は結果を示させばならぬのであろう。部下思いで彼らの苦労を無駄に終わらせたくないというのもあるだろうし、もちろん自己の評判と自尊心を保ちたいという気持ちもあるだろう。実際には、この時点でめぼしい容疑者などいなかったのである。

この電話のあとに、最後になるはずの捜査会議が、紅林警部補の発言を口火として開かれた。

「これ以上捜査を続ける事はいろんな面で困難になって来た。そこで捜査本部を解散することにした。解散するに当たり、諸君が今までに捜査した中で、今一度取調べをしたいと言う者があったなら、この際率直に申し出て貰いたい」

ここで初めて少年の名前が出てきたのだった。しかし、少年はマージャン屋で遊んでいたのでアリバイがあるという捜査官の報告もあった。

それを聞いて山崎刑事がぽつりと「あの少年はマージャンはやらないはずだが」と云ったことから少年が怪しまれて逮捕のきっかけになったため、後々まで責任を感じていたという。彼が後日改めて調べてみると、少年は確かにマージャンをまったくしないが、よくマージャン屋に行って、人がマージャンをやるのを何時間も見て、出前の仕事をさぼっていることが多いと判明したからだ。「マージャン屋で遊んでいた」というのを、てっきりマージャンをやることだと勘違いしたのだが、実際にはその場で油を売って「遊んでいた」という意味だったのだ。

警察での自供でも死刑判決が出た裁判判決文でも、少年はマージャン好きでその資金のために強盗殺人を犯したとなっている。犯罪を否定した清瀬一郎弁護士の『拷問捜査』でさえ、少年は酒や煙草はやらないがマージャンは好きだったと書かれている。

その他の文献でも麻雀好きと記されていることが多く気になっていたのだが、二〇〇八年に現場を取材したおりにたまたま当時から近所に住んでいるマージャン好きの老人と出逢い、少年は雀荘によく遊びに来たがマージャンそのものはほとんどやらなかったという話をしてくれて、山崎氏が正しかったことを確認できた。

山崎兵八刑事の推理

山崎兵八刑事は小学校高等科だけを出て、大工や軍隊を経てから警察官になっている。刑事といっても一番階級が下の巡査に過ぎないし、その人情味あふれる風貌からも、人がいいだけに見えてあまり知性派とは思えない。しかし、著作や残された証言から極めて知的で、きちんと調べた証拠から推理を組み立て積み上げる論理的思考の人物であることが判ってくる。

このマージャンについての話も、町の自治警の警察官として被害者や少年を含めて住人のことをよく知っていたということもあるが、捜査官の一言を聞き逃さずに矛盾点をとことん突き詰めようとする、彼の基本に忠実でまた推理を働かせるのが好きな性格が裏目に出た出来事だった。

その緻密な推理を組み立てることが好きな様子から、山崎氏は推理小説をかなり好んで読んでいたのではないかと思われる。彼が拷問を告発した時、二俣署長は彼の言葉が出鱈目であることを強調するために「山崎巡査は日頃から映画や探偵小説が好きで一と口にいえば変人の部類に入る」と証言している（静岡新聞昭和二五年一二月一七日（山崎巡査は変人　署長、二俣事件で証言））。推理小説だけはなく、犯罪実録物の本をよく読んでいたことは、彼の著書の記述からも判る。

被害者の奥さんの背中の傷から血が出ておらず白くなっていたので、「死後の傷ではありませんか」と最初の捜査会議で発言し、司法解剖などほとんどしたことのない地元の町医者をまごつかせたりするなど、観察眼だけではなく、科学捜査に詳しい面もある。

マージャンの勘違いもすぐあとに自身で間違いであることを確認しているので問題はないはずなのだが、相手が紅林警部補という特異な人物で、しかも最後のチャンスとして焦っていた時期であることが裏目となってしまったのである。

被害者の奥さんが眼鏡と足袋（たび）をつけていたため、起きているうちに殺された可能性があると『拷問捜査』では記されている。その点に不審を持った山崎刑事は、祖母が夜中に必ず起きてトイレに連れてってくれと頼むので、寒い冬にはそのままの姿で寝ていたことを調べ上げる。拷問により犯人をでっち上げる紅林警部補だけではなく、少年の無実を晴らすために膨大な証拠を集めて緻密な論理を組み立てた清瀬弁護士などの弁護団よりもさらに詳細なる捜査をしていたことが判る。

昭和一九年四月に警察学校を終え、静岡県の川崎警察署に配置された時期にいい上司に恵まれ証拠の大切さを教え込まれたので戦時中から証拠第一主義で、戦後の新しい検事訴訟法になって自白ではなく証拠が重要となってもなんら困らなかったと記している。

犯人が殺人を犯したあとにも新聞を読みながら現場に残っていたということにも不審を抱き、実地に体験するため事件から十日あたり経ってから現場に泊まり込んでいる。そうすると、夜十時半頃から朝四時まで夜警が表を通っていることが判った。

三年前に、〈突貫ミーミー〉一家の劇場も焼けた大火事が起きている。それは、34歳の農業の男が二俣町から嫁をもらうことになっていたが、先妻との関係が清算できずに破談になったのを逆恨みして、町ごと焼き払おうと放火したものだった。静岡県警発行の雑誌『芙蓉』昭和二二年四月号「二俣大火を顧みて」には、「風が無かったから一〇八戸で済んだ。風があったら千戸以上は全焼する運命にあった」と、事件直後の生々しい記述が残されている。

その恐怖がまだ醒めやらぬ時期だからこその大掛かりな夜回りなのだろう。また現場は大通りが交差する地点でもあるので、拍子木を打つ音だけではなく、鉄棒を引き摺るジャラジャラという音、腰に付けた鈴がチャランチャランと鳴る音をさせた何組もの夜警が絶え間なく通って賑やかな音が四方八方から聞こえてくる。目撃されて困るような者は、とても外に出られないのだ。だからこそ、犯人が明け方まで時間をつぶすため新聞を読んでいたわけだ。

その間に、室内の物色もしている。火事で家が焼けたときにタンスの引き出しだけを抜いて持ち出していたものを積み上げていたのだが、その一番下まで探った形跡があるのだ。つまり、何段もの引き出しをいちいち移動させて、また積み直しているのである。長時間居座っただけではなく、これだけの作業をしているのに子どもたちや祖母が気づかなかったのは不自然ではある。

このおかしな状況を説明するために、土間に残された布を燃やした跡は、犯人が麻酔薬を使っていてその証拠を隠滅するためのもので、だから家族は目を覚まさなかったのではないか、とくに祖母が殺人の捜査がはじまってもまだ寝ていたという奇妙な事態になったと、山崎刑事は推理している。残念ながら当時の科学捜査力ではこの布跡の分析はできなかったので確認しようはないが、論理的推理であるとは云えるだろう。

また、夜九時頃に悲鳴を聞いたという証言もあったので、殺人は九時ではないかとも推理している。ちょうどその頃に現場付近を通った彼はすでに雪が降り積もっていたのを知っており、それで足跡が付いて、朝早くは凍っていたために逃走の足跡はなかったというのだ。

弁護団は九時にはまだ雪は積もっていなかったので、犯行は止まった時計の十一時で少年にはアリバイがあるという主張で、これと食い違うが、上記のマージャンや足袋の話などを見るとこれも山崎刑事が正しい可能性はあるだろう。犯人は九時から朝まで現場にいて、室内を物色するために十一時に時計に触れて止まってしまったので、もちろん少年にはどちらにせよアリバイはあるという主張である。

また、振り子時計は針だけ廻すと針と時報が食い違うが、この時計を再度動かした時には正確な時報を打ったので針は廻されていないと、最初の読売新聞に載った告発でいち早く捜査の矛盾点を指摘している。考え方がいちいち論理的であるのだ。

しかし、『現場刑事の告発』に真犯人として名指しされた人物についてはいささか疑わしい。当時のマスコミはかなり無茶をすることもあったが、この人物については直接追及することはなかった。また、弁護団も同様なのである。

昭和三〇年に発生した〈丸正事件〉では、紅林警部補の部下たちによって無実と思われる男性ふたりが拷問による自白で有罪となった。正木ひろし弁護士は、被告の無罪を証明するために被害者の親族を真犯人だと名指しで告発、逆に名誉毀損で訴えられて有罪となっている。

〈丸正事件〉のふたりは無期懲役と懲役十五年の判決だったが、〈二俣事件〉は死刑判決でそのまま確定する可能性が極めて高かった。多少でも真犯人である可能性のある人物であれば、弁護団は時間稼ぎの意味だけでも名指しで告発、あるいは名前は伏せてもマスコミで騒がれるように働きかけていたのではないかと思われる。無実の少年の死刑確定を目前にして、それをできなかったのは、まったく見込みがなかったと考えるしかないだろう。

山崎兵八刑事の人情

山崎兵八刑事は論理の人であるばかりではなく、やはり人情家でもあった。少年が逮捕されてしばらくして、少年の父親がやっているラーメン屋台を見かけなくなったことに彼は気づいた。

ここ三日ばかりチャルメラのあの物悲しげな音も聞こえず、姿も見えない。どうしたんだろうと思うと、ますます胸騒ぎがしてきたのだ。商売をやっていても、やっと食ってゆくだけなのに、何をして食っているのだろうか。ことによると自殺でもしているのではあるまいか、と心配になってきた。とにかく行ってみよう家を訪ねると、少年の母親が出てきた。

驚いたことにこの真冬に夏の浴衣一枚で、帯はなく、腰紐だけの姿であった。

「何か御用でしょうか」と思いなしか切り口上で彼女は問うた。

「私は町警察の山崎刑事です。別に用事ではありませんが、ここ二、三日○○さんのチャルメラを聞かないもんで、どうしているかなと一寸心配になったものですから、見に来たんです」

途端に彼女の目から大粒の涙がボタボタと廊下に落ちた。奥さんはしばらく「ウウッ」と泣き声をこらえていた。

「○○が警察に逮捕されてから、商売は出来なくなったんです。何処へ行っても殺人犯の親が作ったうどんやそばが食えるか、と言われ、一つも売れないんです。山東では石や棒きれをぶつけられました。売れ残りを食べて、一日二日は凌ぎましたが、後は続きません。主人と子供たちには何とか食べさせたいと思って、金になるものはほとんど売り尽くしました。私はこの三日水ばかり飲んで、どうにか凌いできましたが、これから先どうしたものかと、主人と子供らでひとかたまりになって寒さをこらえおりました。布団も着物も売ってお金に替えてしまい、もうお金に替える物はなんにもありません。こんな姿がお恥ずかしい」そう言って落ちる涙を浴衣の袖で拭った。

息子はほんとうに人殺しをやったんですかと訊く母親に「人殺しなどやってませんよ」と山崎刑事は答え、すぐに隣の焼鳥屋に出向いて食事の世話を頼むことにした。

「アア、申し訳ない。隣家でありながらそんなこととは知らず、申し訳なかった」と親父さんは立ち上がり「オイ、お母ちゃん。ご飯の残りはないか」

「アア、少し残りがあるよ」

「ウンそれでよい。夕飯を作ってやりなさい。三日も食わずにいたならご飯より雑炊がよいだろう。焼鳥の汁の残りがあるだろう、それで雑炊にしよう」

食堂の主人は快く援助を約束し、またその場にいた町会議員と町の収入役のふたりも着物や布団を差し入れることを申し出てくれた。この三人はあの少年が人殺しなんかできるわけがないと話しているところで、山崎刑事は少年は犯人じゃない、拷問によって自白しただけだと請け合った。

「この事は絶対に秘密ですよ。もしこの噂が町に広まれば私は巡査を辞めなくてはならんのです。○○が犯人でないなどと、絶対に口にしないで下さい。頼みます」

念を押したものの、あっと云う間に噂は広まった。紅林警部補は、犯罪捜査はそっちのけで捜査員全員にこの噂の出所を探せと命令したという。この焼鳥屋が発信地だと判明し、町会議員や収入役まで警察に呼び出して取り調べをしたが、三人とも口は割らず、町で擦れ違った自転車の男がそんな話をしているのを聞いたと嘘を云ってくれたので、山崎刑事までは追及の手は伸びなかったのだ。

見返りを求めない人と家族の難儀

とにかく世話好きで、戦災孤児を何人も自宅に連れ帰った話はすでに述べた。そのほとんどは正業に就いて巣立って行ったのだが、ひとりだけは恩を仇で返されている。

警察をクビになったあとまでも長年住まわせて家族同然の世話していたのに、山崎氏の背広を着て靴を履いて新聞配達の集金を入れたカバンまで持って逃げてしまったことがあったという。帰宅して娘の澄子さんからそう聞かされても、「ああそうか」としか云わなかったそうだ。なんの見返りを求めないのもこの人の特性だった。

〈二俣事件〉の少年は、無実の罪で長年拘留されていた補償として国家賠償金をもらっている。澄子さんがのちに母親から聴かされた話によると、そのうち五〇万円を山崎氏に贈りたいという申し出があったが、即座に断ったという。少年の無罪が確定した昭和三三年の大卒銀行員初任給は一万二七〇〇円なので、五〇万と云えばいまの八〇〇万円程度。生活の苦しかった当時の山崎家にとっては大金のはずだが、ここでも見返りを求めず、また相変わらず家族のことはあまり考えていない。

さらに澄子さんの鮮烈な記憶として残っているのが、終戦直前に大井海軍航空隊傍の駐在所勤務だった父親が、この飛行場を爆撃に来た米軍機が墜落したとき、自転車の後ろにまだ5歳の自分を乗せて現場に連れていったことだという。真っ黒に焼け焦げたアメリカ兵の死体の指を一本一本開けて、握り締めていた写真を娘さんに見せたのだ。赤ちゃんを抱いた若い女の人が真ん中で、両親らしい年配の夫婦などが写った、おそらくその米軍パイロットの家族写真だった。

「アメリカ人だって、どんな人だって人間なんだよ。家族があるんだよ。この人だって生きて帰りたかっただろうに。だから、戦争やったからってアメリカの人たちが悪いんじゃないよ。だけど、こういう戦争になったことは仕方がないけれども、命はみんな同じなんだよ、よく覚えておきなさい」

その言葉や光景はいまでも脳裏に焼き付いているという。警官になる前、兵隊として中国戦線に行って命の大切さというものを身に浸みた山崎氏は、この時に限らず、「人の命は脆い。生命は大切だ」というような話をたびたびしていたらしい。

この父親や、あるいは身勝手なまでに人のために尽くす夫に黙って従い、何人もの戦災孤児を育て、少年の補償金を拒否することに何も云わず、また警察をクビになるかも知らんが正義のために告発せなければならぬと相談する夫に「あなたの好きなようにしなさい」と云うだけの母親に影響され、娘さんはのちに福祉のボランティアをはじめることになったという。

駐在所勤務の時は、夫が泥棒を捕まえてくると、この巡査夫人は五目御飯の大きな握り飯を作って

「これ食べて元気になって、罪を償っておいでね。帰ってきた時はここへ来てよ。ここ来たらまたお握りを食べさせてあげるから。いっぱい食べて行きなさい」

と云って食べさせて、戦争末期のこととて子どもたちには食べさせる物がなくなってしまうのである。

これがまたいつものことだったので、澄子さんは泥棒がやってくると、「あー、やだあ、

また悪いことした人が来たから今夜も御飯ないよ」と云ってがっかりしたものだという。まるで落語の人情話にでも出てくるかのような、子どもにはいささか迷惑なところもある、似た者夫婦ではあった。

紅林麻雄警部の嘆き節

〈二俣事件〉〈小島事件〉が無罪確定した段階の昭和三四年『週刊文春』手記では、威勢よく清瀬一郎、海野普吉（しんきち）両弁護士を批判するなど、世間と闘い抜く姿勢を見せていた紅林麻雄警部であったが、〈幸浦事件〉も無罪確定した昭和三八年にはすっかり気力も衰えたようだった。

『週刊読売』昭和三八年七月二八日号の「〝殺しの神様〟から〝拷問王〟への転落　幸浦事件捜査官連続三つの黒星」では、インタビューに答えてこんなことを云っている。

この七月いっぱいで退職しますがね、こんどの判決とは関係ない。わしも長い間の刑事生活で疲れたからね。やめたあと？　なにもしません。したくても、みんなから〝拷問王〟なんていわれちゃって、世間が狭くなっちゃったから……

頰の肉がこけて心労が顔に表れており、「バカバカしくなった」「打ちのめされた」という自嘲の言葉が繰り返されたという。

「いや、仕事をやりすぎましたよ。どんな事件でも解決してきたもんね。幸浦事件だって、犯人が自らの手によって死体を出した。こんなりっぱな証拠はないもんね」

と、自らの仕事と四〇〇回の表彰を、いまだ誇りつつ

「でも、その表彰状も、むなしいもんだね」

と、嘆き節が続く。

「こちらは、県刑事部長の許可を得てやったんだが、そこをかばってはくれないしね。非あらば……と思ったかもしれないが、そこが情けなくてね」

『週刊文春』手記が問題となって警察庁に呼び出されたことにも愚痴が出る。

「〝静岡に紅林あり〟なんて、おだてられて、こんなことになるんなら、あまりズバズバやることはなかったよ。なにお宮さん（迷宮入り）になっても、べつにかまうことはなかったよ。いまじゃなんでも〝紅林が悪い〟で責めてばかりいてね。でも、淡々たる心境だね。二七〇万県民のためにやってきたから」

嘆きながらも、己の捜査の正しさだけは最後まで主張し続けた。これで辛うじて心身の

平衡を保ち、自己崩壊を免れていたのかもしれない。

「当時の鑑識というものはそれは、お粗末なもんで、いまの人の目から見りゃ、いろいろと批判も出てきましょう」

と、代わりに自分の責任ではない鑑識の杜撰さは認めているのが興味深い。〈浜松事件〉で、応援に駆け付けた愛知県警や警視庁から、現場保持などの鑑識の問題点を指摘されていたのだが戦後になっても改善できていなかったことが、紅林警部補自身の破滅を招いてしまったのだ。

紅林麻雄警視の最後

〈幸浦事件〉だけが無罪確定まで長引いたのは、差し戻されたあとに、この事件のみは検察がまたもや最高裁まで争ったからだった。おかげで、〈二俣事件〉が差し戻しの一審で無罪が出た昭和三一年に派出所の交通整理に飛ばされてからの針のムシロ状態が長期化し、紅林警部の寿命を縮めたものと思われる。

〈幸浦事件〉の最初の二審で有罪判決が出た直後、担当の野中光治検事が検察研究叢書の一冊として『現場偽装強盗殺人事件の研究　静岡県幸浦村一家四名強殺事件』という報告書を上梓している。冤罪論も含めてあらゆる要素を検討した詳細なる内容である。

そこでは、自供が二転三転することや、年齢も境遇も違って親しくもない三人が共犯となっているなど、一見不合理に見える事象こそが冤罪ではない証拠だとしている。捜査陣の描いたシナリオ通りに冤罪を仕立て上げるのなら、もっと単純で判りやすい筋道になっているはずだというのである。

高裁検事は逮捕時の取り調べには関わっておらず、上がってきた書類だけで当時の状況を判断しているのだから、ある意味、この検事も紅林刑事に騙された犠牲者と云えなくもない。〈幸浦事件〉のみ再び最高裁に持ち込んだのは、これだけ堂々とした研究論文を公にした手前、検察も引くに引けなくなったのだろう。少なくとも、野中検事が所属する東京高等検察庁が負けを認めるわけにはいかなかったのだろう。

しかし、それもたんなる悪あがきに過ぎず、時間を浪費しただけのことだった。永い裁判闘争ののち、三事件すべてで敗れ去った紅林刑事は、『週刊読売』のインタビューで話していたように、昭和三八年七月三〇日に警察を退職する。退職の日に、通常のハナムケ通りに一階級昇進して警視となっている。そして、二ヶ月も経たない九月一六日に脳出血で死んだ。55歳の若さだった。

その同じ日付で、正七位に叙されている。警察官生活三十一年八ヶ月、巡査と巡査部長の判任官待遇十四年四ヶ月、警部補以上の判任官十七年四ヶ月。判任官待遇期間は判任官の三分の二の扱いなので、換算して九年六ヶ月半となり、判任官合計二十六年の相場通りである。さらには、もともと彼は勲八等だったので、勲六等に叙され、瑞宝章を授けられた。

紅林憲兵候補生の悲壮な決意

これだけの問題を引き起こし、県警でも冷や飯を食わされていた紅林麻雄刑事が、その県警本部の上申により叙位叙勲され、「国家又は公共に対し積年の功労ある者」に授与される瑞宝章を授けられたのは違和感を抱く向きもあるだろう。いくら世間の非難を浴び、警察でさえ切り捨てようとしていたとしても、正式の懲戒処分は下されておらず、形式上叙位叙勲を阻む理由はないという、官庁の規定に沿ったものではある。だが、そんな杓子定規の役所仕事のおかげで、静岡県警本部が叙位叙勲のため警察庁長官に上申した功績調書と履歴書が残され、現代の我々にも彼の経歴を克明に跡づけることが可能となったのである。

この公式文書と、彼に直接取材してその人生に詳しい『週刊新潮』昭和三三年七月一四日号「紅林警部の三敗　鬼刑事の捜査の壁」を基に、改めてもう一度、紅林麻雄という人物の軌跡を振り返ってみたい。

彼は明治四一年一月二六日、静岡県藤枝市に生れた。

まだ徴兵適齢に達しない昭和二年一月一〇日、19歳になる目前で現役志願兵として静岡連隊に入営している。翌年には憲兵試験に合格したが、思わぬ事態が彼の人生を大きく変えることとなる。昭和三年五月三日、蔣介石率いる北伐軍が日本人居留民を殺害し日本軍と衝突した〈済南事件〉が勃発、同じ連隊の同僚たちが援軍として派兵されるのを見て、憲兵になるのを辞退し前線へと向かったのである。

昭和四年五月三一日に除隊したが、この第三次山東出兵の功により、昭和五年九月四日に勲八等瑞宝章と金七五円を受けている。内地からの援軍が到着したときにはすでに軍同士の戦闘は収まっており、ゲリラ相手の小規模戦が二、三のみ。瑞宝章は武勲に与えられる勲章ではないので、憲兵の地位を投げ打って出兵したことへの労いではないかと思われる。

憲兵は後方勤務で戦闘には参加せず、命の危険もないと思われていた。試験では「命が惜しいから憲兵になるのか」と訊く面接官もいたという（井上源吉『戦地憲兵』）。給料が一般兵より加増される上に、取り締まりの対象である兵との癒着を避けて営舎外に住むため、食費や住宅費の特別手当てが支給されるなど優遇されている。

最高でも中将にしかなれないので、士官学校出のエリート軍人にとっては陸軍大学校に進学するほどの成績は収められずに栄達を諦めたか、軀（からだ）を壊したなどの理由で仕方なくなるものだったが、一兵卒にとってはこれ以上はない出世コースである。そのため、志願者が多くて試験は難関だった。五月というと、憲兵上等兵候補者教習所の卒業もそろそろ見えてきた頃ではないかと思われる。そんな恵まれた立場を勝ち取った者が自ら前線を志願するのは、かなり特異な行動だったろう。

青年学校の早朝点呼に召集され、かけつける途中で、ドッと雨のいきおいが増した。困っていると、巡査がカサを貸してくれた。
「オレもできたら警察官になって、世の中のタメになってやろう」

（『週刊新潮』前掲記事）

ある雨の朝、こんないきさつから彼は警察官になろうと考えた。しかし、当時の巡査の採用は満23歳以上と定められていた。さらには徴兵期間に掛からない者という規定もあったので、その歳までに徴兵を済ましておきたいと思ったのか、まず軍隊を志願する。憲兵になろうとしたのも、他の兵たちとは違って打算ではなく、純粋な気持ちから軍の警察官を志したのかもしれない。だからこそ、前線行きも厭わなかったのだろう。

意地悪く見れば、周りの評判を気にする気性から、一年間同じ釜の飯を食った仲間が前線送りとなるのに、ひとりだけ平和な内地に残ることができなかったということもあるやもしれないが。日中戦争以降は市ヶ谷の憲兵教習所に全員が集められて教育を受けることになったが、それ以前は各地の教習所に元の所属連隊から通うので、生死を別つかもしれない岐路に立たされた戦友たちの羨望と妬みの視線が彼に突き刺さったことは間違いない。

もし、〈済南事件〉が起きなかったら、静岡連隊が派兵される師団に組み込まれていなかったら、彼はそのまま憲兵となり、警察とは無縁のまま一生を終えていたはずだった。〈浜松事件〉で犯人検挙の端緒を摑んで華々しく表彰されたが、その後は歴史から消え、しかし冤罪などという災厄を巻き起こして後々まで非難されることもなかった浜松憲兵分隊の憲兵伍長は、彼のあり得べきもうひとつの姿でもあったのだ。

ここにも多くの人々の運命を狂わすことになる、ひとつの偶然があった。いや、偶然とばかり云えない裏の事情も隠されていたのである。

〈済南事件〉が勃発すると陸軍はすぐさま増派を決定したが、政府は反対した。荒木貞夫参謀本部作戦部長だけは統帥権を政府に握られては憲法軽視になると強行しようとしたが、ほかの陸軍幹部は政府に従順であり、増派を断念する。

激昂した荒木部長に、畑英太郎陸軍次官は「政治の前には統帥もへちまもないじゃないか」と答えたという。

ロンドン海軍軍縮条約で〈統帥権干犯〉が問題となるのは二年後で、この時期はまだ軍も政府に従うのが当然だと思われていたのである。たとえば、この十四年前の第一次世界大戦参戦も首相と外相が決定、軍と元老の頭越しに天皇に直接奏上、軍は相談さえ受けずに命令に従うのみだった。軍も参戦を望んではいたのだが、決定は政府が行うものとして誰も疑わなかったのである。

しかし、陸軍切っての策略家である荒木は、ここで一計を案ずる。陸軍はすでに第三師団の山東出兵を決定していた手前もあり、増派にならないよう第六師団をわざわざ撤退させ、交代することで面目を保ったのである。しかも、第六師団の撤退作業を極力遅らせることにより、一時的にふたつの師団が山東に共存するという、実質的に増派と変わらない、名も実も取る巧妙なる策だった。

陸軍次官との対話も含めて、これは橘川学『秘録陸軍裏面史 将軍荒木の七十年』にしか出てこない話ではある。とくに、政府が増派に反対したという話は、他の資料では〈済南事件〉が数日で収まった後、関東軍がさらなる増派と戦線拡大を打診したことへの反応となっていて、いささか食い違う。しかし、橘川は朝日新聞記者でありながら永年荒木に付き従った側近と云っていい人物であり、師団の動きとも合致するので、検証に値するだけの信憑性はあるのではないかと思われる。実際に第三師団は増派ではなく、あくまで交代として派兵されているのである。

のちに皇道派の首領となって青年将校を扇動、統帥権の独立を盾に軍による政治介入への道を開くことになる荒木貞夫大将の、その暗躍の第一歩として、静岡連隊が属する第三師団の出兵は行使されたというのだ。少なくとも、荒木大将本人はそのように語っていたらしい。

なお、この時に戦線拡大を政府に阻まれたことへ不満を持った関東軍が独断で〈張作霖爆殺事件〉を引き起こし、いよいよ政府を蔑ろにするようになるのが一ヶ月後である。通常はこの爆殺事件から軍の暴走がはじまったと云われるが、その先駆けとして、本来は必要なかった師団出兵があったのである。

紅林憲兵候補生の決死の覚悟も、その後の大勢の人々に降りかかる苛烈なる災厄も、統帥権独立に関わる大きな歴史のうねりがもたらしたものだったのだ。

紅林麻雄巡査の超人的な活躍

昭和六年一二月四日、23歳に達すると初心を貫き静岡県警の巡査となる。練習課程を終了して、昭和七年三月三一日に浜松署配属、派出所勤務となった。

「いつまでも、ただのお巡りさんではダメだ。大事件を解決する刑事にならなくては」

翌年には、外勤巡査としては破格の補足手当「金六円ナリ」（一件五十銭程度）を受けとり、わずか一年四ヶ月で刑事部に抜てきされた。

（『週刊新潮』前掲記事）

静岡県警本部の叙勲についての上申書にも次の如くこの時期の表彰十件とあるので、週刊新潮の記事は金額も含めて極めて正確のようである。この記事で紅林警部は「私は今日までに、五〇〇回になんなんとする表彰を受けている」といささか盛った数字を出しているが、週刊新潮は三五一回という正確な表彰回数を記しており、県警に取材したのだろう。県警本部は紅林警部がまさかここからさらに五年も粘るとは想像もせず、近いうちの辞職を見越して、すでに記録をまとめていたのかもしれない。

「昭和八年九月二六日まで外勤警察官として情熱を傾けて治安の維持にあたり、特に犯罪捜査には熱心でこの間犯人検挙によって十件の表彰を受けている」

「昭和八年九月二十七日には、本名の捜査に対する手腕を認められ、早くも特務司法係に抜てきされ、以来捜査に専従し、昭和十一年一月二十八日には、司法刑事係を命ぜられ、昭和十二年（※引用者註。履歴書でも次の吉原警察署に転属したのは昭和一一年、また静岡県警発行の雑誌『扶桑』昭和三二年六月号で吉原警察署に勤務していた昭和一二年七月の殺人事件について紅林刑事本人が記しているので、間違いではないかと思われる）八月二十五日まで浜松市の刑事事件に対して精魂を傾け、この間犯人検挙によって一一二件の表彰を受けている」

「昭和十一年八月二十六日には吉原警察署、昭和十四年七月二十二日には熱海警察署のそれぞれ刑事係を命ぜられ、敏腕を振るいこの間犯人検挙によって表彰を受けること一三三件の多きにのぼる等名刑事としての評が高く宣伝された」

ともかく、最初からその犯人逮捕に懸ける意欲と手腕は図抜けていた。驚異的と云ってもいいだろう。昭和八年には見合い結婚しているが、月の半分は家を空ける生活で、しかし「それも立派な刑事になるための努力と思えば、むしろ生きがいを感じさせた」（『週刊新潮』前掲記事）という。

忘れもしない昭和十四年のこと。熱海署管内にヒン発した「宿屋荒し」事件で大殊勲をあげたのだ。この事件、タマ（犯人のこと）が利口で、現場をとらえる以外には解決の糸口はつかめないように思われていた。彼は全国の犯罪記録をあさり、同様の手口をピックアップした。そして、犯行時間、犯人の風体、ねらわれた旅館、手口の共通性を割り出して、タマを大きく包囲網の中に追いこんでいったのだ。

（『週刊新潮』前掲記事）

まだ、吉川澄一（ちょういち）技師と出逢う前、プロファイリングを駆使して犯人を挙げたというのだ。吉川技師が〈手口法〉を全国の警察に導入させてから三年。地方の一巡査がその最新システムを活用、しかもただ記録されていた前科者を引っ張ったというのではなく、吉川技師にも匹敵する高度な行動分析によって犯人検挙に結びつけるという例は稀だったろう。最初のケースかもしれない。

たんに足で稼いだり、強引な捜査だけで数々の事件を解決したのではない、知性派・紅林刑事の片鱗が、すでに巡査の頃より存分に発揮されていた。自身の推理力に絶大なる自信を抱くようになったのも無理からぬことではある。

「普通、試験をパスしなければ昇進しない仕組になっているのに、この殊勲が高く評価されて、彼は部長刑事に特進した。異例の快進撃だった」

すでに述べたように、警察官の昇級は試験結果による。巡査部長の場合だけ、業績や人格が特に優れた者を試験せずに抜擢する登用規程ができるようになったが、昭和一六年からである。そのため、週刊新潮のこの記述は疑わしいのであるが、こと紅林刑事に関しては功績があまりに超人的なので、ありうるのではないかとも思えてくる。もっとも、彼なら試験にも問題なく合格したことだろう。かなり優秀な警察官で、なおかつ紅林刑事よりも歳上だった小池清松刑事を追い抜いての出世も、この図抜けた活躍を見れば納得が行く。当時の巡査部長試験は署長推薦の特別試験と普通試験があり、試験を通常より早く受けさせてもらったということはあるのかもしれない。

上申書では、昇級に関して多少曖昧にこう記述されている。

「昭和十四年五月十四日本名の多年にわたる刑事係としての手腕力量と幹部としての資質を認められて巡査部長に昇任すると同時に掛川警察署勤務を命ぜられ、以降昭和十五年七月二日には磐田警察署、昭和十七年八月七日には、浜松警察にてそれぞれ司法刑事係として、部下刑事を指揮し、あるいは自らも陣頭に立ち熟達した捜査技術を発揮して、事件解決にあたり、犯人検挙の功により五十七件の表彰を受けている」

ここまですべて足すと、表彰は三一二回となる。〈浜松事件〉解決時の新聞記事にある「犯人逮捕による表彰二八〇回以上」という記述が嘘ではなかったことが確認される。記事が出たあとも、浜松署には一年四ヶ月ほど続けて勤務したので、齟齬はない。この静岡県警本部の公式文書がなければ、あまりに現実離れした数字に、とても信じることはできないところであった。

なお、この文書では犯人検挙による表彰合計三四八件、その他に内務大臣、検事総長、国警長官、静岡県知事から表彰となっており、週刊新潮より一件だけ数が多い。これは記事が出てからのちの昭和三七年七月三一日に県警本部長から受けた、三十年勤続表彰である。

これらはあくまでも叙位叙勲の根拠となる公的な表彰だけで、警防義会などの民間表彰は含まれていないと思われる。してみると、紅林警部本人の云う「五〇〇回になんなんとする表彰」という言葉も、あながち出鱈目とは云い切れない。いずれにしても、超人的な成績ではあった。

こうなってくると、紅林刑事の名声は必ずしも虚像とばかりは云えなくなってくる。

〈浜松事件〉での大失態は、彼にとってはむしろ例外だったのだろうか。その唯一の失敗した事件で全国に名が響き、数多くの成功した事件はプロファイリングに執念を燃やした吉川技師の目にさえ留まらずに他県ではまったく識られなかったという、逆の捻れを呈していたことになる。

紅林刑事の虚像などという図式的理解も、ここで見事に崩壊し、またもや一筋縄ではいかないのだった。経歴は明らかとなっても、迷宮はさらに入り組んで、出口は遠くなるばかりなのである。

なお、〈浜松事件〉について、県警本部上申書ではこうなっている。

特にこの間において、昭和十六年七月から昭和十七年九月まで現在の浜北市周辺において、芸妓置屋等を襲い短刀で家人を次々に殺傷する凶悪事件が四件続発し、被害者は死亡九名重傷六名に達し、その附近の住民を恐怖のどん底に陥らせた事件の発生に際しては県下の強力犯にたん能な有能刑事を簡抜動員して捜査にあたらせたが、本名も磐田署勤務当時からこの応援を命ぜられ捜査に当っていたが、その能力を認められ昭和十七年八月七日には、この事件の発生地の浜松警察署勤務を命ぜられて、当該事件の事実上の主任捜査官的な立場に立たされこの犯人の必縛を期して文字通り食を忘れて捜査にあたり、ついに九月四日にこの犯人中村誠策を割り出し検挙することができた。この功労によって内務大臣および検事総長から表彰されている。

紅林麻雄警部の転落

ここからはすでに記したように、戦後すぐに警部補となって県警本部強力犯（ごうりきはん）係主任に就き豪腕ぶりを発揮、名声はいや増した。昭和二五年一一月一日、斎藤昇国家警察本部長官から優良警官表彰と記念の腕時計を受けた。昭和二八年一一月三日には、治安維持の功労者として静岡県警で唯一人、県知事から表彰を受け、翌日には警部に昇進。昭和三〇年八月一日には御殿場警察署の次席にまで昇り詰めた。しかし、彼の破竹の進撃もここまでだった。差し戻されていた〈二俣事件〉が翌月の九月二〇日に一審で無罪となり、紅林批判が一挙に噴き出したのである。

次席就任わずか半年ほどのちの昭和三一年三月二六日には、吉原駅前派出所所長に降格され、警部のまま交通整理をやらされる。もっとも、一年後の昭和三二年三月二七日には、松崎警察署の次席にまた返り咲いている。

一年経っても辞職せず交通整理をやり続けた彼の、自分はあくまで正しいという執念に県警幹部が根負けしたのか。あるいは、〈幸浦事件〉も二月一四日に最高裁で死刑判決が破棄されたので、〈拷問王〉への非難や好奇の目がいよいよ強く注がれるようになり、人目にさらされる繁華街の交通整理ではまずいと判断、田舎の内勤に飛ばしたのかもしれない。

念のため昔を知らない世代に解説しておくと、この時代は右折用矢印表示の出る信号が普及しておらず、また交通マナーや譲り合いの精神など皆無で、運転手同士の路上でのケンカなぞ毎日のことだったため、車両が多い交差点では警官が中央に立って交通整理をするのが普通だった。お立ち台の上で鮮やかに車の流れを捌く軽快な動きのお巡りさんは、ちょっとした町の人気者だった。世間の非難を受けている者がこんな目立つことをやっていれば、へたすると石を投げられかねない。もちろん、これは巡査の仕事で、警部が交通整理をするなんて前代未聞である。

週刊新潮によると、紅林警部が転属されたのは静岡県でも最小の警察署だったという。昭和三三年六月二四日には、その伊豆半島の松崎署から静岡市の警察学校に呼び出された。六月一三日に〈小島事件〉が最高裁で差し戻されたことを受けてだろうが、警察庁の刑事部長や県警本部幹部たちによる査問である。

「いまからツルしあげですよ。このところ眠れない夜がつづいた。極端にいうなら、モンモンの日を送っていたといえるだろう。女房、子供にもいえない警察官としての悩みをいだきながら……。それにしても、こんな地方の一警部を問題にしなくても、もっとエラい上の衆がいるだろうに」(『週刊新潮』前掲記事)

胃を悪くして、好きな酒も呑めなくなってしまった。元々、皆を引き連れてはしご酒をすることで部下たちに慕われていたのだが、こうなると飲み屋に付いてくる者もいなかったのかもしれない。事件関係のスクラップに、自ら「捜査官紅林は嘆かず、怒らず」と書きつけていたという。この査問会も交通整理辞令と同じく事実上の辞職勧告ではないかと思われるが、警察庁幹部にまでも抗して居座り続けた。

司法省の介入を防ぐため、内務省は昭和一〇年に警察官の首を簡単には切れなくする制度改革をしたと前述したが、それがおかしな具合に効いてくることになる。警察庁や県警のトップが評判の悪すぎる刑事を免職にしたいと思っても、犯罪が立証されない限り、嫌がらせをして自ら辞めることを促すことしかできなくなったのだ。

昭和三三年一二月一六日には蒲原警察署次席に転任。翌年には、いよいよ我慢ができなくなったのか、週刊文春に激しい口調の手記を書くことになる。昭和三八年一月一五日、県警本部の警務部警務課勤務となり、半年後に退職する。週刊読売のインタビューに答えているように、それからはなんの職にも就かず、上申書によると「自宅で自適していた」

のちの最期だった。

上申書に添付された死亡診断書によると、二年前から高血圧症があり、脳出血によりその日のうちに死亡している。

13　進化によって生まれた道徳感情が冤罪の根源だった

冤罪被害者たちの苦難

紅林警部は永年の耐え難い境遇で憔悴しきったあげくに頓死した。しかし、もちろん、冤罪被害者たちのほうが長期化によって、より大きく耐え難い苦痛を味わい続けたのであった。

〈幸浦事件〉で焼け火箸を押しつけられる拷問を受け、死体が埋まっている場所を指し示させられた青年は、最高裁での無罪確定を見ることなく、テンカンの発作で川に転落して死亡してしまった。さらに、紅林警部の部下たちによって引き起こされた〈丸正事件〉では、冤罪となったふたりの男性が刑期を終えて釈放されたものの、再審を見ないままに亡くなってしまい、いまだに無罪が確定していないのである。現代にまでまだ終わることなく、紅林刑事が引き起こした悲劇は続いているのだ。

それはどのような苦難なのか。裁判の長期化した〈幸浦事件〉三被告の家には石を投げられ、妹や娘は結婚もできずに周囲の冷たい仕打ちに耐えていた。

無罪が確定した直後の『女性自身』昭和三八年七月二二日号の「うつむいて歩いたこの妻と娘の一四年」という記事に詳しく出ている。

一家のものが上をむいて歩いていると「よくもまあ大きなツラをして」と言われる、下をむいて通ると、「上をむいて歩けないのはあたりまえ」と笑われる。とにかく、一歩家の外に出ると、目のやり場がなかった。

逮捕当時小学校二年生だった娘さんは、「やーい、人殺しの子」と囃され、靴を隠され、椅子には尖った先を上に画鋲が並べてある。雨の日は番傘を差して通学していたが、同級生が石を投げたり、体当たりして、家にあった傘は全部ボロボロに破られ、雨の日は休むことになったという。

学校だけではない。近所の店はこの一家に商品を売ろうとしない。幼い子供たちがお菓子を買いに行っても相手にしないのである。完全に村八分だった。

無罪が確定したら手のひらを返すかと思えば、そうではなかった。『週刊女性』昭和三八年七月三一日号「殺人の汚名はまだ消えない　幸浦事件、無実を信じてくれない村人の中の元被告たち」に詳しい。

「この世に神も仏もいるもんですか！」と45歳の村人はいいきる。「あんな悪い奴らがなぜ許されるんです。奴らはまた悪事をするよ。一度のんだ悪の水の味は忘れられんというからね」

「あいつらの弁護をした清瀬一郎って有名な奴がいけないんだ。村の者は清瀬を、鬼あつかいにしている。証拠不十分は、クロだと思うが証拠がないから、許すよりしょうがないってことだからね」

被害者の親族もこう話している。

「この世の中のことは、私ら百姓にはさっぱりわかりません。弟や夫がさぞかし墓の下で悔しがっていることでしょう。事件以来、私のうちはさっぱりですが、悪いことした家が、えらい景気ですわ。殺し得……私はもうなにも信じないことにしました。えらいバカをみますからね」

判決は無罪となっても、すべてはなにも変わらなかったのだ。

アダム・スミス『道徳感情論』に見る市民感情

このような「市民の間に盛り上がる囂々たる空気」が、なにゆえ形成されるのか。ひとつのヒントを与えてくれる理論として、アダム・スミスが十八世紀に著した『道徳感情論』がある。

アダム・スミスというと経済学の祖であり、『国富論』の〈見えざる手〉という言葉が有名だ。そのため、利己的な個人が利益を追求する自由放任的な市場原理主義の権化のように思われているが、実際にはまったく違う。

最初の著作『道徳感情論』のタイトルからも判るように、彼の関心は人間の感情にあった。また、その感情が生み出す、人間社会の不思議な秩序の解明にあった。経済活動の研究は、あくまでもその一部でしかない。

『道徳感情論』の冒頭は、利害関係がまったくないはずの他人の喜びや悲しみに対する〈共感〉を持つことが人間の本性だという話からはじまっている。どんな悪人であっても〈共感〉をまったく持たないということはない。そのことが人間社会を動かしている原理だというのである。

ここですでに、利益を追求する利己的な個人というアダム・スミスの一般的イメージとはズレがある。彼は人間社会のあらゆる事例を網羅しながら、人間の感情が社会秩序を形成するメカニズムを探求する。〈見えざる手〉も、たんなる市場原理主義などではない深い意味が込められていることが判ってくる。

人間は他人を見ただけではその感情は判らないので、他人の立場を自らに置き換えて感情移入する。また、自分の感情も他人に〈共感〉してもらいたいと欲する。

このことが、犯罪被害者に同情し、またまるで身内が被害にあったかのように犯人（だと思われる者）を憎む源泉となる。さらに同じように犯罪被害者に同情して犯人を憎む周りの人たちの感情とも〈共感〉して、「市民の間に盛り上がる囂々たる空気」は大きくなってくる。

進化生物学に見る〈道徳感情論〉

このような〈道徳感情〉が形成されるメカニズムは、最新の進化理論でも説き明かされつつあるのだ。

生物の究極的な目的は、自己保存とその延長である子孫繁栄のはずだが、自然界ではそれに反する生物の行動が頻繁に見られる。

働きバチや働きアリは自分では子孫を残さず、女王が産んだ卵の世話に専念し、ときにはその卵を外敵から護るため自らの生命を犠牲とする。哺乳類や鳥類でも外敵が近づくと鳴き声を上げて仲間に危険を知らせ、そのために外敵の注意を引いてしまって自分が餌食となる場面がよくある。

これらの自己保存と子孫繁栄に反する行動は、〈種の保存〉のためだと従来は説明されていたが、現在では完全に否定されるようになった。代わりに打ち出された理論が〈血縁淘汰〉である。

働きバチや働きアリはみんな女王の子どもであるため、同じ女王の子どもは血縁度が極めて近いので自分の子どもと同じように育てるのである。哺乳類や鳥類の警戒音も、血縁者が近くにいるときに出すことが確認されている。

種や群れのような大きな集団のために自己犠牲となっているわけではなかったのだ。血縁者だけに警告を伝える手段がないため、結果的に群れ全体をも救うことになっていただけなのである。〈種の保存〉のための自己犠牲の象徴のように云われてきた〈増え過ぎたレミングの集団自殺〉も、まったくの嘘だったことが証明された。ディズニーの有名なドキュメンタリー映画は、間違った伝説に合わせてレミングを海に突き落として撮影したヤラセ映像だったと云われている。

古畑種基博士が血液型遺伝理論を確立させてから半世紀、DNAの発見や詳細なる動物行動観察などからここまで進化論は進んだのである。いまでは〈血縁淘汰〉が完全に定説となったのだ。

しかし、ごく稀にだが、血縁関係が一切ない相手のために自己犠牲的行動に出る生物がいることも観測されている。

たとえば、中南米に生息するチスイコウモリは、動物の血を三日間吸うことができなければ餓死してしまう。そんな彼らは、飢えて死にかけた仲間に自分の吸った血を吐いて与えることがある。こんなことをすれば今度は自分が餓死する危険度が上がるのに、血縁関係がない相手をどうして救おうとするのだろうか。

これを説明するため打ち出されたのが、〈互恵的利他主義〉理論である。仲間を救っておけば、今度は自分が飢えたときに救ってもらえるという恩恵を当てにした行動なのだ。自己保存という利己的な目的のために、自分の身を犠牲にする利他的な行動を取るのである。

実際に、チスイコウモリはお互いに血を貸し借りすることが確認されている。以前に救った相手からお返しを受けることが、明らかに多いのである。

このような行動を取ることによって生存率が高まるので、進化の過程でこのような行動が定着したと考えられている。これが成り立つためには、仲間に血を与えないコウモリは救わないことが重要だ。一方的に自分だけが血をもらっていれば一時的には生存率が高まるので、放っておけばそんな自分勝手なコウモリだらけになって、結局は自分勝手なコウモリをも含めた全員の生存率が下がってしまう。ズルをするコウモリには〈罰〉を与えることにより、〈互恵的利他主義〉を保たなくてはならない。

最新の進化理論では、これが〈道徳感情〉の第一歩だというのである。

人間行動生態学に見る〈道徳感情論〉

人間の場合は、他の生物とは比較にならないくらい、血縁者以外への利他的行動が多い。今後二度と逢うことはない、直接のお返しは望みようもない相手にも親切にすることが頻繁にある。

これは、人間は言葉や文化を持つので、単純な〈互恵的利他主義〉より遥かに複雑なメカニズムである〈間接互恵性〉が働いていると考えられている。自分の評判を高めたりすることで、巡り巡って恩恵が返ってくるのである。

そうなると、互恵に反する行動を取る者への監視や罰は、それに見合うように複雑なメカニズムを備えるようになる。実際に、人間は不正に敏感に反応することが各種の実験によって確かめられている。自分が直接被害を受けた場合でなくとも、さらに自分が損をしてさえ、不正を行う者を罰しようとすることが確認されるのだ。

たとえば、千円をAが分配してBが受け入れるか拒否するかという実験を行うとする。五〇〇円ずつなら当然Bは受け入れるが、Aが七五〇円以上でBが二五〇円以下という割合になるとほとんどが拒否する結果となる。拒否すると両者とも受け取りは〇円なので、Bも損をするのだが、損をしても公正に反するAを罰しようとするのである。理屈ではなく、感情がそのような行動を人間に取らせるのである。

Bに拒否権はなく、第三者のCが手持ちの金を出すと不公正なAがその三倍の罰金を払うという別の実験をしてみると、さらに興味深い結果となる。Cは自分が直接被害を受けたわけでもなく、金を出すと損をするだけなのに、割合が不公正なほど高い金額を出して、不公正な者を罰しようとする。まったく金を出さないC役もいるが、半数以上はそうするのである。

損をしてまで不公正者に罰を与える瞬間の脳をスキャンすると、背側線条体という部分の活性が見られる。このような行動が、満足感を与えるように脳が反応しているのではないかというひとつの証拠である。

人間の場合は〈間接互恵性〉によって自己の生存率が高まるので、進化の過程でこのような行動と感情が定着したと考えられる。「市民の間に盛り上がる囂々たる空気」は、人類進化の結果だったのだ。

情報の歪みがもたらす悲劇

しかし、ここに大きな問題が潜んでいる。〈互恵的利他主義〉なら、この実験のように目の前で起こっていることなので報復は簡単だが、〈間接互恵性〉は目に見えない部分がほとんどなのでそう単純ではないのだ。〈評判〉というのは、記憶と言語によって広まるので、必ずしも正しくはないのである。

他の生物でも音声や匂いで信号を交わし合い、ときには意識的に嘘の情報を流すことさえあるが、やはり人間の言語や文化活動はもっと複雑である。そのために、人間は因果関係の推論能力が発達した。

人間が他者の喜びや悲しみの原因を理解しようとするのは、良き行動をした者に報酬を与える〈間接互恵性〉のため。また、どのような行動が他人を喜ばせて、将来の自分の報酬に繋がるかを知るためでもあろう。しかし、前述の実験などを見ても、不正を発見して罰することへの比重が、進化上は大きいとも思われる。科学を発展させた人間の因果関係の推論能力が、じつは人を罰するために備わった能力であるかもしれないのだ。本来、中立的なはずの「因果応報」という言葉が、良い意味よりも、悪いことをすれば罰が当たるという意味で使われることのほうが多いのは示唆的ではある。

いずれにしても、〈共感〉は他者の喜びや悲しみの原因を理解するため、因果関係の推論のために、人間に備わった能力なのだろう。

しかし、どれほど発達しようが、因果関係の推論にはどうしても錯誤が混じることになる。むしろ、〈共感〉によって因果関係の推論が歪まされてしまうことさえある。そこで、冤罪が生まれてしまうわけだ。

アダム・スミスの〈公平な観察者〉

アダム・スミスは二五〇年前に著した『道徳感情論』に於いて、一九七〇年代以降によやく定説となったこれらの最新の進化生物学理論を完璧に先取りしている。さらに驚くべきことに、その遙か先まですでに到達しているのである。それが、〈公平な観察者〉だ。

自己の利害を超えた見地からの洞察力のことだが、それは〈世間の眼〉のことではない。その点で、同じく客観的に自己を見詰める意味ながら、観客の眼を意識している世阿弥の〈離見の見〉とは違う。

アダム・スミスはこの画期的理論を説明するために冤罪を持ち出している。無実の罪で死刑となった人物は、死という恐ろしい運命よりも、誤った罪とともに己が記憶されることを怖れたと彼は説く。死刑ほど重大ではなくとも、誤解から非難を浴びるということは、我々の日常生活にもよくあることだ。それを気に病むのは、〈間接互恵性〉を成り立たせる〈評判〉に喜びを感じるように進化した人間感情の本性である。

しかし、アダム・スミスは、そこで世間に服従してしまうのは〈弱い人〉だと云う。世間の人々というのは間違えることも多いので、〈賢明な人〉は世間から受ける「賞賛や非難」そのものではなく、もっと本質的な「真に賞賛や非難に値するかどうか」を基準に行動すると云うのだ。

そのために、自己の利益だけではなく、他者の利益をも超越した、すべてを俯瞰して見る〈公平な観察者〉を自分の胸の裡に持つことが必要なのである。〈公平な観察者〉が「賞賛や非難に値するかどうか」を判断して、それに従って行動すべきなのである。

世間の人々の判定は一審にしか過ぎず、〈公平な観察者〉による二審のほうが上なので、

〈賢明な人〉であるためには必ずその上級審に控訴しないといけないとアダム・スミスは云うのだ。

〈公平な観察者〉は〈進化〉そのもの

アダム・スミスの『道徳感情論』が画期的だったのは、何が道徳的であるかを説いたわけではなく、道徳を形成するメカニズムを説き、さらには適切な道徳を生み出すための方策まで説いたところにある。

〈公平な観察者〉は正しい行動を、つまり道徳を、最初から知っているわけではない。自分では非常に賢明なつもりで、チェス盤の駒を自在に動かすが如き、華麗なる統治計画を立てる者を、アダム・スミスは〈システムの人〉と呼んで退けた。実際の人々はチェスのようには動かず、そんな計画は頓挫するのである。

〈公平な観察者〉は、自分が不完全であることを知っており、観察や経験により、時間を掛けてゆっくりと完全に近づこうとするとアダム・スミスは云う。それは絶えず修正を加えていくことで成り立つのである。

そういう意味で、アダム・スミスの打ち出した〈公平な観察者〉は神ではない。少なくとも、唯一絶対的な道徳を押しつけてくるたぐいの神ではない。それは〈進化〉そのものなのである。

進化は、知能が向上するなどのある一方向を目指して進むものではない。たとえば、最初にエサを見つけたアリが残した匂いの跡を辿って他のアリはエサを運ぶが、頭が悪くて迷子になるアリが時々いる。しかし、そのことによってエサへの近道を発見することが多くなり、生存率が高まったりするのである。

常に変化する環境に合わせて自己も変化し、生存率を高めるのが進化である。唯一絶対的な正しい教義に沿った行動を取っているだけでは、環境の変化について行けずに滅んでしまうのだ。

しかも、通常の進化のように、自然による淘汰を待っているだけではないのである。人間は言語や因果関係の推論の能力が発達したため、環境の変化に合わせた適切な行動をシミュレーションできるようになった。AとBが別々の行動を取って、一方が自然の力で滅び、その環境下での正しい行動が結果論として判るのではなく、ひとりひとりの胸の中にいる〈公平な観察者〉がAとBのどちらが正しいかを検討して正しい道へと進むのである。

人間は言語と因果関係の推論能力を発達させたために、自然淘汰ではなく、自分で自分を進化させる力をすでに持っているのだ。しかし、それは〈システムの人〉の話でも判るように、人工的な計画通りに進むということではない。

すべての情報を持つ〈公平な裁判官〉

アダム・スミスは〈公平な観察者〉のことを、中立的な見地を保持する公平無私であるだけではなく、あらゆる情報に通じた想像上の偉大なる裁判官に例えている。

世間の人々が間違えることが多いのは、完全なる情報を持っていないからだ。あなたの行動を二十四時間見ている人はいないし、あなたも人の行動を二十四時間見ているわけではない。乏しい情報を基に因果関係の推論を行えば、間違えるのは当然である。

自分の胸の裡にいる〈公平な観察者〉も、想像上の偉大なる裁判官とは違って実際には完全な情報を持っているわけではない。そこで、自分は不完全であることを自覚して、試行錯誤しながら、少しでも情報を集めて完全なる推論に辿り着こうと努力することが必要になるのである。

現実の法廷でも、検事と弁護士が互いに相反する情報をぶつけ合い、裁判官にできるだけ多くの判断材料を提示することになっている。ところが、極悪人を何故、弁護するのかと、弁護士を非難する人がいるようである。

清瀬一郎弁護士の許にも、「お前はどうして真犯人を無罪にするのだ」という投書がくると、先の『週刊読売』昭和三八年七月二八日号の記事にはある。

これはまことにおかしな話で、真犯人かどうかはあらゆる情報を精査した上で判定されるべきことだ。弁護側が新たなる情報を出せずに、検察側が提示した情報を重箱の隅を突つき廻るように切り崩そうとするだけでも意味がある。そのほとんどが取るに足らない難癖であっても、それまで気づかれなかった矛盾点をひとつ見つけ出すだけでも、真実に一歩近づけるからだ。

いや、そのすべてが愚かな難癖に過ぎなくとも、愚かなアリが迷子になるうちに偶然エサへの近道を見つけるように真実に辿り着けることがある。裁判というのは弁護士や検事、裁判官だけではなく、傍聴する多くの人々との共同作業である。弁護士の愚かな言説から、正しい道筋を見つける者も出てくることがある。もし、弁護士が検事に同調して同じことしか云わなければ、万が一にもこういうことは起こらなくなってしまう。

〈間接互恵性〉は、人間が共同作業で生き抜いてきたために進化した能力だが、〈公平な観察者〉もひとりの胸の中だけのものではなく、共同作業によって徐々に正しい道へと近づけるのである。そのためには全員が同じ方向を目指していては意味がなく、各自ばらばらの方向へ進んでこそ、正しい道を見つける可能性が増えるのである。

判断の多様性を確保して、できるだけ正確な情報を収集するためにも、裁判が確定するまでは、おかしな先入観を持たずに、「市民の間に盛り上がる囂々たる空気」で真実を歪ませないことが重要だ。確定しても、想像上の偉大なる裁判官とは違う所詮は不完全な人間が下した判決を鵜呑みにはせず、そこで提示された情報を精査して、自身の胸の裡の〈公平な観察者〉で判断してから、その事件に対して発言なり行動なりを取るべきなのである。冤罪を生み出す共犯者となりたくないならばだ。

ここまでやっても、完全な情報を得ることは不可能なので、どこか間違っていないか、修正点はないかに気を配り、常に自身の〈公平な観察者〉をバージョンアップしていかないといけないのである。

判断の多様性を確保せよ

何故ここまでして予断を持たないように気をつけなければならないかと云えば、人間は予断を持つ性質があるからである。各種の心理実験から、人間は単一の理由に固執する傾向があることが知られている。一度、この人物によって事件が起きたと思い込むと、それを否定する情報が頭に入らなくなってしまうのだ。

アダム・スミスも絶えずこの危険性を指摘しており、だからこそ自分が頭がよいと思い込んで最初に立てた計画に固執する〈システムの人〉が必ず失敗すると説いたのである。

また、壁に映した点がいくつ見えるかを訊いて多めに答えた組と少なめに答えた組とで分けると、自分の組を依怙贔屓して、違うグループに厳しく当たることが実験から確かめられている。こんな無意味なグループ分けでも判断に影響されてしまうので、犯罪者だと決めつけてはまともな見方ができなくなってしまう。

最初に物事を決めつけてしまうと真実は歪められるのだ。このことを肝に銘じないといけないのである。被害者感情への〈共感〉は大切なことだが、それを犯人と思われる相手に対する憎悪へと向けるのはどの段階が相応しいのか、見誤ると取り返しの付かないことが起こる。かなりの経験を積んだ〈公平な観察者〉でも、そうとうに難しい問題である。

被害者やその親族は冷静な判断ができない状況になっているので、第三者はそれにいきなり同調することなく、より多くの情報を集めて共同作業としての〈公平な観察者〉を形成することが、真実に少しでも近づくためには必要となってくるのだ。

「全体を見てから決めなければいかん、易きについた様な捜査をやろうとするから失敗するんだ」

吉川澄一技師が現場を見て捜査方針を決める場合に、よくこんなことを云っていたと、部下だった高尾金作警察大学校講師が『刑事鑑識』の座談会で述懐している。目の前の世界を歪ませることなく正しく認識する方法を吉川技師はよく知っていたのだ。

本書で、物事を一定の図式に当てはめてしまう認識の恐ろしさを強調し、また一見関係がないような広範囲の情報を網羅して見せたのも、あらゆる情報に通じた想像上の偉大なる裁判官に少しでも近づくように、我々の〈公平な観察者〉を常に向上させることの重要さを示すためであった。

〈血縁淘汰〉の恐ろしさ

こんな進化生物学理論や『道徳感情論』の話を持ち出したのは、冤罪事件の意外な反応からだった。

本書の元となる記事を雑誌に載せたとき、告知を兼ねて紅林麻雄刑事のことをブログに書いた。「紅林麻雄」で検索すると上位に出てくるようになったので、冤罪事件のニュースが流れるたびに多くの人が来るようになった。ウェブ上で冤罪の話題が出ると、必ず紅林刑事の非道さを誰かが喧伝し、初めて彼のことを知った人々が詳細を調べようとするのである。

冤罪に関する反応に興味があったので、そのたびに注意を向けていたが、必ずといっていいほど紅林刑事の家族のことを話題にする人がいて、驚いたのだ。こんな反応があるとは、それまで想像したこともなかったのであるが。

その後、この私の雑誌記事を基に、テレビ局が独自に取材した『奇跡体験！アンビリバボー　二俣事件　山崎兵八刑事の一生』という番組が放映されることになったので、視聴者の反応を精査してみることにした。

録画して観る人もいるので二日間のデータを取ったが、この番組についてツイッターでつぶやいた人は三八七人。これくらい話題になると業者が便乗して自分のサイトに誘導するネタとして利用したり、ボットと呼ばれる仕組みで無意味に発言を増幅したりするが、その手のものを除外した正味の人数である。

このうち五人が、「紅林刑事の家族はどう考えているんだろう」というような程度から、「子孫も死刑にしろ」「子孫も皆殺しにしたい」といった内容の酷い言葉まで、血縁にまで責任があるかのような発言をしている。

ツイッターは偽名が多いが、知り合いは誰が書いているか判っているので本音が出にくい。完全に匿名の掲示板〈2ちゃんねる〉の実況では、この番組に対して放送直後までに九二四人の書き込みがあった。ツイッターと同様の言葉で紅林刑事の家族に罰を与えたい趣旨の発言をした者が、そのうち四四人いた。〈2ちゃんねる〉は匿名だが、テレビを観ながら書き込む番組実況スレッドでは一日限定のＩＤ番号が強制的に付くので、ひとりが複数の書き込みをしても区別できるのである。

これはネット上だけのことではなく、血縁者まで罰したいと考える者が世の中には五パーセント程度はいることを示している。自分が被害を受けたわけでもない、そのとき初めて知った事件なのにも関わらずである。どうして、このような反応をする者がいるのだろうか？

サルは、自分や自分の血縁者が他のサルから攻撃を受けると、その相手の血縁に仕返しする場合があると、最近の動物行動学研究で確認されている。加害者に直接復讐できるならやっているので、こういうときは必ず加害者よりも弱い血縁者を襲うのである。これは明らかに、〈血縁淘汰〉を罰に当てはめているのだろう。

しかし、これまで最新の進化生物学理論や『道徳感情論』で説明した如く、因果の推論や言語を発達させたおかげで、人間は一歩引いて俯瞰から自分も含めた全体を見渡し判断することができるようになった。その判断を基に環境に適応するだけではなく、環境そのものを変革することさえできるようになった。

サルそのままの〈血縁淘汰〉的行動をやることが、ほんとうによき環境をもたらして自己の利益に繋がるのか、自分の胸の裡にいる〈公平な観察者〉と相談しながらよくよく考えてみたほうがよい。

本能的な感情を満足させるのは、自己の利益に繋がる行動へと促すためのもので、すでに環境が変わって実際に自己の利益にならないのなら、その感情自体が間違っているのである。間違った感情を基に行動して滅ぶことによって進化するのはなく、〈公平な観察者〉を的確に活用すれば、滅ぶ前に正しい行動と正しい〈道徳感情〉がシミュレーションできるはずだ。

紅林刑事に酷い目に遭わされ人生を狂わされた少年や山崎氏、その家族たちでさえこんな莫迦なことは云っていないのである。これでは冤罪被害者や山崎氏の家族をいじめた者たちと、やっていることはまったく同じだ。

一方で、私のように、家族まで憎む気持ちをまったく理解できない諸氏も多いことだろう。理性で抑え込む前に、そもそも感情としてそんな考えが思い浮かばない。無責任が信条の〈2ちゃんねる〉でさえ、「子孫は関係ないだろ」と書き込んでいる者が三人いた。それ以外の八七七人も、子孫を非難する発言に同調せず完全に無視した。紅林刑事本人を非難する発言には当然ほとんど全員が同調しているのにも関わらずである。

見方を変えれば、このような〈道徳感情〉を持つ者が五パーセント程度しかいないのは、すでに人間にとって〈血縁淘汰〉の占める意味合いが減ったため、〈血縁淘汰〉自体が進化的に淘汰されつつある徴候かも知れぬ。

冤罪を生む〈道徳感情〉

人間にとって〈血縁淘汰〉の占める意味合いが減ったのは、他の生物ではまず見られない〈間接互恵性〉が自己の生存に極めて大きい影響を及ぼすようになったからだが、しかし、これがまた厄介ではある。

紅林麻雄刑事が次々と冤罪を引き起こした根本的な原因に、この〈間接互恵性〉を成り立たせる原理である〈評判〉が関わっているのは明らかだからだ。

紅林刑事は部下思いで誰にでも気配りのできる、〈共感〉能力の人一倍高い人だった。こういう人物が、マスコミにも注目される大事件で大勢の部下を引き連れて捜査をしているのに、一ヶ月以上も犯人を挙げることができず非難を浴びたらどうなるのか。〈浜松事件〉によって実像以上の権威に祭り上げられて、巨大なる虚構の〈評判〉をすでに得ていたらなおさらである。

しかも、〈浜松事件〉の事例を見る限り犯罪捜査にはあまり向いていなかったようだが、彼の知性は極めて高く、また非常に熱心な性格であった。これらが組み合わさって初めて、あれだけの大掛かりな冤罪事件が引き起こせたのである。

清瀬一郎弁護士も『週刊読売』で、こんなことを云っている。

「わたしは、紅林君には、なんの恩怨もない。熱心で、頭のよい、有能な刑事にはいる人でしょう。ただ、その方法が悪かった。そこを反省してもらわなくちゃあ」

一連の冤罪事件でほんとうに怖いのは、紅林刑事が〈共感〉能力の高い、ある意味、善人だからこそ引き起こされた点にある。彼自身は悪を憎み、冤罪被害者をほんとうの犯人だと思い込み、でっち上げの意識は微塵もなかったと思われる。拷問や時計のトリックなども、彼の中では「真犯人」を逃さずにきちんと罰するためなのだろう。

本書を読んで、自分が被害を受けたわけでもないのに紅林刑事を憎み、罰したいと思った読者諸氏の胸奥から突き上げるであろう感情は、〈間接互恵性〉の進化により人間が身につけた〈道徳感情〉だ。しかし、その同じ〈道徳感情〉が惨憺たる冤罪を生み出したのである。まず、この点を多くの人々が自覚せねばならない。

紅林刑事はアダム・スミス云うところの、世間の評判の奴隷となる〈弱い人〉だった。そうならないためには、自己も他者も超越した俯瞰の目で全体を見渡す〈公平な観察者〉をひとりひとりの胸に宿さなくてはならない。紅林刑事が我々とまったく同じ〈道徳感情〉を持つ、我々とまったく同じ人間であることに気づくことが、俯瞰の目を持つ第一歩なのだ。

〈公平な観察者〉は、たんなる理想論ではない。経験主義者のアダム・スミスは精緻で広範なる観察によって、常にではないが確かに人間がこのような原理を基に行動していることを看破したのである。〈弱い人〉でさえ、自己の利益や世間の評判に流されるだけではなく、〈公平な観察者〉に従うことも多々あることをアダム・スミスは見抜いている。そして、その原理によって〈道徳感情〉をより高次な段階に引き上げるため、進化を促さんとしたのである。

冤罪を防ぐためにも、進化論とアダム・スミスの『道徳感情論』の研究をより一層進めることが重要だろう。最新の進化理論もようやく、〈血縁淘汰〉と〈間接互恵性〉だけから〈公平な観察者〉をも取り込むレベルまで到達しつつあるように思える。

ダーウィンが『種の起源』や『人間の由来』を著したよりも、さらにちょうど一〇〇年前、アダム・スミスはこれだけの人間本性の洞察を成し遂げたのである。

利他主義を超える

ここで思い起こされるのが、清瀬一郎による冤罪の克服法である。

第九章で述べたように、清瀬は自費出版の『二俣の怪事件』に於いて、何故、「少々の強制により、やすやすと虚偽の自白をなす青年があったのか」という問題を問うていた。仏教の〈慈悲〉もキリスト教の〈愛〉も他者に向けた人間尊重であって、自己に対してではない。ルネッサンスによって初めて、他者も自己も含めた「一番貴いものは人間である」というテーゼが道徳の根源になった。ところがこの道徳の第一原理たる「人間尊重の精神」が日本では浸透していないのがその原因だと云うのだ。つまり、自己を犠牲にする〈利他主義〉に、冤罪の究極的な原因を見出だしているのである。

取調官は無実である被疑者の〈利他主義〉を突いて虚偽の自白を導き出すことが多い。お前が犠牲になれば家族や仲間が助かるなどと誘導するのである。これに、無実の被疑者も易々と乗っかることがある。

さらに、親しい誰かのためではなく、敵対しているはずの取調官に対する〈利他主義〉のためにやってもいない罪を自白することもあるのだ。〈利他主義〉と〈評判〉は、表裏一体のものだからだ。

アダム・スミスは冤罪に問われた人間の苦しみは、死刑などの過酷な刑罰にあるのではなく、自分の云うことが信じてもらえないところにあると喝破した。つまり、これまで一生掛かって築き上げてきた自分の〈評判〉がなんの役にも立たないことに、なにより大きな苦痛を感ずるのである。〈間接互恵性〉で成り立っている人間の本性から来る根源的原理である。

無実の被疑者は取調室で、自分の証言がまったく信じてもらえないことに衝撃を受け、自己が崩壊してしまう。それで、もうどうでもよくなって、取調官に迎合してしまうのである。〈自己〉あるいは〈人格〉というのは、己の心の内部にあるのではなく、周囲の人間から得られる〈評判〉によって成り立っていることがここから判る。

無実の人間にとって拷問は、その肉体的苦痛よりも、相手が自分の証言をまったく信じていないことを、嫌が上にも思い知らされることにこそ大きな苦痛を覚えるのである。

これまで築き上げた〈評判〉をすべて崩され絶対の孤独に陥った被疑者は、目の前の取調官の〈評判〉を得るために、なんでも云ってしまうようになる。そう仕向けるために、被疑者の視野を極限まで狭くし、俯瞰で視る〈公平な観察者〉をいかに封ずるかが、取り調べのテクニックになっている。仮に本来は〈賢明な人〉であっても、人為的に〈弱い人〉にしてしまうのだ。元から〈弱い人〉や、確固とした〈評判〉を形成していない未成年や知能の劣る者ではひとたまりもない。

また、取調官の側も利己的な自己の利益ではなく、組織や社会のためという大義名分があればどこまでも残酷になれてしまう。〈利他主義〉のために、歯止めが無くなって暴走してしまうのである。

冤罪を無くすには、この取調室に於ける双方の〈利他主義〉をどのようにコントロールするかが鍵となる。人間の根源的原理である〈間接互恵性〉が絡む問題なので、簡単にはいかないのであるが。

また、取調室に限らず、この問題は社会全般に見られ、我々全員に関わってくる問題でもある。利己的な者ほど、周りの人間には〈利他主義〉を求めたりするので、易々と乗っかったりすると社会が崩壊する場合もある。

だからこそ、清瀬一郎の云う、ルネッサンス以来、文明国の共通思潮となった、単純な〈利他主義〉を超えた「人間尊重」の思想こそが保守党の哲学であるという宣言は、なかなかに奥の深い言葉ではある。保守党の、あるいは国家の基本的理念が〈秩序の安定〉にあるとしたら、この「人間尊重」はたんなる甘ったるい理想論ではなく、人間の根源的な部分を突いている可能性があることを、最新の進化論や『道徳感情論』は解き明かしつつあるのである。

清瀬が冤罪事件にあれほど力を入れたのも、このためだろう。冤罪はひとりの人間の不幸を招くだけではなく、社会全体の秩序崩壊にもつながるのである。

〈システムの人〉と保守主義

清瀬一郎の云う保守党の哲学であり冤罪をも防ぐ「人間尊重の精神」とは、アダム・スミスの〈公平な観察者〉に近いところがある。利己の利益や周りからの目という一方的な視点を離れて俯瞰から眺めることにより〈弱い人〉を〈賢明な人〉へと一段高みに昇らせるという目標は共通している。しかし、清瀬自身がその哲学を裏切ってしまったところに、また一筋縄ではいかない人間精神の難しさがあるのだ。

アダム・スミスが『道徳感情論』に於いて〈システムの人〉を非難したのは、最後の版を出す直前に隣国で勃発したフランス革命に対する反応だった。そのすぐあとに、スミスの『道徳感情論』に影響を受けたエドマンド・バークは、フランス革命を非難して徐々に完全を目指す〈保守主義〉という概念を初めて提唱した。

スミスもバークも、フランス革命が性急で過激な変革を起こし、多くの人々を死に追いやったことだけを非難したのではない。〈システムの人〉という言葉で表されているように、自分がすべてを見通せるほど賢く、正しい行動を知っていると思い込み、チェス盤の駒を自在に動かすが如き、華麗なる統治計画を立てる者こそが危険だと非難したのである。

実際の人々はチェスのようには動かず、現実から懸け離れたそんな計画は頓挫する。性急で過激な変革が起き、多くの人々が死に追いやられるのはその結果に過ぎず、頭の中で考えた幾何学的抽象的な美しさを持つ〈正しい計画〉そのものが諸悪の根源だと喝破したのである。王制に賛成か反対かというような、表面上に表れた政治的立場の問題ではない。

実際にふたりが警告を発したのはまだフランス革命序幕の段階で、多少の混乱ののち民主化を成し遂げ、うまく収束すると見られていた。ふたりを自分たちの同志だと考えていたイギリスの自由主義者たちも、フランス革命に絶大なる期待を寄せていた時期だった。ふたりが危険視したのは、頭のいい啓蒙主義者たちが現実を無視して幾何学的に線を引いた行政区分や、再編成した統治機構など、机上の計画だった。そして、ふたりの危惧通りに、そこからフランス革命は急速に過激化して誰にも制御できない大混乱を引き起こしてしまったのであった。

バークを理想としていたと云っている清瀬一郎が、青年将校たちの〈昭和維新〉や近衛文麿の〈新体制運動〉など、チェス盤の駒を自在に動かすが如き幾何学的抽象的な統治計画に荷担する〈システムの人〉となってしまい、結果的に日本帝国を誰にも制御できない無秩序国家にして破滅させてしまったのは、人間の本性の恐ろしさを表している。

天皇から議会に権限を移すことを目指し、さらに大政党の横暴や腐敗とも闘っていた万年野党の清瀬の立場は、強権を振るうイギリス国王やその配下の大政党政権と闘っていた万年野党のエドマンド・バークとそっくりの立場だった。さらには、ルネッサンスの「人間尊重の精神」を理想として国王に対峙し革命を起こしたフランスの啓蒙主義者たちも、清瀬はもとより、スミスやバークとも立ち位置は同じだったと云っていい。

決定的に違ったのは、その方法論だった。頭の中だけで考えた正しい完成図に最初から無理やり合わせるか。それとも、目の前の問題をひとつひとつ解決することにより正しい形が徐々に見えてきて近づいていくか。方法論の差により、到達する正しさそのものが違ってくるのである。何かを目指して進化するわけではなく、環境に合わせて徐々に変化する自然淘汰が、結果的にうまく機能するのと同じやり方である。左翼だけではなく右翼でも、唯一正しい目標を最初から掲げている者は、バークの云う〈保守主義〉ではないのである。

本書に於いて、一見関係のない清瀬一郎の政治活動にページを割いたのは、無実の人を罪に落とす冤罪も、秩序破壊をもたらし国を破滅させる華麗なる統治計画も、現実とは懸け離れた幾何学的認識をしてしまう人間の本性を原因として生まれる、まったく同じ双子の悲劇だということを示すためであった。

一応、念のために記しておくと、国家システム全体を根本から改革せんとする〈新体制運動〉を展開していた近衛文麿よりも、目の前の事態対応に汲々としていた東條英機が正しかったと云っているのではない。首相でありながら、明治憲法に明記された日本帝国の基本的な仕組みを理解しておらず、国際環境も知らないまま、つまりは観察によって集めた正しいデータを基に判断するということができず、間違った行動を繰り返していれば環境適応度が下がり、淘汰されるのは当然である。さらに東條は、すでに戦死した将兵十数万人の犠牲を無駄にできないという、過去の投資を過大視する〈サンクコスト〉と呼ばれる典型的な〈認知バイアス〉に囚われ、国益に損失しかもたらしていない日中戦争から手を引くことができず、その何十倍もの犠牲者を出すことにもなる。また、後述する〈自己欺瞞〉によって、根拠なく何となく大丈夫だろうという希望的観測から国を滅ぼしてしまうことにもなった。

国家を滅ぼす元凶が、〈システムの人〉の幾何学的な計画だけではないのは当然だ。目の前の問題をひとつひとつ解決しようとして、ことごとく失敗すれば自然淘汰されることとなる。多少間違っても、〈公平な観察者〉やバークの〈保守主義〉的方策で徐々に軌道修正すればいいのだが、間違った現状認識から間違った方法を続けるのなら、〈システムの人〉の裏返しで結局は同じ結末が待っていることになる。

スミスやバークと同じく、人間はこのような過ちを犯す性質があることを見抜き、自分が不完全であることを自覚し、観察や経験により、時間を掛けてゆっくりと完全に近づこうとする〈公平な観察者〉を多くの人が胸の裡に宿せば、これらの悲劇は回避できるのである。人間本性がある限り、根絶することは不可能だろうが、何分の一かは減らせるのである。

認知バイアス克服の難しさ

人間の本性に関わることなので、それは並大抵のことではない。吉川澄一技師の客観的データに裏付けられた正しいプロファイリングを、現場の捜査官がどうしても呑み込むことができなかったように、人間は単純な図式的因果関係に囚われて、その美しい幾何学的認識に反することは、目の前の現実でさえ受け付けない。

前述のように〈間接互恵性〉の罰や報酬を与える仕組みと関係していると思われるが、人間は何にでも因果関係を見出だし、因果さえ正しければ、正しいと思い込む。たとえば、「戦前は貧しかったので、金のための殺人が多かった」という推論は、「AならB」という文章内の因果関係としてはなにも間違っていない。この文章内の因果の正しさは、現実とはまったくなんの関係もないのだが、これだけでこの命題は正しいと思い込んでしまう。

しかし、戦前に金のための殺人が多かったかどうかは当時のデータを見る以外に確かめる方法は絶対にないのだから、当時のデータを見ていない者がこんな推論をすること自体がそもそも間違いである。たまたま吉川技師のプロファイリングデータ構築の副産物として内務省は詳細なる犯罪統計を残してくれているので、それを見れば簡単ではある。もしそんな統計がなければ、警察資料や新聞記事などから具体事例のひとつひとつを見て自分の手でデータを構築しなくてはならない。

そういう作業をせずに推測し、仮に結果的に正しかったとしてもそれは根拠のない当てずっぽうがたまたま的中しただけのことで、推論としてなんの意味もない。無闇に石を投げたがる傍迷惑なる輩は、眼をつぶって投げた石が偶然当たることも時にはあるというだけのことだ。やたらと何にでも因果関係を見出だす人間の本性のために、「戦前は貧しかった」程度のとりあえず手近にある乏しいデータだけで勝手な因果関係をでっち上げて固執、それ以外の命題を排除してしまうことになる。

果たして、実際に戦前の犯罪統計を見てみると、金のための殺人は殺人全体の五パーセント程度にしか過ぎないのである。見事なる、幻想と現実との混同だ。

科学を発展させた人間の因果関係の推論能力が、じつは人を罰するために備わった能力であるかもしれないのであるが、能力以前にどうしてもそこに因果を見出さないと落ち着かない人間の本性は、やはり人を罰するために備わった可能性がある。そのために、自分の推論能力がおよばない領域にまで因果をでっち上げて安心しようとするのだ。人間の本性は、冤罪と最初から深く絡み合っているのである。

頭の中で考えた幾何学的抽象的な美しさを持つ〈正しい計画〉に固執して国を混乱に陥れる者がいるのも、単純な因果関係をでっち上げて囚われる人間の本性のためである。この人間が進化過程で身に着けた〈認知バイアス〉、つまり認識の歪みのために目の前の現実が見えなくなってしまうからだ。

清瀬一郎のような、ある時は反軍、ある時は親軍、ある時は日本の自存自衛のために戦争なぞ一切必要なしと高らかに論じ、ある時は自存自衛のためにどうしても必要だったと正当化、またある時は憲法の正当性を否定、ある時はその認めていないはずの憲法を自分に都合良く利用、さらには自衛隊合憲の法理論を打ち出して新憲法最大の矛盾点を解消させ憲法定着に貢献するといった具合に、その都度、見解を一八〇度転換し、状況に合わせた言葉を口から出任せのように云えてしまう、いかにも弁護士的で融通無碍なる思考の持ち主でさえ、政治的行き詰まりをすべて解決できるかのような幾何学的革命理論に飛びついた。しかも、その理論から生まれた過激なテロ行為を〈造化の秘鍵〉という言葉で擁護、つまりあたかも進化に於ける自然淘汰の如き、徐々に完全を目指す〈公平な観察者〉や〈保守主義〉の如き、自然の流れだと強弁し、あまつさえそのアクロバチックなレトリックで皆を説き伏せてしまったのである。

そもそも、清瀬一郎は、それまでの日本の歴史背景を無視した幾何学的行政区域を引いて強引に支配せんとした内務省や、五世紀ぶりの王政復古という虚構の裏で元老が権勢を振るうが如き、まさしく〈システムの人〉である明治政府の無理のある仕組みに対抗し、帝国憲法の柔軟運用による議会主導の国家、つまりは戦後型の国家を目指した中心人物のひとりであった。そして、その改革はゆっくりとだが着実に前進し、成就寸前でもあったのだ。だが、満州事変を境に、彼はそのゆっくりとした改革に絶望、突如として〈システムの人〉の側に堕ちるのである。

なお、六〇〇万年におよぶ歴史のうち、農耕をはじめた最近の一万年以外のすべてを狩猟採集によって生きてきたために、人類はその時代の進化条件が身に染みついている。狩猟採集は運によって日によって獲物が獲れる者も獲れない者もいるので、チスイコウモリの如く食糧を平等に分け合うことが生き延びるための絶対条件だった。獲物のない者に食糧を分け与えてやらなければ、こちらが獲物にありつけなかったときに食糧を分けてもらえず飢え死にすることになるからだ。

また、多人数で協力して狩りをするほうが効率がいいため、獲物を独占して協力関係を壊す者は群れの全員を危険にさらす。そのため、チスイコウモリの如く、平等を破る者には罰を与えたいという〈道徳感情〉が否応なく湧き上がることになる。〈互恵的利他主義〉を成り立たせるその感情がなければ、人類は何百万年前に絶滅していたのである。

さらに、大型動物を狩るため、あるいは食糧を平等に分け合い餓死のリスクをヘッジするために大きな群れを作り、そのシステムを維持するためだけに人間の知能はすべて発達したと云ってもよい。

千円を七五〇円以上と二五〇円以下で分配すると自分が損をしてでも相手を罰しようとする者が増えるように、格差が一定の限度を越えると金持ちを殺す犯罪が多発し、さらに格差が進むと権力者を殺す革命が起きるようになる。抽象的なイデオロギーではなく、現実に歴史上何度でも繰り返されてきたことである。基本的人権とは、「最低限これだけは守りますので、命ばかりはお助けください」という、権力者の命乞いに根拠がある。さらにその起源を遡れば、狩猟採集時代に形成された人間の〈道徳感情〉に発していたのである。

だからこそ、大恐慌により農民や都市貧民が最低限の生活を保てなくなったとき、大臣や財閥トップを暗殺するテロ事件が続発した。さらに、それを称賛する声が多数沸き起こった。テロをやったのも称賛したのも、共産主義者ではなく右翼である。

良いも悪いもない、何百万年の進化がもたらした平等を求める人間の本性がそうさせてしまうのである。人間の生存にとって〈間接互恵性〉が大きな位置を占め、〈血縁淘汰〉の占める割合が減ったため血縁者まで罰したいと思う者が五パーセント程度になってしまったようには、どうもこちらはならないようである。平等性の代わりとなる、富裕層も含めたすべての人間の生存に有利で〈道徳感情〉を満足させるような新しい仕組みは、まだ発見されていないのだから。むしろ、〈間接互恵性〉が強くなるほど、平等性は求められることとなる。その意味では、自然にそうなってしまうという清瀬の〈造化の秘鍵〉論はまったく正しい。

しかし、金本位制からの離脱と大幅な金融緩和、積極財政という、高橋是清蔵相の巧みなデフレ対策により、日本は世界で最初に大恐慌から脱していたのだ。〈五・一五事件〉の頃はまだ底を打った段階だったが、〈二・二六事件〉の頃には景気は完全に上向いていた。二・二六の青年将校たちも経済統計を見て、農村が疲弊から回復しつつあったことをはっきり知っていた。だからこそ、直前になって決行すべきかどうかで激論が闘わされることになったのだ。

これは、統計データを元に慎重論を主張した新井勲中尉の『日本を震撼させた四日間』による。この統計は、おそらく農林省の『農家経済調査報告』と思われる。

ちなみに、農村の生活が楽になったからそれでよかったというのではなく、農民にはもっと苦しんでもらわないと決起しても維新は成功しないというのが慎重派の立場。そういう意味で、「時期尚早」という言葉を使っていた。〈五・一五事件〉のような「線香花火」は駄目で、今度こそ絶対に革命につなげるというのが青年将校たちの合い言葉だった。

ところが、清瀬の法廷での扇動などによって形成された幾何学的抽象的な美しさを持つ〈正しい計画〉に囚われた彼らは、目の前の現実を無視してクーデターに突っ走ってしまうのである。

清瀬一郎が、客観情勢を正しく見極めることのなかった人々の悲観と熱狂の渦に呑み込まれることさえなければ、満州事変前までの徐々に改革を進める路線で彼の理想を達成することもできたはずだったのだが。ここに逃れることの難しい人間の世界認識の歪みの恐ろしさがある。

はたまた、観察や経験により新たなるデータを次々取り込んで、その都度確率を更新して徐々に完全を目指す、スミスの〈公平な観察者〉やバークの〈保守主義〉に極めて近い〈ベイズ確率〉でさえ、古畑種基博士のような人物に掛かると、結論が先にあるような単純かつ硬直化した認識を補強するための道具とされてしまう。

ちなみに、〈ベイズ確率〉の産みの親トーマス・ベイズは、アダム・スミスと同時代に同じスコットランドで教育を受けている人物である。スミスは人間の感情を読み解くため、片やベイズは神の存在を数学的に証明するためという、まったく違った問題意識から、よく似た方法論を編み出したのは興味深い。道徳は人間感情から来ているという論も、神の存在を数学的に証明する論も、スコットランド啓蒙主義者であるデイヴィッド・ヒュームからそれぞれに影響を受けている。しかし、スミスとベイズはおそらく面識はなく、お互いの業績について何も識らなかった。それが同時に別々に同じ考えに辿り着いたのである。はたまた、〈二俣事件〉の少年を救った清瀬一郎弁護士と古畑種基博士は、それらの系譜に影響を受けながら、その根本思想を裏切ることになってしまうのだ。

さらに、〈ドレフュス事件〉でフランス軍側の鑑定人としておかしな確率論でスパイの手紙の筆跡をドレフュスのものだと断定したのは、人体測定法など犯罪捜査に初めて科学を導入してシャーロック・ホームズにも作中で激賞されているアルフォンス・ベルティヨンだった。科学捜査の父として誰からも尊敬される彼は、何故か筆跡鑑定では複雑怪奇で支離滅裂な理論を打ち出し、ポアンカレに科学性を一蹴されても死ぬまで自分の鑑定が正しいと主張していたという。

彼らばかりではない。人間の〈認知バイアス〉についての革新的な研究でノーベル経済学賞を受賞したダニエル・カーネマンでさえ、〈認知バイアス〉によってたびたび間違いを犯してしまうことを告白している。人間の進化と深く結びついた本性のため、このような間違いを犯すことを知っているだけでは、克服は難しいのである。

俯瞰の眼だけでは克服できない

〈公平な観察者〉は、単に俯瞰の眼を持つだけでは済まないことがここからも判る。それは〈認知バイアス〉による錯誤を回避する第一歩ではあるが、あくまでも出発点に過ぎない。

たとえば、この有名な錯視の図だが、錯覚によって上のほうが長く見えると聞かされて、知識としては判っていても、やはり上のほうが長く見えてしまう。

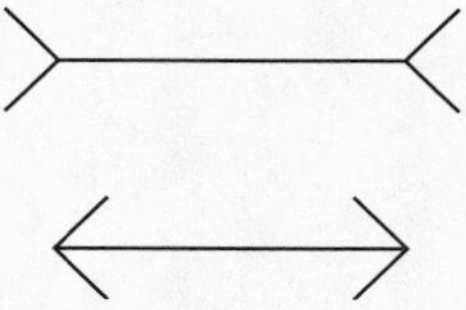

人間にとってこのような見え方が生存に有利だったため、進化の過程で身に着いて容易には克服できないのである。

紙の上の図だけではなく、現実世界の光景も眼の網膜に映っているのはたんなる二次元的な平面映像だ。それを脳内処理によって立体的に知覚しているのである。奥行きを感じられたほうが、狩猟採集では獲物を捕るのに有利であり、さらに迫ってくる危険な猛獣から逃げやすくなって、生存率が上がるからだ。

しかし、必ずしも正確に奥行きを知覚しているわけではない。現実世界の複雑な光景を完全に正しい立体として知覚するには脳の処理に時間が掛かるため、多少いい加減でも素早く危険から逃れることを優先しているのである。

現実世界の光景さえ元々不正確な見え方をしている上に、自然界とは違う平面画像を見ることに、人間の知覚はまったく追いついていない。だからこそ、両端にある小さな羽くらいの情報に惑わされ、紙の上の線を立体として知覚してしまう。そのため、同じ長さに見えても、手前よりも奥にある線のほうが長いはずだと脳が自動的に判断してしまうのである。

シャーロック・ホームズのように目の前の現実がありのまま見える能力を有していた者もいたはずだが、処理に時間が掛かっているうちに猛獣に喰われて滅んでしまった。また、現代に於いてもこのような正確な能力は邪魔になって淘汰されるはずだ。人間のいい加減な知覚能力を逆利用して、紙やモニター上の平面画像を立体視させ、利便性を得るようになったからである。

る。

しかし、どうしても目の前の現実をありのまま見なくてはならない時には困ることになる。このような知識を俯瞰の眼で持っていても、やはりありのままには見えないからだ。では、自分の眼を信用せず、知識によってこのような場合は同じ長さだと自動的に考えればいいのだろうか。だが、そんなあなたの考えの裏をかいて、じつはほんとうに上のほうが長い図をここに出しているのかもしれないではないか。

嘘だと思ったら、ためしに物差しを当てて、線の長さを測ってみるべきだ。そう、線の長さの違いを知るには、物差しで測って比較するしかないのである。

しかしまた、その物差しが歪んでいる場合も多々あるのだ。客観的データという物差しを当てたはずなのに、その物差しが歪んでいたり、あるいは、その物差しの目盛りを読み取る眼が歪んでいたために失敗した例を本書では数多く並べてきた。むしろ、きちんと物差しを当てて測ったという自信が、間違った結論を頑固に信じ込む根拠となって他のデータを受け付けなくなり、泥沼に嵌ってしまうことさえある。

それを克服するには、つねに自分は完全でないことを自覚し、観察や経験により絶えず修正を加えて、時間を掛けてゆっくりと完全に近づこうとすることが大事だと、アダム・スミスが繰り返し繰り返し強調していた由縁である。スミスの『道徳感情論』は〈認知バイアス〉理論さえ先取りしていたのだ。

ちなみに、錯視について上記の説明はかなり単純化したものだ。実際にはもっと複雑な仕組みが隠されているようで、錯視の原理はまだ完全には解明されていない。この説明も判りやすい幾何学的構図に当てはめただけのものなのである。

サイコパスの真の恐怖

これまで、人間の本性である〈共感〉と〈道徳感情〉が招いてしまう悲劇について縷々述べてきた。しかし、まったく反対に、〈浜松事件〉の中村誠策の如き、〈共感〉能力も罪悪感もまったく持たない、〈サイコパス〉と呼ばれる者もいる。『道徳感情論』を真っ向から否定する存在だ。

しかし、その〈サイコパス〉は世間からの〈評判〉を異常なまでに追い求め、そのために残虐極まりない犯罪を犯すことが知られている。犯罪に走らない〈サイコパス〉は、人々を平気で踏みにじるその情け容赦のない行動だけではなく、人々からの賞賛を異様なまでに求める性格が武器となり、企業経営者や政治家として成功する場合が多いという。〈サイコパス〉的経営者が一生掛かっても使い切れぬ途方もない報酬を得たがるのも、単純な金銭欲ではなく、〈評判〉を数値化して実感したいという欲求だろう。

誠策の場合は、新聞に載るのを楽しみにしているだけで、犯行そのものが世間の注目を浴びるためではなかったようだ。しかし、その目的は、学校に通って立派な人物となって世間から認めてもらうところにあった。〈評判〉を得るために、あれだけの人々を殺害したのである。なお、〈サイコパス〉は勉強や努力が苦手だと思われているが、〈サイコパス〉も一様ではなく、企業経営者や政治家として成功する〈サイコパス〉のように勉強が得意な者も中にはいることが最近の研究では判ってきている。

〈共感〉がないのに、なにゆえ〈評判〉は人一倍求めるのか。このような犯罪を防止するためにも、進化心理学と『道徳感情論』のさらなる研究が必要だろう。〈サイコパス〉とは、人間の感情を失ってしまった怪物ではなく、ひょっとすると人間の感情をより多く純粋化して身に着けてしまった感情過剰人間であるかもしれないのだ。あるいは、抑制が外れたために人間の本性が剝き出しになっただけの可能性もある。

実際に経頭蓋磁気刺激法（TMS）で、感情、とくに恐怖と関係する脳の扁桃体という部位への電気信号を減らすと、数十分間だけだが、正常な人も〈サイコパス〉と同じ状態になることが知られている。

本物の〈サイコパス〉も感情全般が欠落しているのではなく、恐怖心以外は正常であることが判っている。恐怖心がないために、リスクに対する感覚が鈍く、我が身を危険にさらすことを何とも思わない。だから、刑罰を受けたり、死刑になることもまったく恐れない。つまり、人間を突き動かす〈間接互恵性〉のアメと鞭の、鞭によるブレーキが外された状態で、アメだけを異様に欲しがるようになってしまうわけだ。

〈サイコパス〉は自己の利益のために、自分勝手なことをしながら、人には〈利他主義〉を平気で押しつける。そのため、社会全体の利益を損なうことはあっても、自分ひとりは最大限の利益を得ることもできる。独裁者などによく見られる行動である。その利益とは〈評判〉であり、〈評判〉は限界がないので、社会の崩壊まで突き進む場合もある。犯罪だけではなく、社会のためにも〈サイコパス〉研究は必要である。

〈サイコパス〉を隔離してしまえばそれで済むという問題でもない。特殊な装置で脳に磁気刺激を与えるまでもなく、正常なはずの人間がまったく同じ病状を示すこともあるからだ。〈システムの人〉が危険なのは、幾何学的に美しい計画だけではなく、〈サイコパス〉的思考に陥ってしまうところにある。偉大なる理想のためなら、個々の人々を平気で踏みにじるようになり、〈共感〉を失ってしまうのである。

〈五・一五事件〉や〈二・二六事件〉の青年将校らに〈私心がない〉ことを賞賛する者がいるが、〈私心がない〉とは責任がなく、感情も良心の呵責もなく、まともな感覚があればとてもできないことでもやってしまえるということだ。つまり、〈私心がない〉とは、人間が本来持っている感情を失ったということだ。彼らが個人的な欲望から大臣を暗殺したのなら、〈道徳感情〉との葛藤から良心の呵責に苛まれたに違いない。幾何学的で美しく正しい高邁なる理想のために、感情のない〈サイコパス〉へと変容したのである。

これは大きな理想を掲げる革命家だけの問題ではない。取調官がときに被疑者にどこまでも残酷になれてしまうのも、組織や社会、正義のために、相手への〈共感〉を無くし、自然な感情を無くし、〈サイコパス〉的思考になってしまうからだ。自己の利益のためなら絶対に暴力など振るわない者が、大義名分の元では罪悪感も感情も失ってしまうのである。

取調官が〈利他主義〉のために歯止めがなくなって暴走してしまうとは、〈サイコパス〉との関連で考える必要がある。残虐性なぞまったくない普通の人が、科学実験のためだと云われると被験者に危険だと聞かされているレベルの高電圧を流してしまうようになる〈アイヒマン実験〉は、権威への服従だと説明されているが、むしろ大義名分によって感情によるブレーキを外されてしまう〈サイコパス〉化として見るべきだろう。紅林刑事のような、共感能力の高い善人が、誰から命じられたわけでもなく拷問を行うことができたのも、この〈サイコパス〉化である。

〈道徳感情〉とは対極にあるように思える〈サイコパス〉化も、また冤罪を起こす要因となるのである。そして、一見対極のようで、〈評判〉獲得と深く関わっている点からも、じつは〈サイコパス〉化も〈道徳感情〉の一種なのである。冤罪を克服するために、〈公平な観察者〉はこの点も踏まえておかねばならない。

自己欺瞞による錯誤

〈互恵的利他主義〉理論を確立した進化生物学者のロバート・トリヴァースはまた、〈自己欺瞞〉の研究を推し進めたことでも知られている。生物は敵と闘ったり、配偶者を手に入れるといった個体競争に於いて、自分を実際よりも強く見せたり魅力的に見せたりといった嘘をつく。そのほうが競争に有利になって生存率や繁殖率が高まるので、自然淘汰が働くわけだ。しかし、騙されるほうも自分が有利になるため、嘘を見抜く能力が発達するように淘汰が働くだろう。そうなると、さらにそれを出し抜いて相手を騙すために、自分自身をも騙して嘘を本当と思い込むようになるはずである。

ほかに客観的データでも無い限り、嘘を見抜くには相手の表情や態度の異変から判断するしかない。嘘をつく者は失敗したときのリスクを考え、バレたらどうしようという心理的圧迫にさらされるため、どうしてもそのような異変を表に出してしまうことになるのだ。

しかし、それならば、自分自身が嘘を本当と思い込んでしまえば、表情や態度にそのような異変を出さずに嘘が云えるようになるはずだ。このような相互作用の進化によって、〈自己欺瞞〉が発達したとトリヴァースは説き、またその〈自己欺瞞〉の危険性をも警告するのである。

自分自身を騙すとは、要するに〈自信過剰〉になるということである。この〈自己欺瞞〉は、冤罪を生む元兇ともなる。

何故か根拠なく、自分は人の嘘が見抜けるという〈自己欺瞞〉に掛かる者が多くいることが、心理学実験によって判明している。取調官がこういう根拠のない自信を持つと悲劇が生まれることになる。警察官や裁判官などは経験を積むほど自分は嘘を見抜く能力があると思うようになるが、現実には素人と能力は変わらず、しかも嘘を見抜く能力があると思っているほど逆に成績が下がることが実験によって証明されているのである。

たとえば、南部清松氏が紅林麻雄警部補の捜査法に疑問を抱くようになったのは、〈二俣事件〉捜査に協力したときの最初のこんな会話からだったという。座談会「冤罪が産み出される構造」（『現代の眼』昭和五四年九月号）で証言している。

「ときに紅林さん、幸浦事件はうまく挙げましたね。どういう端緒だったんですか」

と訊いたんです。「あれはぼくが、村の駐在所がチンピラを二人ばっかり引っぱってきた、そのときにぼくがヒザを叩いて、まさしくこれが犯人だ、といったら案の定犯人だった」というんですよ。いや、これはいかになんでも、そんな、神さまじゃあるまいし、連れてきただけで、これがまさしく犯人だ、といったというんですね。この人の捜査はあてにならんなと、私、そのとき思ったんです。

紅林警部補の場合はすでに犯人逮捕による数百回の表彰があり、それらは地道な証拠集めによって為されたと自負していたはずなのに、捜査の権威となっていたこの頃には、自分に特殊な能力が備わっていると思い込むようになっていたらしい。もっとも、それまでの犯人逮捕もすべてが正しかったのかどうかは判らないのである。冤罪が問題となって証明されることは極めて稀なので、捜査官が正しいフィードバックを受ける機会はあまりないのだ。立場の弱い冤罪被害者が泣き寝入りすることも多く、最初から警察官は〈自信過剰〉になるような構造になっている。さらには、嘘を見抜く能力が高いと思われるほうが、周囲の〈評判〉を得ることができる職業なのだから、ますます〈自己欺瞞〉に嵌り込んでしまうのである。

〈自己欺瞞〉によって根拠なく自分だけは大丈夫と思い込んでリスクを取る人がいてこそ

世の中は進歩するので、〈自己欺瞞〉は悪いことばかりではない。だが、〈自己欺瞞〉に陥った本人ひとりや、その人の経営するひとつの企業だけがリスクを被るなら問題ないのだが、国家や社会など広範囲に影響が及ぶ分野ではリスクが大き過ぎるので絶対に避けねばならない。

企業は新しくどんどん生まれてくるので、果敢にリスクに挑戦して自然淘汰され、たとえつぶれても従業員や顧客は他の企業に移ればそれで済む。国家規模になると、つぶれると近隣の国家まで深刻なるダメージを受け、何世代も悲惨な状況が続く場合さえある。大規模で数の限られている国家は自然淘汰では済まないので、リスクは一切取るべきではないのだ。

冤罪も、それがのちに発覚した場合の捜査官本人だけではなく、冤罪被害者はもちろん、真犯人を逃すことによって秩序を乱し、警察や国家への不信感をもたらすことで社会全体に大きなリスクを及ぼす。

元々、〈自己欺瞞〉は客観的データを参照することがほとんどなかった、またせいぜい一〇〇人程度の集団で活動していた、狩猟採集時代に進化したものだろう。農耕がはじまって国家などの巨大な組織が出現し、文字による客観的データが蓄積されるようになってからまだ一万年程度なので、進化が追いついていないと思われる。

まさしく、〈自己欺瞞〉は進化によって生物に染みついた本性なので、克服するのは簡単ではない。〈自己欺瞞〉研究の第一人者であるトリヴァースも、自身が〈自己欺瞞〉に陥ってたびたび失敗してしまうことを告白している。こういう本性によって自分が間違うことを自覚し、客観的データをできるだけ参照する〈公平な観察者〉のアプローチで少しずつ克服するしかないのである。

なお、〈サイコパス〉の大きな特徴のひとつに、自信に満ちあふれている点がある。知識もないのに何でも知っているかのように語ったり、技術も経験もないのに何でもできるかのように振る舞ったり。じつは、その自信にはまったくなんの根拠もないのであるが。しかし、その自信満々の姿がカリスマ性を醸し出し、人々は簡単に惹き付けられる。

そして、〈サイコパス〉は、なんのためらいもなく平気で嘘をつくので、〈サイコパス〉の専門家でさえ何度でも騙されてしまう。もし、誠策が〈サイコパス〉であるのなら、紅林刑事たちが嘘を見抜けなかったのも無理はない。〈自己欺瞞〉もまた、〈サイコパス〉化の一種なのである。

ただ、だからこそ紅林刑事ら捜査陣は、誠策の部屋を調べて客観的証拠を基に判断するという捜査の基本を怠るべきではなかったのであるが。

〈サイコパス〉は恐怖心がなく、リスクに対する感覚が極めて鈍いので、嘘がバレたら困るなどとは微塵も考えない。そうであるから、客観的データと照らし合わされるとすぐにバレるようなことでも平気で嘘をつく。そのため、その場は騙せても、大抵は失敗することになるのだ。自分自身を騙してしまう〈自己欺瞞〉も、一時的には利益をもたらすが、最終的に致命的なしっぺ返しを受けることが多い。トリヴァースが警告する〈自己欺瞞〉の危険性とはこのことである。

紅林警部補も事件「解決」によって大きな〈評判〉を得たが、すべてが明らかになると人生が破滅し、死後半世紀以上経ったいまでも非難され続けることになった。リスクが正確に判っていたらこんな莫迦なことはしなかったはずだが、〈自己欺瞞〉によって感覚が鈍らされていたのだ。

ここで思い起こされるのが、吉川澄一技師の人並み外れた用心深さである。発生確率は低いはずの強盗や火事に常に備えるなど、リスクに対する感覚が異常なまでに敏感であった。昭和一八年に山奥へ引っ込んでしまい、終戦とともに復職したのは、軍幹部でさえまだ真剣には考えていなかった東京空襲を恐れたためではないかと私は推測している。客観的データだけを頼りに正確なプロファイリングを展開していた彼の、その能力の源泉として、〈自己欺瞞〉や〈サイコパス〉とは対極のこのような性質があるのかもしれない。

しかし、それはまた逆に一種病的でもあり、常人が簡単にまねできることではない。たとえば、鬱病は〈自己欺瞞〉能力を失ったために起こるという説がある。実際に、鬱病患者は目の前の現実を、自分自身の姿を、ありのまま正しく見ることができると、ローレン・アロイとリン・エイブラムソンの心理実験によって証明されている。しかし、それは時に自ら死を選ぶほどの苦痛を伴うことにもなる。鬱病から全快すると〈自己欺瞞〉が戻って自分自身の姿をありのまま正しく見ることができなくなると、これまたピーター・レウィンソンの心理実験によって証明されている。日常生活をつつがなく送るためにはある程度の〈自己欺瞞〉は必要で、いかに制御するかが問題となる。

恐怖の感情を学ぼうとするサイコパス

ちなみに、狩猟採集時代の人間はリスクに臆病なだけでは獲物を捕ることができず飢え死にしてしまうので、正常な者は恐怖を感じるぎりぎりのところまで危険を冒すように、自然淘汰によって性格づけられている。その本能が消えていない現代人も恐怖が足りないと退屈し、サスペンス映画を観たりジェットコースターに乗ったりして、無意味に適度な恐怖を得ることで満足感を覚える。

〈サイコパス〉は最初から恐怖心がないので、常に堪えられないほど退屈し、際限なく自らを危険にさらす。彼らが利益のない快楽殺人を犯したり、独裁者となって無謀な戦争を仕掛けたり、〈サイコパス〉的経営者が利益だけではなく無闇にリスクそのものも追い求めてバブル崩壊や金融危機を招くなど、わざわざ自滅への道を突き進むのは、ブレーキが壊れた状態でアクセルを踏む本能だけが暴走するからだ。このようなリスク感覚に根本的欠陥を持つ者は早い段階で失敗して消え去ることがほとんどなのだが、千人や万人にひとりは確率的に偶然成功してしまい、それでも退屈に堪えられずさらなるリスクに挑むため社会全体を巻き込んで破滅させてしまうのである。

株の大暴落など〈ブラック・スワン〉と呼ばれる突発的事態は予測不可能だと云われるが、自らリスクそれ自体を追い求める〈サイコパス〉の性質を計算に入れていれば、その何パーセントかは予測が付き、防止もできるようになると思われる。このような破滅そのものを追い求める輩が跋扈することに、現在の市場はあまりにも無防備であった。人間がじつは不合理な存在であることを解き明かしつつある行動経済学も、まだ〈サイコパス〉までは理論に組み込めていないのである。

また、〈サイコパス〉は自分にはない恐怖の感情とはどのようなものかに異常な興味を持ち、人々に恐怖心を抱かせて、その表情を観察するために残虐な行為をする場合もあるようだ。

〈サイコパス〉の残酷極まる行為も、人間の本性が引き起こすものであり、また、他人の感情を知って自分の物としたいという倒錯した〈共感〉、つまりはこれまた〈道徳感情〉の一種から導き出されるものだったのだ。

恐怖心が無くとも、頭の中でああなったらこうなると冷静に推測するリスク計算によって、自分に不利な状況を回避することは不可能ではないだろう。しかし、頭で考えただけでは、結局「判っていたのにやってしまった」という結末を迎えるのが大半である。

それに引き替え感情とは、心だけではなく身体をも突き動かす強力な力を持っている。危険を目の前にすると、正常な感情を持つ人間は頭で考える前に嫌でも軀（からだ）が反応して逃げ出してしまう。

人間は生存に有利なように、自然淘汰によって感情を身に着けるようになったのだ。好きな物に飛びつく感情も生存には必要だが、やはり咄嗟に危険を回避するため、恐怖心は感情の中でも最も重要な存在である。

正常な者が頭の中でリスク計算する場合も、因果関係を抽象的に分析するだけではなく、じつは恐怖の感情を刺激して将来の危険を回避している。感情が麻痺して危険を恐れなくなってしまう状態が〈自己欺瞞〉であり、〈サイコパス〉化と呼ぶ由縁である。

頭の中で考えた華麗なる幾何学的な計画に囚われる〈システムの人〉も、歴史を見れば判るように実際の行動に出て多くの賛同者を集めて社会を動かしてしまうのは、格差が拡大して〈道徳感情〉が強く刺激されたときだけなのだ。これはつまり、犯罪によって〈道徳感情〉が強く刺激されると、多くの人々が頭の中で考えた幾何学的な図式に囚われ冤罪が発生しやすくなるということでもある。感情が行動を支配するのである。

〈サイコパス〉も恐怖心が生存にとって必須であることを潜在意識では判っていて、なんとか学ぶために人々に恐怖を巻き起こしている可能性がある。彼らが人間とは思えない残虐性を発揮するのも、じつは正常な人間性を取り戻すためなのかもしれないのだ。

誠策が金を盗むためにわざわざ一家皆殺しを謀り、また電灯を点けたまま犯行に及んだのには、耳が聞こえないからという合理的な理由があった。しかし、だからといって、あえて危険を求め、また恐怖の表情を観察したいという別の理由がなかったということにはならないだろう。もっとも、〈サイコパス〉の診断は極めて難しく、誠策が〈サイコパス〉ではなかったという可能性もあるのだが。

もし、誠策が〈サイコパス〉であるなら、恐怖の感情が欠落しているにも関わらず、頭の中だけで完全なリスク計算をして危険を回避したということになる。冬は相手が厚着で刺しにくいだとか自分の動きも寒さに震えて鈍くなるだとかの理由で一年間も犯行を待つ如く、冷静にじっくり計画を練って決して衝動的には行動しなかったのだ。九九を知らないのに自分で工夫した方法で見事に計算したというその天才的能力によって、常人にはできないことをやってのけたのである。

厚着や動きが鈍くなることが、本来もっと恐れなければならないはずのリスクからズレているとすれば、やはり恐怖の感情がないままの計算には無理があったということではあるのだが。それでも、とにもかくにもリスク計算をしようと考え、それに従って自制するだけでも、恐怖心がない者としては驚異的なのである。

なお、アダム・スミスは『道徳感情論』で、我々は他人の苦痛そのものに〈共感〉することはほとんどなく、その人の抱く恐怖に〈共感〉するのだと、なかなかおもしろいことを云っている。外科手術のような身体を切り刻む強烈なものを目にすると、自分が切られているような感覚に襲われるが、それは珍しいからで、見慣れるとなんとも思わなくなるというのである。それに引き替え、恐怖心はもっと軽いものでも〈共感〉してしまう。恐怖とは苦痛の如くその瞬間に直接物理的に加えられるのではなく、次の瞬間起こるかもしれないことに怯えてもたらされる感情で、完全に想像の産物だ。その不確かさのためにますます不安を煽って、〈共感〉を呼ぶというのである。

〈サイコパス〉は最初から〈共感〉能力がなく、さらに華麗なる計画に囚われて〈サイコパス〉化した者も他者への〈共感〉を失ってしまうのは、まさしく恐怖心がないことが原因かもしれないのである。逆に見ると、〈共感〉とは、未来のリスクを回避するため備わった想像の産物である恐怖心、未来の自分という他者を想像する力が、想像ゆえに本物の他者の恐怖心と混線するという錯誤から生まれたものかもしれないということなのだ。

このように〈サイコパス〉の特徴から推察すると、生死に直結しないその他の感情の〈共感〉は、恐怖の〈共感〉から派生した副産物に過ぎないとも考えられる。

我々は恐怖心を持つことによって一瞬早く危険から逃れることができるようになったが、他者の恐怖心まで取り込む〈共感〉という錯誤によって、さらにもう一歩早く危険から逃れることができるようになったのである。云わば、生存率を高めるための予知能力とテレパシーであり、両方とも備えていない〈サイコパス〉にとっては、どうしても手に入れたい、まさしく超能力なのだ。

サイコパスの刑罰

これらの知見から、〈サイコパス〉に必要なのは、刑罰ではなく治療であることが判ってくる。〈サイコパス〉は恐怖を感じないのだから、死刑になることをなんとも思わない。常に退屈しているので刑務所に入れられるとそのあいだは嫌がるが、出所するとまた自分が捕まるとは一切考えないため、なんの犯罪抑止効果もない。一生刑務所に入れておけるだけの罪を犯す〈サイコパス〉ばかりではないので、社会全体のためには治療が最善の方法である。

いまだに古い知識を元に〈サイコパス〉は治療不能と思い込んでいる諸氏がいるが、〈サイコパス〉研究は急速に進んでおり、最近ではある程度治療もできるようになっている。

そもそも、映画や小説の影響で、〈サイコパス〉を快楽殺人者と同じ意味で捉えることが多いが、すでに述べたように殺人を犯す〈サイコパス〉は極一部だけだ。ちなみに、殺人を犯す〈サイコパス〉は、幼児の頃に虐待やネグレクトを受けている場合が多いようだが、小さい頃からほとんど話しかけられることもなく家族に放置されていた誠策もこれに当てはまっている。ともかく、〈サイコパス〉とは、精神医学で科学的に定義された疾患である。病気は治すのが一番よい。

きちんと恐怖を感じるようになってこそ刑罰には意味があり、逆になにも感じないのであればそれは刑罰として成立していない。精神病の犯罪者には死刑や刑罰を科せずに病院に入れるという刑法システムは、この点からもよくできている。精神病者には刑罰を与えない、あるいは刑を軽くして死刑にしないというのは、なにも人権意識が発達した現代特有のものではなく、古代から世界各地で見られる制度である。人間は社会をうまく動かす〈間接互恵性〉の仕組みをよく理解していたのだ。

自らの〈道徳感情〉に突き動かされるままに、精神病患者でもなんでも死刑にしろと叫ぶ諸氏は、〈道徳感情〉がいったいなんのためどういったシステムを維持するために自分に備わっているのか、〈公平な観察者〉を通してもう一度自問してみることをお奨めする。サルの世界さえ、通常なら厳しく罰せられるようなことを知能に障害がある者がしても赦されるのである。

あきらかな統合失調症患者に刑罰を与えても意味はないと考える諸氏も、犯行声明を出して被害者や社会を嘲笑うような快楽殺人者には嫌悪感を抱いて、死刑にすべきと主張する人が多いだろう。しかし、〈サイコパス〉もまた精神疾患であることは頭の隅に留め置いていただきたい。〈サイコパス〉についてほんとうに判ってきたのはごく最近のことなので、いまはまだ法曹界の理解もほとんどないが、これからさらに研究が広まれば、刑罰上も統合失調症などと同じ扱いになるのではないかと思われる。

なお、正常な人間の〈サイコパス〉化には、刑罰も意味を持つのかもしれない。しかし、まず正常な人間も〈サイコパス〉化することがあるという仕組みを広く知らしめておかないと、刑罰によって社会の混乱を招く犯罪を防止する〈間接互恵性〉の役には立たないだろう。

さらに云うと、古代から世界中で、刑罰を与えるには本人の自白が必須だった。これも、精神病者には刑罰を与えないことと共通した、人間社会をうまく動かす〈間接互恵性〉の仕組みに由来しているのだろう。

単純に、誰が犯行を犯したかという因果の前提を確定させるためという理由も、もちろんある。しかし、このシステムが形骸化し、刑罰を与えるために拷問などにより無理やり自白をさせるという倒錯が起こってくることになる。一方で文字による記録や指紋などの科学技術の発達により、客観的データで真犯人かどうかを自白以上に確かに証明することができるようになったため、自白を〈間接互恵性〉運用システムから外すことも可能になってきたわけである。

だが、代わりに謝罪がことさら求められるようになったところを見ると、刑罰が因果応報を成り立たせるために本人の罪の自覚がやはり必要らしい。この点からも、罪の意識がまったくない〈サイコパス〉に刑罰を与えることは、なんの意味もないのである。

訓練の重要性

裁判官養成の正規プログラムとして、被告の立場を体験させることが必須だと、実際に歴史上起こった事件を基に前述した。そこでは、殴られるまでもなく心理的圧迫を加えられるだけでも、人間は己がやってもいない犯行を自白するものだという現実を、身をもって体験させることが、裁判官として最低限必要な資格だと説いた。しかし、被告の心理を知ることだけがこの訓練の期待される成果ではないのである。

被告、あるいは被疑者の立場に立つことによって、この章で縷々述べた如くの、取調官の〈認知バイアス〉や〈自己欺瞞〉、〈サイコパス〉化などを客観的に視ることが可能となるのだ。もちろん、これは裁判官だけではなく、警察官や検察官、できれば一般の陪審員にも受けさせねばならない基本的な訓練である。むしろ、陪審員制度採用以前もこのような最低限の訓練さえ受けていない基本的知識のない素人が、人を取り調べ、裁いていたことのほうが異常ではあった。

このような訓練が施されないまま、取り調べの可視化など、警察や裁判システムの小手先の変革を行っても冤罪は完全には無くならないだろう。まったく覚えのない罪で取り調べを受けて戸惑っている被疑者の映像を見て、この被疑者は嘘をついていると陪審員や裁判官が思い込む可能性は充分にある。また、密室で〈弱い人〉にさせられてしまった被疑者が、取調官に迎合してやってもいない罪を自白する姿を映像で見ることになるかもしれない。可視化自体は重要な情報を得るために最低限必要なことではあるが、その情報がすべてだと思い込むとマイナスにしか作用しないのである。

拷問や心理的圧迫を加えられて、やってもいない罪を自白するのは、身体的苦痛や脅しに怯えるからではない。人間の本性である〈間接互恵性〉の弱点を突かれて〈弱い人〉になってしまうからである。

辞職を強要された四人の最高裁判事も、ひとりで辞職勧告をはね除けたようでいてじつはバックで最高裁裁判官会議が支えていた三淵最高裁長官も、ほんとうにひとりだけで責め立てられていたらどうなっていたかは判らない。

このようなことは言葉で説明されても〈認知バイアス〉や〈自己欺瞞〉によって理解が難しく、自分が被害を受ける立場で体験するのが手っ取り早い。頭の中で考えるだけではなく、感情を強く刺激したことが四人の最高裁判事により深い理解をもたらしたのだろう。

それでも完全な克服は無理だろうが、〈公平な観察者〉を胸に宿す第一歩とはなる。そこで、自分は不完全であり、嘘を見抜く自分の能力も、因果関係をでっち上げる自分の推論も、被疑者の自白も当てにならないので、客観的証拠が重要だと気づき、客観的データを少しでも多く集めるようにすれば、徐々にだが完全へと近づくことができるのである。

アダム・スミスが、二五〇年前の『道徳感情論』で、すでに解き明かしていたことではあった。それは、冤罪を生む元兇ともなってしまう〈道徳感情〉を捨て去ることではない。〈道徳感情〉をより完全に近い、高次元なものに進化させるということなのである。

歴史を動かす〈道徳感情〉

冤罪だけではなく、いじめなどを撲滅するためにも、数百万年の進化が人間にもたらした誰かを罰したいと欲する〈道徳感情〉を前提に対策を考えなければならない。いじめる者を罰したいと思う心も、いじめをしている者の心も、まったく同じ〈道徳感情〉から発していると自覚することが必要なのだ。それどころか、〈道徳感情〉とは、およそ人間活動すべてに関わってくる極めてやっかいな存在なのである。

たとえば、大恐慌の真っ直中、アメリカでの行き過ぎた金融引き締めがその原因だと誰よりも早く喝破した経済学者グスタフ・カッセルは、さらになにゆえそんな莫迦げたことをしたのかを、金融政策当局者の心理からこのように解き明している。

「この連中は、投機という悪魔の所業に対する、偉大なる道徳の攻撃を加えるつもりで、すべての重要な資源を結集させたのである」（ニューヨーク・タイムズ一九三一年一一月一日）

金融引き締めによるデフレは、投機バブルで儲けたいかがわしい企業に正当な罰を下す。だが、こんなことを続ければ、健全な企業や銀行も巻き込まれて倒産し、経済全体を破壊することになる。多くの人々が失業して飢えと貧困に喘ぐという悲惨な状況を招く。しかし、道徳を重んじる厳格なピューリタンであるアメリカ金融当局者はそんなことを気にしない。たとえ大恐慌という破滅的な悲劇を繰り広げてもやり抜かなければならぬ。彼らは愚かにもそう考えていると、カッセルは嘆くのだ（ラルス・クリステンセン「政策当局者を蝕む二つの害毒～『デフレマニア』と『清算主義フィーバー』～」『経済学101』）。

一九三一年という極めて早い時期に、カッセルは大恐慌の根本原因が人間の〈道徳感情〉にあることを見抜いていたのである。むしろ、他者を罰するために自らも痛みを伴うコストを払うことに快感を覚える人間の〈道徳感情〉がここにも表れている。

なお、カッセルは頭の中の抽象的理論によって大恐慌の原因と対処法を考え出したわけではない。大恐慌の五年前、すでに北欧ではまったく同じ大不況が起きていたのだ。

第一次世界大戦終了後、デンマークとノルウェーは戦前の交換レートで金本位制に復帰するため大幅な金融引き締めを行い、デフレ不況で壊滅的な状況となった。スウェーデンも金本位制に復帰したものの、昔の交換レートには戻さず、金融引き締めは行わなかったので不況は起きなかった。いや、その時点で経済成長が止まって横這いとなったのだから充分不況と云えるのだが、奈落の底に突き落とされた二ヵ国と比べると天国のような状態だった。国家間による壮大なる比較実験の結果がすでに出ていたのだ（ラルス・クリステンセン「カッセルの敗北　～デンマークとノルウェーにおける一九二〇年代の金融政策の失敗～」『経済学101』）。

数年後、日本が第一次世界大戦前の交換レートで金本位制に復帰したため大恐慌に突入、金本位制を捨て大幅な金融緩和と財政出動により、世界で最初に大恐慌から抜け出した。この両面二段階の完璧な追試で、カッセルの正しさをさらに補強している。

スウェーデン人のカッセルは隣国の莫迦げた金融政策を非難したが、デンマークとノルウェーの金融当局者たちは、悲惨な現実を目の前にしても旧平価での金本位制復帰は正しいと云い張った。目の前の現実を犠牲にしてでも、金本位制などの幾何学的に美しい基準を追い求めたのだ。

数人の才知優れた学者にしか大恐慌の正体が見えていなかった一〇〇年近く前ばかりではなく、最近の世界的な金融危機やユーロ危機に対しても、カッセルが嘆くであろう経済学の基本に反するおかしな言説が、日本だけではなく世界中で相変わらず大きな力を持っている。これも誰かを罰したいと望む〈道徳感情〉から発していると見れば理解できる。

その大恐慌のために全体主義国家や戦争が起き、悲劇はさらに拡大することとなった。

格差が広がって〈道徳感情〉が強く刺激されると、頭の中で考え出した幾何学的に美しい計画に取り憑かれた〈システムの人〉が明らかに増えるらしいのである。人々を救おうとしたはずの美しい計画で図らずも地上のすべてを破壊し尽くすことにより、人々を不幸のどん底に突き落とし、結果的には格差を解消することにはなるのであるが、その代償はあまりにも大きい。人間の歴史は、じつはすべて〈道徳感情〉が突き動かしていたのである。

貨幣と〈道徳感情〉

〈サイコパス〉的経営者が一生掛かっても使い切れぬ途方もない報酬を得たがるのも、単純な金銭欲ではなく、〈評判〉を数値化して実感したいという欲求だろうという話を先にした。

紙幣や安い材質の硬貨などというそれ自体はなんの価値もない得体の知れない存在が、価値を持って流通し、不思議なほどうまく世の中を動かすのは、人間の本性を突き動かす〈間接互恵性〉と〈評判〉を具体化して実感できるようにしているからだと、ここから判る。黄金との交換なぞ保証せずとも、〈評判〉と交換できるのなら、いや個々人の感情がそう思えるのなら、人間にとって最大限の価値が発生するのである。いやいや、そうではなく、実際に流通しているのは〈評判〉だけであり、金銭はその見えない〈評判〉を包んで手に取れるようにした包装紙に過ぎないのだ。これがあるからこそ人類は絶滅せずに今日まで生き延びたという人間本性の根源として、その包み紙の中身が確かに実在しているのである。

王や政府が無節操に紙幣を刷ることを人々が非難し、金本位制というかにも客観的に見える基準を頑ななまでに守らせようとしたのも、自らの〈評判〉を勝手に増やすことに嫌悪感を覚える〈道徳感情〉から来ているのだろう。

しかし、その一方で人間は〈自己欺瞞〉により、実際の自分に相応しい分量よりも幾分か大目の〈評判〉を得なければ不満を持つ。そのため、発掘量が極めて少なく総量がほとんど増えない黄金を基準にすることで、〈評判〉の総量が抑えつけられていれば、すべての人間が不幸になってしまう。だがさらに、他人の〈自己欺瞞〉は不正だと考えるため、〈評判〉の総量が増えることを罰したいとも思う。このお互いぶつかり合う矛盾した感情が、経済を巡る悲劇の元凶である。

金本位制に戻したことで大恐慌の直撃を受け、再度金本位制を廃してインフレ策を取ることでいち早く大恐慌を脱し、しかしその現実を呑み込めずに一度頭に描いた幾何学的図式のまま自ら破滅に向かった日本の歴史は、こういう進化で形成された人間本性への齟齬という観点から観ると表面的な経済学や歴史学より踏み込んだ分析もできるようになる。

〈道徳感情〉と言語

さらに、こうして見ていくと、貨幣とは言語と同じようなものとして流通していることが判る。言語も、人々のあいだを運んでいるのは〈評判〉なのである。

現代も世界各地に存在する狩猟採集民は、のべつ幕無しにおしゃべりをしているが、その内容は仲間のうわさ話、要するにゴシップがほとんどである。そうやって互いの〈評判〉を交換し合い、〈間接互恵性〉を成り立たせている情報を常に最新のものにバージョンアップし、また間違った情報を正しく修正する作業をしているのだ。現代のマスコミが有名人のゴシップでほとんど埋め尽くされているのは、その名残だと考える進化心理学者もいる。

むしろ、こういう情報を交換するために言語というものが生み出されたと云ってもいい。ほかの生物ではまずあり得ない、人間だけが示す〈間接互恵性〉は、この進化によって初めて成立したのである。

アダム・スミスも言語が〈道徳感情〉の根幹であると考え、一見なんの関連もない言語の起源についての詳しい論文を、『道徳感情論』の最後に付録として添えている。最近はイギリス本国版でも、この付録を外して出版するようになっているようだが、肝心なところが理解されていない証左である。

かつての不備な手話教育により、善悪を判断する能力が得られなかったという話も、教育によって身に着ける抽象的価値観の問題ではなく、言語による〈評判〉の交換がうまくできなかったことと関係があると思われる。観念的に善悪が判っていたとしても、〈評判〉を気にしないのなら、どんな悪いことも平気でやってしまうだろう。

だが、戦前の不備な手話教育を受けた聾唖者には確かに窃盗などの犯罪を犯す者が多かったが、殺人となると極めて稀で、健常者よりも明らかに少ない。ここから、殺人にはまったく違う原理が働いていることが判る。

戦場で英雄になりたいという華々しいものから、莫迦にされたのでカッとしたという詰まらないものまで、殺人はむしろ自分の〈評判〉のために行われることが多いのだ。莫迦にされて黙っていれば〈評判〉が落ち、〈評判〉が落ちると自分にとって致命傷になると考えるからこそ、リスクやコストが大きいにも関わらず相手を殺そうとするのである。〈評判〉を気にしない者は、こんな無意味な殺人は犯さない。

同じ種を殺す動物は人間だけというコンラート・ローレンツが広めた一昔前の間違った

認識は、最新の動物行動学によって完全に否定されるようになった。しかし、動物が同種を殺すのはエサや縄張り、配偶者や群れ内の地位の獲得、あるいは〈血縁淘汰〉を有利にする目的の子殺しなど、直接的な利益のためである。〈評判〉などという間接的で観念的な代物のための殺し合いは観察されていない。そこには、やはり言語が関わってくるからだ。

人間の場合、金品を奪うための殺人は貧しい時代でも五パーセント程度に過ぎないと、すでにデータを示した。残りの九五パーセントのうち、動物と同じく〈血縁淘汰〉を有利にするための子殺しが数割を占める。それ以外はほとんどすべて、〈評判〉を得るための殺人と云っても過言ではない。

人間同士も財産や地位を争い、また女を奪い合って殺し合うことは多い。一見すると動物と同じように直接的な利益を得るための殺人のように思われる。しかし、よくよく観察してみると、このまま負けてしまっては面目がつぶれるという、結局は〈評判〉のための殺人であることが極めて多いのである。怨恨や復讐も、〈評判〉を取り戻すためという真の動機が隠されている。殺人そのものを楽しんでいるように見える快楽殺人者が、マスコミに犯行声明を出したりするのも世間の注目を浴びたいからであって、つまりは〈評判〉を得るために殺人を犯しているのである。

レイプ殺人も、騒がれて犯行がバレると困るという、〈評判〉が落ちることを恐れたものがほとんどだ。強盗殺人でさえ、殺すつもりはなかったが顔を見られたのでしかたなくという、〈評判〉のための犯行がじつは多いのである。動物もレイプやエサの強奪で強い抵抗にあったため相手を殺すことはあるが、世間にバレたら困るなどという〈評判〉を気にした罪悪感による殺害なぞはあり得ない。

動物より人間のほうが殺し合いが多いとしたら、それは言語を操るためなのだ。いや、言語を操るようになって、〈評判〉を何よりも大切にするという〈道徳感情〉が芽生えたからなのである。

誠策のように最初から殺すつもりの強盗殺人は、かなり例外的だ。第八章で終戦直後の静岡県に於ける最初から殺すつもりの事件をいくつか見たが、ほとんどは遊ぶ金欲しさで、貧しい時代だったというよりも、混乱のため〈評判〉の価値が一時的に失われ、いわゆる〈アプレ犯罪〉が増えたということだろう。ちなみに、終戦直後は強盗殺人が殺人全体の一六パーセントを超えたが、数年でまた五パーセント程度に落ち着いている。

その誠策にしても、金を奪うための殺人ではあるのだが、真の目的は学校に行って立派な人間になり、人々の〈評判〉を得るためだった。言語による〈評判〉の交換が欠落していたにも関わらず、九九を知らないのに自分で工夫した方法で見事に計算したというような天才的洞察能力によって〈評判〉の価値を見抜いていたからこそ、殺人を犯したのである。

なお、またもやしつこく何度でも注意喚起しておくが、これはあくまでも戦前の不備な手話教育を前提とした話であって、現在の発達した手話教育では善悪の判断も学べるようになっている。だからこそ、聾唖者は健常者よりも刑を軽減するという刑法第四十条は、一九九五年に削除されたのである。

〈間接互恵性〉と時間概念

貨幣や言語ばかりではない。人間は〈間接互恵性〉に適合するよう進化したため、因果関係という関連性に異常なこだわりを持って物事を見るようになり、〈時間〉という概念もそこから生まれたのだ。

人間の過去の行動に対する報酬や罰を与えるため、あるいは自分の未来に与えられる報酬や罰から現在の行動を選択するための因果の推測が必要ないなら、すべての事象を独立したランダムな出来事として捉え、前後が入れ替わっても問題がなくなり、〈時間〉なぞ消えてしまうだろう。これは現実に〈時間〉というものが実在するかどうかと直接は関係のない、人間の認識の問題である。〈時間〉概念ができたために、犯罪の容疑者となっても客観的に無実を証明できるようになったわけだが、しかし、そこでまた時計を操作してアリバイを崩そうという倒錯も生まれることになる。紅林警部補のトリックは、人間の〈間接互恵性〉システムに対する挑戦と云えるのである。

〈間接互恵性〉を成り立たせる報酬と罰を与えるための因果の推論は〈時間〉に密接しており、〈時間〉を崩せば因果を崩して〈間接互恵性〉システムを崩壊させ、人間社会を破壊する。冤罪を防がねばならない根本的な理由がここにある。

因果に囚われてしまうことによって人間は社会の数々の問題を引き起こしはするのだが、反対に因果がなければ人間社会は成り立たないのだ。

ちなみに、多くの人が推理小説に夢中になるのも、トリックによって錯誤が生じた因果関係を解きほぐし、無実の人間の刑罰を回避し、真犯人に刑罰を与えるという、人間の生存にとって最も重要なる〈間接互恵性〉システムを正常化するところにある。現実の犯罪や冤罪とは違い、疑問の余地無く解決することを含めて、何百万年の進化がもたらした全身全霊を揺さぶる快美が、そこに凝縮されているのだ。

「謎を探る」というのは、この人間同士の因果関係を解き明かすことが主であって、科学などは付随的なものに過ぎない。獲物を捕るため武器や戦略を練り、食べられるかどうかを判断するため科学技術も必要だったろう。しかし、それらは因果の推察だけではなく、いろいろやってみたらたまたまうまく行く方法が見つかったという試行錯誤でも可能である。

動物も仲間と協力したりする〈互恵的利他主義〉を持っているので、その範囲では因果関係を理解し、その範囲では〈時間〉概念もあるはずだ。良き行いをした者には報酬を与え、ズルをする者を罰したりするには、原因と結果という前後関係の理解が必須なのだから。

しかし、それはあくまで目の前で起きていることに限られる。人間のような言葉によって〈評判〉をやり取りする〈間接互恵性〉を持たないので、目に見えていないところで起きることは気にしない。そのため、昨日や明日という目の前になく見えない部分の〈時間〉概念はないし、因果の推察もしないのである。目の前で起きていることだけなら、推察など必要ないからだ。

そんな動物たちも、試行錯誤によって、獲物を捕るための戦略を練ったり、食べられる物と食べられない物とを見事に区別している。人間特有の因果推察や見えない〈時間〉概念は、別のところで威力を発揮するのだ。時間が絡む一回しか起きなかった特定の過去の因果関係は推察するしかないのであって、〈間接互恵性〉推察そのものである推理小説は科学よりも人間特有の謎解き本能の根幹に関わっているのである。

過去であるため隠された因果関係を解きほぐし、正しく賞罰を与える能力を有することは、人心を摑んで社会を統制する権力を握ることに直結している。内務省が刑事警察に力を入れるようになり、吉川澄一技師の異才を存分に発揮させた理由の一端がここにある。歴史の解明も同じく、人間の本質に絡む因果関係解きほぐしの欲望を満たすことと権力掌握の両方に関係している。過去の因果推察を正しく行う者は、未来への因果推察を託すに足ると多くの者が判断するのかもしれない。

しかし、過去の犯罪や歴史については、本書のように膨大なる紙幅を費やしながらも、やはり謎は残り、推理小説のように完全にすっきり解決することはないのではあるが。さらに、権力によって過去の犯罪や歴史の因果を支配者の都合のいいようにねじ曲げるという倒錯も起こってくるのであるが。

物語上の名探偵が多くの人々の心を摑み、時に崇敬の対象とさえなるのは何故なのか、〈間接互恵性〉と因果の推察、そして時間概念から見ると自ずと明らかとなるだろう。因果のもつれを解きほぐすとは、すなわち時間を支配することであり、己を取り囲む混沌とした世界を認識しやすくするために〈時間〉という概念を生み出した人間の心をも支配することになるのである。

『道徳感情論』の真のテーマは情報

なお、『道徳感情論』は、人間に共感能力があることから書き起こされているため、〈共感〉についての書だと誤解されている。しかし、よくよく読んでみれば、冤罪などという〈共感〉が失われる事態がなにゆえ起こるのだろう、という疑問が中心テーマであることが知れるのである。つまり、これは普通の人が陥る〈サイコパス〉化についての書であり、その〈サイコパス〉化をいかに克服するかを考察した書なのである。ちなみに、『道徳感情論』刊行時のイギリス思想界は、人間に共感能力があることを説くのが流行となっていて、それ自体は新機軸でもなんでもなかった。

自分は自分のことはよく知っているが、他人は自分のことをよく知らないという、情報の非対称性に冤罪の原因があるとアダム・スミスは考えた。その情報ギャップを埋めるために、〈公平な観察者〉という存在が必要であると説いたのである。

それは、自分ひとりが〈賢明な人〉になることだけが目的ではない。ひとりひとりが〈賢明な人〉になることによって、全体に完全な情報を行き渡らせ、目の前の現実を正しく受け止めることができる社会を構築することが最終的な目的である。

本書で、冤罪や歴史についてかなり細かく情報を集め、これまでの冤罪書や歴史書があらかじめ用意された図式的構図に合わせた一部の情報ばかりを取り上げた一面的なものであることを説いたのは、なにもその間違いをあげつらうためではない。冤罪について糾弾するような本さえ、冤罪を発生させる構造をそのまま表していることを示すためであった。歴史上の失敗を暴かんとする本でさえ、歴史上の失敗を発生させる構造をそのまま表していることを示すためであった。

現代は情報が洪水のようにあふれていると云われるが、じつは同じ情報がぐるぐる循環しているだけで、極めて乏しい言説しかないのである。人間は単純な図式的因果関係に囚われて、その美しい幾何学的認識に反することは、目の前の現実でさえ受け付けないために、このようなことが起こってしまうのだ。情報の蓄積こそが文明の基礎であるはずなのだが、まったく実行されていないのである。

冤罪の原因ともなってしまうこのような現象を乗り越えるため、網羅的な情報を掘り起こし、多様な言説があり得ることを示す。ここに本書の目的があった。

それは、『道徳感情論』のテーマでもあり、吉川澄一技師やシャーロック・ホームズが、真実に辿り着くために取った方法論でもあるのだ。

〈認知バイアス〉を克服する民主政治

これは冤罪だけに限らず、人間の営みすべての間違いに応用できる問題でもある。たとえば徐々に完全を目指す〈公平な観察者〉によく似た、民主主義などという時間も手間も掛かる非効率なシステムが、独裁や少数エリート支配という効率的なはずのシステムよりも結果的にうまくいくことが多いのは何故なのか。これまで見てきたように、人間の〈認知バイアス〉や〈サイコパス〉化、〈自己欺瞞〉を、〈公平な観察者〉のように時間の掛かる民主主義はある程度抑制することができるからだと判る。あくまで〈システムの人〉に陥りやすい独裁や少数エリート支配と比較しての話ではあるが、民主主義が何故かうまくいく秘密も、数百万年の歳月が形成した進化心理学的な人間の弱点を補って現在環境への適応度を上げるところに、その根本原理があったのだ。

昔の中国の皇帝が〈諫議大夫〉という役職を置き、常に自分に対する反対意見を述べさせたのも、〈認知バイアス〉による政治や戦争の失敗を避けて生き延びたいという欲求からだろう。現代の権力者にとっても、正しい情報を公開して、マスコミや国民に批判を浴びせられるほうが間違いを減らして成功する確率が増え、結局は得をするのである。

野党も政府に対して何でも反対して、その〈認知バイアス〉による失敗をできるだけ事前につぶしておくことが最大の責務である。たとえ内心では賛成していても、難癖にしか過ぎなくとも、とにかく何が何でも政府案の問題点を次々指摘しなければならない。

対案が政府案の〈認知バイアス〉を抉り出すこともたまにはあるが、ほとんどの場合はまったく別の〈認知バイアス〉を提示することにしかならない。野党に担わされた唯一の仕事の放棄になるので、選挙戦以外では対案なぞ絶対に出すべきではない。自らの重責を放棄しているだけではなく、人々の注意を対案の〈認知バイアス〉に向け、肝心の政府案の〈認知バイアス〉から目を逸らさせることにもなるので、国家や社会に致命的なダメージを与える可能性がある。

昭和初期に政党政治が混迷したのは、与党の政権運営が行き詰まると天皇（の威を借りた元老）が野党第一党に政権を移すという、〈憲政の常道〉と呼ばれた特殊なしきたりが元凶だった。与党内で首相が交代するのでは選挙で選ばれていない政権となるので、選挙で二番目の票を得ている野党第一党に渡すのが正しいという考え方である。そのため、野党は自分たちが政権を握ろうと、議会では政権運営の行き詰まりだけを狙うことになる。与党も常に〈玉砕主義〉で議会に臨み、妥協の成立しない、足の引っ張り合いの泥仕合だけが繰り返され、議会の本来の機能である〈認知バイアス〉の修正が行われなくなってしまった。

ただ、自らが国家の主導権を握りたいと狙っていた青年将校や少数政党の清瀬らによって、実際以上に〈政党政治の行き詰まり〉が喧伝された面も大きい。日本は大恐慌を克服していたのに貧民を救うためと称するテロやクーデターが横行したのと同じ、別の〈認知バイアス〉が事態をより深刻にしたのだ。与党の警察を使った選挙干渉があまりにひどかったため、この宣伝に信憑性を持たせてしまったのである。

政治だけではない。アセモグルとロビンソン『国家はなぜ衰退するのか』では多元的な制度を持っている国は経済的に発展し、一部の者だけが利益を独占する収奪的な制度の国は経済が停滞するとデータを示している。この書では何故そうなるかという原理まで解明されていないが、政治と同じだと思われる。一部の者だけが支配する国で発生する〈認知バイアス〉による経済的失敗を、民主的な制度そのものではなく、多方面の利益を調整する過程がある程度抑制するのだろう。

格差が広まると国家が危うくなるのも、犯罪や革命の気運が高まって秩序が乱れることだけではなく、一部の者だけの利害で国家運営が行われるようになって、〈認知バイアス〉克服が難しくなるところに原因があると思われる。人間が持つ〈道徳感情〉は、〈公平な観察者〉を備えることによって格差を無くして、国家の安定さえ保つことができるのである。それが結果的に個人の生存率をも高めることになるのだ。

〈因果〉も〈物語〉も断ち切る仏教思想と民主主義

このようなことは政治や経済だけの問題ではない。また人間の本性を正しく見抜いていた者は古くからいたのである。そこには宗教も関係してくる。

キリスト教が天動説にこだわり、正しい地動説を弾圧したのは、頭の中の図式的理解が目の前の現実をそのまま見ることを邪魔してしまうという、人間の本性の普遍的な問題なのである。このような錯誤は、なにも宗教だけではなく、自然科学でも社会科学でも起きうることだし、現に起きている。

そもそも、宗教も神秘主義も、頭の中の図式的理解を捨て、つまり人間の本性を乗り越えて、目の前の現実をありのままに見ることを目標としてはじまっているものだった。

たとえば、世界のすべての事象を、縦横に関連づけられた〈因果〉の織物として捉え、さらにはその〈因果〉を断ち切った〈悟り〉の境地に達してこそ真実は見えるようになるという仏教の思想がある。これは、たんなる観念的な言葉遊びではなく、進化の過程で人間に染みついた〈認知バイアス〉とその克服法に現実的な根拠があったのだ。最新の認知科学や進化心理学なぞ持ち出さなくとも、古来から人間本性の根源に気づいている賢者はいたのである。事象のひとつひとつをたんなる偶発的でランダムな出来事とは考えず、すべてが意味を持って連鎖する〈物語〉として捉えてしまう人間の本性が、真実を覆い隠す〈迷い〉を引き起こすことを知っていたのだ。

しかし、そんな志から出発したはずの宗教や神秘主義も、すぐに頭の中の図式的理解に凝り固まってしまい、反対に目の前の現実をありのまま見ることを邪魔する存在へとなり果てる。自然科学や社会科学も同様である。だからこそ、つねに自分は完全ではないことを自覚し、一歩ずつ前進する〈公平な観察者〉を胸に宿すことが重要なのだ。

しかも、その正しい俯瞰の眼を持っていた宗教家の賢者たちでさえ、〈悟り〉を開くには超人的な修行を必要とする。その上に、たとえ厳しい修行を一生積んだとして、実際にその境地に達した者が果たして人類史上に何人いたのかは、いささか心許ないところがある。ましてや、我々凡人にはどう足掻いても無理であろう。

ところが、その凡人が何百万人、何千万人か集まってわいわい云い合っているだけで、完全ではないにしても、ある程度は〈認知バイアス〉を克服、ブッダの境地に一歩でも近づけるのは驚くべきことである。妥協の産物で一本筋の通った思想が無い民主主義政治は、〈因果〉も〈物語〉も断ち切って事象をバラバラにしてしまうことそのものが正しい方向へと導くのかもしれない。あくまでも、美しく胸躍る〈物語〉で人々を先導する独裁者や革命家がもたらす悲惨な結末と比べたら、こちらのほうが幾分かはマシだという比較の問題なのだが。

修験者が激しい修行や断食、あるいはドラッグで肉体や精神を追い込んでまともな思考能力を失わせることによって〈因果〉を断ち切り〈悟り〉を開くとしたら、〈三人寄れば文殊の知恵〉というのは、知恵が三倍で賢者になるのではなく、個々人の〈因果〉や〈物語〉を三分の一ずつに分断し、筋の通った思考ができない阿呆にすることによって〈認知バイアス〉を克服、正しい道に進むことを促すのかもしれないのである。同じ考えの者が何人寄ってもこんなことは起きないので、多角的な意見が必要になるわけだ。

宗教や神秘主義が、すぐに頭の中の図式的理解に凝り固まってしまうのも、人々を同じ思考に追いやってしまうからだろう。これが、いわゆる〈カルト〉宗教である。〈サイコパス〉である教祖が、最初から金や権力、つまりは〈評判〉を得るために宗教を装っていることも多い。真面目すぎるために、正しい道はひとつしかないと思い詰めて〈カルト〉思考に陥る場合もある。幾何学的で美しい世界観を基にした終末論などの〈計画〉が破綻すれば、無理やりに〈計画〉を達成するためテロや集団自殺を起こすことにもなる。

自然科学や社会科学も、往々にして同じ間違いに踏み込んでしまうが、互いの批判によって是正する仕組みもそれなりにあるので軌道修正することができる。民主制も同様である。

〈衆愚政治〉という言葉は、ひとりの先導でみんなが一方向に突き進んでしまう状況と、みんながバラバラの方向を向いて何も決めることができない状況という、対極を指すことがあるようだが、破滅を避けるには真に〈愚か〉なのはどちらなのか、改めて考えてみる必要がある。とくに、国家のような万が一にも失敗が赦されない巨大組織を運営する場合に於いて。

一方で、頭の中の図式を断ち切るだけではなく、正しい情報を集めることも重要な要素ではあるのだが。地動説も、精密で膨大なる観測データの蓄積があってこそ生み出されたものだった。

筋の通った思考ができない阿呆になることと、正確な情報を元に判断することは一見すると対極のように感じるが、人間が頭の中で勝手に組み立ててしまう間違った思考を排除するという点ではまったく同じなのである。〈認知バイアス〉克服のための最善の方法は、人間に考えさせないことにあるのだ。もっとも、考えないというのは、美しい幾何学的な図式を頭の中で組み立てることをやめて目の前の現実をありのまま見るということなので、結果的には正確な情報を元に判断することになるのだが。

しかしやはり、一本筋の通った思想が無い妥協の産物である民主主義政治を精神の堕落と感じ、美しい幾何学的な構図を持つ革命思想を振りかざす者がまたもや世の中を混乱させることにもなってしまうのである。格差が広がって〈道徳感情〉が強く刺激される時代には、右翼も左翼もそんな美しい物語を語る者が人気を博すことになる。どのようにしても、人間は〈因果〉の軛から逃れられないからだ。〈間接互恵性〉によって人の行動に罰や報酬を与えるため、いくつもの連鎖を遡って推測しようとする人間の根源的な性質がそうさせるのである。

ブッダが偉大だったのは、個人としてこれを克服する方法を編み出しただけではなく、集団としても克服する方法をすでに説いているところにある。

ある時、マガダ国王がヴァッジ族を征服しようと考え、ブッダに助言を請うた。それに対してブッダは、大勢の人々が集まる集会をたびたび開き、また老人の言葉をよく聞いているヴァッジ族は強力であり戦争で滅ぼすことは無理だと答えた。さらに、教団を衰亡させないためにも、大勢の人々が集まる集会で物事を決め、老人の言葉をよく聞くことが大切だと弟子たちに説いている。二五〇〇年前ブッダはすでに、民主主義と過去の成功と失敗の情報が〈認知バイアス〉による間違いを克服するので、集団の繁栄のために必須と考えていたのである。

老人が必ずしも過去の情報を正しく覚えているとは限らないことは本書でたびたび証明してきたが、文字による記録がほとんど存在しないブッダの時代のインドではほかに頼るべきものがなかった。また、文字による記録が無く、口承によってすべてを伝えてた時代の老人は、いまの堕落した老人よりも過去の情報を正しく覚えていたのだろう。文字によって記憶を外部化して膨大なる情報を蓄積しても、それを参照しなければ宝の持ち腐れである。さらには、情報をまとめた書物が〈認知バイアス〉による物語にまみれた産物で、却って物事を見えなくしていることも、本書でたびたび証明してきた。誰かがまとめた本などというものは信用せず、つねに原典の情報を、目の前の現実を参照しなければならないのである。

なお、マガダ王国はブッダの的確な忠告により無謀な戦争を一度は避けられたが、いつでもどこでもブッダがいるわけではないので、そのマガダ王国を含めて歴史上ほとんどの国家は間違いを犯して滅んでいった。しかし、現代の国家はブッダの忠告にも勝る、間違い回避の装置を得たのである。憲法がそれである。

憲法は本来、権力者の力を制限して国家を構成する人々の平等を護るためのものだったのだが、結果的に権力者の〈認知バイアス〉による失敗を抑えることにもなった。だからこそ、的確な憲法がある国家は強くなって生き残ることができ、自らを縛る権力者にとって不自由この上ないはずの憲法というものが次第に世界中に広まったのである。まさしく、国家という巨大組織が出現した現代環境に適応するための進化の一環として、数千年の熾烈な自然淘汰によって憲法なるものが発達したのだ。憲法を改正する場合は、なによりもまず、この〈認知バイアス〉による失敗を回避して国家と国民を護り、そのため結局は権力者自身をも護るために存在するという、憲法の意味を肝に銘じておかなくてはならないのである。この根本原理を忘れた国家は淘汰されることになるだろう。

憲法の役割を正確に見抜いていたバーク

エドマンド・バークが立憲君主制こそ最高の政体であると主張したのは、君主と議会がお互い牽制し合うためにそれぞれの暴走を抑制できるからで、君主を支持していたからではない。絶対民主制は絶対君主制と同じく大混乱と破滅を引き起こすので、議会も君主も単独で自分の思う通りの政治を行ってはいけないと考えていた。そういう意味で、政治に介入しようとしなかった昭和天皇は、立憲君主の責務を果たしていなかったのだ。

明治大正期は天皇の威を借りた元老と議会が激しく対立したため、お互いの暴走を抑えていた。しかし、昭和になって元老が力を失い、昭和天皇が職務を放棄したため抑止力がなくなって、大混乱を招くことになる。これは、天皇の威を借りた元老たちが自分たちの思うままに国政を動かせるように制定したため、天皇だけが唯一の抑止力となっていた帝国憲法の欠陥によるものでもある。

なお、バークは民主制を否定していたと誤ったことを云う者もいるが、バークが否定したのはあくまでも絶対民主制である。バークは著書でその定義を明確にしているが、フランス革命時のように適切な憲法の縛りもなく、独立した裁判所のチェックもなく、民衆に選ばれた政府が無制限になんでもできる政治体制のことだ。逆に云うと、適切な憲法の縛りと独立した裁判所のチェックさえあれば、なんとかなると見ていたのである。さらにその上で、君主と議会の相互チェックがあれば完璧だとは云っているが。

民主制では民衆が最大の権力者であり、憲法はその権力者を縛るものである。フランス革命だけではなく、現代のポピュリズム政治でも、民衆に選ばれた政府が無制限になんでもできるように、まず憲法と裁判所を自分たちの都合のいいように変えようとすることから、反対にその重要性が判る。

バークは憲法を絶対君主を縛るためのものだけではなく、絶対民主制を縛るためにも重要だと考えていた。〈認知バイアス〉による〈システムの人〉の暴走を抑える憲法の役割を、最初期から正確に見抜いていたのだった。

裁判と〈認知バイアス〉克服

裁判もまた同様に、〈認知バイアス〉克服のためのシステムであるのだ。裁判官や検察官、警察官を、被告や被疑者の立場に置く訓練が有効な根拠もここにある。任官するときだけではなく、毎年でも、できれば毎日でもこのような訓練を受けさせるべきなのだ。法廷での弁護士の役割も、検事に何が何でも反対するところにある。野党が政府に何でも反対したり、弁護士が無理な難癖で検事の主張を崩そうとすることを非難する者は、数百万年の歳月が形成した人間の弱点を克服して生き延びる唯一の方法を理解していないだけなのだ。清瀬の〈五・一五事件〉弁論の如く、壮大なる物語による別の〈認知バイアス〉に満ちた対案では、ときに大きな禍根を残すことにもなるが。

進化心理学の知見を基にした進化政治学や、過去に何故間違いが起こったのかを正しく検証するための進化歴史学を確立して普及させ、このような初歩的な無理解を払拭しておく必要がある。

たとえば、本書も、紅林麻雄、中村誠策、吉川澄一、清瀬一郎、古畑種基などなど特異なる登場人物たちの思考や行動を読み取ろうとして錯綜した迷宮を彷徨ったあげく、図らずもその一翼を担うことになってしまったのである。もっとも、そんな最新科学を持ち出さずとも、すでに『道徳感情論』で完璧に説かれていることではあったのだが。〈認知バイアス〉などの進化心理学的な人間の弱点を克服するには、政府と野党、検事と弁護士のような二項対立だけでは充分ではない。さらに多角的な視点が求められる。陪審員制度もそのような効果を期待して導入されている。

それらが正しく機能するためには、正しい情報を集めて、多様な見方を常に確保しなくてはならない。それが失われたときに、悲劇は起きてしまう。『道徳感情論』は見事にすべてを解き明していたのである。

理論を超越する人物

しかしまた、そんな諸々の理論も超越したかのように見える、類いまれなる刮目すべき人物も存在する。何も考えずにやすやすと壁を飛び越える者もいれば、業火に灼かれながらもそうせずにはおられなかった者もいることだろう。

そしてまた、進化論と『道徳感情論』は、人間は他の生物とは違って、血縁以外のものも後世に残すようになったことを示してくれているのである。もう一方の特異なる人物、山崎兵八氏。最終章ではいよいよ彼が何を残したのかを探ることとなる。

14 「死んでも残るアホーだからだ」山崎兵八の遺言

面白すぎる記録

山崎兵八(ひょうはち)氏が渾身の力を込めて後世に書き遺した『現場刑事の告発』の唯一の難点は、文章がうますぎて面白すぎることである。とにかく、冒頭はこんな風にはじまっているのだ。なお、表記は原文のままだが、人名は伏せ字とする。

暗闇の中、青白い閃光がピカッと走った。ドスだ、九寸五分の匕首（あいくち）だ。ハッとして眼が覚めた。夢か。寒い明け方の冷えで全身が冷たくなっていた。いやな夢だ。何もなければよいが…今日は正月七日だ。昨日まで何もなかったのだから、もう何もおこるまい。こんなせまい町だ。血なまぐさい事件などおこるはずはないのだ。自分にそう言い聞かせ、ウツラウツラしながら、夜の明けるのを待った。

そのとき階下の事務室で電話のベルがはげしく鳴りだした。一般電話だ。警察電話だとジージーと鳴るだけである。こんな朝早くからなんだろう。事件かもしれない。時計を見ると五時四〇分だった。当直は眠りこんでいるのか、事務室はシーンと静まりかえっている。ベルは鳴りつづけた。やっと当直が起きだしてきてドタドタと交換室へ行ったようだ。これは事件だな、と直感して跳び起き、手早く身支度をする。

「ナニッ、人が死んでいるって、〇〇の家で四人死んでるって…」

この夢の話はたんなる出だしのつかみだけではなく意味付けがされており、構成も凝っている。この後に現場に駆け付けた話が一通り展開され、そして、前日の回想となる。十二月分の犯罪統計を県本部に提出するため、女子事務員ふたりと朝から作業してやっと終えた時。

「山崎さん、芝居見物に連れていってよ」と言い出した。こんな寒い晩に芝居など見たってしょうがない、と断ったが、二人は「ねえねえ、連れていって…」と流し目でつめ寄って来たので、仕方なく行く事にして、六時頃出掛けた。

妻子持ちの中年山崎刑事が女の子にモテるわけではなくて、警察官で芝居小屋に顔の利く彼と一緒に行けばタダで入ることができるということだ。この時代の警察と興行主との関係や、占領期の様子が判る描写が続く。

芝居は何かやくざの出入りのようだった。二幕目がドスを右手にかざしたやくざが、大見得を切って、切りつける場面だった。

「こりゃ本物だな」と桟敷からじっとそのドスを見た。マッカーサー指令で、こうした芝居の道具も、本物は使うことは出来ないのだが、芝居効果を出すために、ほとんどの役者は本物を使っていた。まあいいだろうと、私は気にもとめなかった。

芝居小屋はあまりに寒く、二幕目が終わったところで山崎刑事は女の子ふたりを置いて帰ることにした。途中、芝居小屋と同じ並びにある被害者宅の前を通ったが、カーテンから電灯の明かりが漏れ、ラジオの歌謡曲が聞こえた。寝泊まりしていた署に帰ると時計は九時を指していたので、前述の山崎刑事の推理からすると犯行の直前か直後に通ったことになる。

夢で見た匕首の青白い光りは、この芝居のせいだったのだ。芝居で見た匕首が現実となって、〇〇（※主人）を刺し、〇〇さん（※妻）等を殺した。まさかあの匕首が〇〇や〇〇を殺すはずはない。芝居に使われた匕首が殺人に使われたとは思われない。使われるはずもない。しかし、現実に殺されているのである。現実と夢と現実。しかも犯行時間帯の中で、私はその犯行現場の前にいたことになる。硝子戸を、隔てた家の中で、惨劇は行われていたのだ。歌謡曲のメロディーの中で四人の人が殺されていたのだ。

人命を守るべき職務にある私の目の前で、四人の人は死んで行った。私はこの事実を少しも知らなかった。硝子戸一枚を境にして、地獄絵巻がそこには繰り広げられていたのに、知らぬは仏ばかりなりとはこのことか。

山崎兵八氏の内面の話なので、本当にこんな夢を見たのかどうかを詮索しても意味はないが、それよりも登場人物たちがそれぞれ臨場感のあるセリフをしゃべることが引っかかる。

事件発生から本の出版まで四七年。いくらなんでもそんな昔の会話を一字一句覚えてはいないであろうから、これは執筆時に考えた創作なのだろう。そうなると記録としてはいささか問題がある。

止まってしまった時計

ところが、山崎氏は昭和五〇年、つまり事件発生から二十五年後に〈島田事件〉支援グループの会合で〈二俣事件〉について語っている。その録音テープを鈴木昂氏が保管されていたので聴かせていただいたのだが、本と同じような内容のセリフを登場人物たちがそれぞれにしゃべる講談調である。

「こういう会合にも出たこともなし、話なんちゅうこともしたことも後にも先にもございませんので、まとまりがつくやらつかんやら判りません」

と切り出しつつ、なんと四時間も途切れることなくひとりで滔々(とうとう)と淀みなく語り続け、何十人もの関係者の名前がすらすら出てきて、日付や年齢までも含めて極めて正確で、その場での口から出任せではなく記憶を元にしていることを確信させる内容である。

『現場刑事の告発』はこの話をまとめただけと云ってよい。さすがにセリフ廻しの細かい端々は違っているのだが、内容的に相違はなく、ともかく本の執筆時の創作ではないことは裏付けられた。

自らが悲惨な目に遭った深刻な話でありながら、人情味あふれる語り口の面白さで、真面目な冤罪支援者たちにちょくちょく笑いの波を起こさせる。六十人の聴衆を長時間まったく飽きさせることのないその巧みな話術から、本の文章は山崎氏本人のものであることもはっきりした。

あまりにうますぎて素人とは思えないほど読ませるので、編集者の手が入っているのではないかと疑っていたのだ。娘の澄子さんに確認すると、脳梗塞の後遺症から同じことを何度も繰り返す部分を切った以外はまったく手を入れていないという。

ちなみに、彼が拷問を告発した時、二俣署長は山崎氏が変人であることを強調するため、小説を書いていたと法廷で証言している。

「小説の内容は被害者の妻と恋仲であったコックが失恋して外国へ行き、久しぶりに帰国すると昔の恋人が他の男と仲よく暮しているので嫉妬の余り殺したという筋書きで、今回の事件を勝手に想像して全署員に見せて回った」（静岡新聞昭和二五年一二月一七日〔山崎巡査は変人　署長、二俣事件で証言〕）

このように元々文才があったようだ。残念ながら、自宅の全焼により、これらの古い原稿はすべて失われてしまった。

晩年に執筆した本では一部だけ人名を間違えており、これで却って執筆時にテープを聴いていないことが判る。少なくとも二十二年前にメモもなく四時間しゃべった内容をそのまま書き留める正確な記憶力がある証明ともなり、半世紀前の事件についても記憶は正確だと断じてよいだろう。

細かい言葉遣いなどはともかく、『現場刑事の告発』という本は、当事者の記録として信用できる。

三島由紀夫が〈二・二六事件〉生き残りの末松太平大尉について、逢って話をしてみると何十年も経っているのに事件当日までの記憶は何から何まで精密で、事件以降のことは曖昧模糊としているとして、「ほんとにみごとだ。あんな時計がとまった人というのは見たことがない」と決定的な体験をした人物に驚嘆する発言をしているが、山崎兵八という人物にもそれと同じ驚きを感じざるを得ない。

山崎氏にとって一生を懸けた〈二俣事件〉は、人生のすべてであった。現場に残されし傾いて止まった時計の如く、決定的な体験によって山崎兵八の時計もそこで止まってしまったのだ。

人が変わってしまった

しかし、その『現場刑事の告発』が不思議なのは、自分が偽証罪で逮捕されて精神鑑定をされる場面で終わっていることで、中途半端な印象を受ける。これから少年が無罪となって己の正義が証明されるはずなのに、一番辛いところで切れている。

澄子さんによるとこの後のことは一切書かず、代わりに警官になったばかりの若い頃の回想録「山崎巡査奮闘記」を執筆していたという。この手記も『現場刑事の告発』に併せて収録されている。

改めて考えてみると、警察をクビになる直前までを書いているわけで、警察官であることに誇りを持っていた山崎氏にとって、警察を辞めたあとの自分は自分ではないという意識があったのかもしれない。

実際に、優しかった父親が、警察を辞めてからは怒りっぽくなり人が変わってしまったという。突然、洗面器に水を汲んで奥さんにぶっかけたり、気が荒くなり、ほんとに頭がおかしくなったのではないかと幼い澄子さんも思うほどだった。

テープでは警官でなくなったあとの話もあり、署長や検事などへの復讐を考えたと語っている。

「野郎ども、偽証罪で逮捕して気違いにまでした。もぉおお怒り心頭に発するなんて、てぇー野郎ども署長の家に夜中に自転車で行って火を付けてひっくり返してやりたいほどの、あらゆることを想像を逞しくして、復讐というあれをやろうっ、もお復讐の念に駆られて、もぉお、いてもたってもいられない。仕事に疲れてねぇ、夜、ああこれもう、ふっと眼が開く。眼が開くというともぉお二俣事件の想いが悔しいぃぃ野郎どもに復讐したいという、朝まで眠れん。眠れんとちゅうとまた明日の仕事に差し支える。なんとかこう野郎どもの、こう、復讐するっていう復讐心を私の脳裏から捨て去らにゃ安眠ができない。なんとかしてこの復讐の妄念を去りたいと思うけども、去るわけにはいかんですよ」

聴衆へのサービス精神あふれる独特のユーモアを滲ませた話芸のため、この復讐心の劫火に我が身が灼かれる生き地獄の如き場面でさえ、真面目な冤罪支援者集会は自然な笑いに包まれている。しかし、山崎氏は必死だった。復讐の念を捨て去るため、仏教からキリスト教、天理教や創価学会などの新興宗教まで片っ端から入信して教典を読んでいる。

「いろいろなあれを読んで宗教ってもんを研究をして、結論として私にどぉおしても納得できない。お釈迦さんの云うことでも納得できない。そんなもんじゃあもおぉ」

少年は無罪となってわずかながらの国家賠償も受けたが、山崎氏の名誉回復は、のちに最高裁判事となる大塚喜一郎など有力弁護士たちの尽力にも関わらずうやむやのまま決着を見ず、精神異常の刻印は消されることなく、警察への復職も叶わなかった。

日弁連から警察庁への要請だけでは埒が明かず、本格的な名誉回復裁判を準備しているときに自宅の放火事件が起きてしまった。幼い次男が警察に厳しく追及され、家族を護るためには警察とこれ以上対立するのは無理と判断したらしく、裁判を断念することになる。ここで名誉回復の道は絶たれたのだった。彼にとって事件は一生終わらなかったのだ。

精神鑑定の問題

警察を辞めさせられたのは、内部告発よりも、「妄想性痴呆症」という精神鑑定が出たことが決定的だった。

山崎刑事は浜松で逮捕されたが、名古屋に移送され、名古屋大学の乾憲男教授の精神鑑定を受けさせられる。教授は「二俣事件のことを話してもらいたい」と妙なことを云う。犯人であれば精神鑑定に事件内容が関わってくるだろうが、山崎刑事には関係ないはずである。

署長の証言との食い違いから精神病者にしようとしているのではないかと思って拒否したが、事件のことを話さないと鑑定ができないとあくまで教授は云い張る。

「真実の証言をここに開陳することによって、私が精神病者だと診断されることのほうが、後世二俣事件が正しく解釈されたとき、私の主張は正しいことが判明するし、そして、正とが判明する」

しい人間が国家権力によって、不正に曲げられて、精神病者という名の元に、葬られたこ

山崎刑事は、そこまで考えてから話すことにしたという。その結果、

「この者を今ただちに社会に出すことは、非常に危険を伴うから、隔離監禁の処置が必要である」

という付記まで付いた鑑定書が作成された。それを元に、偽証罪の取り調べはまったくないまま、三十三日間留置されることになったのである。

そして、事件そのものは冤罪が確定したのに、山崎氏の鑑定が覆ることはなかった。これは一九九〇年に幼女がレイプ殺害された〈足利事件〉で、菅家利和氏が犯罪精神医学者の福島章教授に「代償性小児性愛者」であり、本件犯行は「小児性愛を動機として行われたもの」という精神鑑定書を提出され、誤ったDNA鑑定とともに採用されて無期懲役が確定し、再審で冤罪が晴れたのちも精神鑑定書は破棄されずにいまだ残っていることとぴったり重なっている。

また、山崎氏の場合は弁護士たちの依頼によって東大教授が山崎氏は正常であるという鑑定を行ったものの、乾憲男博士の精神鑑定を直接批判した精神医学者はひとりもおらず、現代に福島章教授の精神鑑定を直接批判する精神医学者がひとりも現れないこととも通底

している。どうも精神医学者という人々には、真実を追究する科学者としても、山崎氏のような正義を追求する人間としても、基本的な精神が存在しないらしいのである。

相互の批判と高め合いがない分野は科学とは呼べず、その点、精神医学者自身に自分のやっていることは科学なんかではないという確固たる自負があるからこそ批判をしないのではないかと思われる。

私は不幸ではなかった

さて、宗教に頼ったがうまくいかなかったという、山崎氏のテープの話には続きがある。検事や署長への復讐心や妄執というものを忘れるにはどうしたらいいか、ひたすら考えた。そうして、五年前にはこう思えるようになったと云うのだ。

「太田検事なんか気の毒であった。鈴木署長なんか二俣の町を天下堂々として歩けない。私は胸を張って歩ける。ということはあの衆のおかげであると、徐々に自分で思うようになった」

「あの衆」の部分はよく聞き取れないので、違う言葉かもしれない。ともかく、事件から二〇年間は毎晩眠れないほど苦悩に苛まれたが、57歳になってようやく心のわだかまりが溶けてきたというのである。

「こう思うようになってみると、なんだか明るくなってね。そうなるとね、神経痛で足痛いのもだんだん治ってくる。そうなると銭に困って借金でぴーぴー云ってたのも、こうまぁ、あれしてくる」

子供らも一流企業に就職ができ、自分も危険物とボイラー試験も受かって新しい仕事もうまくいって勤め先で頼りにされるようになったとまで語るのである。

宗教は役に立たなかったと云ったすぐあとに、こんないかがわしい新興宗教的な話を披露して、会場を笑いで包むのが山崎氏らしいところだ。もっとも、それまで経済的にかなり苦しかったのが、仕事が軌道に乗って金銭的にも楽になり、そのため逆に怨みも薄らいだということはあるのだろう。

「結論として、私は不幸ではなかった。しあわせであったなあと思ってるわけです」

四時間の独演会というのは尋常な長さではない。初めて人前で話すという62歳の山崎兵八氏はそれをこの言葉で締め括り、拍手で幕を引いた。

しかし、このセリフはそれまでの名人芸とも云える巧みな話術とは違う、取って付けたような、一言一言自分自身に押しつけ云い聞かせるようなセリフ廻しではあった。長時間大いに沸かせた会場の拍手も、心なしか寂しいところがあった。

妄執を捨て去ることができたのか

二〇〇一年八月一九日に87歳でこの世を去ったが、果たして彼はどのような境地に達していたのか。

一九八九年に、静岡新聞の事件記者だった小笠原康晴氏が、〈島田事件〉についての話を訊くため、支援者のひとりである山崎氏を訪ねている。取材目的はあくまでも再審の真っ最中で注目を浴びていた〈島田事件〉なのだが、山崎氏はやはり〈二俣事件〉について語った。

自分が冤罪を告発したために「妄想性痴呆症」というレッテルを貼られたことに依然として強い憤りを持っているようで、何度もそのことを繰り返す。基本は淡々と語っていたが、時に言葉が激するようなところもあったという。

〈二俣事件〉の真犯人だと推理した男の話も相変わらずに披露したが、小笠原氏は「二俣は終わった話、今、ホットなのは〈島田事件〉」という新聞記者らしい発想でそのまま聞き流してしまった。地元新聞社のあいだでは「ちょっとおかしい人」という評価が定着してしまっていたせいでもある。

講演会で四時間もぶっ通しでしゃべり続けたように、一度話しはじめると止まらない性癖だったので、変わった人だという印象を与えるのは否めない。これは事件の影響というわけではなく、元からこういう人だったらしい。娘の澄子さんも話しはじめると止まらないので、親子の血のつながりを感じさせる。女性なら別段めずらしくはなく、気にもされないだろうが、男でここまでおしゃべりだと多少奇異な印象を持たれて損をすることもあるだろう。

小笠原記者が〈二俣事件〉についてまともに取り合わなかったのは、「やはり、ちょっとエキセントリックな人かな」という印象を持ったせいでもあった。しゃべり方だけではなく、端々に怒りを滲ませ、「真犯人」などについて語るのだから、拒否反応が起こるのも無理もないところがある。山崎氏の「妄執」には、マスコミが自分の話をまともに聞いてくれないということも大きく影を落としていたのではないかと思われる。

この取材の九年後に出した『現場刑事の告発』は、娘さんの薦めもあったが、やはり人々に自分の話を聞いてもらいたい、記録として残しておきたいという想いもあっただろう。

その本では、客観的で冷静な筆致で書き進められている。しかし、自身の逮捕からまったく様相が変わってくる。激しい調子で復讐心や妄執が垣間見えるのだ。

もちろん、この時点では二十年後の悟りの境地には程遠いのだからそれは当然だが、精神鑑定のあと、刑務所で原因不明の激痛に襲われ、それがようやく去ったという中途半端な処で、『現場刑事の告発』は終わっているのである。それ以降は書けなかったのだ。

妄執をほんとうに捨て去ることができたのかは、かなり疑問がある。山崎兵八氏の受けた傷は、事件後半世紀を経てもまだ癒えることはなく、彼を苛み続けたほどにあまりにも深かったのだ。

残るはずだ

晩年に残された自筆の書を澄子さんに見せていただいたが、「唯我独尊」などの文字も山崎氏の手になると非常に説得力があって胸を打たれる。そんな中でも、亡くなる六ヶ月前の日付のある次の言葉は辞世の句と云っていいだろう。

山崎兵八　死んでも残る　残る残るハズだよ　アホーだからだ

赤の他人のために正しいことをやりながらも栄光を手にすることもなく、それは阿呆の悲惨な一生だったと云えるかもしれない。しかし、敗れ去りながらも抗い続けて時代に己の爪痕を残そうとし、そして執念とともにそれは確かに残ったのだ。一端なりと感じ取っていただければ幸いである。

さて、一冊の本との邂逅からはじまった本書であるが、最後までそこに記された有力容疑者には触れなかった。その人物が真犯人かどうかなどいまさら確かめるすべとてないし、すでに時効は過ぎている。直接の関係者もみな亡くなっている。詮索にはまったく意味がない。

この入手難の本を手にすることのある諸氏は、願わくばそこに記されている人の名前をいたずらに流布したりすることなく、ただそこに刻まれし山崎氏の執念だけを読み取ってもらいたい。山崎兵八氏が残そうとしたものは、真犯人が誰であるかなどという時の波に洗われたればさしたる意味もない些事ではなく、人が時代に生きたという証（あかし）のみであるはずなのだから。

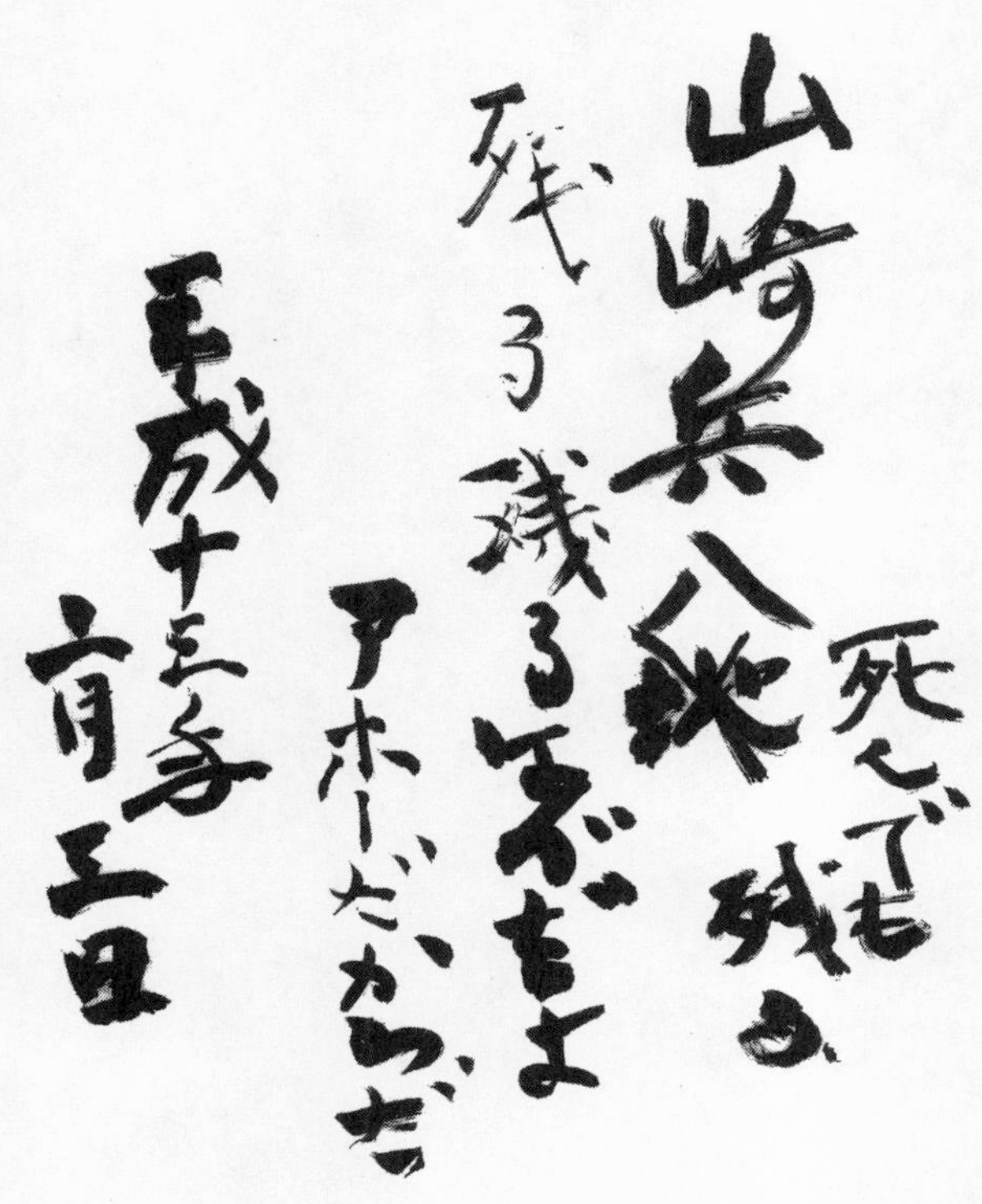
死んでも残る
山崎兵八
アホーだからだ
平成十三年

単行本版あとがき

〈二俣事件〉というあるひとつの冤罪事件について書くつもりが、冤罪すべての根本原因を解き明かし、さらには冤罪や殺人だけではなく、大恐慌や戦争、テロや革命に至る人間の歴史を動かす原理がじつは〈道徳感情〉であるなどという、その悲劇の克服法までをも含めた人間の本性についての壮大なる統一理論を展開する羽目になってしまいました。

もともとは、山崎兵八という類い希なる人物に感動して書きはじめたものであって、彼の生き様だけに絞った人情物にしておけばこの本も何倍と売れて山崎氏の姿をもっと多くの方々に知らしめることになったであろうと思えば、どうにもままならぬ成り行きでありまして、我が事ながらただただ呆れ返るばかりではあります。

しかし、思えば、山崎兵八という人物に辿り着いた経緯もまた思いも寄らない顚末ではありました。少年犯罪はおろか犯罪にも冤罪にもまったく興味のなかった当方が、何の因果かただ昔のことを調べることが多少得意というだけで〈少年犯罪データベース〉なんぞをはじめることとなりまして、その流れから史上最大の少年犯罪である〈浜松事件〉解明の依頼を受け、紅林刑事つながりから〈二俣事件〉について調べはじめたわけです。

そこで山崎氏の著作『現場刑事の告発　二俣事件の真相』を識ったとき、この書について触れているものは、マスコミでは一切無く、ウェブ上でも、犯罪や死刑関係のデータや資料について詳細なる情報を網羅して私も昔から参考にさせていただいている『ノンフィクションで見る戦後犯罪史』〈漂泊旦那の漂流世界〉に掲載されているのが唯一の例外でした。しかも、このサイトの〈二俣事件〉に関する項目を見ても『現場刑事の告発』を参照したような記述はなく、ただ文献として書名を掲げているだけです。

それから私が本書の基となる記事を雑誌に書いたのちも、この記事を参考にテレビ局が独自に取材した番組がひとつ放送されただけで、ほかに追随するものとてありません。こうして見ていくと、どうやら、やたらと何でもかんでも調べ上げてぶちこんでしまう当方のような度し難い痴(し)れ者でないと、山崎氏の著作に辿り着いて紹介することはできなかったのではないかとも思われます。

本書の壮大にしてあまりにとっ散らかった内容は、神ならぬ身には如何ともし難い因果の絡まりの結果ではありまして、山崎氏並びに読者諸氏にはその点は平にご寛恕(かんじょ)を請うしかありません。思わぬ成り行きから余計な構築物がごてごてと取り付いてしまったにせよ、これまで埋もれていた山崎氏の功績を多少なりとも世に広めることができたのは、ほんとうによかったと思っています。

『道徳感情論』と進化心理学の読み解きは冤罪が鍵になるのではと思い至ったこと

本書のタイトルにも援用し、本論でも詳しく論じた『道徳感情論』という本は、べつに難解な内容ではありません。しかし、抽象理論ではなく実証的観察結果によって論を展開する経験主義者のアダム・スミスの性癖のために、とにかくやたらと具体的事例がいくつもずらずら並べられていて、読んでるうちになんの話だったのかよく判らなくなってきます。さらには、初版を出したときに寄せられた批判に対する反論をあとから挿入したため、多少こんがらがった内容ともなっております。

この手の古典はへたな解説書を読むよりも原典を読むほうが面白いし手っ取り早いのですが、こと『道徳感情論』に関しては手引きが欲しくなってきます。

主なところでは、ジェイムズ・バカン『真説アダム・スミス　その生涯と思想をたどる』、堂目卓生『アダム・スミス　『道徳感情論』と『国富論』の世界』、アマルティア・

センの『正義のアイデア』という三冊がありまして、これらはぜひにも読んでいただきたい非常に立派な本ではあるのですが、いかんせん『道徳感情論』の解説書と見た場合はそれぞれに一面しか捉えていない嫌いがあります。しかも、三冊全部読んでも『道徳感情論』の全体像を覆い切れてないという困ったことになっているのです。

その点で、冤罪を軸に読み解いている本書は、『道徳感情論』解説書として一番判りやすく、また核心を突いているのではないかと自負しております。

じつは、次に出す本、実際にはこっちが先だったはずなのに私の能力を遥かに超える内容のために怖じ気づき中断して現実逃避に本書を書きはじめたという本のために、『道徳感情論』は読んだのでした。しかし、だいたい大まかには判るのですが、前述の文献などを参考にしてもどうも肝心なところを摑み切れない隔靴搔痒(かっかそうよう)感があって困っていたのです。

ところが、本書を執筆していて、なるほど冤罪が〈道徳感情〉の鍵だったのかと思い至った次第です。気づいてみると、スミスさんは最初から冤罪について詳しく述べておられるのに、それまで当方には視えてはいなかったわけです。冤罪を軸にすると、なにもかもがすべてすんなりと読み解けました。

冤罪にまったく興味のなかった私を、強烈な磁場によって引きずり込んでくれた山崎兵八氏の、これまたお陰ではあります。

さらに云うと、昨今発展著しい進化心理学も、じつは冤罪が鍵なのではないかと思えてきました。私の進化心理学に関する知識は、その筋では有名なshorebird氏のブログからの受け売りのみという乏しいものではありますが、ともかく本書のように冤罪を軸に進化心理学を解き明そうとした試みはいまのところ知りません。専門筋のご意見を賜りたいところです。進化心理学のみならず、人間の本質は〈冤罪〉にすべて集約されているんではないでしょうか。

人間社会を成り立たせている〈間接互恵性〉のエラーがすなわち〈冤罪〉ですから、人間の悲劇はすべてここに発しており、人間の本性がすべてここに浮き彫りとなってしまうのです。

じつを云いますと、私は冤罪のみならず進化生物学にもまったく知識も興味もなかったのですが、本書の準備をしていて、紅林刑事の子孫に対する刑罰意識を持つ人がいるのは何故なんだろうと気になりまして、そこで初めて〈血縁淘汰〉という言葉を知り、一から進化論を勉強しはじめたというまことに泥縄だったりいたします。ほかの分野の雑多な資料を漁りながらの三年ほどで、とにもかくにも最低限の知識を得ることができたのは、膨大なる文献を的確にまとめておられるshorebird氏のブログのおかげでありました。当方の大風呂敷の論はスロッピー（いいかげん）だとかのお叱りを受けることもあるでしょうから、進化心理学に興味を持たれた方は本書の異端の説なぞは鵜呑みにせず、巻末の参考文献に掲げた立派な専門書や shorebird 氏のブログなどを参照するようにしていただければ。

史上初の本格的な内務省本のはずが先を越され多角的見地の大切さを思い知ること

犯罪に異様な興味を持つ方々も何故かこれまで放置してきた〈浜松事件〉や〈二俣事件〉を本書に於いてここまで克明に解き明かしながらも、いまだに犯罪にはまったくなんの興味も湧かない当方にとっては、たんなる背景説明である歴史的記述が膨れあがるのは必然でありまして、むしろそちらのほうが中心となるのは前著『戦前の少年犯罪』と同じく本来の姿であります。

とくに、内務省につきましては、個々の細かい論文についてはともかく、内務官僚の詭弁に騙されていないきちんと精査したまとまった本はこれまで皆無でしたので、本書が史上初の本格的な内務省解読書になるだろうと密かに誇っておりました。ところが、ベイズだとか進化心理学だとかに足元を取られ泥沼に塡り込んでぐずぐずしているうち、黒澤良『内務省の政治史　集権国家の変容』という本が三年前に出て、先を越されてしまうような有り様に。

そのときには、本書の内務省に関する記述はすべて書き終わっていたので、幸か不幸かまったく参照できませんでした。〈司法警察〉新設を支持していた立憲政友会が〈帝人事件〉を境に反対へと転じたということは知りませんでしたので、そこだけあとから書き加えたくらいです。

この書を見たときには、どうせならもうちょっと早く出してくれたら私も無駄な労力を掛けないで済んだのにと怨めしくも思ったのですが、読んでみると本書と捉え方がかなり違うのでいささか驚きました。

似たような資料を基にしているのに、なにゆえこんなに違うのか。もっとも、似たような資料と云っても、あちらはきちんと網羅的、こちらはあそこまでは徹底できておらずにつまみ喰いです。本書を読まれた方にはお判りのように、こちらは内務省以外にも調べねばならぬ事項があまりに多く、その点は致し方のないところではあります。ですから、あちらに掲げられた文献がこちらになくても、それは当方の調査不足ということで説明がつくのですが、しかし、こちらで掲げた文献も向こうさんにはまったく出てこず、これはいったいどうしたことでありましょうか。

この二冊はどちらもかなりの数の参考文献を掲げているのに、不思議なることに、ただのひとつも被っていないのです。内務省という、ひとつの事象を捉えようとしているのにも関わらず。

もちろん、『内務省史』だとかの基本的文献はどちらも掲げてますが、その取り上げる箇所がまったく重ならないのです。本書で出している文献やその箇所は、内務省を語る上で絶対に外せないと当方が判断したものですので、それらが一切使われない本格的な内務省本がもう一冊存在することに驚愕するのです。

本書では、世の中の多くの本は、どこやらの本の受け売りばかりで、そんな低レベルの本なぞ読んでも何も判らないとたびたび既存の書物を批判しています。しかし、それは『内務省の政治史』の如くに一次資料をきちんと精査した立派な本でも同じであることを思い知りました。

もし、本書執筆より前にあちらの本が出ておれば、内務省の全体像についてはこの書に全面的に依存していたでしょう。あれだけの文献を網羅しておられる黒澤氏でもおそらく手にしていないであろう、〈浜松事件〉関連や吉川澄一技師関連の資料を基に、内務省でも末端の現場の実像を描けば本書の役割は充分果たせますので。こちらは内務省以外に調査する対象があまりに多いですし。

しかし、それでは視えてこなかったであろう側面が多過ぎる。一から調べ上げたのは無駄ではありませんでした。奇しくも同時にそれぞれ独立に二冊の本格的内務省本が出たのはよかったと思います。

こんなことを云うと、向こうさんは勝手に一緒にするなと仰るかも知れませんし、実際にこちらは頭の悪いアリが迷子になっているだけかもしれませんが、それでも多角的見地が持つ重要性を改めて思い知らされたような具合です。読者諸氏におかれましても、ぜひとも、この二冊を読み比べてみていただければ。

どうしたものだか、黒澤良氏は『清瀬一郎　ある法曹政治家の生涯』という本も出されております。これもまた膨大なる資料を基にじつによく調べられている本でありまして、当方もこちらは大いに参照させていただいたのですが、なにせ清瀬一郎という人物はあまりに複雑怪奇でどうにもこうにもよく判らず、なんとか摑み取ろうと足掻いているうちに結局は一からすべてを調べ直すことになってしまいました。結果的に、こちらもあまり被らない内容になっております。なお、黒澤氏には清瀬について問い合わせをして貴重なる情報もいただきました。

対象はひとつなのに、被らない二冊の本が出来上がることもまことに不可思議なることではありますが、まったく違う興味から手繰り寄せられ、内務省と清瀬一郎という、ふたつの対象に同時に迫ろうとする人間がいることもこれまたまことに不可思議なることではありました。

図式的理解批判がじつは図式的理解の誤りでもあることと読者の責任について

本書はいくつかの出版社を渡り歩き、紆余曲折のうえに世に出すことができたものです。内容については誰も何も突っ込みを入れてくれなかったのですが、最初の編集者には「とにかく接続詞を入れろ」と、ただそれだけをうるさく云われました。仕方がないので、「だから」とか「そのために」とかの接続詞を入れていくと、バラバラだった話がどんどんつながって、ひとつの壮大なる〈物語〉になってゆくのにはいささか参りました。あらゆる事象を因果の織物として捉え、〈物語〉として読み取ってしまう人間の図式的理解を、すべての誤りの素であると批判する本書がそんなことで果たしてよいものなのか。

もっとも、当方も、従来の冤罪本や歴史書の図式的記述が、それらの本で批判する冤罪事件や歴史的悲劇を引き起こした図式的理解とまったく同じ誤りを犯していたことを喝破する、という程度の〈図式〉は当初から用意して執筆をはじめたのでした。

人間は、〈物語〉の形で提示しないと何事も理解はできないのですから致し方ありません。一冊でも多くの本を売ろうとする編集者が、バラバラの記述の羅列ではなく、ひとつの連なりとしての〈物語〉を要求するのは当然のことであります。かく云う当方とて、多くの人々に読んでもらいたいと思うからこそ本を執筆しているのであって、理解しやすい図式は用意します。また、読者も思った以上に〈物語〉を求めていることは、前著『戦前の少年犯罪』に対する反響で思い知ったことではあります。

ですので、本書のような膨大なる情報を整理してすんなり頭に入れるためいったんは〈物語〉を利用して、しかしそのあとにあまりに理路整然とした図式的記述はいろいろと怪しいのではないかと、突っ込みを入れていくようにしていただければ。

たとえば、本書でも大いに賞賛しているように思えるエドマンド・バークのフランス革命批判ですが、トクヴィルの『旧体制と大革命』なんかをあとから読むと、いかに怪しい内容であるかが判ってきます。

バークは、歴史的現実を無視して幾何学的に線を引いた行政区分や、再編成した統治機構を無理やり打ち立てた啓蒙主義者たちを批判しました。しかし、革命によってもたらされたようにバークが云っているそれらの仕組みは、すでに革命前からすべてあったとトクヴィルは示していくのです。つまり、啓蒙主義者たちの現実を無視した幾何学的計画を批判したバークこそが、幾何学的図式的理解に囚われて現実が見えてないというのです。

フランスのことをじつはよく知らなかったバークと、フランスの政治家であり、しかも『アメリカのデモクラシー』という洞察力あふれる書を執筆していたトクヴィルのどちらがフランスの現実を知っていたかは、自ずと明らかでありましょう。

でも、だからといって、バークの保守主義論がすべて出鱈目かというとそういうことではありません。ひとつの論を鵜呑みにすることなく、いろんな情報を揃えて多角的に突っ込みを入れることによって初めて視えてくるものがあるのです。〈ベイズの定理〉の精神です。乱歩の云う「合せて一本」です。これぞ、保守主義の神髄であります。

つまり、書き手には書き手の責任がありますが、読者には読者の責任があるのです。筆者にはひとつの一面的な論を提示することしかできません。願わくば、諸姉諸兄らも読者としての強い自覚を持ってその担わされている重責を果たしていただければ幸いであります。

なお、やたらといろんなものをすべて引っ付けてひとつの壮大なる〈物語〉を構築しているようにも見える本書でありますが、じつはそうでもありません。たとえば、日銀の地下金庫から消えた貴金属を担保にしているために多くの人が簡単に騙されてしまう〈M資金〉詐欺と金本位制との関係だとか、つなげて論じようとすればいくらでもできたことをあえてやってない事象も多々あります。

読者が簡単に感心してしまう理路整然とした図式的記述とは、この〈M資金〉詐欺と同じく、あたかも何らかの実態ある保証が裏打ちされているかの錯覚を与えるところにその力の源があるとかなんとか、さらにいくらでもつながっていくこの手の論は、真実を識るためには断ち切る必要があります。

当方が管賀江留郎という、いかにも考えてない名前を名乗っているのは、「考える前にやるべきことがあるだろ」という戒めを己の額に刻みつけるためであります。本書でも縷々論じているが如く、人間は考えると認知バイアスを引き込むだけで、ろくなことになりません。この手のいくらでも引っ付いていく〈物語〉にしかならず、真実を覆い隠すことにしかなりませんから、みなさま方も考えることはやめて、個々の正確なデータをまず蒐集して検証することに専念していただければ。

たとえば、戦後体制のことごとくはＧＨＱによってもたらされたなどと歴史を捏造して日本の尊厳を踏みにじろうとする自虐史観に囚われている恥ずべき輩がおりますが、本書にあるようにそのすべては戦前から日本人の手によって準備されていたことだと、調べればすぐに判ることなのです。こんなことは単純なる時系列の問題ですから、データとして客観的に証明できることで、頭の中で考え出す図式的理解や〈物語〉なぞ入り込む余地がありません。

戦後体制に限らず、このような基本的データは中学生程度の学力があれば誰でも調べられることなんですが、何故か誰もやっていないのです。さらに、認知バイアスによってねじ曲げられたそのような理解を基に、現実の国家政策が決められたりもします。

そんな恐ろしい事態が起こったりするのは、あなたが基本的なことをさぼっているからなのです。ぜひとも考える前に基本的なデータを調べるという、やるべきことをやっていただければ。そして、本書のデータに間違いがないかを再検証していただければ。

過去の情報を蓄積していくのが文明の基礎であり、その一翼を担ってこそ初めて文明社会の一員であると云えます。うっかり本書を手に取ってしまった読者諸氏の責務は、かくも重大なのであります。読書とは物事を構築していく作業であって、そこになにかしら継ぎ足すことができないのであれば、それは読者ではなくたんなる消費者にしか過ぎないということなのです。

書庫派が書庫には存在しないものを入手できたことを多くの人々に感謝すること

本書は雑誌『マーダー・ウォッチャー』の田野辺尚人編集長から、未だ全貌が知られていない〈浜松事件〉を解明する記事を書かないかと依頼を受けたことからすべてがはじまっております。〈少年犯罪データベース〉主宰としては、いつかは片を付けねばならぬ事案でもあると引き受けたにも関わらず、山崎氏の著作を知るや急遽〈二俣事件〉に記事内容を切り替えたいという勝手な申し出をすることとなったのですが、それも快く通してくれました。さらに、『マーダー・ウォッチャー』監修の柳下毅一郎氏とともに二俣にも同行してもらい、おふたりには現場取材に不慣れな当方になにかと支援をしていただきました。

そこで掲載された〈二俣事件〉と〈浜松事件〉に関する記事ふたつを融合させ出版しようと目論んでから八年間、あちこちの社をたらい回しになるうちに原稿は大幅に膨れあがるだけではなく妙な具合に練り上げられ、紆余曲折を経て最終的に田野辺氏の手で一冊の本として出すこととなったのは、当方にとって思いも寄らない僥倖でありました。

本来は古い文献を漁るのが本分である書庫派の当方も、いつかは独力で〈浜松事件〉について記事を書いていたでしょうが、この取材がなければかなり平板なる内容になっていただろうと思われます。取材で聴くことができた話はもちろん、書庫にはない資料を入手することができたのは本書にとって決定的な意味を持ちました。

山崎氏の長女である澄子さんには貴重なるお話を伺っただけではなく、『現場刑事の告発』や山崎氏の辞世の句とも云える書の使用を許可していただきました。同じく取材先でお逢いした鈴木昂氏には、南部清松氏による〈島田事件〉再審上申書や山崎氏の講演テープなど、ほかでは入手できない資料を提供していただきました。これらの資料なくして、本書は成り立っておりません。

二俣生まれで浜松在住の推理小説作家である安東能明氏や、静岡新聞記者の小笠原康晴氏には、当地についていろいろとご教示をいただきました。南部清松氏の遺品である雑誌切り抜きなどの資料を保管されている大出良知東京経済大学教授には、たびたび問い合わせをさせていただきました。また、山崎氏の次男である正二（しょうじ）氏には、お話は伺うことはできなかったのですが、本書の原稿を読んでいただき、また当方の話を長時間に渡って真摯に聴いていただけたのはありがたいことでありました。

そのほかにも現地で取材を受けていただいた方や、多くの方々の支援によって本書を世に出すことができるに至りました。深く感謝する次第です。

そして、もちろん本書に最も大きい力を与えてくれたのは、山崎兵八氏その人であります。山崎氏が遺してくれた一冊の本の衝撃から、このような奇妙奇天烈なる本が生まれ出でるとは、人の営みの連鎖とはまことに不可思議なることであるとしか云いようがありません。

その山崎氏は、名誉を回復して警察へ復職することを何より願っておられましたが、亡くなったいまとなっては復職の望みを適えることもできなくなってしまいました。身を捨ててたったひとりで警察の名誉を護った彼には、殉職者などに与えられる警察官最高の栄誉である〈警察勲功章〉授与によって汚名の無念を晴らすのが、後世に生きる我々のできるせめてものことではないかと思います。本書で山崎氏の勇気ある行動に胸を打たれた方々には、警察や政府、政治家など各方面に働きかけていただけるよう、伏してお願い申し上げます。

これだけの人物の名誉が回復しないうちは、我々の社会全体の名誉もまた失われたままであるのです。

なお、『現場刑事の告発』をぜひとも読んでみたいという方も多いかと思いますが、この書は被害者家族のプライバシーなどにも触れているため、そのまま再刊することは絶対に不可能であります。そのような差し障りのない箇所の大部分は本書に再録いたしましたので、なにとぞそれのみで我慢していただければ幸いです。

たとえ、どこかで『現場刑事の告発』を入手するようなことがありましても、被害者家族を傷つけるような内容の流布だけは厳に慎んでいただけますよう、切にお願い申し上げます。

書庫派が最重要たる書庫資料を入手できずに皆様方に協力を仰ぐことと文明の基礎

もちろん、書庫派の当方としましては、書庫に埋もれた資料も掘り起こして大いに活用しています。静岡県立中央図書館の調査課一般調査係には資料探索に多大のご協力を得ました。また、「占領期新聞・雑誌情報データベース」や「ざっさくプラス」、国立国会図書館蔵書検索や新聞各紙の記事検索がなければ、本書は成り立っておりません。

文献は概ね網羅したつもりですが、一番肝心なはずの山崎兵八氏による拷問を告発する最初の投書を見つけることができませんでした。読売新聞静岡版昭和二五年一一月二五日の記事には、「二三日付夕刊読売を証拠として提出する」と弁護人が法廷で述べたとあるので、この日に掲載されたのは間違いないはずなんですが、国会図書館や静岡県立中央図書館にある読売新聞静岡版マイクロフィルムにはこの日の夕刊が収録されておらず、また東京版の夕刊読売にはそのような内容の掲載はありません。

山崎氏は読売の東京本社に手紙を送ったにも関わらず、実際にやってきたのは浜松支局の記者だったそうで、地元静岡版や遠州版にしか載らなかったのではないかと思われます。この山崎氏の投書が載っている昭和二五年一一月二三日の夕刊読売を所持されている方はご一報いただけると幸いです。

これに限らず、国会図書館などの新聞資料は欠けている部分が多く、早急に補完しなければ永遠に失われてしまうことになります。いまが完全な歴史資料を後世に残すぎりぎりの時期なのです。

個人の直筆資料などならともかく、新聞という最も基本的な文献さえ後の世に残せないとしたら、我々は後世の人々に顔向けできません。なんという愚かなる世代だったのかと嗤われることでしょう。

過去の情報を蓄積していくのが文明の基礎であり、その一翼を担ってこそ初めて文明社会の一員であると云えますが、せめて、後世の人々の邪魔だけはしないように、最低限の責務は果たさなくてはならないのです。それぞれの立場でいますぐ行動を起こすよう、読者諸氏の自覚を求めるところであります。

百科全書的一冊の最後をもう一冊の奇書の奇説と冤鬼とによって締め括ること

さて最後に、この世のすべてを解き明かす現代版〈造化の秘鍵〉（ぞうかのひけん）を打ち立てるが如くになんでもかんでもぶち込んで大風呂敷を広げているように見える本書でさえ、あまりのいかがわしさゆえ本論では触れることのできなかった話を持ち出すことによって、このあとがきを締め括りたいと思います。

第一章にもあるように、徳川（松平）信康は四〇〇年前に二俣城で切腹に追い込まれました。敵方である武田と通じていたという容疑なのですが、確かな証拠があるわけではなく、本人も強く否認しており、刑罰を与えるには自白が必須だった当時の基準から云ってもこれは明確なる冤罪です。

〈津山三十人殺し〉を換骨奪胎して物語化した横溝正史の『八つ墓村』の如き、本書の『八つ墓村』を創作するとなると、無念の死を遂げた信康の亡霊、冤罪の怨みから化けて出る怨霊である〈冤鬼〉が現れるところから物語の幕は開くかなどと不埒なことを考えつつ、少しばかり調べてみたわけです。

そうすると、同じく武田と通じた咎で別の地で斬り殺された信康の母である築山殿には、斬ったふたりの家来の家系に代々恐るべき祟りを起こしたといういかにもおどろおどろしい伝説が残されているのが、何故だか信康にははっきりとした怪談が伝わっていないことに気づきました。唯一、江戸時代に書かれた『岡崎東泉記』に、岡崎城内で信康と築山殿の祟りがあって、鎮めるために若宮八幡を建立したという記述があるのですが、祟りの具体的な内容はなく、これでは築山殿ひとりの祟りをふたり合わせたものと勝手に解釈したとも受け取れます。

なんにせよ、生きていれば間違いなく二代目将軍として天下人にもなれたのに、満二十歳という若さで武将として最も恥ずべき汚名を着せられ処刑された信康に、無念の思いを滲ませた明確な祟りの伝説がないというのは、いささか腑に落ちないところがあります。

　不当な死を迎えた者には祟りの伝説という形で、〈間接互恵性〉の罪と罰のバランスの歪みを死後にでも正常化しようとするものなんですが。あるいは、〈間接互恵性〉を成り立たせるため人間に備わった因果推察の性質により、なにか禍事（まがごと）が起これば必ず原因があると考え、祟りだと本気で思い込むものなんですが。

　なんとなく落ち着かない心持ちのまま調べていくうちに、行き逢ったのが村岡素一郎『史疑　徳川家康事蹟』という本でした。静岡県学務課の役人が、明治三五年に出版したものです。家康はじつは卑しい身分の生まれで本物の家康と入れ替わり、だから我が子ではない信康を殺したというような論考。専門家でもない者が筆を執ったなんともいかがわしい内容ですが、当時最高権威の歴史学者である重野安繹（しげのやすつぐ）東京帝大教授が序文を添えたことでなにやら妙な信憑性が生まれてしまいました。

　もっとも、重野博士はこの本が確かに正しいと云っているわけではなく、正史を疑うことも歴史研究には必要だと述べているだけで、結局は学会からも黙殺されます。ただ、家康は卑しい生まれだったからこそ賤民差別の身分制度を作った、あるいは家康は贋物で殺された本物の家康と入れ替わったという、ある種の時代小説やマンガのネタ素として現代にまで脈々と影響をおよぼしてはいます。

これだけでも史実として論じるにはいかがなものかといった感じですが、さらに困ったことに村岡さんは、信康がじつは殺されていないというようなところまで筆を走らせているのです。家康の生まれや入れ替わりについては、史料を無理やり読み取ればそう解釈できなくもない一応の微かな根拠はあるのですが、この信康生存説に至っては輪を掛けて数段根拠薄弱、いかにも苦しいこじつけの連続でまともに取り合えるような論ではありません。

しかし、あれだけ酷い目に遭わされたはずの信康が、恐ろしい〈冤鬼(えんき)〉となって祟る伝説が残されてないことも事実です。また、我が身を捨てて二俣町の縁もゆかりもない少年を死刑から救おうとした山崎兵八氏のような存在を知ってしまうと、村岡素一郎さんが描くように信康の身代わりとなって二俣城で死んだ鵜殿某なんて侍がほんとにいたのではないか、山崎氏の実家からさらに少しばかり山奥にかくまわれて信康は天寿を全うしたという説もひょっとしたらあり得たのではないかとも私には思えてきます。

あらゆる理屈を越えて過去の〈物語〉にさえ説得力を持たせて遡った伝説を生み出してしまう人物、妄執に苛まれ生きながらの〈冤鬼(えんき)〉となり、しかしそんな怨みだけではない何かを残そうとした山崎兵八という人物。その執念に取憑かれ、この本はここに立ち顕れることとなったのです。

幾分かでもその心を受け継いでいると感じ取ってくだされるのであれば、本書の存在する意義もあったということになるでしょう。

文庫版あとがき

冤罪、殺人、戦争、テロ、大恐慌。
すべての悲劇の原因は、人間の正しい心だった！
我が身を捨て、無実の少年を死刑から救おうとした刑事。
彼の遺した一冊の書から、人間の本質へ迫る迷宮に迷い込む！
執筆8年！『戦前の少年犯罪』著者が挑む、21世紀の道徳感情論！

これは本書の単行本版で、私が書いた帯の惹句です。裏表紙には、こうも書きました。

世界のすべてを知りたかったら、この書を読め！
進化心理学、認知科学、政治哲学、倫理学、歴史、憲法、裁判、経済、数学、宗教、プロファイリング、サイコパス……
あらゆる分野を縦横無尽に切り裂き、新機軸を打ち出した総合知！
戦時に少年が九人を連続殺人。
解決した名刑事が戦後に犯す冤罪の数々。
内務省と司法省の暗躍がいま初めて暴かれる！
世界のすべてと人の心、さらには昭和史の裏面をも抉るミステリ・ノンフィクション！

はたして、この仰々しい大言壮語に負けていない本であるかどうかは、お読みいただいた諸姉諸兄の御批判を待つほかはありません。概ねのご好評をいただき、こうしてまた文庫として再度の御目見得（おめみえ）にあずかったわけではあります。

しかしながら、前半の事件や歴史の話と、後半の理論の話とが、バラバラであると感じた方も少なからずいたようです。

筆者といたしましては、吉川澄一技師のプロファイリング、清瀬一郎の憲法と〈システムの人〉を巡る激動の昭和史、小宮喬介博士という批判者を失った古畑種基博士のベイズの失敗、最高裁判事たちの挫折と覚醒。そしてなにより、紅林麻雄と山崎兵八という両刑事が対峙した冤罪事件。それらすべては、〈道徳感情〉がもたらす認知バイアスの克服という最後の話に直結させて書いているつもりではあります。当方の筆力の無さからか、また本書の膨大なる情報量からか、つながりが見えにくくなっているようです。

文庫化に当っては、全体的に文章に手を入れました。同時にこのつながりを見えやすくする手立てはあるのか熟考吟味してみたところ、どうもこれ以上は無いという結論に至りました。

安直に関係性を示すため、本書の相関図を描いてみました。次ページに掲げた図を見ると、〈道徳感情〉を中心にすべての事象が絡み合っていることが判ります。

リンクは通常の相関図のように、〈協力〉〈敵対〉などという単純なものではなく、あらゆる情報の交換を表わします。そもそも、個々の事象も多面的なものです。〈認知バイアス〉〈言語〉〈評判〉〈貨幣〉〈因果〉〈時間〉などは、進化的に人間に備わった〈道徳感情〉の一側面に過ぎず、良い方面でも悪い方面でも影響を及ぼします。それらの悪い面を克服しようと人間が編み出した〈ベイズ〉〈プロファイリング〉〈憲法〉〈悟り〉などども、逆に事態を悪化させることがあります。

〈議会〉〈裁判所〉〈国家〉などの組織は、〈因果〉や〈時間〉を支配し、〈評判〉を最大化さ

『冤罪と人類』相関図

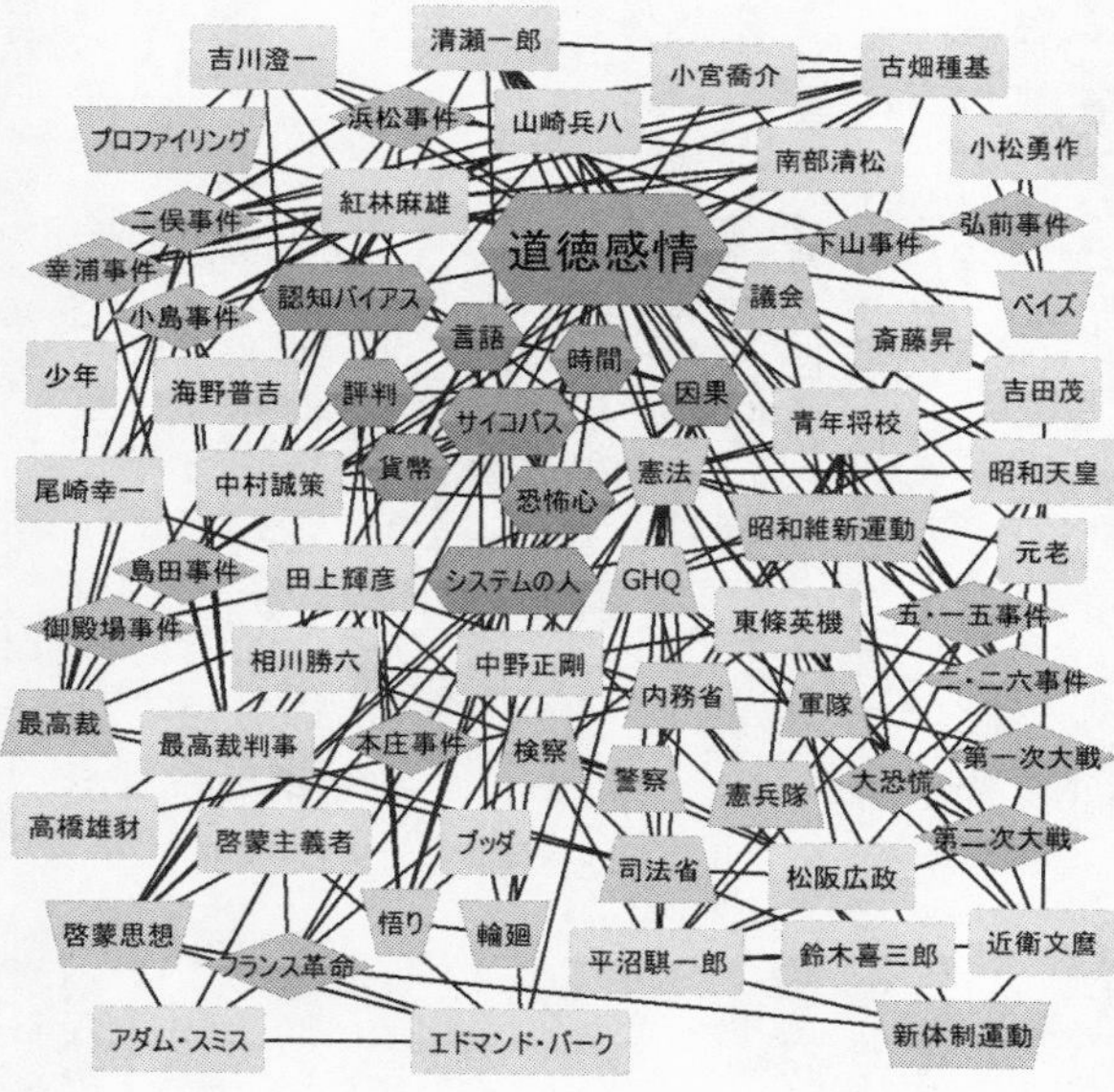
清瀬一郎
吉川澄一
小宮喬介
古畑種基
浜松事件
山崎兵八
プロファイリング
南部清松
小松勇作
紅林麻雄
二俣事件
道徳感情
下山事件
弘前事件
幸浦事件
認知バイアス
議会
ベイズ
小島事件
言語
時間
斎藤昇
少年
海野普吉
評判
因果
吉田茂
サイコパス
青年将校
尾崎幸一
中村誠策
貨幣
憲法
昭和天皇
恐怖心
昭和維新運動
元老
島田事件
田上輝彦
システムの人
GHQ
東條英機
五・一五事件
御殿場事件
相川勝六
中野正剛
二・二六事件
内務省
軍隊
最高裁
最高裁判事
本庄事件
検察
第一次大戦
警察
憲兵隊
大恐慌
高橋雄財
啓蒙主義者
ブッダ
第二次大戦
司法省
松阪広政
悟り
輪廻
啓蒙思想
平沼騏一郎
鈴木喜三郎
近衛文麿
フランス革命
アダム・スミス
エドマンド・バーク
新体制運動

せるために人間が編み出した仕組みではありますが、〈道徳感情〉がもたらす破滅を回避する役割も担わされています。〈評判〉を最大化させるためには、人間社会の安定が持続しなくてはなりませんから。しかし、やはりこれらの組織も、事態を悪化させる場合があります。

そうして、事態が悪化すると、〈道徳感情〉を刺激されて〈システムの人〉が増え、〈戦争〉〈革命〉〈大恐慌〉〈犯罪〉が起き、また〈因果〉推察の錯誤から〈冤罪〉も起きるわけです。

こうして見ていくと、やはり人間社会のあらゆる出来事は、〈道徳感情〉のひとつの側面にしか過ぎないことが判ります。ドストエフスキーの云う「人の心はあまりに広過ぎる」「すべての矛盾が同居している」というのは、その目まぐるしく変転する側面を捉えた言葉です。

もっとも、こんな図ひとつや、単純なる図式的説明で理解できるものなら、分厚い本を書く必要はありません。

そもそも、本書は『白鯨』や『黒死館殺人事件』の如き文学作品のつもりで執筆しました。文学と云っても、もちろん創作ではなく、フィル・スペクターの多重録音による分厚い〈音の壁〉ならぬ〈情報の壁〉で、荘厳なる迷宮を構築しようとしたわけです。単行本の読者諸氏には誰ひとりとしてそんな風には読み取ってもらえませんでしたが。これもまた当方の不徳の致すところはあります。

通常の迷宮は一度抜けるとそれでおしまいですが、これだけ入り組んでいると二度三度とお愉しみいただけるかと存じます。物好きな方は幾度でも身を委ねて想いのままに翻弄されてみていただければ。

そういうことで、内容的にはほとんど変えていないのですが、ふたつだけ単行本との修正点を掲げておきます。

まず、山崎兵八氏が拷問を告発する新聞記事が出たのは一審の判決が出る前日としておりましたが、正しくは最終弁論前日でした。当時の新聞記事でも判決前日としているものが多く、間違えました。お詫び申し上げます。

もう一点、吉川技師のワトソン役の尾崎幸一は大学専門部を出てから大阪府警入りと記しておりましたが、正しくは巡査として勤務しながら関西大学専門部の夜間部法律科に通って卒業したのでした。警察庁作成の履歴書は時系列で並んでいると思い込んでいたのですが、よく読むと順番が逆でした。まさしく、認知バイアスによる錯誤ではあります。

こんな誰にも知られていない人物の、しかも学歴なんてどうでもいいじゃないかと皆さん仰るでしょうが、私は尾崎幸一を再評価すべきと考えており、また他省とは違う内務省の特徴も表れているので、詳しく書き直しました。

なお、関西大学は戦前からの膨大なる資料をウェブ上にアップし、しかも全文検索できるようにしているので、尾崎に関する記事を見つけて間違いに気づいた次第です。他の学校や企業、官庁などもぜひとも見習っていただきたいところです。情報を後世に残し、また活用できるシステムを構築するのは、現代を生きる我々の責務です。

そういう、資料を残す一環として、単行本あとがきでは、山崎兵八氏による拷問を告発する記事を見つけていただけるように皆様方に呼び掛けましたが、これは入手できました。〈二俣事件〉の冤罪被害者である少年、須藤満雄氏が保管されていたものを、夫人が鈴木昂氏にコピーを提供され、当方にも廻ってきた次第です。

なお、須藤氏は二〇〇八年に亡くなっており、その後に夫人は新聞に登場されて須藤氏の名前を出されております。しかしながら、嘘の記事ばかり書かれてマスコミ嫌いになっていた須藤氏の心情を慮って、本書では「少年」表記のままといたします。

最大の難物だったこの記事は入手できたわけですが、まだまだ埋もれたままの資料は数多くあります。例えば本書で記した、誠策の獄中日記や弁論要旨など松本清張が蒐集した資料は清張記念館にも保管されておらず、行方が知れません。しかし、必ずどこかにあるはずです。ぜひとも、皆様方の力で探り当てねばなりません。ここで永遠に失ってしまっては、後世の人々に顔向けできません。

相関図に描かれている個々の事象や人物は〈道徳感情〉のひとつの側面にしか過ぎず、どの面が現れるかはリンクを流れる情報によって決まるのです。そこを無為によって断ち切り、〈因果〉推察の錯誤から破滅を導くようなことは赦されません。

山崎兵八氏が人生を賭してやり遂げようとしたのは、リンクを流れる情報の正常化なのです。アダム・スミスが『道徳感情論』で説いたのもそういうことでした。本書もまた、その一翼を担うために書かれたと読み取っていただける方がたったひとりでも存在するならば、筆者としてはこの上もない悦びであります。

情報を届けるには、その内容のみならず、包み紙も重要なる要素です。私は常々、背表紙というものの重要性を自覚しない世の本作りを怪しからんことだと嘆いておりました。本書では悲願を達成し、背に絵を入れることができました。それも、進化的に人間が注意を向けざるを得ない、眼であり人の顔です。

既存の本の背は、情報を伝える意志なく、検索性の工夫なく、およそメディアとしての用を成すものではありません。また、本を所有する悦びを与えるものでもありません。諸姉諸兄のその万巻の書を溜め込んだ棚に、ぜひとも本書を並べて、効果のほどを翫味していただければ。

文庫規程のデザインフォーマットを外すことに同意してくれた、担当編集者の一ノ瀬翔太氏には敬意を払う次第です。しかしながら、背表紙のタイトルや著者名を無くすべきという当方の具申は入れられず、本とは何か、情報とは何かという根源的探索は、未だ道半ばではあります。

それは本書の内容にも直結する探索なのです。

最後に改めて、多くのことを教えてくれた山崎兵八氏、並びに、書などの再掲載を許可していただいた長女の澄子さんに感謝申し上げます。

解説　精密な世界模型たる迷宮（ラビリンス）

評論家　宮崎哲弥

まずは著者の紹介からはじめよう。

管賀江留郎氏は在野の研究者にして著述家である。長年、ウェブで「少年犯罪データベース」を主宰し、また二〇〇七年には、そこに集積された資料に基づいて『戦前の少年犯罪』（築地書館）を上梓した。

この本に盛り込まれた内容は、少年犯罪の〝増加〟や〝凶悪化〟に心を痛め、その元凶として、現代の薄情な潮勢から時代の風俗の病理、果ては戦後日本人の堕落までを論（あげつら）おうとする人々にとって、さだめし衝撃的であったに違いない。

「戦前」には、子の親殺し、小学生による殺人、未成年者の「動機のみえない」異常犯罪や幼女レイプが多発し、キレ易い子供の暴力も日常茶飯事だった……。

『戦前の少年犯罪』はひたぶるにありのままの事実を突き付けた。私達が忘却していただけなのである。忘れ易い私達は、例えば「戦前」の新聞を「何紙か読むだけで年に三〇件や四〇件の親殺し記事を見つけることができ」るのに、記録を共同の記憶とする些細な努力すら怠ってきた。剰え（あまつさえ）、無知と懶惰（らんだ）の上に居直った挙句、一部に「戦前」の家庭や学校で施されたしっかりした教育、地域共同体の醇風美俗（じゅんぷうびぞく）を称揚する向きまで出てきた。

前著は、正確な事実認定と歴史認識に基づいて、かかる錯乱せる議論状況を質す結果となった。

管賀氏は当時「事実をして語らしめる」をモットーとしていたようで、一切の解説等を付加せずに事件のデータだけを並べた方がよいと主張していた。だが「それでは本にならぬ」という版元等の要請を受けて、事件の時代背景を説くようになったという。

こうして「少年犯罪から考察した昭和史という、なかなかほかに類例のない本」が出来上がったのである。

本書、『冤罪と人類――道徳感情はなぜ人を誤らせるのか』ではさらに歩を進めて、具体的な事件についての微に入り細を穿つような詳察から出発しながら、他の事件や案件との繋がりや関わりを追ううちに、その総体の背後にあって人々を否応なく突き動かす力（権力）の正体を突き止める。

その手付きは、一面でピエール・リヴィエールの殺人に関する公判記録やそれを報じる大衆紙の記事を分析するミシェル・フーコーのそれを彷彿とさせる（『ピエール・リヴィエール――殺人・狂気・エクリチュール』河出文庫）。

ピエール・リヴィエールとは、一九世紀前半、フランスの小さな農村部で母親、妹、弟を惨殺した青年の名だ。彼が獄中で書き綴った手記をめぐり、司法、精神医学、メディアなど様々な権力機構が軋みながら作動する。フーコーは、この態様を具(つぶさ)に書き留め、人々の関係に介入し、人々を駆り立てる力（権力）の正体を見極めようとする。

管賀氏の本書における試みはこれに似ている。が、フーコーの示した分析よりもずっと実証性や具体性に富み、かつ複雑でダイナミックだ。

本書では、日中戦争と第二次世界大戦の下で発生した未成年の聾者による連続殺人「浜松事件」と、戦後六年目（一九五〇年）に起きた重大冤罪事案「二俣事件」が主軸となる。

浜松事件は、一九四一年夏から翌年夏に掛けて、短刀で九名が刺殺され、六名が重軽傷を負わされるという、稀にみる凶悪事犯だった。この事件解決の勲功によって名刑事として脚光を浴びたのが紅林麻雄である。

しかし紅林の声価は、戦時下の内務省と司法省の対立という権力闘争が生み出した幻であった。「紅林刑事はたんに難事件を解決したのみならず、極端に云えば、警察を、内務省を救った役所防衛の英雄ともなったのだ」。

さらにこの省庁間対立に直接的、間接的に関与したビッグネームたち、東條英機、中野正剛、平沼騏一郎、鈴木喜三郎らの織りなした政治模様が浮かび上がってくる。

敗戦と占領によって内務省も司法省も解体、再編を余儀なくされるなか、たまさか紅林の帯びた、名刑事という幻像が一人歩きを始める。一九四八年に起きた強盗殺人事犯「幸浦事件」を皮切りに、輿望（よぼう）を担い警部補に昇進した紅林は次々と重大事件を〝解決〟に導く。手段は拷問による自白強要、証拠の捏造、供述調書の創作だった。本書が重点を置く、一家四人が殺害された二俣事件はその典型であり、濡れ衣を着せられたのはやはり少年だった。

紅林警部補が手掛けた一連の事件の真相が公判廷で明らかになり、次々と無罪判決が下るなか、彼には「拷問王」なる汚名が付いて回るようになった。

何故、「戦前」の名刑事が、「戦後」には拷問王に成り果てたのか。

その要因こそが副題にもある「道徳感情」なのだ。人間の本性の一部をなす「道徳感情」は、進化の過程で生存により適するために獲得された心の性質だ。それは、仲間を救っておけば、自分が危難に遭ったとき助けてもらえるという互恵的心性に根ざしている。しかし、この経験的に得られた性情が言語によって抽象化、一般化されたときに社会的サンクションに変化する。「道徳感情」の発現形態だ。

「道徳感情」はときとして短絡に走り、自己破壊的に作用してしまう。そして冤罪事件の背後に、この「道徳感情」の暴走がある。というよりも、著者によれば、そうした人間の本性を最も明確にあぶり出すのが冤罪なのである。「市民の間に盛り上がる囂々（ごうごう）たる空気」、サンクションを求める感情が無辜を獄に投じるのだ。

本書の描き出すプロットを大摑みで、かつ駆け足で紹介すると以上のようになるが、この本の格別の面白さは実のところ細部にある。

例えば吉川澄一技師の先駆的プロファイリングの方法にかなり紙幅が割かれてある。また二俣事件捜査における拷問や調書捏造を内部告発した山崎兵八刑事の慧眼と勇気と執念に深く感じ入っている。法曹政治家、清瀬一郎や日本法医学の草分け的存在でありながら幾多の冤罪事件で鑑定を行った古畑種基など、いわば〝脇役〟にも過当と思えるほどスポットライトが当てられている。

論点も豊かに含まれている。プロファイリング、憲法、ベイズ統計、認知バイアス、公平な観察者（インパーシャル・スペクテーター）から金融緩和政策まで。

曰く「金融引き締めによるデフレは、投機バブルで儲けたいかがわしい企業に正当な罰を下す。だが、こんなことを続ければ、健全な企業や銀行も巻き込まれて倒産し、経済全体を破壊することになる。多くの人々が失業して飢えと貧困に喘ぐという悲惨な状況を招く」。それなのに『金融緩和は投機という悪魔的な所業に新たに息を吹き込む恐れがある』ため、たとえ大恐慌という破滅的な悲劇を繰り広げても」、金融引締めを「やり抜かなければならぬ」という「道徳感情」に駆り立てられて、妄動するのだ。

このメカニズムは、最近では新型コロナウイルス感染症（COVID－19）の世界的流行に対し、いかにその拡大を防遏（ぼうあつ）するかという政策選択の場面でも作動した。限定的で必ずしも確実ではない医学的所見にのみ基づいて、営業の自由や移動の自由などの私権を過剰に制約し、他方で社会経済に重大な悪影響を及ぼす政策が罷（まか）り通ってしまったのである。この施策は世論調査で計測される衆望によって支えられていた。

大衆は自らを縛り、貧しくする規制を歓呼して迎え入れたのである。その背後には、感染症罹患の恐怖、狭い合理性への過大な期待、感染の可能性をゼロにせんとする潔癖志向など、人々を認知バイアスへと導く誘因があった。

新型コロナの感染は生命に対する深刻な脅威であり、徹底的に排除しなければならぬ根源的悪であるという「道徳感情」が、政策の是非を総合的、相対的に判断する「偏りなき観者（インパーシャル・スペクテーター）」の視点を曇らせていったのだ。

一方で「道徳感情」の暴走は、新型コロナ罹患者等への偏見や差別を助長し、「自粛警察」と俗称される、自粛要請に従わない者を私的に取り締まったり、まつらわぬ者に私的制裁を加えたりする個人や集団を続出させた。

新型コロナ問題は、「道徳感情」がなお私達を誤らせていることの証左となったのである。

さらに著者は、善と悪とが場合によって反転し、世界が複雑に入り組む様相をむきつけに表す。

読者はまさにラビリンスに迷い込んだような印象すら持つかもしれない。しかし、この迷宮が精密な世界模型なのである。

二〇二一年四月

参考文献

1　衝撃の書に導かれ未知への扉が開け放たれる

二俣事件
現場刑事の告発　二俣事件の真相　山崎兵八　ふくろう書房　1997
拷問捜査　幸浦・二俣の怪事件　清瀬一郎　日本評論新社　1959
誤まった裁判　八つの刑事事件　上田誠　岩波新書　1960
冤罪の戦後史　佐藤友之　真壁旲　図書出版社　1981
権力の犯罪　高杉晋吾　講談社文庫　1985
無実は無罪に　再審事件のすべて　朝日新聞社編　すずさわ書店　1984
冤罪と誤判　前坂俊之　田畑書店　1982
拷問　双川喜文　日本評論新社　1957
「二俣四人殺し事件の概況」（芙蓉　1950年4月号　静岡県国警本部）
「八年間の空しき青春　“死刑から無罪”への二俣事件の明暗」（婦人倶楽部　昭和33年3月号）
「昭和の悪代官よ「私は狂人でない」」山崎兵八　（日本週報　1958年1月25日号）
「私はこうして“狂人”にされた」山崎兵八　（週刊読売　1958年2月2日号）
「冤罪が産み出される構造」南部清松などの座談会　（現代の眼　1979年9月号）
「いわゆる二俣事件の判決」（判例時報　1953年12月15日号）
「二俣事件の判決を読んで」横井大三　（判例時報　1954年1月15日号）
「事実認定における裁判官の判断　幸浦・二俣・小島事件判決の実証的研究」大竹武七郎　他　（法律時報　1964年2月号）
郷土資料事典観光と旅　22　県別シリーズ　静岡県　人文社観光と旅編集部編集　人文社　1989
「二俣大火を顧みて」（芙蓉　1947年4月号　静岡県警察部）

2　〈拷問王〉と呼ばれた怪物刑事の誕生とその実像

紅林麻雄

「紅林警部の三敗　鬼刑事の捜査の壁」（週刊新潮　1958年7月14日号）

「真実は犯人だけが知っている」紅林麻雄　（週刊文春　1959年12月21日号）

「赦せない「紅林手記」」小池清松　（日本週報　1960年2月5日号）

「危険きわまる紅林警部の手記」（世界　1960年5月号）

「"殺しの神様"から"拷問王"への転落　幸浦事件捜査官連続三つの黒星」（週刊読売　1963年7月28日号）

「静岡の鬼刑事、寂しく逝く　幸浦、二俣事件の紅林主任捜査官」（サンデー毎日　1963年10月6日号）

「長官賞に輝く栄誉」紅林麻雄　（芙蓉　1950年11月号　静岡県国警本部）

「言葉の横槍」紅林麻雄　（芙蓉　1957年6月号　静岡県警察本部）

「夜鳥と夢　幸浦事件をめぐる怪」紅林麻雄　（芙蓉　1957年7月号　静岡県警察本部）

元静岡県警視紅林麻雄外１１名叙位及び特旨叙位について　昭和38年10月15日　国立公文書館所蔵　[請求番号] 分館-01-038-00・平3総00114100

元静岡県警視紅林麻雄外十三名叙勲及び勲章加授について　昭和38年10月15日　国立公文書館所蔵　[請求番号] 分館-01-039-00・平3総00515100

自白の信用性　被告人と犯行との結び付きが争われた事例を中心として　司法研修所　編　法曹会　1991

支那服の女　甲賀三郎　大白書房　1942

3　日本初のプロファイラーが〈浜松事件〉に挑戦する

浜松事件

濱松事件　静岡県警察部刑事課　1945

濱松事件捜査座談會速記録　刑事警察研究資料第一九輯　内務省警保局　1943

静岡県警察史　静岡県警察史編さん委員会　編　静岡県警察本部　1978
浜松警察の百年　浜松警察の百年編集委員会　編　浜松中央警察署　1971
「捜査　他山の石」 尾崎幸一　（刑事部報　1955年12月号）
「明治百年静岡県の歩み　事件と名刑事」 毎日新聞静岡版　昭和42年12月19日
「静岡の昭和史　浜松事件」 サンケイ新聞静岡版　昭和50年2月5日
全国聾唖学校諸調査　昭和１３年度　日本聾唖教育会　編　日本聾唖教育会　1939
「浜松聾唖者連続殺人事件の考察」 桜井強　（日本聾史学会報告書　2011年12月号）

吉川澄一

刑事鑑識　吉川澄一遺稿　吉川澄一遺稿刊行会　編　立花書房　1955
犯罪鑑識篇　防犯科学全集　第2巻　浅田一　菊地甚一　中央公論社　1935
犯罪の研究　昭和23年11月号　「吉川先生とその業蹟」特集　国警本部刑事部編纂　新警察社
吉川氏寄贈・吉川氏鑑識意見集　国立公文書館所蔵　［請求番号］本館-4E-015-04・平9警察00686100
国家地方警察警視吉川澄一叙勲の件（吉川澄一功労調査書も添付）　昭和24年10月28日　国立公文書館所蔵　［請求番号］本館-2A-046-00・勲01071100
指紋論　心霊主義から生体認証まで　橋本一径　青土社　2010
シャーロック・ホームズの科学捜査を読む　ヴィクトリア時代の法科学百科　E.J. ワグナー　河出書房新社　2009

相川勝六

M·O法（又はModus Operandi System）に就て（手口による捜査法）　相川勝六　（警察研究　1930年10月号）
研究　アメリカに於ける手口法（Modus Operandi System）　相川勝六　（警察研究　1934年6～11月号）
思い出ずるまま　相川勝六　講談社出版サービスセンター　1972
高橋雄豺氏談話速記録　内政史研究資料　内政史研究会　1964

戦時体制

「支那事変ノ経験ヨリ観タル軍紀振作対策」　陸軍省　（軍紀・風紀に関する資料　十五年戦争重要文献シリーズ6　不二出版　1992）

「大東亜戦後ニ於ケル対上官犯ノ状況」　陸軍省　（同上）

帝国陸海軍事典　大浜徹也　小沢郁郎　編　同成社　1995

徴兵制と近代日本　1868-1945　加藤陽子　吉川弘文館　1996

日中戦争下の日本　井上寿一　講談社　2007

「上海料亭撓打事件」　辻政信　（特集文藝春秋　1955年12月　日本陸海軍の総決算）

静岡新聞五十年史　静岡新聞社　静岡新聞社　1991

4　錯誤の連続が解決した〈浜松事件〉の驚くべき真犯人

柘植文雄

九州終戦秘録　上野文雄　金文社　1953

5　内務省と司法省の闘争が紅林刑事を英雄に祭り上げた

松阪広政

松阪広政伝　松阪広政伝刊行会　編　松阪広政伝刊行会　1969

法窓風雲録　あの人この人訪問記　野村正男　朝日新聞社　1966

人間中野正剛　緒方竹虎　中公文庫　1988

指揮権発動　造船疑獄と戦後検察の確立　渡邉文幸　信山社出版　2005

司法省

近代日本の司法権と政党　陪審制成立の政治史　三谷太一郎　塙書房　1980

ある元裁判官の想い出　小林健治　小林健治　1967

憲法義解　伊藤博文　岩波文庫　1989

平沼騏一郎回顧録　平沼騏一郎回顧録編纂委員会　編　平沼騏一郎回顧録編纂委員会　1955

内務省

内務省史　第1-4巻　大霞会内務省史編集委員会　大霞会　1970-1971
内務省の政治史　集権国家の変容　黒澤良　藤原書店　2013
内務省の社会史　副田義也　東京大学出版会　2007
「防犯課の設立より府県会議員選挙の取締まで」　清水重夫　（警察協会雑誌　1936年1月号）

警察

犯罪捜査の基礎になる考え方　尾崎幸一　立花書房　1968
叙位叙勲について（尾崎幸一）　平成03年07月02日　国立公文書館所蔵　[請求番号]平１１文部00526100
「人それぞれ　四国管区警察局長になった尾崎幸一氏」（関大　昭和43年11月15日　関西大学校友会）
逆境に克つ　「一日生涯」わが人生　秦野章　講談社　1988
最新警察辞典　鳥越熟二　松尾英敏　松華堂書店　1931
昭和戦前期内務行政史料　地方長官警察部長会議書類　第13巻（昭和10年　2）　池田順　編集　ゆまに書房　2000
現代史を語る　4　松本学　内政史研究会談話速記録　伊藤隆　監修　現代史料出版　2006
特高警察官の手記　大橋秀雄　大橋秀雄（自費出版）　1978
第二警察物語　大橋秀雄　大橋秀雄（自費出版）　1981
浜っ子日記　大橋秀雄　大橋秀雄（自費出版）　1981
元警察官吏の独語　巡査から警察署長まで　大橋秀雄　大橋秀雄（自費出版）　1986
私の警察功過録　大橋秀雄　大橋秀雄（自費出版）　1993

軍部

木戸幸一日記　木戸日記研究会　校訂　東京大学出版会　1966
岡田啓介回顧録　岡田啓介　中公文庫　1987
十五年戦争極秘資料集　補巻8　軍隊警察の対立と憲兵隊司令部　重松関係文書2　不二出版　1998

新体制運動

近衛新体制　大政翼賛会への道　伊藤隆　中公新書　1983

近衛内閣　風見章　中公文庫　1982
昭和戦中期の総合国策機関　古川隆久　吉川弘文館　1992

6　〈浜松事件〉の犯人から見た事件経過と犯人の父

内務官僚の人さばき

日本の近代　13　官僚の風貌　水谷三公　中央公論新社　1999
内務省　名門官庁はなぜ解体されたか　百瀬孝　PHP 新書　2001

7　天才分析官は何故〈浜松事件〉を解決できなかったのか

浜松事件精神鑑定

日本の精神鑑定　福島章　中田修　小木貞孝　編集　みすず書房　1973
わが歩みし精神医学の道　内村祐之　みすず書房　1968
鑑三・野球・精神医学　内村祐之　日本経済新聞社　1973
犯罪病理学　吉益脩夫　朝日新聞社　1955
「夏夜の連続殺人事件」　松本清張　（週刊読売　昭和 43 年 2 月 23 日～4 月 5 日号）

戦前の犯罪統計

内務省警察統計報告　第 18 巻　内務省警保局　編　日本図書センター　1994
日本長期統計総覧　日本統計協会　日本統計協会　2007

8　〈二俣事件〉など数々の冤罪を生んだ戦後警察の実態

静岡県終戦直後の少年犯罪

「静岡五人殺し　浜ずし事件」　（芙蓉　1947年3月号　静岡県警察部）
「中瀬四人殺し事件を顧みて」　杉村　（芙蓉　1948 年 6 月号　静岡県国警本部）
「御殿場強盗殺人事件」　池谷真二　（芙蓉　1952 年 7 月号　静岡県国警本部）

田上輝彦

法は何故従わねばならぬのか　田上輝彦　講談社出版サービスセンター　1979

「誤判事件の反省」　田上輝彦　（ジュリスト　1960 年 2 月 1 日号）

「波崎事件　徹底検証！　無実の死刑囚・冨山常喜が獄死！　（法）（証拠）を無視する犯罪裁判長　田上輝彦による有罪断定!」今井恭平（冤罪 file　2012 年 3 月号）

司法殺人　「波崎事件」と冤罪を生む構造　根本行雄　影書房　2009

内務省解体と自治警

内務省対占領軍　草柳大蔵　朝日文庫　1987

内務省解体史論　平野孝　法律文化社　1990

そして官僚は生き残った　内務省、陸軍省、海軍省解体　保阪正康　毎日新聞社　2011

東京旋風　H.E. ワイルズ　時事通信社　1954

随想十年　斎藤昇　内政図書出版　1956

増田甲子七回想録　吉田時代と私　増田甲子七　毎日新聞社　1984

戦後日本の警察　広中俊雄　岩波新書　1968

戦後期の地方自治　佐藤俊一　緑風出版　1985

「犯罪捜査あの手この手　苦心を語る老練刑事の座談会」　（月刊静岡　1947 年 10 月号　静岡民友社）

本庄事件

本庄事件　ペン偽らず　朝日新聞浦和支局同人　日本経済評論社　2009

*『ペン偽らず　本庄事件』花人社　1949 の再刊だが、タイトルの順番が違う。

暴力の街　DVD　山本薩夫　監督　新日本映画社　2004

メディアは何を報道したか　本庄事件から犯罪報道まで　奥武則　日本経済評論社　2011

大坪砂男

「街の裁判化学」　大坪砂男　（大坪砂男全集　4　創元推理文庫　2013）

推理文壇戦後史　ミステリーブームの軌跡をたどる　山村正夫　双葉社

1973
懐しき人々　兄潤一郎とその周辺　谷崎終平　文藝春秋　1989
つれなかりせばなかなかに　妻をめぐる文豪と詩人の恋の葛藤　瀬戸内寂聴　中央公論社　1997
推理作家の出来るまで　都筑道夫　フリースタイル　2000

9　清瀬一郎の憲法改正論と紅林警部補の意外な関係

清瀬一郎

二俣の怪事件　清瀬一郎　清瀬法政研究所　1958
政治は生きている　清瀬一郎 編　潮文社　1959
秘録東京裁判　清瀬一郎　中公文庫　1986
「憲法改正論議の焦点」「憲法改正条項私見」清瀬一郎　（法律新報　1945年12月号）
「こうして殺人犯人は作られた　拷問によって無実の罪　幸浦事件の場合」清瀬一郎　（日本週報　1957年3月5日号）
「死刑から無実へ・『花の弁論』　清瀬一郎氏と幸浦事件の被告たち」（週刊新潮　1959年3月16日号）
「二つの世界"砂川判決"」清瀬一郎　（週刊読売　1959年4月19日号）
「五・一九事件の真相と思索」清瀬一郎　（週刊新潮　1960年6月27日号）
清瀬一郎　ある法曹政治家の生涯　黒澤良　駿河台出版社　1994
陣笠代議士奮戦記　戸井田三郎　三進企画　1978
労して功らず　厚生・福祉の政治家戸井田三郎　戸井田徹　三進エンタープライズ　1998
司法権独立の歴史的考察　家永三郎　日本評論新社　1962
戦時司法の諸相　翼賛選挙無効判決と司法権の独立　清永聡　矢澤久純　渓水社　2011
気骨の判決　東條英機と闘った裁判官　清永聡　新潮新書　2008
徴兵制と良心的兵役拒否　イギリスの第一次世界大戦経験　レクチャー第一次世界大戦を考える　小関隆　人文書院　2010

拷問

大審院長検事総長訓示演述集　自明治42年5月至昭和8年5月　司法大臣官房秘書課　1933
ボワソナアド　日本近代法の父　大久保泰甫　岩波新書　1977

昭和維新

造化の秘鍵　五・一五事件の弁論　清瀬一郎　日本講演通信社　1933
二・二六事件　獄中手記・遺書　河野司　編　河出書房新社　1972
二・二六事件裁判記録　蹶起将校公判廷　池田俊彦　編　原書房　1998
昭和史発掘　松本清張　文春文庫　1978
日本を震撼させた四日間　新井勲　文春文庫　1986
二・二六事件への挽歌　最後の青年将校　大蔵栄一　読売新聞社　1971
生きている二・二六　池田俊彦　文藝春秋　1987
環　Vol.24　2006年Winter号　特集・二・二六事件とは何だったのか　藤原書店
火はわが胸中にあり　忘れられた近衛兵士の叛乱竹橋事件　澤地久枝　岩波現代文庫　2008

海野普吉

ある弁護士の歩み　海野普吉　著　潮見俊隆　編　日本評論社　1968
弁護士海野普吉　「弁護士海野普吉」刊行委員会　1972
「刑事事件における被告人の自白の任意性について」　海野普吉　（警察学論集　1957年4月号）
「「紅林手記」にもの申す」　大貫昇　（週刊サンケイ　1960年1月第2号）
日本弁護士列伝　森長英三郎　社会思想社　1984
弁護士海野普吉の足跡　法・平和・人権　海野晋吉没後40年記念集会実行委員会　2008
思想は裁けるか　弁護士・海野普吉伝　入江曜子　筑摩書房　2011
「戦後憲法私案起草の経過」　稲田正次　（富士論叢　1979年11月号）
人権の法律相談　海野普吉　森川金寿　日本評論新社　1953
新憲法の誕生　古関彰一　中央公論社　1989

10　古畑種基博士の正しい科学が冤罪を増幅させた

古畑種基

法医学秘話　今だから話そう　古畑種基　中央公論社　1959
法医学の話　古畑種基　岩波新書　1958
血液型の話　古畑種基　岩波新書　1967
簡明法医学　三版　古畑種基　日本医書出版　1945
「探偵文藝」傑作選　ミステリー文学資料館　編　光文社文庫　2001
続　科学随筆全集　9　医学の灯のもとに　吉田洋一　緒方富雄　坪井忠二　編　学生社　1968
追想　古畑種基　古畑和孝　編　珠真書房　1976
道　父・母・私　古畑和孝　学芸図書　1992
美しい乞食　ペリイ・メイスンシリーズ　E・S・ガードナー　ハヤカワ・ポケット・ミステリ・ブックス　1995
推理小説医学考　角田昭夫　日本医事新報社　1996
「客間訪問」江戸川乱歩などとの座談会　（サンデー毎日　昭和26年2月11日号）
「対談　生きている法医学」古畑種基　瀬戸内晴美　（婦人公論　昭和34年9月号）
「岩波も棄却した法医学の天皇古畑種基氏の「権威」」（週刊朝日　1977年3月18日号）
「「古畑法医学神話」の崩壊」（週刊新潮　1979年6月21日号）
「古畑種基の研究」真壁昊　石橋典子　（創　1979年11月～1980年3月号）
恐るべき証人　東大法医学教室の事件簿　佐久間哲夫　悠飛社　1991
死体からのメッセージ　鑑定医の事件簿　木村康　日本放送出版協会　1999
法医学への招待　石山昱夫　筑摩書房　1991
「科学者をめぐる事件ノート16　古畑種基　血痕鑑定事件」木村康　（科学朝日　1988年4月号）
首なし事件の記録　挑戦する弁護士　正木ひろし　講談社現代新書　1973
日本共産党の研究　立花隆　講談社文庫　1983

島田事件

島田再審鑑定書集　日本弁護士連合会人権擁護委員会　編　日本弁護士連合会人権擁護委員会　1991

不在証明　島田幼女殺害事件　佐藤一　時事通信社　1979

弘前事件

「法医学者による血液型に基づく証明方法に対する批判と提案」　浜上則雄　加賀山茂　（ジュリスト　昭和52年10月15日号）

「資料　弘前事件・古畑鑑定における確率の計算をめぐって」　田中輝和　編　（東北学院大学論集　法律学　16号　東北学院大学文経法学会　1980）

「弘前事件・古畑鑑定における確率の計算について」　岡安隆照　（同上）

血痕鑑定と刑事裁判　東北三大再審無罪事件の誤判原因　田中輝和　東北大学出版会　2002

刑事証拠上における血液型の価値　弘前大学医学部教授夫人殺し事件　検察研究叢書9　吉岡述直　法務研修所　1952

「数学と冤罪　弘前事件における確率論誤用の解析」　半沢英一　（被告最高裁　司法体制を問う十五の記録　庭山英雄　技術と人間　1995）

冤罪の軌跡　弘前大学教授夫人殺害事件　井上安正　新潮新書　2011

小松勇作

「血液型による父権の判定に就いて」　小松勇作　（犯罪学雑誌　1939年30号）11月号

「私の歩んだ道（わが師・わが友・わが数学）」　小松勇作　（数学セミナー　1980年9月号）

「医と理のはざまで　医学部と私」　小松勇作　（からだの科学　1988年3月号　日本評論社）

現代物故者事典　2003～2005　日外アソシエーツ株式会社　編集　日外アソシエーツ　2006

ベイズの定理

異端の統計学　ベイズ　シャロン・バーチュマグレイン　草思社　2013

史上最強図解　これならわかる！ベイズ統計学　涌井良幸　ナツメ社　2012
統計学を拓いた異才たち　デイヴィッド・サルツブルグ　日本経済新聞社　2006
数学で犯罪を解決する　キース・デブリン　ゲーリー・ローデン　ダイヤモンド社　2008
シグナル＆ノイズ　天才データアナリストの「予測学」　ネイト・シルバー　日経BP社　2013
「「割合錯誤」現象の精神物理学的モデルの提案」　山岸侯彦　（国際経営・文化研究　2007年11月号　国際コミュニケーション学会）

小宮喬介

殺人の法醫学　小宮喬介　毎日新聞社　1949
この太陽　牧逸馬　中央公論社　1930
「法医学の限界」　小宮喬介　（レポート　1949年9月号）
「裁かれる法医学教授　背後にヤミ事件の疑い」（サンデー毎日　1947年8月10日号）
「解剖された解剖学者　法医学の権威・小宮博士事件の真相」　井上八郎　（新聞街　1948年10月25日号）

下山事件

生体れき断　下山事件の真相　平正一　毎日学生出版社　1964
監察医の事件簿から　腹上死・自殺・心中・殺人　越永重四郎　読売新聞社　1985
下山事件　森達也　新潮社　2004
下山事件全研究　佐藤一　インパクト出版会　2009
下山事件資料館　http://shimoyamania.org/

11　史上唯一の正しい訓練を受けた最高裁判事たち

最高裁

最高裁判所　司法中枢の内側　講談社現代新書　野村二郎　講談社　1987
最高裁全裁判官　人と判決　野村二郎　三省堂　1986

最高裁長官の戦後史　権力者の人物昭和史シリーズ　野村二郎　ビジネス社　1985
日本の裁判官　講談社現代新書　野村二郎　講談社　1994
日本の裁判史を読む事典　野村二郎　自由国民社　2004
法の支配者たち　野村二郎　第一法規出版　1982
検事総長の戦後史　権力者の人物昭和史シリーズ　野村二郎　ビジネス社　1984
続　日本の検察　野村二郎　日本評論社　1980
日本の検察　最強の権力の内側　講談社現代新書　野村二郎　講談社　1988
日本の検察　野村二郎　日本評論社　1980

司法権の独立

「司法権独立運動の証言」丁野暁春　（法学セミナー　1970年10月～1971年4月号）
「続・司法権独立運動の証言」根本松男　（法学セミナー　1971年5～10月号）
「戦後司法権独立運動をめぐる秘話」河本喜与之　（法学セミナー　1972年1～3月号）
司法権独立運動の歴史　丁野暁春　根本松男　河本喜与之　法律新聞社　1985　※上記三連載をまとめたものだが、入手難なので雑誌で読むほうが早い。
最高裁物語　山本祐司　日本評論社　1994
戦後改革　4　司法改革　東京大学社会科学研究所　編　東京大学出版会　1975
司法権の独立と議院の国政調査権　最高裁判所事務総局刑事局　1949
戦後政治裁判史録　1　田中二郎　編集　第一法規出版　1980
「最高裁のルーツを探る　裁判所法案起草から三淵コート成立まで」西川伸一　（政経論叢　2009年11月号　明治大学政治経済研究所）
裁判官幹部人事の研究　「経歴的資源」を手がかりとして　西川伸一　五月書房　2010
日本占領と法制改革　GHQ担当者の回顧　アルフレッド・C.オプラー　日本評論社　1990
司法権独立運動の悲劇　元「法律新聞」編集長の弁護士観察日記

673　参考文献

http://kounomaki.blog84.fc2.com/blog-entry-295.html

奥野健一

裁判と立法　奥野健一　第一法規出版　1986

青木英五郎著作集２　冤罪とのたたかい　青木英五郎著作集刊行委員会 編　田畑書店　1986

冤罪に抗して　大塚一男　日本評論社　1993

谷村唯一郎

「我が国の司法制度の回顧　明治百年にちなんで　谷村唯一郎」（法の支配　1968年11月号）

「終戦直後の司法改革の想い出　谷村唯一郎氏に聴く」（法の支配 1972年5月号）

谷村唯一郎追想録　谷村唯一郎先生追想録刊行会　編　中央大学出版部 1984

12　山崎刑事の推理と人情、紅林警部の栄光と破滅

憲兵

戦地憲兵　中国派遣憲兵の１０年間　井上源吉　図書出版社　1993

日本憲兵正史　全国憲友会連合会編纂委員会　編　全国憲友会連合会本部　1976

昭和憲兵史　大谷敬二郎　みすず書房　1966

済南事件

秘録陸軍裏面史　将軍荒木の七十年　橘川学　大和書房　1954

昭和三年支那事変出兵史　参謀本部　編　巌南堂書店　1971

十五年戦争極秘資料集　補巻24　山東出兵時における「第三師団特種研究記事」不二出版　2005

昭和史の瞬間　朝日ジャーナル　編　朝日新聞社　1966

幸浦事件

現場偽装強盗殺人事件の研究　静岡県幸浦村一家四名強殺事件　検察研究叢書　6　野中光治　検察研究所　1952

「黒い報告書　幸浦事件の十五年」 松本孝　（週刊新潮　1963年7月29日号）
「うつむいて歩いたこの妻と娘の一四年」 （女性自身　1963年7月22日号）
「殺人の汚名はまだ消えない　幸浦事件、無実を信じてくれない村人の中の元被告たち」 （週刊女性　1963年7月31日号）

13　進化によって生まれた道徳感情が冤罪の根源だった

進化心理学

ヒトの進化　シリーズ進化学　5　斎藤成也　岩波書店　2006
行動・生態の進化　シリーズ進化学　6　長谷川眞理子　岩波書店　2006
科学　2011年1月号　特集：〈利他〉の心と脳・社会・進化　岩波書店
「進化的人間考」 長谷川眞理子　（UP　2010年5月号～2012年9月号　東京大学出版会）
利己的なサル、他人を思いやるサル　モラルはなぜ生まれたのか　フランス・ドゥ・ヴァール　草思社　1998
共感の時代へ　動物行動学が教えてくれること　フランス・ドゥ・ヴァール　紀伊國屋書店　2010
人間性はどこから来たか　サル学からのアプローチ　西田利貞　京都大学学術出版会　2007
吸血コウモリは恩を忘れない　動物の協力行動から人が学べること　リー・ドガトキン　草思社　2004
友達の数は何人？　ダンバー数とつながりの進化心理学　ロビン・ダンバー　インターシフト　2011
殺人ザルはいかにして経済に目覚めたか？　ヒトの進化からみた経済学　ポール・シーブライト　みすず書房　2014
モラルの起源　道徳、良心、利他行動はどのように進化したのか　クリストファー・ボーム　白揚社　2014
働かないアリに意義がある　長谷川英祐　メディアファクトリー新書　2010
大疑惑　「部外者ご遠慮ください」の内幕、すべてあばきます　ウィリアム・パウンドストーン　ハヤカワ文庫　2002

shorebird　進化心理学中心の書評など http://d.hatena.ne.jp/shorebird/

認知バイアス

ファスト＆スロー　あなたの意思はどのように決まるか？　ダニエル・カーネマン　早川書房　2012
錯覚学　知覚の謎を解く　一川誠　集英社新書　2012
社会心理学　歴史に残る心理学実験から現代の学際的研究まで　カラー版徹底図解　山岸俊男　監修　新星出版社　2011
ドレフュス事件のなかの科学　菅野賢治　青土社　2002

サイコパス

サイコパスを探せ！　「狂気」をめぐる冒険　ジョン・ロンソン　朝日出版社　2012
サイコパス　冷淡な脳　ジェームズ・ブレア　星和書店　2009
サイコパス秘められた能力　ケヴィン・ダットン　NHK出版　2013
日経サイエンス　2013年2月号　特集：サイコパスの秘密　日本経済新聞出版社
診断名サイコパス　身近にひそむ異常人格者たち　ロバート・D.ヘア　ハヤカワ文庫　1995
良心をもたない人たち　マーサ・スタウト　草思社文庫　2012
服従の心理　スタンレー・ミルグラム　河出書房新社　2008

アダム・スミス

道徳感情論　アダム・スミス　岩波文庫　2003
道徳情操論　アダム・スミス　未来社　1983
道徳感情論　アダム・スミス　講談社学術文庫　2013
アダム・スミス哲学論文集　アダム・スミス　名古屋大学出版会　1993
アダム・スミス　『道徳感情論』と『国富論』の世界　堂目卓生　中公新書　2008
真説アダム・スミス　その生涯と思想をたどる　ジェイムズ・バカン　日経BP社　2009
アダム・スミスとその時代　ニコラス・フィリップソン　白水社　2014
正義のアイデア　アマルティア・セン　明石書店　2011

保守主義

フランス革命の省察　エドマンド・バーク　みすず書房　1989
国家はなぜ衰退するのか　権力・繁栄・貧困の起源　ダロン・アセモグル　ジェイムズ・A・ロビンソン　早川書房　2013
ブッダ最後の旅　大パリニッバーナ経　中村元　訳　岩波文庫　1980

自己欺瞞

利己的な遺伝子　リチャード・ドーキンス　紀伊國屋書店　2006
書評　「The Folly of Fools」 shorebird　（進化心理学中心の書評など　2012年5月23日） http://d.hatena.ne.jp/shorebird/20120523
うそつきの進化論　無意識にだまそうとする心　デイヴィッド・リヴィングストン・スミス　日本放送出版協会　2006
うそつき　うそと自己欺まんの心理学　チャールズ・V. フォード　草思社　2002

大恐慌

農家経済調査報告　農林省経済更生部 編
昭和恐慌の研究　岩田規久男　編　東洋経済新報社　2004
「政策当局者を蝕む二つの害毒　～『デフレマニア』と『清算主義フィーバー』～」 ラルス・クリステンセン　（The Market Monetarist, October 21, 2011） 経済学101　2014年9月23日 http://econ101.jp/ラルス・クリステンセン-「政策当局者を蝕む二つ/
「カッセルの敗北　～デンマークとノルウェーにおける1920年代の金融政策の失敗～」 ラルス・クリステンセン　（The Market Monetarist, June 12, 2012） 経済学101　2014年9月16日　http://econ101.jp/ラルス・クリステンセン-「カッセルの敗北-～デン/

14　「死んでも生きるアホーだからだ」山崎兵八の遺言

足利事件精神鑑定

「足利事件　1年3ヵ月ぶりの三者協議開催、福島章医師を提訴」 笹森学　（再審通信　2006年10月1日号）

本書で引用した古い資料は、新字新仮名遣いに改め、難字にはふりがなを付け、ひらがなに開き、適時改行を補うなど読みやすく改編しております。

また、資料の一部には差別的表現が含まれておりますが、歴史的背景を伝えるためあえてそのまま引用しております。とくに現代では発達している聾唖教育など、当時とは状況が大きく変わっていることを考慮に入れて読み取っていただけますよう、切にお願い申し上げます。

本書は二〇一六年五月に洋泉社より単行本として刊行された『道徳感情はなぜ人を誤らせるのか——冤罪、虐殺、正しい心』を改題・文庫化したものです。

著者略歴　少年犯罪データベース主宰。書庫に籠もって、ただひたすらに古い文献を読み続ける日々を送っている。著書に『戦前の少年犯罪』。

HM=Hayakawa Mystery
SF=Science Fiction
JA=Japanese Author
NV=Novel
NF=Nonfiction
FT=Fantasy

冤罪と人類

道徳感情はなぜ人を誤らせるのか

〈NF574〉

二〇二一年五月 十 日　印刷
二〇二一年五月十五日　発行

（定価はカバーに表示してあります）

著者　管賀江留郎
発行者　早川浩
印刷者　草刈明代
発行所　株式会社早川書房
郵便番号　一〇一 - 〇〇四六
東京都千代田区神田多町二ノ二
電話　〇三 - 三二五二 - 三一一一
振替　〇〇一六〇 - 三 - 四七七九九
https://www.hayakawa-online.co.jp

乱丁・落丁本は小社制作部宛お送り下さい。送料小社負担にてお取りかえいたします。

印刷・中央精版印刷株式会社　製本・株式会社明光社

ISBN978-4-15-050574-5 C0136

本書は活字が大きく読みやすい〈トールサイズ〉です。